本书是教育部 2019 年委托研究项目
"中国网络语言发展蓝皮书"成果

中国网络语言发展研究报告

李　玮◎主编

A REPORT
ON THE DEVELOPMENT OF
INTERNET
LANGUAGE
IN CHINA

人民出版社

目　录

第一部分

中国网络语言发展总报告

中国网络语言发展报告*

一、中国网络语言概述

（一）语言

语言是人类特有的表达思想、交流情感的工具，是由语音、词汇、语法构成的一种特殊系统。语言的本质是符号，是一个交际符号体系。语言与人类社会发展有着密切的关系。人类社会的每一次变化，都在语言符号中有所体现。

语言是人类知识的基础，任何一门学科或科学，都离不开语言符号，都与语言有着密不可分的联系。比如语言与数学、语言与哲学、语言与文化学、语言与人类学、语言与史学等都紧密相关。因此，以语言为根本，形成了无数交叉学科：语言文化学、语言考古学、语言人类学、语言文学、语言哲学、语言传播学等等。

从理论与实践的角度，语言学可分为理论语言学和应用语言学两大类别。应用语言学主要研究语言在各个领域中的实际应用，它着重解决现实当中的实际问题。语言学的边缘学科还包括认知语言学、社会语言学、心理语言学、计算语言学、文化语言学等等。其中，社会语言学（Sociolinguistics）是在 20 世纪 60 年代兴起的一门边缘科学，它是运用语言学和社会学等学科的理论和方法，从不同的社会科学的角度去研究语言的社会本质和差异的一门学科。社会语言学从以下两个领域进行探索：一是社会生活的变化引起语言（诸因素）的变化，其中包括社会语境的变化对语言要素的影响；二是从语言（诸因素）的变化探究社会（诸因素）的变化。

---

* 本报告由李玮、姚志华、褚建慧撰写，报告第一部分内容由李玮撰写，第二、第五部分内容由姚志华撰写，第三部分内容由李玮、姚志华合作撰写，第四部分由李玮、褚建慧合作撰写。李玮，北京大学新媒体研究院教授，博士生导师；姚志华，江苏理工学院讲师。

美国语言学家布莱特认为社会语言学是研究语言变异的，因说话者的社会身份、听话者的身份、会话场景不同，语言变异的程度有所不同。社会语言学的研究视角涉及语境、语言的历时与共时、社会生活对语言会产生的特殊影响等。而根据语境的不同，语言学又有更具体的拓展分支，比如：领域语言研究、地域语言研究、民族语言研究、性别语言研究、年龄语言研究、职业语言研究、阶级语言研究等。每一个分支都有较为完整的研究体系。

（二）媒体语言

媒体语言属于领域语言范畴，指语言在媒体领域里的应用，确切地说，就是报刊语言、广播电视语言、新媒体语言的总称。媒体语言是领域语言，属于应用语言学与社会语言学的范畴。

关于媒体语言的内涵和外延，学术界存在多种不同的理解视角，主要分为窄派、中间派、宽派。窄派认为，媒体语言仅指在媒体中使用的语言和文字；中间派认为，媒体语言不仅包括语言文字，也包括在媒体中使用的有声语言、副语言、视听图片等；宽派则认为，媒体语言包括媒体传播过程中的所有符号系统：第一，语言、文字、形体语言（表情语言、身饰语言、空间语言、色彩语言、图表语言）；第二，声响语言（现场音响、音乐语言，甚至包括媒体技术的线条、光线、色彩、影调、角度、景别、蒙太奇、特技）。

关于媒体语言的属性和功能，尽管它具有新闻、语言、艺术、技术等综合性特征，但多数学者还是将它视为单质的，归属为应用语言学科。从功能上看，媒体是舆论宣传工具，媒体语言具有宣传功能。媒体是传播的工具，媒体语言又具有传播功能。当然，媒体还有一个主要功能，就是信息交流，因此媒体语言还具有交际功能。

传媒技术飞速发展，媒体信息铺天盖地。毫不夸张地说，当今世界图景的构建几乎全部依赖于媒体，由此可见媒体的影响力和作用力之强大。语言作为媒体传播的基础手段，其量和质都发生了巨变。

从"量"上看，当今世界，每日每时世界各地的报刊、电台、电视台和互联网都在制造着海量的文字语篇。媒体文本大大增加了人类言语活动的总量，使世界言语的总量值无限增大。可以说，现代汉语的应用、发展和变迁，更多地体现在报刊、广播、电视、电脑、手机上。人们手头阅读的材料更多的是报纸杂志和手机，耳朵听的，眼睛看的大部分是电台、电视台以及移动媒体视频 24 小时不间断制造出的言语文本。从"质"上看，媒体特殊的形式和功能直接影响着语言的结构和应用。在这里，语言的制造者、传播途径和渠道、传播方式和内容、接受者，较之传统语言传播都发生了质变，导致语言的变异层出不穷。

而互联网和新媒体的产生，则推动媒体语言再次进入发展高潮，产生了"网络语言"的新概念。

（三）网络语言

1. 概念与定义

网络语言经常被认为是新媒体语言，因此也被理解为领域语言。

众所周知，新媒体是报刊、广播、电视等传统媒体之后的新传播方式。新媒体可做宽泛理解，指利用数字技术、网络技术，经电脑、数字电视机、手机等终端，向用户提供信息服务和娱乐服务的传播形态；新媒体也可具体理解为互联网上新出现的各种社会化传播平台：网站、公众号、微信、微博、短视频、APP。新媒体平台的语境史无前例，促使新媒体上的语言应用产生巨变。这些变化随新媒体迅速进入千家万户，直接影响和改变着标准语言，创造了属于网络的语言规范，引导语言走向网络化。

新媒体是网络语言的主要居所。但是，新媒体语言并不等于网络语言，确切地说，网络语言的含义要宽于新媒体语言，正如互联网的概念远远大于新媒体。网络语言通常经新媒体得以传播；但是，网络语言并不仅限于新媒体语言，因为它也会产生和出现在媒体以外的领域。

网络语言，顾名思义就是网络领域里语言的泛指。确切地说，网络语言是语言在网络领域的应用，因为网络语境的独特性，使语言产生了特殊变异。换言之，网络语言是语言为适应网络特质而做出的调整和适应性变化，并因此形成了独特的规律性特征。网络语言也属于"领域语言"范畴，只是这个领域太大，将整个人类社会"一网打尽"。现代社会几乎没有不被网络覆盖的领域，所以，网络语言是否还属于领域语言，这是一个值得讨论的问题。正因为如此，网络语言的影响力和重要性远远超出了一般的领域语言。事实上，随着网络社会的崛起，一切都因互联网而再结构化，人类的文化活动、文化方式、交流和传播方式，包括人们的价值观念和思维方式都在发生深刻变革，语言作为承载人类交流与传播的最基本手段，更是受互联网影响最直接、最深的社会元素。反之，网络语言发展也展现出超乎寻常的势头，表现出远超"领域语言"的巨大影响力，挑战传统标准语言、对社会生活产生深刻的反作用力。网络语言的定义，从语言的角度看，就是受互联网影响了的语言，是特殊物质条件下以特殊方式呈现的特殊语言形式；从文化的角度看，网络语言现象代表着社会的变迁，蕴含着深厚的文化意义，是网络文化的承载者和表现符号；从传播的角度看，网络语言是活跃在网络上、经网络传播和扩散的、具有独特外延和内涵的新词新语新结构。网络语言是构成虚拟世界的要素，是所有传播活动的机体。

总之，网络语言，就是随着计算机信息技术和互联网产生而出现的一些语言新现象，表现出语言在产生与传播、结构与形态、形式与内容、理论与应用等方面的"不同寻常"。因此，许多研究者将它定义为变异语言。这种变异语言，使用范围超出领域或地域语言的界限，正在从线上走到线下，朝着全民化、普及化方向迈进。

通常，网络语言可做三种角度的理解：第一，窄义理解，指随着网络和电子技术发展而产生的，过去不曾有过的新术语、专业词汇和特别用语，比如"主页""域名""电子商务""网红""5G""大数据""区块链"等。第二，中性理解，除上述新术语外，还包括人们在互联网媒介上进行交际时所使用的"不同寻常"的语言新形式，包括通过语音、词汇、语法变异而成的词、句、言语和文本，以及新型副语言形式，比如构建符号、表情包等。第三，宽义理解，则泛指一切产生于互联网技术条件的；具有网络特色的音、义、词、句、文本、图片和音视频。

我们认为，网络语言与网络空间"两位一体"，一切具有网络特质的语言现象，都属于网络语言研究范畴。网络特质体现为产生、应用和传播的特殊性，具体到网络语言，就是在互联网上急速产生、爆发式扩散，迅速被广大网民知晓、接受、使用并复制传播的新词新义、新符号、新结构、新风格。

2. 网络语言的特点

互联网与网络语言浑然一体，互联网传播的特殊性，构成网络语言产生和传播的独特性。在制造者、使用者、使用目的、使用特点、传播渠道和传播方式都发生变化之后，网络语言具备了以下明显的传播特点。

表1　网络语言特点表

网络语言制造者	大众、广大网民
网络语言使用者	网民大众，层次各异，以"草根"和青年人居多
网络语言使用目的	快速信息交流，情绪传递、娱乐
网络语言使用渠道	互联网、新媒体
网络语言使用方式	键盘上的口语、音视频里的表述
网络语言使用特点	个性化、变异性、流行性
网络语言使用形态	多形态并存，语音、文字、图片、音视频等

显然，网络语言受互联网影响而成，它的特点与互联网的整体特点具有极大的重合性。

（1）网络语言的省略性、便利性

由于网络语言通过网络传播，多数是靠计算机键盘敲打出来的，带有"键盘语言""手聊"的特色，而受制于输入法、打字速度等条件，于是"求省求简"成为网络语言形成和使用的基本原则，以满足非面对面交际的同步性。网络语言产生的根本原则，就是经济性原则，只求容易上口，追求简单至死，哪怕将错就错也在所不惜。于是网络语言最大的特点，就是简化。具体体现为大量使用缩略词语、字母缩写词、拼音简化字词、数字谐音字词，以及更多使用短句（比如非主谓句、省略句、简单句）和短文，复杂的句式在网络上绝少见到。

（2）网络语言的时尚性、流行性

语言是社会的镜子，社会生活中的新事物新现象，总是需要新词来表达。网络是最时尚前沿的领域，网络上新事儿很多，这就注定了网络语言必定是时尚的、新潮的，这也是网络语言的典型特征之一。网民必须抓住并理解网络传播的新潮流，否则难以顺利地进行语言交流，并会产生出局（OUT）感。网络语言不仅代表新人新事，而且其结构形态也体现出规律性的时尚新颖、奇形怪状、夺人眼球。但是，时尚也意味着会过时，所以，网络语言又是暂时的、寿命短的，具有更新快的特点。许多网络词汇我们还记忆犹新，如"克隆、山寨、大哥大，偷菜"等等，但早都已经失去活力，逐渐淡出日常应用。

（3）网络语言的随意性、粗俗性

网络是一种大众参与的媒介平台，在这里，交际是直接的，但交际形式却是非直面的，网络媒介为交际提供了屏障，使交际者可以躲在各种终端后面不露面，具有藏匿性和匿名性。因此，交流可以抛开禁忌、随心所欲。反正没人知道我是谁，便可以敞开了瞎说瞎写、颠覆规范、随便造字，甚至故意出错和放肆地任性粗俗。网络语言的创造者主要是网民大众，这增加了网络语言通俗化和粗鄙化的概率。网络体现个性、开放性、兼容性、多元价值取向，这些特点也直接体现在网络语言中。此外，网络是一个大众放松之地，在这里可以肆意调侃、发泄、恶搞，很多时候，网络语言传递的不是信息，而是情绪，因此网络语言里也充斥着许多迁怒、怨怼气息的詈词詈语，以及随意和不规范的应用。

（4）网络语言的娱乐性、诙谐性

网络是一个娱乐空间。消遣与轻松，是人们上网的最大目的之一。因此，网络语言也带有明显的娱乐性质。在网络中盛行着文字游戏化、语言娱乐化、表达狂欢化。插科打诨、诙谐调侃、幽默搞笑使网络语言富有表现力，但也夹带着媚俗与低级趣味。用巴赫金①的狂欢理论来阐释网络语言特性是贴切的，狂欢建立在非常态世界的效果之上，狂欢节的主要特征是宣泄性、颠覆性、大众性和平等性。网络语言也具备这些特点，换言之，网络语言因其网络特点，具备以下普遍特征：作者贫民化、读者大众化、内容通俗化、目的娱乐化、形式口语化、结构经济化、传播迅猛化、影响巨大化。网络语言是网络时代的副产品，只要网络存在，网络语言就会存在，它会随着网络技术的发展而不断变迁，但是不会消亡。

网络语言充满活力，但个体生命力却不长久，大部分网络词语经不起时间的考验，在一段时间的"井喷式"产生、大面积传播扩散之后，往往就会被更新的网络词语所取代，多数都不能被约定俗成而进入标准语词典。但是值得注意的是，尽管生命长度有限，网络语言的使用广度却是惊人的，短期内形成的社会影响不容小觑。目前，网络语言已经成为人们生活中必不可少的一部分，但是许多网络语言并不符合现代汉语的语法和语用规定，对传统汉语形成挑战和冲击。因此，有必要对网络语言的产生与应用进行管理、规范和引导，应该对其主要使用群体，尤其是青少年群体进行有关网络语言的普及教育，帮助其具备识别网络语言、正确运用网络语言的能力。

---

① 巴赫金（1895—1975 年），苏联最重要的思想家和文论家之一，在其代表作《陀思妥耶夫斯基诗学问题》和《拉伯雷的创作与中世纪和文艺复兴时期的民间文化》中谈到了狂欢化问题。

3. 网络语言的来源与主要居所

从社会学角度看，方言、外语、名人话语、动漫、游戏、影视作品、网络综艺、影响巨大的社会事件等，都是网络语言产生的主要源泉。网络语言的主要居所是新媒体。新媒体是变化中的媒体，曾几何时，聊天室、网络论坛、贴吧、微博是网络语言的主阵地。目前看来，全民级移动通信工具微信应该是中国网络语言使用频率最高的场域，根据腾讯 2018 年第一季度财报数据，2017 年微信登录人数已达 9.02 亿人次，日均发送微信次数为 380 亿次，微信已成为国内最大的移动流量平台之一。① 其次，B 站、游戏、弹幕里的网络语言非常活跃，各种公众号平台充斥着网络语言的新特点，动漫和影视剧也常常会使用网络流行语。近年来，随着短视频的火爆，抖音、快手等视频网站成为网络语言的生成和传播重地。随着网络综艺（网综）节目日益受到年轻人的青睐，流行热度越来越高，网络语言综艺化的现象变得很突出，比如爱奇艺推出的网络综艺"中国新说唱""奇葩说"等节目，都制造和带火了一批新词语。在这里，无论主持人还是参赛者，都将网络语言把玩在口，以此为节目增添时尚色彩，网络流行词语成为网综的一大特点，成为脑洞大开、走在流行文化前列的新潮人群的必备武器。

二、中国网络语言发展史

自 1994 年中国正式接入国际互联网，到 2019 年新中国成立 70 周年，中国社会语言生活发生了翻天覆地的变化。1949 年以来，我国社会语言生活和语言生活治理经历了三个发展阶段。20 世纪五六十年代，是语言规范、文字改革期，服务文化教育的普及，简化汉字、推广普通话、制定实施汉语拼音方案是这一时期的三大中心工作。改革开放以后，进入调整、规范、发展期，服务改革开放，语言文字规范化、标准化是主要的工作目标。进入 21 世纪，国家语言文字事业开启全面发展新阶段，服务社会需求和国家战略，网络语言蓬勃发展使构建和谐语言生活成为重要的工作任务，语言法制化与信息化、语言资源保护与开发、发展语言产业、维护国家语言文化安全成为主要的工作方向，这些工作在 2000 年颁布的《中华人民

---

① 数据来源：中国产业信息网（www.chyxx.com），2018 年 6 月 30 日。

共和国国家通用语言文字法》、2012 年颁布的《国家中长期语言文字事业改革和发展规划纲要（2012—2020 年）》和 2015 年颁布的《国家语言文字事业"十三五"发展规划》中得到了充分体现。

从中国正式接入国际互联网开始，我国社会语言生活形成了现实空间和虚拟空间两个主要发展领域，网络语言和网络空间语言生活治理成为新时期我国社会发展中的热点和重点问题之一。

从中国接入国际互联网至今，网络语言生活走过了整整 25 年的发展历程。我国网络语言发展的历史状况如何、发展规律何在、发展趋势怎样、网络语言生活治理对网络语言的发展与规范有何影响等问题，在新中国成立 70 周年和国家语言文字工作机构成立 70 周年之际，[①] 有必要进行深入总结、探讨与反思，为营造清朗的网络空间、构建和谐的社会语言生活、为实现国家网络强国战略提供历史镜像与现实参考。

（一）网络语言发展的三个阶段

网络语言有广义和狭义之分，还有的专门指称与网络有关的专有名词，如局域网、域名、超文本等等。这里的网络语言，不同于一般的宽泛意义上的网络中使用的一切语言文字，也不是指非常狭义的在网络环境中产生的词汇意义上的新出现的新词新语，而是指在网络环境中产生，在使用中与现实常用语言相区别的词汇（包括有含义的符号）以及语音、语法、语用、修辞等现象，包括在网络环境中产生的新词新语，具有语言文字交际功能的符号、动图和图文语篇，以及在网络环境中产生的新的语用现象，比如"巨喜欢"的"巨"语素词汇化现象等等。我们可以称之为中观层面的界定，这种界定既扎根于网络语言的本体考察，又有利于将网络语言现象与产生网络语言现象的网络技术、网络社群、网络文化，以及现实空间与网络空间的互动关系等更广泛而复杂的网络空间问题联系起来进行研究。

由于语言系统（包括成体系的社会方言）发展演变的复杂性和子系统之间发展的不平衡性和非同步性，特别是语言系统形成的累积性等原因，以时间线性的方式科学划分网络语言发展的阶段不是一件易事。有的研究者按照新的语言形式初始

---

① 国家语言文字工作机构，可追溯至 1949 年 10 月成立的中国文字改革协会，1954 年改为国务院直属的中国文字改革委员会，1985 年更名为国家语言文字工作委员会。

出现的时间点来划分：传统语沿用阶段（1994 年）、词汇创新阶段（1996 年）、词类生成模仿阶段（2006 年）、语句模仿阶段（2009 年）、网络流行文体创作阶段（2010 年）。[①] 这顾及了语言要素发展累积性的特点，但尚未涉及语音、语法等其他语言要素的发展，划分依据也未注意到语言外部规范因素的作用。也有的学者从网络语言研究的状况出发，将网络语言研究划分为发轫期（1998—2000 年）、本体研究时期（2001—2003 年）、立体研究时期（2004 年至今），网络语言研究进展与网络语言的发展有一定的关联，但没有直接的对应关系。

我们认为，对我国网络语言发展进行较为科学合理的阶段划分，至少应考虑以下几个方面的因素。

1. 网络技术发展

网络技术的发展为网络交际提供了物质基础，特别是社交媒体技术的发展，决定了网络交际的方式和技术手段。历时地看，网络社交媒体技术经历了从实用性交际媒体技术（即时通信工具、聊天室、BBS）到娱乐社交媒体技术（博客、个人网站、网游社区、大型网络论坛），再到社会化媒体社交技术（移动自媒体、微博、微信、微视频等）的发展过程。

著名传播学者麦克卢汉认为，随着人类的信息互动与传播媒介从口语—听觉文化，向印刷—视觉文化，再到网络社会化媒体的发展，人类社会经历了从部落化走向"去部落化"，再回归部落化的发展过程，这实际上为我们考察不同阶段的网络交际互动媒介（文字、语音、视频、直播、动图等）及其对网络语言的影响，提供了观察视角。

2. 网络语言政策发展

这是影响网络语言发展的外部因素。我国是有着语言规划传统的国家，从先秦"通语""雅言"，到秦始皇建立大一统的国家，实行"书同文"政策，直至当代"推广国家通用语言文字，科学保护各少数民族语言文字"。我国网络语言政策经历了从"零"干预到争论与研究，再到监测、规范与引导的过程，这也影响了网

---

① 胡凌、刘云、杨传丽：《网络语言二十年发展综述》，《湖南大学学报（社会科学版）》2014年第 5 期。

络语言发展的面貌。

3. 网络语言自身的发展

在语言系统的演变发展中，词汇与人类认识社会的概念所指最为直接，因此受社会生活影响也最直接，发展变化最为活跃，而语音、语法次之，这在网络语言发展方面也是如此。语言的发展遵循相对稳定与绝对变化的规律，人类的认知总是在原有的认知结构中同化、顺应与发展，因此网络语言特别是词汇系统的发展必然经过借鉴改造到概念化抽象化原创，再到模因化批量发展的过程。

4. 网络语言生活的发展

网络交际的主体——网民，是现实中的人，其规模及群体结构的发展对网络语言创制与发展影响巨大；网络交际者是社会生活与网络语言生成发展的重要联结；网络语言生活，本质上是对现实空间社会生活的反映，是现实空间社会生活在网络空间的投射、延展和发酵；同时，网络交际互动产生的网络语言带有鲜明的网络特征。

综合以上诸多因素，我们把1994年以来我国网络语言发展的历史大致分为三个阶段。

1. 1994—2000年：不成熟的始创期

（1）初创的网络语言环境

1994年，中国正式接入国际互联网，是为网络语言环境形成的发端。这一时期，网民人数较少，如图1所示，1997年62万人，1998年末210万人，直至1999年12月，全国网民也只有890万人。家庭电脑尚未普及，社会公共场所的网吧是网络社群活动的主要场所，日常网络社交的网民大部分是青少年，他们是网络语言创造和使用的生力军，由于没有防沉迷机制和网络管理尚未跟上，网瘾成为这一时期突出的青少年社会问题。互联网还处在窄带时期，网速缓慢。1997—1998年，新浪、搜狐、网易等门户网站相继创办，聊天室、网络论坛开始产生；1999年，影响巨大的互联网即时通信工具QQ面世，迅速受到青少年网民喜爱，匿名聊天成为青少年交流沟通、发泄空虚、逃避现实的重要渠道。这是我国网络语言产生和使用的初始环境。

（2）稚嫩的网络语言形式

早期产生的网络语言，基本上是基于网络硬件（键盘）或有限的论坛语域，以及为求交际速度和简省而不规范等青少年交际特点，主要有三类：一是基于键盘的简单的表情符号，如">.<""^o^"表示悲伤与开心。二是简单的英文缩写或拼音缩写，例如："CU"表示英文 see you、"B4"表示英文 before、"MM"表示中文"妹妹"二字的拼音缩写。三是词语的谐音，例如："斑竹""斑猪"表示网络论坛"版主"的意思，"9494"意为"就是就是"。

很显然，这一时期网民数量较少，网络社交以青少年单一群体网民为主，网民结构单一，身心发展水平和文化素质不太高。网络技术发展水平有限。产生的大部分英文缩写和中英文混合词汇较为幼稚，到后来不再大规模使用。网络语言规范基本处于零干预的自发生长状态。这一阶段的后期，网络词汇慢慢随着网民数量的增加而逐渐活跃。虽然饱受争议，但是在1999年春节联欢晚会上，表演者开始使用网络词"酷"，标志着网络语言已逐渐进入现实生活并引起了人们的注意。

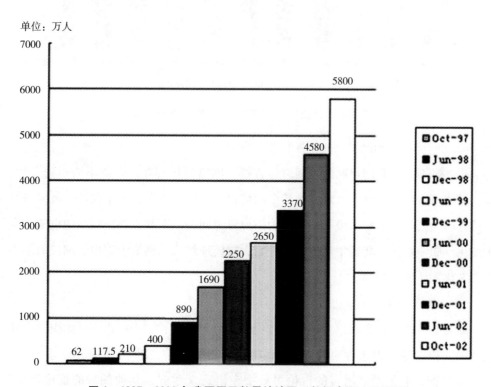

图1　1997—2002年我国网民数量统计图（数据来源：CNNIC）

2. 2000—2010 年：争议中的发展期

（1）网民规模和互联网普及率大幅提升

如图 1 所示，2000 年前后，全国网民规模迅速达到千万级。2000 年以后，网民规模和互联网普及率比之前获得极大提高；如图 2 所示，到 2010 年，全国网民规模超过 4.5 亿人，互联网普及率也攀升至 34.3%。

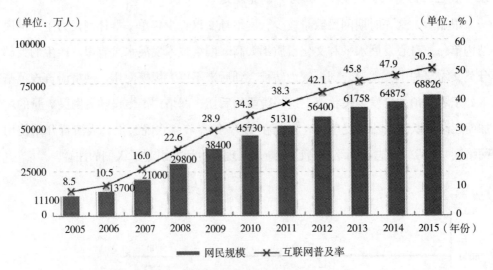

图 2　中国网民规模和互联网普及率（截至 2015 年 12 月）

（2）网络技术和网民结构不断优化

这一时期，新型门户网站、网络留言板、网络论坛等互动功能不断得到开发；传统媒体纷纷向网络进军；日常生活中网络化办公蔚然成风；继中国第一批网络原住民之后，新兴网络媒体吸引了更多的用户成为网民。至此，网民的结构也随之发生变化，职业群体、普通中老年网民开始大规模地加入到网络大军中，网民的平均语言文化素质明显提高。

（3）网络语言引起全社会的关注与讨论

随着网络语言的兴起以及网络群体规模的几何级增长，网络语言开始引发全社会的关注和讨论，标志性事件是 2000 年前后出现的"三次网络语言论争"。在 2000 年之前，有关网络语言的讨论多集中在语言文学界，其他领域的议论较少。2000 年 6 月 26 日，《文汇报》记者吴鹃发表《网络语言不规范引起关注》一文，激起了学术界的第一次讨论，一石激起千层浪，此后媒体公开讨论的文章越来多，网络语言成为社会各界普遍关注的话题。在第一轮讨论之后，2000 年 12 月 12 日，吴鹃继续在《文汇报》发表文章《网上会话不再雾里看花》，引发了有关网络语言的第二次社会讨论。此后热度不减，2001 年 2 月 13 日，《南京日报》记者李芳发表《网络词典是黑话词典吗?》;2001 年 2 月 16 日，《北京科技报》刊登阮帆的文章《网络语言"敲"出新天地》，由此触发了关于网络语言的第三次社会热议。这三次关于网络语言的社会论争，主要集中在对网络语言性质、网络语言规范与发展的态度与认识上。

（4）网络语言进入研究视野

进入 21 世纪，语言学界研究网络语言的专著和网络语言专门词典开始出现，专著如《网络语言概说》（于根元主编，中国经济出版社 2001 年版）、《网络语言》（刘海燕编著，中国广播电视出版社 2002 年版）、《网络语言与语文教育》（刘能镛、马长安，合肥工业大学出版社 2004 年版）;词典有《中国网络语言词典》（于根元主编，中国经济出版社 2001 年版）、《网络时尚词典》（易文安编著，海南出版社 2000 年版）、《金山鸟语通》（网络在线词典，2003 年）等。此后，关于网络语言的研究一直盛行不败，著作有：李星辉《网络文学语言论》（中国文史出版社 2008 年版），吕明臣等《网络语言研究》（吉林大学出版社 2008 年版），王炎龙《网络语言的传播与控制研究》（四川大学出版社 2009 年版），张云辉《网络语言语法与语用研究》（学林出版社 2010 年版），汤玫英《网络语言新探》（河南人民出版社 2010 年版）等;词典有：周建民、熊一民主编《最新网络交际用语辞典》（中国社会科学出版社 2008 年版）等。这些研究成果标志着这一时期网络语言已作为一种相对独立的语言系统进入了研究者的视野，特别是对新词新语的研究、对现代汉语词典的更新修订具有重要意义。

（5）网络语言规范纳入国家语言规划

这一阶段，一方面，网络语言引起媒体和大众广泛关注，表面上网络语言已大量产生，并且对社会语言生活产生了广泛影响，例如，在青少年社交中盛极一时的现象级网络语言文字体系——"火星文"，就是一个明证。因此，开展网络语言监测、规范与引导，构建和谐的语言生活成为语言文字工作的重要任务，从 2005 年开始，教育部、国家语委已连续按年度研究发布《中国语言生活状况报告》。另一方面，对网络语言的社会讨论与学界研究成为并行的热点，为制定出台网络语言规范文件、开展网络语言生活治理奠定了一定的认识基础和理论依据。以 2000 年颁布的《中华人民共和国国家通用语言文字法》及其后各省市出台的实施办法为标志，网络语言用语用字规范及其使用范围被纳入了法制规范。

3. 2010 年至今：理性中的爆发期

（1）各类网络平台强劲发展

2010 年之后，网络社交媒体进入了一个爆发期，各种新媒体平台层出不穷，微博（2009 年）、人人网（2009 年）、百度贴吧（2009 年）、天涯论坛（2009 年）、B 站（2010 年）、微信（2011 年）等成为网民活动和网络语言孕育和运用的主要场所。移动用户凭借着当代手机强大的上网功能成为网民的主力军。一方面，中国网民规模持续高速增长，在 2019 年达到 8.54 亿人，几近全民入网；另一方面，网民数量增大，成分改变，素养提升。网络语言发展走向系统化。

（2）网络社交管理制度趋严

对于网络社交和网络语言的规范与发展，影响最大的是网络实名制的实施。网络实名制可以追溯到 2003 年，中国各地的网吧客户开始实行实名登记，未成年人禁止进入网吧；2004 年，共青团中央主管的中国青少年网络协会成立游戏专业委员会，决定建立中国青少年全国游戏玩家俱乐部，为网络游戏实名制打下基础；同年，教育部、共青团中央发布《关于进一步加强高等学校校园网络管理工作的意见》，明确提出在高校教育网实施网络实名制，至 2005 年 3 月，以清华大学水木清华 BBS 为首的一批高校的 BBS 仅限实名制供校内交流。2005 年 7 月 20 日，对网络社交贡献巨大的即时通信公司腾讯发布公告，对 QQ 群创建者和管理员进行实名登记，中国全面推行网络实名制的序幕正式拉开；同年，文化部、信息产业部联合下发《关于网络游戏发展和管理的若干意见》，实行实名游戏制度，拒绝未成年人登录网游。这些未成年人网络社交的限制性措施、网络社交平台的实名制，有效抑制了网络语言的粗制滥造，有利于引导和培育网络空间的语言文明和健康风尚。

进入新时代，网络信息管理制度更趋完善，加强了网络"把关人"建设。2014 年 8 月，国家网信办发布"微信十条"，既强调保护隐私，同时要求实名注册，微信公众号需审核备案。除了即时通信实名制之外，2015 年国家网信办全面推进网络真实身份信息的管理，以"后台实名、前台自愿"为原则，微博、贴吧等均实行实名制。2017 年 9 月，国家网信办发布《互联网群组信息服务管理规定》，微信群、QQ 群、微博群、贴吧群等各类互联网群组，"谁建群谁负责""谁管理谁负责"，规范群组网络行为和信息发布，构建文明有序的网络空间。这些网络实名制措施，有效遏制了网络空间语言暴力、语言欺诈、网络谣言等网络语言行为，语言文明和语言使用规范化程度得到改善和提升，同时，网络语言生成机制也更加合乎汉语的语言规则。

（3）网络语言进入良性发展轨道

拟态环境现实化，使网络交际互动向部落化回归，人的思想和行为回归统一，网络语言从野蛮生长进入有序发展，网络语言研究兴起。2001 年于根元主编的《中国网络语言词典》问世，这是中国第一本相关领域的专业词典。

新时期，随着网络空间管理制度的不断完善，网民群体结构的全民化，以及网民整体语言文化素养和媒介素养不断提升，新生的网络语言更加合乎汉语规范，网络语言进入现实语言生活的现象更加普遍。另外，网络语言模因现象越来越普遍，网络语言的生产能力得到极大释放。比如，词汇方面：第一，运用格式化模因，如早期的"范跑跑、楼脆脆、躲猫猫"等；第二，运用修辞格飞白，如"蒜你狠、豆你玩、姜你军"等；第三，模因四字格成语，如"不明觉厉、喜大普奔、细思恐极、十动然拒"等，语句方面，如"我的人生就像茶几"衍生出"人生是杯具""人参要泡在杯具里才能入味"等模因造句；第四，流行文体模因，如 2006 年的"梨花体"，2007 年的"知音体"，2009 年的"蜜糖体"，2010 年的"亮叔体""红楼体""凡客体",2012 年的"甄嬛体",2014 年的"马上体""CCTV 体",等等。这些大规模的语言生成的模因现象,词法句法多样,手段丰富,有词类活用、形态变化、特殊句式(省略倒装、句缀、句模)、标点符号功能变异等等,不一而足,充满智慧与风趣。

近年以来,网络语言实际上进入理性中的井喷时期。网络语言环境发生改变,直播和短视频平台爆发,微信(2011 年)、快手(2011 年)、弹幕(2014 年)、抖音(2017 年),以及各种直播、综艺节目、短视频网站等成为网民活动的主要场所,网络语言大爆发。"热梗"天天见,网络新词语来来去去,热闹非凡。

如今,网民概念已经改变,全民皆网民,网民整体素质升高。名人效应更加突出,网络管理更加完善。网络语言的使用规范被强化。除娱乐题材外,网民话题也转向社会民生,从内心世界的宣泄走向对社会的关注,网络语言功能取向从虚拟交际、网络狂欢转向社会关怀,从教育部、国家语委发布的年度《中国语言生活状况报告》以及腾讯发布的年度网络新词新语和网络流行语中可见一斑。

动态表情包满天飞,全民进入读图和视频时代。网络语言因表情包而进入井喷状态。网络语言使用者从网吧里的"草根"扩展到精英、专家、明星阶层。网络语言也引起了研究者的关注,2012 年《新华网络语言词典》(汪磊主编)问世。2016 年,教育部"网络语言研究基地"在北京大学新媒体研究院落地。

概括起来看,近年来的网络语言具有以下几个特点:第一,网络语言可视化,如今多数网络新词都配着视频或图片出现并走红,比如 2019 年红极一时的网语"OMG!"就从视频中迅速走红。2019 年 1 月,一支"李佳琦 OMG"的 30 秒短视频在抖音上广泛流传,"口红一哥"李佳琦喊着"oh my god"销售口红,直播 15 分钟卖掉 15000 支,于是"OMG!"成为网红词。第二,网络语言语音化,大量网络语言产生于各种综艺节目,这与过去网络语言来源于网吧手聊,有了质的变化。第三,网络语言网红化,比如 2019 年的网语"好嗨哦!"是由一位贵州"草根"网红的抖音视频带热。第四,网络语言句模化,模因现象突出,很多网络新词都可以复制,比如:确认过眼神,遇到……人;在……边缘试探;……式……(排遣式进食,编剧式观影,询问式好看)等等。第五,语言形态多样化,缩略词现象仍然存在,网络谐音依然盛行,比如 2018 年的网络词语:冲鸭!无福消瘦,今肥惜比,暴花户;外语词作为网络语言的来源更加突出,比如因爱奇艺的综艺节目《中国有嘻哈》走红的热词"freestyle""打 call"等等;方言新词因其口语化和生动性更适合视频形式，迎来了新的发展，如"怼""老铁"等词的出现。但网络特殊文字如火星文、生僻字等逐渐淡出应用，象形文化让位给视频文化。

当下网络语言内容的主题主要涉及以下类别：第一，生活类：反映当下社会情绪的生活类新词不少，如"剁手""吃土""吸猫""佛系"等，反映了当下年轻人之间的消费文化、萌宠文化、交友文化等。第二，情感类：反映生活情感、情绪相关的新词，如"扎心""狗带""方""心累"等，许多都是反映焦虑、抑郁、难过等情绪。第三，游戏类："大吉大利""今晚吃鸡""凉凉""爆头""加血"。第四，社会类："我们都是追梦人""打工是不可能打工的""命运共同体"等，应该说，网络语言的内涵逐渐深刻起来，正面和中立的情感词也越来越多，如"亲亲抱抱举高高""洪荒之力""小仙女""燃衷"等。

网络语言丰富多彩、形象生动，但泥沙俱下的现象严重，网络晋词的高频使用、网络语言失范以及语言整体粗鄙化的现象十分明显。网络语言的泛滥使用特别是中小学生的不当使用所造成的困境和不良后果，是迫切需要重视、研究、引导和规范的。

（二）中国网络语言的发展特征与发展趋势

纵观中国网络语言的发展历史，可以看出它的发展特征和趋势。

1. 网络语言的发展特征

网络语言是一种创新，是互联网技术带给全民的一次创造体验。从语言学的角度来看，网络语言在发展的过程中，具有网络传播开放性的典型特征，朝着简省化、符号化的语言发展规律演进。从社会文化的角度看，网络语言朝着娱乐化的方向发展，越来越多的网言网语出自综艺节目和网络游戏，网络语言综艺化趋势明显。从传播角度看，网络语言从网民自创朝着专业"造梗"发展，从"土创"走向"文创"。

开放性，是互联网的基本属性之一，在网络语言的创造中，开放性主要体现在：第一，语言符号不拘一格，只要能通过键盘和网络储存、搜索工具获得的，都可以成为网络交际的手段，有文字、字母、数字、词缀、拼音、表情符号、动图、漫画、视频等，真可谓无所不用其极。而表达的可理解性，有时要让位为输入的便捷和自由。第二，开放性还体现在借助人的普遍的认知机制，符号使用的方法丰富多样，如谐音联想、象形联想、不同语言符号功能相通、标点的感情色彩等等。

简省化和符号化，是语言经济性和符号性的发展表征。同时，简省化也是网络交际中输入速度赶不上口语速度必然出现的现象。符号化，集中体现在两个方面，一是网络流行语的创造，以社会热点事件为背景，提取事件的本质特征和关键语素，从而获得带有普遍意义的象征性所指；二是非语言手段的表达运用，如动图、漫画、小视频，嵌插在文字中，虽然表达手段更立体、含义更丰富，但从信息接收心理和语言符号的序列性特征看，更像是一个大的语符。

从微观来看，网络语言发展还具有一些典型特征，例如：生成机制由简单走向复杂；语言符号创造从改造走向原创；语义从浅显走向深奥；语码来源从单一性走向多样化；变体形成从词汇为主走向言语系统化。纵观中国网络语言发展历史，网络语言的产生，从最初"网虫"们为了提高网上聊天的效率或诙谐、逗乐等特定需要而采取的语音和词汇变形，到自创出富有多元含义的新词新语；从对词汇的谐音改造到原创网络词模句模的出现；从形式怪异到内容独特；从简单词汇的运用到富有社会文化内涵的言论和语句；从网民"草根"自创到专业打造，无不体现出网络语言的发展正在走向成熟。

网络语言的生成语域曾经从娱乐场域为主走向社会热点问题场域为主，但随着社会文化水准的提升，缺乏严肃性和规范性的网络语言又呈现出娱乐化的回归，生成语域和使用语域都再度综艺化。

2. 网络语言的发展趋势与展望

第一，网络语言是互联网的产物。在赛博空间里，人们交流的场景和技术方式发生了巨变，表达思想和情感的方式必然与现实生活中有所不同，事实证明，网络语言与互联网相生相依，只要有网络存在，就需要与之相适应的表达方式。网络语言生成和发展的环境会继续存在，社会发展和网络语言交际环境的存在，为网络语言的生成与发展创造了长期条件。展望未来，网络语言不会消亡。事实证明，近十年来，网络技术的提升不断促进网络语言的爆发式生长。我们有理由相信，随着5G技术的到来，网络语言还会迎来新的井喷。

第二，网络语言领域特征淡化。网络语言最初是作为网民们自娱自乐的一种新形式问世的。当全民成为网民，它的领域语言特征会逐渐消失。事实证明，近年来，网络语言已经进入全民应用，从网络平台的使用走入线下的日常交流，甚至走进专业严肃文本。网络语言的社会渗透力和影响力会加速上升。

第三，网络语言理性化回归。语言是一种文化，网络语言是创新型文化，创新扩散的基本规律是从爆发到冷却，语言的演变也会在失范与规范的对立统一中，物竞天择，优胜劣汰，网络新词新语新用法会在"词竞人择"的选择机制下继续演进。当然，社会管理系统的引导和规范也是不可或缺的推进力量。

第四，视听化特征将越来越明显。随着网络技术、网络媒体的发展，网络信息传播的可视化、碎片化、即时化特征已越来越成为一种趋势，作为网络信息传播的共生载体的网络语言，表达符号的图像化、声讯化、视频化特征也越来越明显，交际口语的特征也继续得以强化。

第五，分众化特点越来越明显。随着互联网技术的发展，网络平台更加多样化的同时，也更加类型化和圈层化，如网络游戏圈、饭圈（粉丝圈）、动漫圈，包括各种网络文化圈、宅圈、百合圈（女同性恋）、耽美圈（男同性恋）等，各个圈层会形成独特的语言，这些语言出了圈层便很难懂。而且，一个明显的变化是，"80后""90后""00后"的语言已经出现分化，各具特色。

第六，网络语言符号的全觉特征可能会出现。互联网的发展，将人类社会切割成了原子化社会。但是，以计算机和互联网技术为基础的智能化时代已经在向我们走来，互联网在朝着与人类大脑高度相似的方向发展，在未来，智能互联网是否将会具备人类的视觉、听觉、嗅觉、触觉、运动神经系统，以及记忆神经系统、中枢神经系统？社交网络在大数据、云计算、物联网、人工智能技术的背景下，将会发展出怎样的社交语言和社交形式？有一种趋势可以肯定：回归部落。智能社会将把整个人类高效有机地连接成一个"地球村"，每个个体又重新回到有机组成的社会中，包括社交网络在内的全觉技术必将深刻影响回归人本的"网络语言"，完成"重塑完整人"的立场。

三、中国网络语言的产生机制

网络语言从哪里来，到哪里去？它们是如何生成的？为什么会产生如此大的影响力？

在人类社会的发展进程中，语言作为人类交际的工具，其变化是相对缓慢的，语言的形成往往需要长时间的约定俗成，而一旦定型，则在很长一段时间保持稳定。在语言的三要素（语音、词汇和语法）中，词汇变化是相对活跃的，通常随着新生事物的出现，会产生新名词，随着一些事物生命力的丧失，旧词汇会淡出甚至消亡。过去，一个新词的出现并约定，需要漫长的时间，它通常由权威机构或人物创造出来，经过漫长的传播、推广，被接受、被使用，最终被约定俗成地进入词典。但是，互联网改变了这一切。网络技术、网络普及度、网络带来的文化特质，使语言应用得以快速创新扩散，迅速"火"起来，在极短的时间内被大众接受并广泛使用。网络语言的产生，其最大的特点是"井喷式"爆发和迅速大面积传播。

（一）网络语言产生的技术基础

互联网技术提供的物质基础，是网络语言得以"井喷式"爆发的根本原因。技术是最伟大的生产力。为适应技术变化，语言交流方式也随之变化，随着键盘同步交流的可能成为现实，为提高交际速度，更好地表达交际者的意愿，充分体现个性，人们摸索、加工，形成特有的语言形式，即网络语境下产生的语言变体。2018年，中国网民规模已经超过8亿人，人均每日上网时长高达4小时，每时每刻都有一半以上的中国人在网络上游览，订外卖、购物、约车、看剧、玩游戏，在这个众人关注的赛博空间里，某个名人、某个新物种、新事、新词，只要足够引人注目，就可以借助网络提供的便利通道，迅速蔓延，瞬间传遍神州四海。例如抖音视频里"草根网红"带火的流行词语"好嗨哦"、网红销售者李佳琦带火的词语"OMG!"等，它们的扩散都在一周内达到峰值。因此，网络语言的产生，首先基于互联网技术、依赖互联网普及度等外部因素。可以预见，随着5G技术的成熟，网上交流与信息传递的手段和方法越来越多样，网络语言会以更大的力度涌现，网络语言的形态也会变得更加多姿多样。

（二）网络语言产生的心理机制

网络语言是特殊词语的特殊使用，它是网络社会个性化特征的体现。从使用者的角度看，网络语言的产生，与网络社会民众的心理特征有密切关系。

互联网及新媒体给传播带来的最大改变，是传播者与被传播者关系的重构。可以说，网络社会颠覆了传播学的基本原理，传播主体多元化，受众角色在网络时代逐渐淡化，互动与共享替代了单向传播；大众传媒被自媒体冲击，大众传播面临去中心化的挑战，媒体把关人个体化，媒体的宣传性让位给娱乐性。虚拟的赛博空间带给全民在匿名面具后的放纵狂欢，网络社会呈现出无序、无责、多元、娱乐、低俗、碎片化等现象。

网络语言产生的内因，就是赛博空间里民众的特殊心理，具体表现为快速、求简、宣泄、展现自我、个性诉求，以及寻求对社会问题的表达。

1. 追求快捷方便的心理

网络时代是拼速度的时代，早期的网络词语大多出现在键盘上，是"手聊"的产物。网络语言常用的数字谐音符号、拼音缩写符号、现成而表现内容丰富的表情符号，无不呈现出追求快捷输入、快速表达思想感情的心理特征。

2. 反传统、扬个性的心理

网络语言的创造者和使用者绝大部分是年轻人，网络时代的年轻人个性张扬、特立独行。他们创造的语言也充满个性化风格。不少新词新语都是在离经叛道的反叛心理驱动下产生的。

3. 寻求狂欢、释放压力的心理

随着社会发展速度的加快，社会生活节奏也不断加速，年轻人学习和工作的压力越来越大。喝酒、唱歌、游戏、运动等都是缓解压力的好办法，因此有了酒吧、歌厅、游戏厅、健身房。人们需要用轻松、搞笑来发泄情绪，哪怕是短暂地放纵自我。这种心理也表现在语言方面，于是网络语言整体上是一曲狂欢、轻松、幽默、调侃的主旋律。

4. 从众心理、追求认同

网络带来全球化，也带来圈层化。圈内人的语言，代表着某个"圈子自己人"的身份认同色彩。对网络语言的使用，是圈层文化的标签。网络世界的年轻人，寻求并渴望被圈子认同。在我们对中学生进行的访谈中，许多孩子承认他们使用网络语言是受从众心理驱使，因为"同学们都用，我不用显得不合群"。

正是在上述社会心理的推动下，网络语言随之发生改变，形成相应的网络语言特质。正是这些独特的认知心理原因，才产生了与传统交际语言不一样的网络语言新模态。

（三）网络语言产生的动力机制

网络语言从无到有，从个别语言现象到较为系统的社会方言变迁，经历了一定的发展过程，发展的内在动力机制可以从语言认知、语言顺应、语言传播等理论视角考察与揭示。

1. 语言认知—经济性原则

经济性原则是指导人类一切行为的基本原则，该原则也叫省力原则，即以最少的劳动获取最大的效益，追求效益最大化。语言经济性就是表达者尽可能地少付出脑力、体力，但又要更多地传递信息，这个原则在一贯的交际活动中一直被遵循。但是网络空间放大了这个原则的必要性。网络语言的运行空间，多数情况是键盘上的对话，靠输入文字和符号达到会话交流，这对输入速度、传输速度有极大要求，必须追求超常规的语言减省。网络空间信息泛滥，省略精简成为必需条件。网络时代是一个"微时代""短时代"，网络世界里人的思维、兴趣、关注力都变得碎片化，因此，网络语言变异的主要动力仍是经济性。无论是受制于网络付费的经济压力，还是互动交流的速度要求，都导致语言经济性的泛滥，无论是谐音、字母、数字等网络新符号的运用，无不是受经济原则影响的产物。确切地说，网络语言的经济性已经超出了惯常的经济性允许限度，使网络语言的解码者无所适从，使汉语晦涩难懂，这也增大了对网络语言研究的迫切性。

2. 语言认知—隐喻和转喻

在认知语言学看来，语言的创造、分化与演进，与人的认知因素密不可分。隐喻和转喻被认为是人类认知的两种基本方式，体现了人类认知世界的基本规律，人类通过这两种认知方式把获得的经验抽象化、概念化，如上文提到的网络流行语创造，例如"打酱油""俯卧撑"等，舍弃了社会热点事件的过程和完整细节，通过提取关键信息和语素材料，通过人类的共同认知方式，将带有普遍意义的信息概念化、符号化在网络流行语中，指称语词概念的内涵和全部外延。

网络语言正是经过这两种基本的认知方式，在网络语域和网民交际互动中，不断丰富和发展。隐喻方式运用始源域和目标域在某一点上的相似性，在轻松自由的网络语言环境中，直观而充满逗趣的感官相似运用最多，如利用谐音相似、视觉形象相似、抽象意义形象化等，获得语词概念的新生，如：潜水、冒泡、88、1314、楼主、拍砖、爬墙头等。转喻则是以事物间的邻近联想为基础，在相接近或相关联的不同认知域中，用一个凸显事物替代另一个事物，如"严重同情"中的"严重"一词，本是形容词，指情况糟糕之意，在网络语言中转喻为程度深，作副词用，弱化了原来的一些语义要素，凸显其中的"程度深重"语义项，可见转喻中凸显语义要素的重要性；又如英语中形态后缀"-ing""-ed"转喻为"正在""已经做完"等含义表达。

3. 语言顺应论：语言的选择与顺应

语言顺应论认为，语言的顺应性会使语言使用者在动态的可选择的语言范围内，灵活选择所需语言以达到交际目的；以顺应为基点，语用中的语言选择、变异性、协商性、顺应性，构成了语言顺应论的基本框架。按照语言顺应论，可以从语境关联成分、结构对象、动态性以及意识凸显性等四个层面描写和解释网络语言与现实空间语言使用之间的关系，并且由此可以透视网络语言的生成过程和内部机制。

语境关联成分，就是从网络语境出发，发现顺应网络交际的有关语境因素。在网络语境中，交流信道是键盘输入和互联网传输，多符码输入极为便利；交际主体是青少年，富有求新求变的创造精神；交际环境兼具匿名性、即时性等特点，容易助长简省表达、自由心态和不规范语言使用。

结构对象，语言结构包括符号、语音、词语、短语、句子、语篇、修辞、语用等各个层面结构及其结构规则。网络语言在各个层面的结构顺应存在更多的变异与创造，集中体现在活用符号、语码转换与创造新词汇。

动态性，体现语言选择在交际过程中的各种协商性的策略顺应，包括：传受之间顺应，如在网络社交中迎合非主流交际对象创造和使用火星文；空间顺应，如顺应网络留言板自上而下的空间特点产生的"楼主""抢沙发""顶"等语言词汇；时间顺应，如顺应即时交际的各种省时省力的符号运用；群体顺应，如在同学群中使用的网络语言尺度比在家庭群中更大。

意识凸显性，即为语言选择和使用中的自我控制意识，有时意识凸显性高，有时可能是无意识。由于网络管理政策不断建立健全，网民在网络语境中的语言选择和使用的意识凸显性从完全自由的无意识逐渐增高，语言使用从自由选择到相对主动。这可以从网络语料库中比较得出，后期的新生网络语言较之早期，与现实空间语言规则更为接近，语言符号意蕴从天马行空、怪异生僻到含蓄丰富、现实感强。

网络语言是一种语言现象，更是一种社会文化现象。多角度研究和多理论论证有利于更加全面地揭示网络语言的生成和传播机制。认知理论从认知心理学出发，立足于人自身的认知规律，阐释了网络语言符号与人类认知方式和客观现实之间的关系，回答了既有经验与新认识、新知识之间的建构方式。模因论借鉴生物进化论的学说，运用包括网络语言在内的社会文化领域的变迁与发展，力求解释网络语言生成发展的内因与外因，具有较强的解释力。顺应论从语用视角，揭示了网络语言分化演进的内部运动规律。当然，网络语言的健康发展，与外部规范因素的影响也密切相关，外因通过内在机制发挥制约作用。

4. 语言模因论

从传播学视角看，网络语言的产生是一个传播过程。模因传播被视为网络语言传播的特殊方式。

模因论（memetics）是一种解释文化进化规律的新理论，它基于达尔文进化论的观点，指明文化领域内人与人之间相互模仿、散播开来的思想或主意，并一代一代地相传下来。模因（meme）用了与基因（gene）相近的发音，表示"出自相同基因而导致相似"的意思，但是基因是通过遗传而繁衍，而模因却通过模仿而传播。模因，就是一个个具有较强复制和衍生能力的文化信息单元，如同病毒一样寄宿在宿主的头脑里，能够以不同的表现形式从一个宿主的头脑到另一个宿主的头脑。模因可被看作是任何通过模仿现有事物形式而生成的，并可为事物传播提供促进机制的事物。事实上，任何可感知的形态都能成为模因，语言是人类的本源模因、基础模因。人类语言符号的各级，都可以成为模因，如字、词、句、整个文本。网络语言正是依靠新媒体平台，以模因传播方式迅速蔓延和复制的。模因论在一定程度上，能够较好地解释网络语言的生成与传播机制。互联网的出现，开创了传播新纪元，使得信息辐射范围无限扩大、信息流通周期大幅度缩短，信息复制和传播呈现自由性、能产性、互动性、爆发性，这些技术条件造就了网络新词新语的大量产生。网络语言里所谓的"梗"，其实就是模因。具备一定条件的"梗"能迅速被大量人群复制和使用。通常，被模仿复制的"梗"必须具有实用性、时尚性、便捷性、形象性和权威性。网络语言的生成，往往经历了"造梗"、蔓延、变异的过程，这个过程不是百分之百地复制，而是对词模、句模、篇模的复制传播与再构造，例如网络上流行的词模"ABB 构式"、四字成语词模、句模"且行且珍惜（且做且思考、且爱且自爱等）"，还有"梨花体""撑腰体""甄嬛体""子弹体"等语篇模式等。

四、中国网络语言的形态特征

互联网对语言应用产生巨大影响，语言在网络空间里发生变异，形成独特的形态特征，以至于某些网络语言变得面目全非，令人难懂。网络语言的变异，表现在其结构和形态上，具体说来，体现在语言结构的改变，以及语音、词汇、语法、语篇、语体等形态的变异。

（一）网络语言的构造

语言是由语音、词汇、语法手段构成的符号系统，用于客观描述人的思维活动，是人类交流和理解的工具。《现代汉语词典》对语言的定义是：语言是人类所特有的用来表达意思、交流思想的工具，由语音、词汇、语法构成一定的系统。①《辞海》对语言的定义是："语言是一种特殊的社会现象，是以语音为物质外壳、词汇为建筑材料、以语法为结构规律的符号系统。"②

由此可见，传统定义的语言是语音、词汇、语法"三位一体"的合成品。除此之外，还有一些非文字的手段也被列入语言的构造范围内，比如身体姿态、手势、面部表情等，它们又被称作副语言。但是，传统上，这些辅助手段表达的思想内容非常有限，比如体态语，一般只限于肯定、否定和简单的数量，以及表达日常生活中的一些简单意思。不同民族对体态和身势语的使用率大相径庭。但是，没有哪一个民族会不用有声语言，而只用手势、体态来互相交际，这些表达手段不过是语言的辅助工具而已。

互联网的出现，改变了传统的信息传播渠道，造就了不同以往的交流平台，网

---

① 中国社会科学院语言研究所词典编辑室编：《现代汉语词典》，商务印书馆 1978 年版，第 1412 页。
② 辞海编辑委员会编：《辞海》，上海辞书出版社 1979 年版，第 390 页。

络的无限性与同步性，创造出"不需面对面的即时互动"语境，在这个语境下，语音可以远距离发送，文字也能同步交换，而且，文字符号的统治地位逐渐被网络空间特有的新符号所取代，比如谐音符号、表情图片、动态表情画面、视频、图像等非文字符号。在互联网平台上，我们想要表达的、本来需要很长一段文字话语来描述的思想，一个小小的表情符号就可以全部取代，于是，由语音、词汇、语法组成的语言文字反而显得繁杂而不便，人们越来越爱使用这些可以实时传递的动态和静态表情符号，它们形象生动、寓意深远、简单明了、自然随意、一目了然，而且具有现成性，使组织文字达成交流变成了点击、发送。事实上，我们已经离不开这些符号表情，很难想象没有视频和图片的网络新闻或者没有表情符号的微信聊天与对话。所以，我们说，网络语言与传统语言之别，首先是结构上的，网络语言不仅由语音、语法和文字组成，还是表情包、音视频等多种符号组成的复合体。值得重视的是，在这个组合体中，非文字符号的使用频率不断上升，如今，年轻人的网上交际语言中，几乎看不到纯文字的对话和语篇了，甚至出现了完全缺失文字的"斗图"① 现象。

显然，网络语言的构造比传统语言复杂，纯语音和文字结构正被多种符号结构所取代，"读字时代"正在被"读图时代""视频时代"所冲击，形成了多元、多模态的网络语言结构。

（二）网络语言的形态特征

网络语言是一种形态变异，从语音、词汇、语法、文字、语体、语篇的不同视角观察这种变异，有助于全面了解独具特色的网络语言生态。

1. 网络语言的语音变异

网络语音变异是指通过语音的变异获得新词，确切地说，就是借助语音的改变，表现出标新立异、简捷生动、怪异独特的网络形态特色。20世纪末，随着家用计算机的普及，网民这个群体浮出水面，在网吧里，网民们脑洞大开，寻求放飞自我的宣泄和快意，寻找独特个性的表达方式。如何说话才能彰显个性、与众不

---

① 斗图是斗嘴的图片，是表情包泛用的体现。斗图活动起始于QQ，群聊时大家发送搞趣图片以相互娱乐。后来发展到百度贴吧等各种论坛上，时常有人发帖组织斗图活动。

同？怪腔怪调是最简单的好办法。于是，借助原有的词汇，从语音上做文章，以变异获取新义，这成为网络语言发展初期最为流行的新词产生方法。概括起来看，网络语音变异有以下几种主要方式，即谐音、合音、吞音。

（1）网络谐音

谐音，是网络语言产生的最主要方法之一，是利用汉字同音或近音的条件，用同音或近音字来代替本字，产生辞趣的修辞格，以增强表达效果的修辞手段。谐音梗是一种网络文化，利用发音相似的词或字来代替原本不能够说出来的词汇，久而久之就形成了特殊的诙谐特征。谐音的认知过程遵循的是编码解码所能产生的联想，比如相似性与联想、相似性与双关、隐喻与转喻等等，网络上常常借助谐音来完成语言个性化与独特性的建立。语言谐音建立在以下心理机制之上：第一，联想心理；第二，标新立异心理；第三，求简心理，如编码—发话—传递—接受—解码、语言的经济性原则；第四，幽默诙谐心理；第五，吸引眼球心理。

网络语言谐音通常有以下几种方式。

①汉字谐音，又分为普通话谐音和方言谐音。普通话谐音根据普通话里两个词的声、韵、调相同或相近，通过谐音形成新词形。如故意把"旅友"写作"驴友"、"专家"写成"砖家"、"悲剧"写成"杯具"。这类谐音产生的网络词汇很多，比如：叫兽（教授）、果酱（过奖）、织围脖（写微博）、鸡冻（激动）、霉女（美女）、菌男（俊男）、改偕归正（改邪归正）。

方言谐音则是模仿方言发音，将错就错，谐音而成。网络谐音变异的基础，主要来源于汉语方言。众所周知，汉语有八大方言体系，分别是官话方言、吴方言、湘方言、赣方言、客家方言、闽方言、粤方言、晋方言。其中，粤方言、闽方言、东北方言、四川方言、吴方言等都是网络语音变异的重要源头。起初由于粤港澳台等地区经济发达，对内地渗透力较强，属于强势文化，该地区的方言一时成为时尚，对网络语言的影响较大。后来发音诙谐而独特的四川方言、东北方言等也被广泛使用，形成网络上的语音新形态，即以方言发音为基准、将错就错、有话就不好好说的变异词语。不仅不好好说，也不好好写。借方言形成的语音变异，直接表现在书写文字上，比如不仅把姑娘的 niang 故意说成 liang，而且形成文字"菇凉"在键盘上呈现；把儿子的"zi"故意发成"zhi"，形成文字后变成"儿纸"；把死"si"说成"shi"，并形成文字"打屎"。变异后的词汇，增添了怪诞诙谐的附加色彩。

汉语方言里本来就容易发错的音，成为网络语言里"时尚的错误"，比如吴方言、粤方言、台湾方言声母 N 和 L 不分，把"美丽"读作"美腻"，把"难"念成"蓝"；客家方言 H 和 F 不分，把"福州"念成"胡州"；四川方言平舌翘舌不分，Sh 和 S 不分，把"十"念作"四"。这些错误都成为网络语言语音变异的来源和出处，网络上"时尚的错误"现象风行一时，形成独特的网络语音—文字新模态。

例如：

H—F 变异，形成：灰机（飞机）、灰常（非常）、拉轰（拉风）、稀饭（喜欢）、七唤（吃饭）。

N—L 变异，形成：腻害（厉害）、辣么（那么）、镁铝（美女）、浓重（隆重）、菇凉（姑娘）。

Sh—S 变异，形成：4啊（是啊）、桑心（伤心）、热屎了（热死了）。

Zh—Z 变异，形成：同资（同志）、孩纸（孩子）、资道（知道）、劳资（老子）。

Ch—C 变异，形成：粗租车（出租车）、粗心（初心）。

Zh—J 变异，形成：介个（这个）、小公举（小公主）。

J—Z 变异，形成：奏是（就是）。

Sh—X 变异，形成：系不系（是不是）。

Ch—Q 变异，形成：灰强（非常）、七唤（吃饭）。

R-L 变异，形成：伦家（人家）、好乐（好热）、男银（男人）、坏银（坏人）。

除了上述声母变异的形式，网络语言里还有部分源自韵母变异的词汇，比如：ai—ei 变异：北北（拜拜）；uo—ou—e 变异：偶（我）、口怜（可怜）、帅锅（帅哥）；ue-ie-iao 变异：童鞋（同学）、赶脚（感觉）。此外，还有带鼻音韵母的变异，鼻韵母变异为非鼻韵母，比如：en—e 变异：干色莫（干什么）；en—eng 变异：小盆友（小朋友）；mei-mu 变异：木有（没有）。还有源自方言的声调变异，包括四声的变异，也是网络语言的一大特点，比如：歪果人（外国人）、粑粑（爸爸）、麻麻（妈妈）、美眉（妹妹）等等。

由汉字谐音而成的网络词语，从标准汉语的角度审视，均为错字，属于语言失范问题。但是，这类词语在网络上很有生命力，以其鲜明的诙谐和搞笑性，赢得了使用者的长期青睐。

②数字谐音。根据数字的发音谐音而成的新词，是网络语言的一大特色。便捷性是网络空间永恒不变的追求，数字的书写比汉字简捷太多，化繁为简，将数字谐音取代汉字，很早就在网络里风行一时，比如最早出现的数字"88"谐音取代了"拜拜""再见"，"886"代替"拜拜喽"，"438"代替詈词"死三八"。简洁性使得网络数字的谐音现象层出不穷、长盛不衰，从全民性数字谐音词，如9494（就是就是）、5201314（我爱你一生一世）、7456（气死我了）、1573（一往情深），到今天的圈层数字化词语，比如网络游戏里产出的数字词汇：6666（溜走，厉害）、2333（笑死了）、271（爱奇艺）、1551（噫呜呜噫，哭），数字谐音的生命力在旺盛地延续。

③字母谐音。字母谐音又分为汉语拼音首字母谐音和外语字母谐音两种。汉语拼音产生的新词比比皆是。双音节的字母谐音词很多，如GG（哥哥）、DD（弟弟）、JJ（姐姐）、MM（妹妹）、hh（呵呵）、fb（腐败）、sl（色狼）、sg（帅哥）；三音节的字母谐音，如PMP（拍马屁）、pyq（朋友圈）、hhh（哈哈）、www（呜呜呜）、bhs（不嗨森）、drl（打扰啦）、xxj（小学鸡）；四音节的汉语拼音缩略形式过去在网上较少见，如PLMM（漂亮妹妹），但近年来成为网络新词的热门构词法：xswl（笑死我了）、ssfd（瑟瑟发抖）、nsdd（你说的对）、emmm（我不知道该说啥）、srkl（生日快乐）等等。

字母谐音难懂，具有良好的隐蔽性，容易成为圈层文化的应用，成为某个圈层的暗语或代表性语言。这种方式还常常成为网络詈词的重要藏身地，如TMD（他妈的）、mdzz（妈的智障）、BT（变态）、BD（笨蛋）、BC（白痴）、qnmd（去你妈的）、fw（废物）、es（恶心）、gnps（关你屁事）等等。

外语谐音也很常见。随着中国融入世界，全球化的浪潮也对语言产生了影响，特别是在互联网平台上，流行借外语字母或外语单词的读音谐音而成的新词新语，它们不仅被夹杂在中文里，而且被直接音译为中文，进入大众应用，最早的例子如：谷歌（google）、粉丝（FANS）、酷（cool）、脱口秀（talk show）等。除了这些全名应用的英文直译汉语词，还有网络上流行的外语谐音词，如：狗带（go die）、因吹思听（interesting）、一颗赛艇（exciting）、桃浦（top）等。外语谐音词在饭圈、游戏圈内的应用近年来呈上升趋势，谐音的方法也丰富多彩，比如借外语与汉语混合谐音而成的新词新语，如：T出去（踢出去）、Taxi（太可惜）、三h学生（三好学生）、F2F（face to face）、Word哥（我的哥）。还有直接从英文句子谐音而来的字母简化词：nbcs（nobody cares）、bbl［ball ball（求求）（你）了］、Bk［装 13 之王（king）］、btw（by the way）等等。

（2）网络合音

汉语一直存在合音现象，主要是受中国古代反切注音方法的影响，即一个音兼有两个词的词义和用法，比如付诸东流，"诸"是"之、于"的合音；北方人常说的"甭"字是"不用"的合音；"那（nèi）个"是"那一个"的合音。

网络词汇的合音现象很明显，最典型的莫如受台湾方言影响而形成的一系列合音，表现如：酱紫（这样子）、表（不要）、酿（那样）、间（今天）、造（知道）、宣（喜欢）。还有么么哒、萌萌哒、棒棒哒等表现形式，其中"哒"字也是来自"的啊"的合音。

（3）网络吞音

北京人、天津人讲话语速快，爱吞字，四个字的词吞掉一个剩三个字，三个字的词吞成两个，比如天津人把百货公司说成"百公司"、把劝业场说成"劝场"。

网络上也曾流行吞音现象，比如：艾玛、矮马（哎呀妈呀），胸是炒鸡蛋（西红柿炒鸡蛋），王五井儿（王府井），装垫儿台（中央电视台），等等。其产生的原因，除了模仿方言外，还表现出独特的故意恶搞和打趣等修辞含义。

2. 网络语言的词汇特征

（1）网络词汇的类型

网络语言最具典型性的特质，是产生了大量的流行新词语，这些新词语具有独特的形态特征，主要可以分成以下几种类型。

①汉字类。汉字类网络新词语是指用汉字形式书写的网络词语，这类词语又分为新造词和旧词新说，或称新瓶装旧酒。

新造词：是传统汉字里没有的词和义，往往表现互联网时代的新生事物，例如"大数据""区块链""融媒体""网红"；或者从外语直接谐音而来的新词：谷歌（google）、粉丝（fans）、酷（cool）、奥特（out）等等。

旧词新说：指传统汉字里有表达，但网络时代换了说法的词语，借用隐喻转义的修辞手法，换种新方法说旧事，即所谓的新瓶装旧酒，如"配角"现在叫作"打酱油"；"哥哥"叫作"GG"；"旁观者、事不关己者"叫作"吃瓜群众"；"女孩子"叫作"小姐姐"；"妈妈"叫作"麻麻"；"待在家里"叫作"宅"；"看淡一切的活法和生活方式"叫作"佛系"。这类词很多，如逆袭、颜值、屌丝、呆萌、点赞、抓狂、恶搞、吐槽、炫富、坑爹、躺枪、白富美、傻白甜、高富帅、矮矬穷等等，极具表现力。也有由方言谐音而来、将错就错的词语，比如大虾（大侠）、菇凉（姑娘）、镁铝（美女）、童鞋（同学）、小公举（小公主）；还有模仿方言合音吞音而成的词：造（知道）、表（不要）、酱紫（这样子）。

除了新造词和旧词新义，还有第三种类型的汉字词，即旧词旧义焕发新活力，例如腾讯每年推出的十大网络热词中，有一些常规词汇，但因表达了当年的热门事件，上了热搜，被称作"热词"，比如 2019 年度热词"垃圾分类""减税降费""波音 737""科创板"等。这类词语，它们不是新词，也没有变异，只是影响力极高的具有特殊内涵的新事物新现象，但是具备网络上极速传播、海量应用、广泛流行等特质，因此，我们认为，也可以将之归于网络语言研究范畴。

汉字类网络词语的构造丰富多样，单音词、双音词、三音节词、四字成语性词汇、五字词组、网络流行句等一应俱全。单音词频出并独立成句，是网络语言的一大特点，比如"潮、囧、顶、怂、衰、宅、刷、丧、燃"等等。双音词是网络新词语中数量最多的一类，例如"吃鸡""种草""娘炮""躺枪""扎心""饭圈""刷榜""码农"。三音节词如"打酱油""蹭热度""躲猫猫"等，其中，成语性缩写结构极具特色，例如，"我伙呆"（我和我的小伙伴都惊呆了）、"城会玩"（城里人真会玩）。网络四字成语性词汇也很多："喜大普奔"（喜出望外、大快人心、普天同庆、奔走相告）、"不明觉厉"（不明白但觉得厉害）。五字词组和网络流行句：编剧式观影；我爸是李刚；我去买个橘子；皮一下很开心；贫穷限制了我的想象力；小猪佩奇身上纹，掌声送给社会人。

②数字类。数字词是指利用阿拉伯数字来表达语音的网络词汇，也就是我们所说的数字谐音，这是网络语言的创新表现，数字谐音的书写显然比汉字输入要简单得多，是语言经济性原则的体现，例如，88（再见）、520（我爱你）、3344（生生世世）、98（酒吧）、246437（爱是如此神奇）、7456（气死我了）、1573（一往情深）、59420（我就是爱你）、6666（溜走、厉害）、233333（大笑）、7饭（吃饭）。

③字母类。字母词是指用汉语拼音字母或者英文字母来表达意思的一类网络词汇，也是受简化和省略原则驱动的结果。字母词主要由汉语拼音的首字母缩略而成，取汉语拼音的读音而成。例如，BT（变态）、BD（笨蛋）、PMP（拍马屁）、

GG（哥哥）、MM（妹妹）、LP（老婆）、ojbk（好的）、xswl（笑死我了）、ssfd（瑟瑟发抖）、nsdd（你说的对）。

字母词也有不少来自外语字母的缩略，或直接使用，或与汉语拼音联合使用，例如，bty（by the way）、OMG!（我的天!）、top（上榜的）、打call（支持、力挺）、freestyle（即兴发挥）、skr（佩服赞扬）、diss（蔑视）、no zuo no dai（不作不死）、you can you up（你行你上）、nbcs（nobody cares）。

数字类符号、字母类符号解决了简省和快速的问题，但由于超越了传统构词惯例，给读者解码带来很大的困难，使汉语变得晦涩难懂。

④表情符号类（表情包）。表情包被网友称为中国"第五大发明"，可见它的影响力之巨大。表情包是最具时代特色的网络语言新符号，开创了人与人之间互动交往的新纪元。表情符号从最初的建构符号到图片符号，再到动态表情符号，揭示了读图时代、视频时代的到来。表情符号一开始是取代身势语，作为副语言形式出现，但是应用越来越广，很快便超出了副语言的辅助功能，甚至经常超越文字，成为使用频率越来越高的表达手段。虽然网络表情不是中国人的发明，但表情包文化却成为中国的一种流行文化，成为中国年轻人的新语言。

表情包无异于网络时代的新兴词汇，表情包丰富了传统语言的词汇系统，既满足了网络语言的经济性原则，又形象生动、一目了然、富有视觉效果。从目前常见的形式上看，表情符号主要可以分成以下几种类型。

其一，键构符号。键构是计算机技术还未能产生足够的生动图片以取代词汇时的辅助表情符号，又称第一代表情包。利用现有的符号基础，拼装出象形的键构符号。键构符号可以算是第一代表情包，它们已经被更加生动的图片和动态图表情包所取代。

其二，静态和动态表情包。互联网上各种类型的网络表情符号铺天盖地，标志着视觉文化时代的到来。表情包是虚拟语言，是"图像句子"。表情包的出现，表现出网络社交时代人际交流方式的改变：由文字沟通向表情emoji沟通转变，由文字到图像、由知觉到感官的跨越。表情符号形象生动、寓意深远，具有极强的表现力，成为不可或缺的交流工具。正如传媒研究学者多丽丝·格雷伯说："曾经我们一度推崇的借助文字符号传递的抽象意义，已经开始让位于建立在图像传播基础上的现实与感受。"

常用的ASCII表情和含义			
ASCII 表情	含义	ASCII 表情	含义
:-D	开心	:-(	不悦
:-P	吐舌头	:-*	亲吻
;-)	眨眼	:-x	闭嘴
<※	花束	:-O	惊讶
$_$	见钱眼开	@_@	困惑
>_<	抓狂	T_T	哭泣
= =b	冒冷汗	>3<	亲亲
≧◇≦	感动	= =#	生气
(x_x)	晕倒	(⌒︿⌒)	不满
(=^_^=)	喵喵	⌐ ⌐	流口水
(T_T)	哭泣	╮(￣▽￣)╭	两手一摊
╭(╯_╰)╮	路过	(*+﹏+*)~@	受不了
\(^_^)/	为你加油	づ￣3￣)づ	飞吻
b (￣▽￣) d	竖起大拇指	￣(工)￣	大狗熊
^(oo)^	猪头	Orz	我服了你

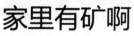

表情包走红的原因很多，主要有以下几种：一是现成性，传统文字交流中，人

们需要努力思考、组织语言或做出表情来完成表达，而网络上流行的海量表情包成品，只需要你轻轻地点击键盘，即可发送你的表达并收到同样的甚至是超出想象的效果。二是表情包完全符合网络时代极简主义的趋势，瞬间点击发送，省时省力，一切尽在不言中。三是表情包具备模糊性，真实直白的语言被模糊多义的表情所掩盖，使用者只是转发的第三者，在利用它们传达情绪的同时，又可以不用为现成的言论而负责，甚至可以及时撤回它们，一言既出，瞬间能追，符合网络人匿名和逃避负责任的心态。因此，当1987年第一个表情符号被美国学者推出后，从此便一发不可收拾，日益受到广大网民的追捧。

人际传播的大量信息其实是通过非语言符号传递的。表情包这种另类网络非语言符号，它其实是人类身体的延伸，取代了表情、身势、语调、肢体等副语言方式，现成身体和场景的虚拟同步。但是，表情包又不仅限于对副语言方式的替代，它的意义和功能实现了夸大和延展，衍生出多重文化内涵。

近年来，各种表情包制作软件的出现，更是推波助澜，人们可以用自己的照片图片制作个性化的表情包。表情包的优势不言而喻，相较于刻板的文字而言，它简洁明快、生动形象，能更好地活跃聊天气氛，表达情绪，而且，作为一种非语言交流工具，表情包极大地方便了人们交换信息和传达情感，使人际交流更加便捷和省力。但是，表情包也带来了一些负面的隐患。其一，多数表情包带有戏谑、自嘲和搞笑色彩，且构图夸张，比较浅薄。表情包是情感宣泄的聚集地，具有泛狂欢化，追求喧嚣的自嗨，缺乏深刻和庄重。其二，表情包文化具有的假面性，表情包面具的真实情绪被屏蔽，使交流缺乏真实的社交体验。其三，表情包代替我们说话的情况越来越常见，表情包纵容着网民的懒惰。其四，网络新符号丰富、简化着网民的表达，也对传统词汇系统形成冲击，因为这些符号往往不仅僭越了传统的构词规则，而且人们对这些符号的依赖也越来越强，新符号使用率直线上升，超越了语言辅助手段的功能。

（2）网络汉字词语的新特征

网络语言虽然产生了很多新符号，但汉字词语仍然占据主流。网络上的汉字新词语，也有崭新的形态特点。从结构上看，网络新词语的形态多样，从单音词到词组、短语均有涉及。

①单音节网络词。单音节词的产生是网络语言的一大特色，《新华网络词典》里收集了大量的单音节网络词，例如：二、赞、表、贬、潮、倒、电、顶、寒、

亲、挺、闪、晕、秀、粉、汗、秒、偶、刷、衰、水、踢、贴、转、雷、囧、萌、戳、哒、撕、刀、颜、醉、啵、扁、挂、黑、靠、酷、鸟、拍、喷、破、切、群、肉、晒、搜、拽、潮、怂、宅、怼、衰、燃。单音节词独立成句，是网络语言应用的独特之处，例如"顶！""赞！""汗！""啵！"。大量单音字与原来在标准语中的词义和词类都不再一致，使用时需注意它的词类变化。例如：数词"二"与"傻"同义、秒（看不起）、鸟（理睬，"不鸟你"）、刷（"翻看"微信、手机）、戳（点击）、潮（时尚）、顶（支持）、闪（离开）、宅（待在家里）、秀（展示）、黑（欺骗）、粉（迷）、汗（惊异）、倒（无语、惊诧）。

②双音节网络词。双音节词是网络语言的主体部分，海量的双音节新词有时表现网络新现象新概念，如码农、刷榜、饭圈、刷屏、网红、5G等。

更多的时候，它们以新视角表达旧事物，表现出互联网领域的新表达特征：新手叫"菜鸟"、底层群众叫"草根"、伤心流泪叫"泪奔"、生气叫"发飙"、发泄叫"吐槽"、追姑娘叫"撩妹"、漂亮叫"养眼"、讨人喜欢叫"卖萌"、无辜受牵连叫"躺枪"、旁观者叫"吃瓜群众"、伤心叫"扎心"、丢人叫"打脸"、爱抬杠的叫作"杠精"、恶作剧叫"恶搞"、聊天不顺叫"尬聊"、形象叫"颜值"、运气好的叫"锦鲤"、傻子叫作"沙雕"、说服人叫"种草"、漂亮小生叫"娘炮"、有权有势叫"土豪"、可爱伶俐叫"萝莉"、崇拜讨好叫"跪舔"等等，这样二字为一组的网络词汇，以动宾、偏正结构为多。

③三字网络词。网络上的三字词，多数是表示新时代新概念的词汇，比如躲猫猫、小目标、正能量、女汉子、老司机、软妹子、葛优躺、出轨门、暴花户、小奶狗、海螺人、快消品、彩虹屁、亲情价、打酱油、蹭热度等。

借助热词缀构词，也是网络三字词的独特形态，例如：

神：神同步、神补刀、神吐槽、神回复；

微：微论坛、微慈善、微语言、微视频；

族：蜗居族、打工族、闪婚族、啃老族；

男：钻石男、凤凰男、肌肉男；

党：剁手党；

控：大叔控、颜值控。

网络三字词的另一种典型形态，是复杂结构的缩写，通常是三个形容词的首词缩写，比如：高富帅、傻白甜、土肥圆、矮矬穷、白富美、拽酷炫。

此外，成语性缩写结构也是网络三字词的构造特征，这种形式的三字网络词，具有很强的圈层性，容易造成歧义和误解。比如：城会玩：城里人真会玩。万火留：万一火了呢，先留名。冷无缺：冷漠、无理想，信仰缺失的缩写。何弃疗：为何放弃治疗。数体教：你的数学是体育老师教的？待发腰：待我长发齐腰。

④四字网络词。四字缩写结构是网络上出现的另类成语性新词，其结构套路是复杂结构的简化和缩写，形成固定的四字成语性结构，不明白其中的套路和梗，很难从字面上读懂它们。例如：人艰不拆：人生如此艰难，不要拆穿。不明觉厉：虽不明所以然，但觉厉害。十动然拒：十分感动，但是还是要拒绝。细思恐极：仔细想想，觉得恐怖至极。穷秃毕见：穷和秃顶都全盘可见，讽刺"90后"进入中年。十动然鱼：收到礼物十分心动，转身却挂上"闲鱼"。

⑤网络短语和句子。网络短语通常是按句模构成，2018—2019年流行的句模是"……式……"，产生了大批结构式词组，如：间歇性迷信、派遣式进食、自杀式单身、编剧式观影、丧偶式带娃、询问式好看、自救式消费、教科书式撒娇、回光返照式友情、军事化追星、高智商式失明等。

网络词组的固定形态，表现出网络时代发散性、非线性思维的特点，"式"字的两端，往往是反向逻辑的两极，体现出网民逆向思维的心理，形成矛盾性冲突和意想不到的反转。比如高智商式失明，失明与智商没有逻辑关系，但是在这里表达的却是"聪明人的视而不见"；自救式消费，消费与自救也本无关联，但在这里表达的是"不花钱慰藉一下自己就活不下去"之意。

网络词组展示出现代人的生存状态，蕴含着网络时代的中国社会心态，透视出网民的智慧和价值观。

网络短语和语句近年来也呈现出"井喷式"增长，由句缀（句模）构成的网络语句不在少数，例如：很什么很什么，很雷很霹雳，很黄很暴力；且什么且什么，且行且珍惜；厉害了，我的谁谁谁，厉害了，我的哥！厉害了，我的女排！

网络用语都是互文性很强的语句，没有前序内容的支撑，很难理解其真实的含义。或者说，网络语句都有一个"热梗"，"梗"是网络语句的解锁密码。例如："世界那么大，我想去看看"，出处是一份印有"河南省实验中学信笺"抬头的辞职申请被发到网上，上面只有10个字："世界那么大，我想去看看。"网友称其为"史上最具情怀的辞职申请"。"我去买个橘子"，该句子出自朱自清的短篇散文《背影》，该文中朱自清的爸爸对他说："我买几个橘子去。你就在此地，不要走动。"本来很温情的这句话在中国社交媒体上走红后，被网友用"买橘子"这个梗引申出来暗指"我是你爸爸"的意思，用来占别人的便宜。"老司机带带我"，是原云南山歌《老司机带带我》的歌词，指论坛里接触时间长、熟悉规则、有一定资源的老手。现在各行各业的老手都被称为老司机。

3. 网络语言的语法特征

网络语言变异，不仅体现在词汇上，也体现在语法形态的变异上，网络上不遵循传统语法规则的现象比比皆是，而且不受谴责、成为惯例，形成特殊的网络语法形态。

语法是构成文章和语言沟通的规则，语法根据语言单位的大小又分为词法、句法、篇章语法。词法研究词的构造，句法研究组词成句的方式，篇章语法研究组句成章的规律。没有规矩不成方圆，汉语的工整和严谨，很大程度上取决于语法的严谨和规范。但是，规范严谨的汉语语法，在网络语言表达中经常被颠覆和改变，体现在词法、句法、标点符号、篇章结构各个方面。

（1）网络语言的词法特征

①名词应用的变异。网络上，名词常常做动词、副词使用，比如"刀"，原为名词，现作动词"砍价"之意，例句如：

毕业急清仓一律25包邮！可刀！（豆瓣小组）

"鸟"，原为名词，现在常用做动词"理睬"之意，例句如：

今年夏天"懒得鸟你"特展就在新光三越台北站前店13F，将再次掀起疯狂热潮！（POP weibo）

"雷"，原为名词，现为动词"震撼、震惊"之意，例句如：

看起来很牛的话都很雷人，这些雷人语录通常很受年轻人的喜爱。（出国留学网）

网络中还时常会出现动宾结构中的动词缺省，造成名词动用，例如：

我微你不能转账，不能发红包，提示账户有风险，怎么办？（博客园）

你电我，我电你，咱们互电！（爱奇艺）

网络中，借词短语中工具宾语名词，常常替代性作动词用，例如：

百度一下，你就知道！（百度广告语）

想看宫斗剧，你爱奇艺啊。（微信聊天记录）

今天你快手了吗？（微信聊天记录）

网络上还有一种名词变异现象，即名词重叠普遍化，名词重叠后也做动词用，这些用法往往模仿童稚之气，带有诙谐卖萌之色彩，例如：

哪里有免费片片看？（360 问答）

此外，网络上也常出现汉语名词与英文词缀合体的现象，例如名词后面出现英文复数后缀：粑粑麻麻 s（爸爸妈妈们）、兄弟姐妹 s（兄弟姐妹们）、小伙伴 s（小伙伴们）。

②动词应用的变异。在网络上，动词形态常常出现特殊变化：

第一，汉语动词增加英文词后缀，是网络时尚的表达法。例如网络上流行汉字+英语时态标记的用法，即网络动词+英语现在分词 ing 形式，表示正在做什么，比如：上班 ing（上班中）、伤心 ing（伤心中）。

第二，动词+英语过去时 ed，也是网络上常见的现象，表示做过了什么，例如：昨天上课 ed。

第三，动词+er 变身名词，也在网络上常见，例如：吹牛 er（吹牛的人）、开车 er（开车的人）。

第四，网络上还常出现动词被指示词"各种"修饰的现象。

传统汉语里的指示词"各种"，通常局限于限定名词，比如"各种人、各种事"。但是在网络里它变得可以修饰动词，形成"各种+动词"模式，例如：

在朋友圈里各种"晒"到底合不合适？（搜狐新闻）

马上双十一来了，剁手党们可以各种淘啊。（微信聊天记录）

第五，网络上常用动词副词化。

动词副词化，也是网络语言在语法上的新用法，比如：弱爆了、美哭了、萌翻了。在这里，爆、哭、翻等动词均起到程度副词的作用。

第六，动词无限重叠使用（无限夸张、强调作用）。

汉语惯常的动词叠加式有以下几种，比如：AA—看看、A 一 A—看一看、ABAB—休息休息。网络上却出现了无限夸张的动词特殊叠加形式，这种夸张用法在弹幕和跟帖中常见。例如：AAAAAAAA……、ABABAB……。

人家从没想过要离开你，你讨厌讨厌讨厌讨厌讨厌讨厌讨厌。（弹幕）

完了，爆头，凉凉凉凉凉凉了。（弹幕）

③形容词应用的变异。

第一，形容词用作动词。

网络上形容词动词化的例子很多，例如，形容词"黑"，在网络上成为动词。"黑"最初特指通过互联网非法侵入他人计算机，导致黑屏。比如"我们的网站被黑了"。后逐渐被网民运用开来，表示"暗中坑害，欺骗"。

被黑了不要紧张，特别是不要和客服产生任何的冲突。（360问答）

第二，形容词副词化，修饰谓词性副词。

在传统语言中，形容词通常做定语，比如：好孩子、美丽乡村；或者做谓语：学校很大、生活很艰难。在网络上形容词常被副词化，用作状语，修饰动词，例如：狂：狂差、狂晕（非常差、非常晕）；严重：严重同意、严重鄙视（非常同意、非常鄙视）。

第三，形容词重叠法。

汉语的形容词重叠模式通常为：AABB、ABAB，比如：漂漂亮亮、雪白雪白、漆黑漆黑。但是在网络上，形成了全新AA、ABB、ABC的重叠模式：好漂漂！好个华丽丽的转身！白富美、傻白甜、高富帅、矮矬穷。

中了好几发子弹然后一个华丽丽的转身，"砰"一声把开枪的给毙了，然后华丽丽地躺地上了……（秋风细雨的微博）

第四，副词应用的变异。

在标准汉语里，副词一般只能修饰形容词、动词，不能修饰名词，而在网络中经常使用程度副词修饰名词的结构，这时，被修饰名词的语义基础和功能也随之改变，其特征意义超过了指称意义。例如：很甄嬛、很中国、非常"六加一"、好man、特草根。

网络上，暴、巨、奇、至等词成为程度副词，取得"特别""非常"之意，与过去不可能搭配的形容词结合，表现出充满网络特色的新词组，例如：暴好、巨慢、巨好吃、奇快、至顶、至贱。有时还能多重复叠使用，以加强程度的强度，例如：巨巨好吃！暴暴暴爽等。

④拟声词应用的变异。

近年来网络上出现了一系列新的拟声词，如吼吼、吧唧、啵、么么哒、嘿嘿、Mua。并且，网络拟声词可以做动词用：

啵！

么么哒！

网络拟声词还具有高参与度，经常可以独立成句，甚至成为2019年的流行语，如：哈哈哈！

⑤感叹词应用的变异。

标准汉语里最常用的感叹词有：啊！哎！唉！哎呀！哎哟！呵！嗬！哟！等，但是在网络里常用的感叹词却变为：呃！哇塞！我靠！哇~！矮油！矮油喂！哇噻！嗯嗯！yoyo！wo！嗯嗯！OMG！

感叹词无限叠用，是网络表现惊叹或感叹的新方法，表现出网络语言的创新性，例如：

呃呃呃呃呃呃呃，这个女孩不怎么好看。（B 站）

在网络上，也常常遇见感叹词表示实词概念的情况，例如：

千万不要相信他，他是个骗子。

嗯嗯！（微信聊天记录）

网络感叹词还常常用实词表达，比如：倒！寒！汗！晕！

⑥结构助词"地、的、得"应用的变异。

网络上混用，滥用"地、的、得"的现象比比皆是，大家似乎对于这三个结构助词的用法差别完全不再在意，不管哪种输入法，在键盘输入时，"的"字总是第一个出现，于是，"的"常常代替"地""得"，例如：

作者有些推理写的（得）太棒了。

我是文科！读得（的）文学院啊有没有！

而且，为了彰显网络搞笑、卖萌的特点，"的"常常被"滴"谐音替代，成为网上常见的用法：偶滴个娘！你滴我滴？晒晒我滴小萌宠！

偶滴歌神啊！第 2 季之收官大战，人气选手集体返场的惊叹语。（爱奇艺综艺）

⑦语气词应用的变异。

现代汉语常用的语气词有：吗、呢、吧、啊、的、了、啦、呗、喽等等。而在网络上，这些语气词被千奇百怪的新语气词语取代：撒、哈、鸟、热、惹、滴、哒、乖乖哒、萌萌哒、贱贱哒、丑丑哒、笨笨哒、胖胖哒成了新时代新新人类的语气表达。

走撒！（走嘛）

回聊哈！我走了哈！（使语气舒缓，增加感情色彩）

秋风来鸟，树叶黄鸟。（鸟＝了）（快资讯）

英雄鬼谷子，可爱萌萌哒的外表，有没有征服妹酱的心？（快资讯）

（2）网络语言在句法上的特征

网络语言的最大的句法特点，就是句子短小，结构简单而随便，主要表现在省略句、倒装句、简单句的大量使用，比如网络聊天中常见的语句：

我下了。（省宾语，意为：我下线了）

新人报到，留个爪先。

亲，货品收到有木有？

4. 网络语言的标点符号特征

现代汉语标点符号共有 17 种：句号、叹号、逗号、顿号、问号、分号、冒号、引号、括号、破折号、省略号、着重号、连接号、间隔号、书名号、专名号、分隔号。《中华人民共和国国家标准 GB/T 15834—2011 标点符号用法》对上述标点符号的应用有明确、详细的规定。但是，互联网空间打破了这些规定，网络标点符号的应用十分新奇怪异，主要表现为：

（1）零标点现象

网络手聊借助文字同步，需要快速地输入文字，这时，费劲地寻找合适的标点符号成为会话畅通的阻碍。同时，聊天虽然表现为文字形式，但仍然保留了口头对话的隔空场景，削弱了标点符号存在的意义，于是，人们开始少用标点符号，改用空格和换行解决。

直接省去所有的标点符号，这种现象在网络上已经非常普遍，而且已经约定俗成。如今，零标点符号现象，大量体现在聊天中：

想吃什么带你去上次那家火锅店怎么样？（新浪网，"00后"聊天记录）

——我可以假装什么都不知道，但是你也不能说我不喜欢你。（新浪网，"00后"聊天记录）

新媒体写作里，零标点现象也比比皆是，比如微信公众号里，通篇不见一个标点符号的现象随处可见，新闻标题里不用标点符号也成惯例。例如：

那些闻名遐迩的旅游景点

选择时应该仔细查找资料

毕竟重新修建的名胜古迹

短短几十年历史

只能算是赝品

《字媒体—整容城》

——礼让斑马线引点赞新画线打滑却挨摔济南斑马线上演爱与囧

（中国新闻网 2019-10-26）

（2）标点符号的连用和套用

这是为了加强句子的感叹色彩而采取的随心手法，现代汉语标准语中，通常只有句末感叹号和问号可以叠用，且一般不超过三个。但是网络上网民们随手点击，爱打几个打几个，想重叠什么符号就重叠什么符号，随心所欲。比如：

汗,,,,,,○○○○○○（微信聊天记录）

她说她不爱我了○○○○○○○○○!!!!!!!!!（360问答）

浅色衣服上的茶怎么去掉啊!!!!????（360问答）

可能当中还有其他原因的!!!!!!!!! 你要永远相信她~~~~~~~~~~~因为<u>爱一个人</u>时很容易~~~~~~~~~~~~~但当你要忘掉她时却是很难的!!!!!!!!!!!! 我相信一个人的爱不会这么容易就毁于一旦的~~~~~~~~~~所以你要继续用你的真诚去打动<u>她的心</u>~~~~~~~~~~~~~~~你要从你们的爱中找到你自己的不足~~~~~~~~~~~在让她慢慢的接受你的爱!!!!!!!!! 祝你成功!!!!!!!! ：）（新浪聊天室）

从上述例句来看，网络应用中，问号、叹号、逗号、句号都可以叠用，而且不受位置和数量的限制。标点符号的叠用，从语用功能来看，都发挥着省略号的作用，表现出一言难尽的含义，或者达到夸张语气和表达强烈情感的作用。

（3）网络省略号的使用特征

网络文化是简省化、碎片化的文化，省略号恰好最能满足这两个特点，因此，成为网络上应用最广的标点符号。省略号表示语段中某些内容的省略，表示意义的断续或不言而喻。汉语省略号的基本形式为位于中线的六个小圆点"……"；如果要省略整段文章，则可以增加到12个小圆点，自成一行。这在《中华人民共和国国家标准 GB/T 15834—2011 标点符号用法》中有明确规定。

但是在网络中，省略号的应用可谓千奇百怪，主要表现在以下三个方面。

第一，六点变三点（简省原则）：

这燕洵…掏钱买的吧…呀这不是那个谁吗

愚公哈哈哈哈哈哈哈好来个饭盒…

（楚乔传，弹幕）

第二，实心变空心（方便原则）：

有人吗。。。。。。。（360弹幕）

我是赵姑娘的脑残颜粉。。。。。。。（360弹幕）

第三，省略号无限叠用（简单原则）：

。。。。。。。。。。。。。。。。。。。！（360弹幕）

事实上，"。。。。。。"已经成为省略号"……"的网络版，因为无论哪种输入法，句号"。"都是在键盘上最容易找到的标点符号。省略号的滥用和错用，是语言经济性原则与网络特性结合的鲜明体现。

（4）网络上纹浪线"~"的使用特征

按照传统标准，"~"可以做连接号，表示某些相关联成分之间的连接。但是在网络里，由于"~"符号键就在电脑键盘的左上角，输入便捷，于是被频繁地滥用，体现出连接之外的其他功能，例如：

第一，表示省略意义：

最怕听到铃铛声了~~~~~~~~~简直是噩梦！（弹幕聊天）

第二，表示感叹意义：

其实我最想找老王要我的六一礼物~~~~~~（弹幕聊天）

第三，表示连接意义：

吃饭~睡觉~打怪物~哈哈哈你怕吗（弹幕聊天）

第四，表示随便什么意义：

可能当中还有其他原因的！！！！！！！！你要永远相信她~~~~~~~~~~~~因为爱一个人时很容易~~~~~~~~~~~~~~~但当你要忘掉她时却是很难的！！！！！！！！！！！我相信一个人的爱不会这么容易就毁于一旦的~~~~~~~~~所以你要继续用你的真诚去打动她的心~~~~~~~~~~~~~~~~~你要从你们的爱中找到你自己的不足~~~~~~~~~~~~在让她慢慢的接受你的爱！！！！！！！！！祝你成功！！！！！！！ :）（新浪聊天室）

（5）网络破折号的使用特征

破折号（——）是表示话题或语气的转变，声音的延续等的符号。行文中，解释说明的语句，用破折号标明；话题突然转变，用破折号标明；声音延长，象声词后用破折号；事项列举分承，各项之前用破折号；表示语气的转变、声音的延续、时空的起止，或用为夹注时，也用破折号。中文破折号"长度占两个字的位置，位于中线"。

但在网络语言中网民对破折号的使用相当随意，存在功能和形式上的滥用。比如将"一字线"用作破折号。或者用两个短横"--"或三个短横"---"代替破折号，如：

---你去哪?

---别管!

短横"-"位于键盘右上方，一目了然，使用便捷，连续敲打三次，一个类似破折号的符号"---"就跃然纸上了。网络里标点符号的使用特点，主要受语言经济性原则所驱使，怎么快怎么方便怎么来，是键盘输入文字的第一要义。

5. 网络语言的语体特征

语体是根据不同交际语境形成的功能变体，传统意义上，语体只有口头语体和书面语体两类。

传统意义上，语境分为面对面与背对背。面对面交流的借助于语音；背对背交流就得借助于文字。所以，语言通常分为口语体与书面语体两大类。口语是面对面的互动交流模式，书面语则是不能或者不需要面对面交流时的一种语言应用模式。照这个分类，传统纸质媒体上的语言多为书面语体，广播电视的语言则是口语体，以及书面语口头传递的复合语体。

网络是集音、像、图片、视频、文字、符号为一体的综合平台，在这里，口语和书面语形式交互使用，你中有我、我中有你。最具特色的，是新媒体上互动的对话，比如微信聊天、QQ聊天、跟帖和评论语言。聊天对话本是纯粹的口语体，是面对面的即时互动式语音交流。互联网提供的时空一体使得对话双方不需要面对面用语音进行，而可以借助语音发送，或者更多的是用远程同步传递文字和图片的方式，达到面对面聊天的即时互动效果，这就使得书面同步聊天成为可能。事实上，新媒体上的对话和聊天，是口语通过文字的呈现，即所谓"手聊"，是在电脑上或者手机上用书写形式呈现的口头聊天，或者说是"键盘上的会话"。

此外，还有另一种相反的现象，即一些制作时是书面的语言文字，却是主持人以朗读和解说的口头方式呈现给受众，比如网络直播新闻稿、各种网络脱口秀，即口头表达的书面语体。上述两种形式的语言很难用传统的方式归于书面或口头语体。因此，近年来出现了口语和书面语体之外的"第三种语体"的说法，即网络语体，也就是书面化的口语体、口语化的书面语体。

总之，互联网上、新媒体中，语体的界限正在被打破，书面语体和口语体的界限模糊化。各种公众号、APP 里，文字语篇的口语化趋势越来越明显，类似下列的充满口语化的文字语篇，遍布各种新媒体。

/日式煎饺/wiki/

日本吃饺子的姿势很迷：

去超市买冷冻饺子或者饺子盒饭

吃拉面要加份饺子

吃火锅也要饺子

下饭也要吃饺子

甚至是大口喝啤酒，也得点份饺子吃…

老艺术家在日本

亲眼看见哪哪都是被饺子倾倒的男女老少

深感疑惑：

日本人难道要开抢我们饺子国的饭碗了？

（字媒体 2019/11/18）

6. 网络语言的文字特征

网络里的语言变异，包括形成汉语文字的新符号。火星文的出现，是网络语言的一大特点。脑洞大开的网民们，创造出象形、幽默、形象逼真的奇葩词汇形式。或者为了偷懒或装可爱卖萌，用图形、符号代替文字，形成回归象形的火星文，如下图所示。

此外，生僻词的使用也是网络文字怪异形态的一大表现。为达到标新立异、形象生动的效果，网民们挖空心思，将许多生僻字推广使用，比如“囧”“槑”“靐”“兲”“烎”“砳”“嘂”“圐圙”等。甚至曾经有一首歌曲《生僻字》爆红网络，这首歌只是简单地将生僻字词罗列，既无意义，也不押韵，唯一的意义大概就是普及这些生僻字词的读法。

这种文字曾经在网络上风行一时，但由于过于怪诞，而且键盘输入不方便，近来逐渐淡出大众，但有个别字，比如囧、槑、靐，仍然常常在一些特殊圈层内出现。

qióng jié lì　hàng xiè　　　jǔ jǔ　　　tí hú
茕茕孑立　沆瀣一气　踽踽独行　醍醐灌顶

dié　　　guī niè　　　dá dá　　　gā lá　　niǎo nuó
绵绵瓜瓞　奉为圭臬　龙行龘龘　犄角旮旯　娉婷袅娜

tì sì pāng tuó　náo　　　láng yǒu　duō jiē　dié xiè　mào dié
涕泗滂沱　呶呶不休　不稂不莠　咄嗟　蹀躞　耄耋

tāo tiè　líng yǔ　yīng yù　jì yú　jǔ yǔ　yòu è wú　hù quān
饕餮　囹圄　薁薁　觊觎　龃龉　狴犴囹轩　怙恶不悛

léi huì　ā zā　jié jué zhì　zāngpǐ　biān
其靁靐靐　腌臜子孑　陟罚臧否　针砭时弊

zhì　　　xī
鳞次栉比　一张一翕

7. 网络语言的语篇特征

翻开任何一本百科全书或语言词典，你会发现，对语篇的定义都是：语义连贯的"言语符号单位"。传统意义上，语篇 text 由一个以上的语段或句子组成，其中各成分之间，在形式上是衔接的，在语义上是连贯的，具有意义向心性的完整表述。语篇研究，是探求连贯性话语的结构及内部构成规律，以指导正确的言语交际的学问。

传统语篇讲究内容完整与逻辑连贯。篇章的完整，被归纳为起、承、转、合，即篇章通常具有开端—发展—高潮—结尾（结论）部分。语篇的逻辑性，体现在篇章的语义连贯与形式衔接上。连贯是指语篇中语义的关联，存在于语篇的底层，通过逻辑顺序来达到语义连接，它是语篇的无形网络。衔接体现在语篇的表层特征上，指语篇中形式上的关联。衔接通常是通过语法手段（如照应、替代、省略等）、词汇手段（如复现关系、同现关系）等方式得以完成的，衔接是语篇的有形网络。

互联网的出现，对网络空间里的语篇构建和应用产生了巨大影响，具体体现在以下五个方面。

（1）网络语篇的构造

传统语篇是语义连贯的"言语符号单位"，而网络语篇的组成成分，已经远远不只是言语符号或者说文字符号了。网络技术的进步，催生读图时代和视频时代的到来。在互联网上，越来越多的语篇成品是以语音、图片、视频的形式呈现出来的。更多的是上述言语形式的混合物，也就是说，是由言语符号、图片、音频视频等混合而成的产物。在网络空间里，语篇是语义连贯的，由语言、图形、声音、音乐、视频影像多种符号系统构成的整体交际单位。这个新定义，推出了一个新的概念——网络语篇。在互联网上，语篇的构成元素远远超出了纯粹的语言文字范围。网络空间为语篇的多模态化提供了技术支持，使构建语篇的成素多样化。在这里，语篇是短视频，是抖音短片，是集图片、文字、音乐为一体的美篇。

（2）网络语篇的场景特征

网络是一个传播场景，在这里，语篇可视作一个传播过程。广义上看，它已经超出语言范畴，成为一个综合复杂的系统。我们可以借用两个英语词，来厘清语篇和网络语篇的异同。英语对语篇的表达通常有两个词：text 与 discourse，两者翻译成中文都是话语、语篇，其异同一直很难厘清。有学者认为两者可以互换代用。有的学者将前者翻译为文本，后者翻译为话语，以示区别在书面和口头上。也有学者认为 discourse 是产生于一定语境中的交际事件或交际过程，是动态的，而 text 则是对这一交际行为或过程的文字记录，是言语活动的产物或成品，是静态的。[①] 凡迪克（VanDijk）对 discourse 的研究比较深入、全面，他区分了 discourse 的不同层面的含义：第一层含义是指交际事件的"成品"，即以语言符号编码的"对话""谈话"或"text"，即 discourse 的语言形式层面。第二层含义指的是某个交际事件，不仅包括交际过程中的参与者（说者/听者、作者/读者），还包括交际过程中特定的场景（时间、地点、环境）。简言之，discourse 就是通过交互作用来实现的交际过程。[②]

事实上，今天互联网上的语篇交际功能，很大程度上取决于语言外的诸多部

①　Cook 1989，Nunan 1993，Brown & Yule 1983，Steinerand Veltmen，1988.
②　王红利：《谈 discourse 与 text 的意义及译名》，《语文学刊》2008 年第 3 期。

分，必须将之视作一个交际过程 discourse，而不再是孤立的、对交际过程的文字记录 text。我们借用美国控制论专家香农和韦弗提出的交际空间模型传播模式，可以展示网络语篇的特点。

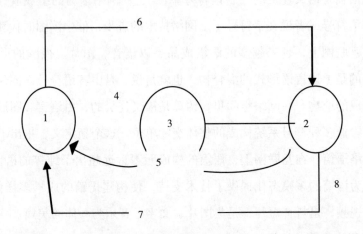

图 3　交际空间模型传播模式

这个模式将交际空间分为以下八个基本的组成部分，信息发出者、信息接收者、信息本身、信道、反馈、信息编码、解码过程、交际环境（语境）。这个模式很好地展现出交际过程中的复杂性和多面性。事实上，要想真正把握和理解新媒体空间的语篇结构，必须将整个语篇从制作到传递直到接收的过程完全纳入，观察完整的交际传播过程，在这个交际模式中：

传统语篇 text ＝3＝信息本身；

传统媒体语篇＝3+4＝信息+信道；

网络媒体语篇则是 web discourse，它是处在全部传播要素集合中的信息 1+2+3+4+5+6+7+8，即包括信息发出者、信息接收者、信息本身、信道、反馈、信息编码和解码过程、交际环境（语境）在内的全部交际过程。换言之，网络语篇可以视为一个综合体，可以视作一个场景，它超出了文字的概念，集音、像、视听为一身，涉及信息、信道、传播、解码、语境等各个层面，少了哪一个层面的考量，语篇功能都不能充分实现。

（3）网络语篇的风格特征

总体上说，网络语篇具有自由、夸张的风格特征，主要表现在：第一，体裁的混乱：网络语篇经常囊括小说、散文、诗歌、政论综合为一体，体现情绪的自由流动与畅快。第二，写作的自由和散漫，题材多样、狂放不拘。第三，词汇的混合化、语体的混血化，各种语言符号汇聚一堂的任性狂欢。第四，修辞上的极度夸张，强化渲染性。第五，逻辑上的跳跃，不循规蹈矩、不死板。第六，写作手法上的游戏化。

（4）网络语篇的语义逻辑特征

从结构上看，网络语篇不同于传统语篇的线性组合和排列。网络语篇是发散性的，代表着网络时代的"非线性思维"，这是和常规线性思维不一样的思维方式，不按逻辑思维、线性思维的方式走，导致网络语篇的逻辑性、语义连贯方式不同寻常。

网络语篇又是立体的，通过超链接得以立体化、多层次化、无限扩大化。网络语篇还是多模态的，除了文字，它还有其他的构造成素，如音、像、视频。这些成素间的衔接不同于以往纯文字间的手段。互文性、篇际性成为网络语篇衔接的重要手段。在网络空间里，语篇情态性等诸多问题都发生了深刻的变化，形成了新的构词成句、构句成章的规律与规则，产生了新的新媒体写作方法论。

（5）关于网络超文本

网络语篇的最大特征，是超文本概念。超文本写作的崛起，是21世纪人类的一大奇观。超文本是互联网上电子文本的网状组合或层次性文本片段的链接，它由一连串文本段落构成，以连接点穿起来，提供给读者不同阅读路径的非传统书写系统，可指向多出文本的大文本。超文本的特征表现在两个方面："超"与"互"。所谓"超"，首先体现在超越作者—读者二元论关系，形成新型合作者关系，写作对象与写作主体、写作者与作品相互依存、互相转化；其次体现在超越文本，形成一文多本与一本多文的现象；最后体现在超越文本意义、超越空间，达到容量、信息量的空间无限。所谓"互"，则体现在文本间的交互、作者与读者间的交互。

在超文本概念里，文本作者更像是一个导演，掌握各种人物的特性，巧妙运用各种文本的特点，链接成为整体。作者也像是文本间优化组合的能手，将各种言语优化组合，呈现出文本的大场景。

网络技术提供了创造超级文本的可能性。一个文本核心的时代已经过去。中心论消失，碎片化盛行，网络写作走向游戏化。

五、中国网络语言研究述评（1996—2019年）

我国自1994年接入国际互联网以来，网络覆盖面不断扩展，网民数量快速增长，网络线上线下交融互动日趋紧密，网络语言产生和使用的环境也形成了气候。在网络语言研究实践中，对其内涵外延的理解有广义和狭义之分，但从网络语言与网络文化关系的视角出发，宜将网络上的全部语言现象视为网络文化产生的土壤，因此，本研究中的网络语言是指在互联网上所有行为主体生产的所有语言行为、语言现象和语言成果。

（一）研究总体情况

本研究范围以中国知网上的以"网络语言"为主题词的期刊文章为主体，兼及有关的出版书籍和立项项目。文献总数6393篇；检索条件：主题＝网络语言或者题名＝网络语言或者 v-subject ＝中英文扩展（网络语言，中英文对照）（模糊匹配）；专辑导航：全部；数据库：文献，跨库检索。期刊文章时间跨度截至2019年10月31日，考虑到研究代表性和样本典型性，在总共搜集的6393篇中提取了全国中文核心期刊和 CSSCI 期刊文章1218篇。

根据中国知网的计量可视化分析，我国网络语言研究的年度发文量和研究趋势如图4所示。

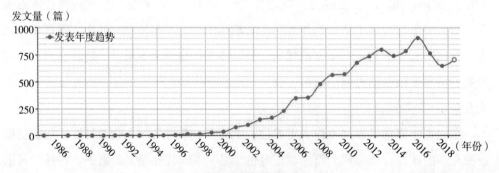

图4　研究成果发表总体趋势分析

从研究成果发表趋势图可以看出，网络语言研究成果随着中国互联网20余年的发展，以及在此场域中网络语言的发展而逐渐引起研究者的关注和重视；研究到2015年左右达到峰值，近两年随着国家互联网络管理、网络及网络语言认知逐渐趋于成熟理性，研究波峰也逐渐回调趋稳。

按照中国知网的计量可视化分析自动划分，研究主题涉及 30 多个细项（如图 5 所示），实际上不少细项可以合并。但很明显可以看出，网络语言本体研究占据研究的主体，文献数前 12 位的细项基本都可归于网络语言的本体研究，占比达一半以上。尽管网络社会五花八门、包罗万象，但语言是社会的皮肤，是网络空间第一表达手段和最显著的文化表征，因此由网络语言衍生出对网络暴力、网络文化、网络文学，对青少年的学习和价值观影响以及其他在互联网环境下的问题的思考等等，这些研究虽不及本体研究那么体量巨大，但足见网络语言的全息性特征，甚至在某些意义上更值得关注。

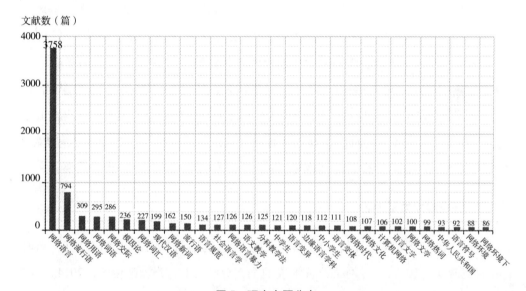

图 5　研究主题分布

在网络语言主体研究的主题范围内，狭义的网络语言研究近几年趋于饱和，而网络流行语、网络语言的语用研究等逐渐成为研究热点（如图 6 所示）。

（二）网络语言总论类研究情况

1. 网络语言的性质

网络语言的性质即网络语言是什么，狭义的网络语言，学者一般视其为现代汉语体系的社会方言，是一种语言变体，这种语言变异受到社会文化、传播介质及其传播规律的深刻影响。这方面的研究主要有：《网络语言——新兴的网络社会方

文献数（篇）

图6　研究主题发文量对比

言》（刘乃仲、马连鹏，2003）、《论网络语言和网络人际传播》（刘天明，2008）。在网络语言的语体性质方面，一般视为介于口语语体和书面语体之间的谈话语体，如《网络语言——谈话语体的网上功能变体》（孙鲁痕，2007），也有的学者称之为书面谈话语体。《网络语言形式研究》（李伟大、吕明臣，2006）一文，从词语、语法及话语方式三个方面探讨网络语言的独特之处并分析原因。指出网络语言虽然与自然语言有很多不同之处，但其仍然是以自然语言为基础的，其中固然有糟粕，然而却极大地丰富了自然语言的形式，是其生命力的体现，这一点更为重要。

2. 形成和发展的动因

《网络语言形成源流探析》（王苹，2007）、《网络语言创新的动因及其不当取向》（汤玫英，2010）、《网络语言形成的个案分析》（刘芳、延俊荣，2014）。在其形成机制方面，较为流行的看法是模因论，《网络语言传播的模因论解读》（任凤梅，2010）、《以模因论视角探析网络语言生成方式——以2011年网络流行语为例》（徐展，2012）；也有的称之为中国化的"通假"，见《论网络语言中的通假》（尹戴忠，2007）。有的研究者注意到了网络语言的方言来源，如《方言与网络语言》（侯超，2013）、《网络语言中的方言因素》（彭金祥，2012）。

3. 表现形式和特点

这方面的研究主要有：《网络语言形式研究》（李伟大、吕明臣，2006）、《网络语言的表现形式及其特征》（王梦，2014）、《网络语言的特点和规范探析》（钟吉娅，2001）、《现代汉语网络语言的个性特点及其影响》（孙永兰，2014）、《网络语言符号说略》（黄进，2002）、《网络语言符号的传播特征及其形成》（梅龙宝、范焕珍、桑龙扬，2005）。尽管网络语言系统研究较多地集中在词汇及符码研究，但也有难能可贵的语法修辞研究，如《网络语言的词汇语法特征》（张云辉，2007）、《"构式语法理论与网络语言"专题研究》（雷冬平，2013）、《网络语言的社会生成空间及其"语法规则"》（黄剑波，2008）、《网络语言的新修辞现象》（窦小忱，2014）、《论网络语言的修辞现象》（赵华伦，2005）等。

4. 多学科观察视角

网络语言及其研究发展20年来，对其认识和研究已发展至多学科交叉综合的特征。涉及的学科领域主要有：文化哲学视域，如《文化发展视域下的汉语网络语言研究》（窦小忱，2014）、《网络语言意义建构的哲学思考》（刘艳茹，2011）、《网络语言变异现象的哲学反思》（胡青青、李伦，2015）。后现代文化哲学的观察，如《网络语言的解构特性》（蒋成峰，2006），《后现代语境下的网络语言研究》（但海剑、石义彬，2009）一文指出，网络语言自身耦合了后现代主义的特质，对网络语言的讨论可以回归到后现代性的认识上。在后现代主义的批判精神和追求全面自由的语境下，语言被视为一种社会实践，具有更大的能动性。后现代主义所蕴含的自由与解放的力量是网络语言发展的根本动因。处于开放状态的网络语言削弱了语言主体的强势地位，为使用者创造了参与发展文本意义的空间。它在传播的速度和范围上，较传统语言具有优越性，但也存在着发展中的陷阱。网络语言作为网络传播的一部分，随着网络技术的发展及其影响扩大，引发出对其规制的讨论。从根本上而言，网络语言扩大了人类思想表达的自由度。

还有生态语言学的视角，这类研究主要有：《网络语言的生态语言学审视》（张青荣，2012）、《生态语言学视阈下的网络语言研究》（周慧霞，2013）；传播学及社会互动论，如《传播学视野中的网络语言研究》（刘柯兰、曾卫伟，2009）、《传播学视角下的网络语言研究》（康庆业，2014）、《网络语言的互联网群体传播本质及互动》（陈静静，2017）；媒介视角，《新媒体时代网络语言发展刍议》（许莹莹、康秀平，2013）；符号学，《从网络象征符到社会象征系统——解析网络语言的社会影响》（邹军，2013）；社会心理学，《网络语言的特点及其对网民心理的体现》（张会娟，2006）；网络语言的社会语言学视角，《从社会语言学的角度分析网络交际语言的特点》（金志茹，2004）、《基于社会语言学视角下的网络语言研究》（肖敏，2012）、《网络语言的社会语言学研究》（张晓松，2012）、《社会语言学视域下网络语言分析》（向莉，2013）；还有从语言工具论的基础视角进行研究，如《语言工具变体的实践与理论研究——以网络语言为视点》（汪磊、陈章太，2006）。

也有的研究从网络语言切入，窥见众多学科领域中的规律性问题，例如《从网络语言透视两种传播形态的互动》（隋岩，2015）分析"APEC 蓝"一词，最先在以微信等社会化媒体为首的群体传播中广泛流传，以嘲讽调侃的方式化解正统、权威的主流媒体传播语境。有别于常见网络语言的符号特征，APEC 蓝不是靠重构能指来戏谑，而是以改变符号素的组合规则来指涉大众传播中缺失的意义，打破同构，满足群体传播中的意义狂欢。这种群体传播中的网络语言盛景，看似威胁到旧的传播权力中心，但在意义不断的延异中，形成了过度娱乐的碎片化信息。APEC 蓝进入大众传播语境后，重拾缺失的话语，以权威正面回应的方式使意义再次发生改变，并形成更为稳定和广泛的影响力。伴随语言意义的不断变化促成了群体传播和大众传播两种形态的交织和互动。

5. 对网络语言的语言学价值的探讨

这方面有价值的探讨集中在《网络语言的语言学价值研究》（张振华，2014）、《网络语言的语言价值和语言学价值》（施春宏，2010）两篇文献。

（三）网络语言本体研究

1. 模因论与语言变异

模因论最早的提出者是新达尔文主义倡导者 Richard Dawkins，这个词语原始的意思是被模仿的东西。模因论是当前语言学研究领域中的一个热点，《普遍语言学下的语言模因研究》（阮晔，2016）等文对语言学中的语言模因进行了分析和探讨。

不少文章集中探讨了网络语言的生成与传播的动因、特征，如《以模因论视角探析网络语言生成方式——以 2011 年网络流行语为例》（徐展，2012）、《语言模因的网络传播特征分析》（张润、史立英，2009）。模因论之所以如此被推崇，很大程度上是因为它能较好地阐释网络语言的生成与传播，解释力较强，这方面的文章比较典型的有：《网络语言传播的模因论解读》（任凤梅，2010）、《网络强势语言模因传播力的学理阐释》（曹进、靳琰，2016）、《当代大学生网络语言传播的模因学研究》（徐瑾、苗勇，2014）。在模因论的视角下，研究者探讨的问题涉及模因论视角下网络委婉语的传播、模因论视角下的网络新词辨析、强势模因作用下的隐喻、模因论视角下网络流行语传播的认知、强势网络流行语模因的传播要素与社会性、语言模因与网络用语关联、模因与语言的传承和净化等等。

如果说模因是网络语言的产生与传播的内在机制，语言变异则是在社会语言学视域中，从网络语言与现代汉语的外部关系中寻找联系与区别，研究网络社会中特殊的语言变异现象。以《符号的颠覆与重构：网络缩略语研究》（李军华，2007）为例，运用现代语言学和符号学理论，认为采用符号颠覆与重构的方式形成的"网络缩略语"是网络语言的主要类型，它的语言单位、符号系统和语音形式具有鲜明的特征，是因语体、媒介、语境和主体的不同而形成的一种新的语言现象，要在适应和满足交际需要的原则下予以规范。

当然，进化本身就伴随着模因复制和变化变异两个方面，《网络语言变异现象的哲学反思》（胡青青、李伦，2015）谈到，有人认为网络语言是偏离语言常规使用的社会变体，属于语言变异现象。网络语言变异给传统语言规则带来了一定程度的影响，并体现了人们不同的认知方式、生活方式、话语权利变迁等文化价值观。然而，根据维特根斯坦后期哲学的语言游戏论，尤其是家族相似性和社会建构理论，网络语言的变异实属语言变迁过程中的正常现象，但这并不意味着网络语言不需要遵守相关规则。《网络语言强势模因的传播变异研究——基于2012—2016年度网络用语的分析》（王炎龙、夏赛楠，2017）以2012年至2016年汉语盘点活动评选出的50条年度网络用语为研究样本，发现年度网络用语在保真度方面出现失真，外形呈现模态衍生的趋势，意义上发生变异。意义变异主要通过新建所指实现，并在与传播形态的互动中发生转向，进入大众传播语境的网络语言的意义被纠偏扶正，主流媒体话语在转为网络语言时意义更倾向对抗。

对网络语言的变异研究，主要集中在词汇词义的变异方面，也有少量对语音、语码混用、标点符号变异用法的讨论。在此基础上，还有的研究进行网络词汇变异的社会文化心理透视和认知动因的考察，以及关注网络语言变异现象，服务社会语言生活。

2. 网络词汇研究

在语言系统中，词汇是最敏感、变化最快的子系统，它是折射社会文化、时物更新、新生语言群体面貌的一面镜子，正像有研究者所言：词媒体，是我们这个时代的接头暗号。《当代汉语词汇发展中网络词汇与时代的关系》（郭伏良、王梦，2014）提出，网络语言作为一种交流工具，同时具备了语言的属性和网络的特点，作为网络信息交互机制的主要媒介，其囿于虚拟环境的固有本质不能否定它与现实生活之间千丝万缕的关系。虚拟与社会环境的统一，离不开这一特殊语言体系的调和。《反语言、词汇语法与网络语言》（李战子、庞超伟，2010）根据 Halliday 的"反语言"研究，将"反语言"看作一种隐喻变体，其词汇语法形式能够通过人际互动构建与保持社会现实。文章在综述 Halliday 对反语言研究的基础上，对网络语言的特点与功能进行了分析和解读。《网络与青少年文化：当代中国传媒中的网络新词语》（史艳岚，2003）一文，则从网络语言形成的媒体领域论述了网络传播技术的成熟、网络社会的形成与网络语言产生的关系。

关于网络词语的构词规律与手段，《试论网络词语的理据性及其内外扩散》（化振红，2005）总结了网络词语的 5 种成词理据：语音变化理据、形义变化理据、异族语言理据、仿造固有词语、外部社会文化理据。此方面的研究，还见于《网络词语的造词分析》（戴军明，2006）、《汉字类网络词语的构造规律》（刘艳茹，2012）、《网络词语构词探析》（惠天罡，2006）、《网络汉语谐音词成因、影响与对策》（陈世华，2013）等文章。

从词汇发展的维度，不少研究探讨了网络新词的来源、演变和发展，涉及网络用语与现代汉语词汇的关联、从网络词汇的发展看语言沿流、网络词语语义别解新解的类型、网络新词的概念整合类型与层次、网络新词语的可接受度、新词在网络词语传播中的发展变化及其成活率等。

从语用维度，研究涉及网络新词在新闻媒体上的运用，特别是跨媒介使用、标题运用等问题，如《网络热词进入新闻报刊标题的传播影响研究——以"世界那么大，我想去看看"为例》（唐丽君，2016）、《网络新词在平面媒体新闻报道中的运用》（乔娜、周怡帆、乔全生，2015）、《网络媒体标题语言特点与新用词研究》（李婧，2015）、《从报刊标题"网络热词"的运用看新闻语言规范化》（郭小璐、张海娜，2013）等。还有的研究着眼于新词新语的学生日常使用和课堂使用情况，如《北京高校学生新词新语使用现状调查及其语言学思考》（马玉红、彭琰，2013）、《网络词语距离课堂写作有多远》（王佃印，2013）。还有的就某一单独网络媒介中使用的词汇进行专题研究，如《对微博新词汇的研究》（田书慧，2014）。

另外，有大量的网络新词的微观研究，对某一新词或构式的来源、语义及发展进行个案分析，例如《"人艰不拆"等网络词语用动机初探》（宋晖，2014）、《也说"杯具"类网络新词形》（刘香君，2010）、《网络语言中缩略词的分析与研究》（高岩，2014）。再如《流行构式"厉害了×"的多维考察》（李宝贵、高玉娟，2018），该文分析道："厉害了×"作为一种流行构式，满足了语言交际的需要。"×"一般为 NP 和句子；"厉害"变异为述补结构、动词、名词和主谓结构。"厉害"的语义泛化表现为主体范围和语义色彩的扩大；信息焦点在"厉害"，主要用于网络口语和网络书面语的语境中；该构式是为了更高程度地表现说话人对对方称赞的情感，使表达更为简洁、省力，满足生动表达的需要。传播渠道多元化、网民的从众心理促使"厉害了×"构式广为流行。

3. 网络流行语

网络流行语的研究，是网络新词新语研究的热点，也是网络文化研究的一个重要切入点。有大量的研究从网络流行语出发研究其文化意蕴，正如《文化解释学的考察：网络语词文本的生成与传播》（李敬，2015）的分析路径，首先对网络语言所依赖的语境层级进行分类，聚焦于更具社会文化性的背景语境中的网络语词，通过内置了存在论立场的语言观，并结合了英美分析哲学之严谨方法的文化解释学框架，分别从文本的功能与目的、文本意义的有限—无限性、文本作者/读者的身份同一性、元文本的永恒在场与缺席几个角度来理解网络语言现象，思考网络语言生成与传播背后的文化根基。这方面的研究还有如《网络流行语的社会镜像》（韩玉花，2010）、《网络流行语现象的语言文化分析》（周晓凤、刘鸽，2014）、《网络流行语的社会文化分析》（盛若菁，2008）、《青年亚文化视域下的校园网络语言和流行语研究》（黄汀，2012）、《意义世界与文化结晶：青少年流行语的社会学考察》（何祎金，2018）、《网络流行语新构式的形成及其社会文化心理探析从"真相了"谈起》（樊洁，2013）、《"火星文"：一种网络流行语言的传播学解读》（耿蕊，2008）、《网络流行语模因现象的社会文化解读》（阮先玉，2016）等。

其次，关于网络流行语的生成、传播与运用。《近十年来我国网络流行语的演变及传播研究》（骆昌日、何婷婷，2015）回顾了近十年来网络流行语的演变历程，发现网络流行语演变规律是外在形式上从简单到多样化，表达意图上从自由的网络交际、文化恶搞到话语权的诉求需要等；其演变动因离不开网民娱乐生活需求、生活压力排遣以及监督权的追求等原因，其传播影响着数字化时代汉语言的纯洁性、文化传播的伦理观、社会价值观、文化的创新性等方面。《网络流行语的语言经济学原则》（刘念，2004）一文，讨论了网络流行语所遵循的语言经济学均衡和省力原则。《基于语言认知视角看网络流行语》（蔡婧，2013）运用认知语言学中的象似性、隐喻和类推解释网络流行语的特点。

但是，模因论解释仍然是阐释网络流行语生成传播发展的主要理论基础，这方面的研究成果也最为丰硕，例如，《以模因论视角探析网络语言生成方式——以2011年网络流行语为例》（徐展，2012）、《从流行语看环境对语言模因的影响》（罗燕子，2011）、《网络流行语：一种暗含力量的模因符号》（安乐天，2012）等等。

最后，研究集中在网络流行语的结构与功能。语言结构研究，如《网络流行语的构词方式和文化内涵》（李艳华，2013）、《"年度十大网络流行语"编码规律解析》（方毅华、罗鹏，2011）、《认知语言学视角下对"×狗"式流行语的分析》（孙文高，2016）等；语用修辞方面，如《网络流行语的感性化与讽喻性》（陈氚、刘少杰，2013）、《时政类网络流行语的修辞学分析》（林秀明，2011）、《网络流行语的社会传播意义和功用解析》（陈万怀，2013）、《网络流行语的广告语言特性》（孙雅妮，2014）、《流行语"高端大气上档次"的语用分析及流行原因》（李洁、杨婷婷，2014）、《论新闻媒体流行语的语体特色》（尹建学，2012）等。

另外，也有少量研究关注网络流行语的负面影响及治理，如《生态语言学视野下网络流行语的语言污染及治理探究》（杨勇、张泉，2015）、《青年网络流行语粗鄙化对策分析》（王洋、管淑侠，2016）。

4. 网络语用及交际

从言语交际的角度看，网络是由一个个网络社区组成的社会新时空，网络语言不是静止的，而是处在活跃的正在进行时的言语环境中。因此，给语用学研究和言语交际研究提供了丰富的活态语料。

第一，关于网络语言交际行为的社交属性和语用特征的研究。有的研究者对网络聊天的言语行为作了分析（徐欣，2005）；对网络语言的属性，有的从语言传播的角度指出其具有社交属性（赵乐平、范明，2016），有的从语言交际的在场感出发指出其具有自然语言的属性（吕明臣，2004）；还有的研究者从社会语言学的角度分析网络交际语言的特点（金志茹，2004）。《试论网络交际者与网络言语的语用特征》（董宏程，2008）指出在网络非语言语境中，网络交际者处于核心地位，因此网络交际者赋予了网络言语显著的语用特征，主要表现在：网络交际者对经济原则的强调；网络交际者在功能假信息中所表达的会话含义；网络交际者对轮流说话的会话结构的颠覆；网络交际者对语言的随意使用和在其话语中表现出的非理性的倾向。

第二，语用原则和语用功能研究。《浅谈网络交际语言的语用原则》（郝玉娟，2013）提出，网络交际语境与面对面的人际交往有很大差别，对语言交流形式产生了多方面影响而形成了其独特的用语原则。该文从网络语境的开放性特征出发，探讨了网络交际语言中的合作原则与连贯一致原则；有的研究（李蔚然，2004）揭示了网络语言交际对语言交际原则的运用和偏离；还有的运用面子理论对网络聊天礼貌策略进行了探讨（刘丽娟，2010）。而网络交际语言与日常言语交际的差别，还体现在语言权利关系中，有研究（郑洁，2013）显示同等关系和权势关系在网络交际语言中普遍存在，在系统功能语言学看来，网络交际从称呼语、语气系统和交际参与角色等方面都可看出交际主体间两类关系的交际方式及语言实现手段，一方面是网络主体间维持平等人际关系的载体，另一方面是网络交际中话语权势的体现。《网络会话交际中模糊微语言社会语用功能研究》（周芬芬、张瑶娟，2018）对微语言的模糊语用功能进行了专门研究。有研究者指出，微语言是网络语言先锋，是微信、微博等平台上的网民为了提高网上聊天效率或为了使会话诙谐、逗乐而采用的包括中英文字母、标点、符号、拼音、图片和文字等以多种方式组合的符号系统。但很多情况下这种组合都是比较模糊、含蓄的表达。该研究以微语言交际会话为例，对微语言会话交际中的模糊语用进行分类，阐述其积极和消极功能，以期实现微语言社会语用平衡。

第三，是对网络交际语境的研究。《网络言语交际的语境》（吕明臣，2008）提出语境是言语交际的重要因素，决定了言语交际的特征，该文从时空、背景、上下文三个方面揭示了网络言语交际中语境的特征及对网络言语交际的影响。有研究者比较报纸、广播、电视以及网络新闻语言的语境差别（段业辉、杨娟，2006），指出新闻语言在语境上与日常会话有明显区别：在言语链上表现为单向与循环的差异，在交际场景上表现为虚拟与具体的对立，在交际范围上则表现为开放与封闭的不同。新闻受众也因新闻传播媒介的不同而在信息的"真""新""快""易""近"等需求上表现出不同的侧重。另外，有的研究从跨文化交际理论来研究网络交际，打开了跨文化交际研究的新视域（高永晨，2001）。

5. 网络语言符号和中外网络语言比较

从符号理论看待网络语言文本及其能指和所指，可以对网络语言背后的网络文化做出更加鲜明的解读和阐释。正如有的学者（朱强，2001）所论述的网络言说，是青年社会互动的一种特殊符号，反映在青年俗语、网络语言、段子、翻唱歌词等方面。有的研究者（任雪菲，2009）指出，网络语言中的数字符号体现生活节奏在加快、科学技术在发展、网络时空全球化影响以及媒介的普及影响。《体育类网络语言符号传播透视出的形态与趋势研究》（曹垚，2017）一文指出，体育类网络语言符号构建了体育赛事举办期间群体传播形态的网络语言盛景，带动了网民参与，提升了体育文化的影响力，推动了体育文化产业的发展，同时体育类网络语言和符号传播过度狂欢将会带来词汇理解困难和认知差异，带来体育文化的低级化走向，导致运动员价值迷失。还有的对网络事件情感动员的非语言符号（苗言，2018）、网络视觉符号（曾庆香、张楠，2008）、网络新闻文本中的语言符号应用（张博，2014）、网络表情符号（林振扬，2016）、网络语言标点符号的变异用法（张颖炜，2014）甚至网名的生成方式（陈文婷、曹进，2009），都做了符号学研究和阐释。

此外，还有不少研究关注到汉语网络语言中英语语码的渗透（时俊霞，2014）、相互融合（刘一辰，2018；齐晓燕，2006）及其社会文化心理（管廷祥，2015）等。还有一些研究者对中日、中韩网络语言的生成方式和形式特征进行了跨文化比较研究，如《中日网络语言生成方式及表现形式之初步比较》（陶芸，2013）、《韩国语网络语言的形式特征及其成因》（王晶，2008）、《跨文化视角下韩汉网络流行语比较》（朴美玉，2015）。

6. 网络语言规范

关于网络语言与现代汉语关系的认识，研究者有三种不同的观点。第一种观点认为网络语言冲击、弱化了现代汉语的规范性，如《网络语言对现代汉语言的冲击》（王梦，2015）、《网络语言对现代汉语的冲击及教学对策》（黎昌友，2009）、

《网络语言破坏汉语的纯洁》（闪雄，2000）。第二种观点认为网络语言是对现代汉语的创新，并且反映鲜明的时代文化精神，持此观点的如《网络语言对现代汉语的创新及其文化反思》（黄也平、侯盼，2012）。更多的是持第三种观点的研究者，他们的研究集中于比较性探讨，如《网络用语与现代汉语词汇的关联性研究》（宗志武，2016），这些研究者的观点正如《"时尚汉语"是正常现象还是病态现象——"时尚汉语"的社会语言学思考》（李明洁，2010）所言，它们有的属于语言潮流，有的属于语言事实；作为规范汉语的时代变异，有其历史合理性，要依据具体语域来判断它们是正常现象还是病态现象。

对网络语言的规范，语言生态规划理论（冯广艺，2013）、语言资源管理规划理论（徐大明，2008）给我们提供了很好的启发。还有从语言系统发展演变的规律提出了规范策略和原则，如《从失范走向规范——关于网络语言影响及规范策略的思考》（陈春雷，2011）、《网络语言的发展与规范》（吴早生，2008）、《从语言系统本身看网络语言的规范》（邹立志，2007）、《网络语言的负面影响与规范原则》（李铁范、张秋杭，2006）。还有的研究者（张润娟，2007）进行了网络语言立法规范研究，对网络语言的立法规范提出见解：规范网络语言，是语言发展的需要；网络语言的恣意发展会对青少年的汉语学习和素质养成产生负面影响；网络语言的无限制发展，会阻碍汉语在世界范围内的推广；立法规范网络语言，并不是禁止网络语言，而是促使其科学发展。在规范网络语言的过程中要特别注意以下三点：1. 规范是为了发展，要有层次性；2. 规范与引导并行；3. 规范要与语言教育改革联系起来。另外，对网络语言如何进入现实语言的科学规范，有研究者（汤玫英，2011）得出结论，网络语言进入现实语言的渠道及表现有：越来越庞大的网民群体是其主体渠道，共同关注的社会热点是其客体渠道，影响巨大的传统媒体是其传播渠道，特定性质的社会方言是其语言渠道。网络语言进入现实语言的规范对策主要有：制定完善相应的法律法规，建立动静结合的规范机制，增强语言使用主体的语言规范意识，加强网络媒体和传统媒体管理等。

（四）与网络语言相关的问题研究

1. 网络时代的语文教育

网络语言与其所生成的网络语言生活，是社会语言生活中极为活跃的部分，网络语言生活的主体也是以青少年这一兼具创造力和发展不稳定性的群体为主。如前所述，网络语言既体现了现代汉语的时代方向，也对现代汉语以及青少年的语文教育造成了一定的冲击。目前这方面的研究主要集中在初小学生的阅读、写作的影响以及语文教学的策略研究。此外，还有一些关于学生网络语言使用状况的调查和实证研究，如《北京高校学生新词新语使用现状调查及其语言学思考》（马玉红、彭琰，2013）。

2. 网络语言与网络暴力

网络语言行为是重要的网络行为，也是网络行为的重要载体。网络的匿名性、开放性等特征助长了网络暴力行为的衍生。此类研究包括网络语言暴力的产生机制（《网络喷子：演变过程、产生机制及干预路径》，窦东徽、罗明明、刘肖岑，2017）、形成原因（《网络语言暴力形成原因透析》，缪锌，2014）、话语权利分析（《基于批评性话语分析的网络语言暴力研究框架》，刘文宇、李珂，2017），以及法律构成要件（《网络语言暴力概念认知及其侵权责任构成要件》，邱业伟、纪丽娟，2013）、治理与监管（《网络语言暴力行为的治理之策》，毛向樱，2017；《网络语言暴力行为的危害及监管》，毛向樱，2018）等。

《基于批评性话语分析的网络语言暴力研究框架》（刘文宇、李珂，2017），指出了当前研究在中观层面的关注不足，提出了网络语言暴力的批评性话语分析研究视角与框架。该框架利用微观层面互联网语篇分析来重构中观层面网络语言暴力的事件过程，同时结合宏观层面的社会情境来展现暴力的语言向语言的暴力演变背后的驱动机制和社会操纵过程。《网络场域：网络语言、符号暴力与话语权掌控》（周彬，2018）基于场域理论及相关语言学理论，探究了网络场域的特性，重点对网络中的符号暴力、话语权等问题进行了理论探讨，论证了网络场域的网络语言具有符号暴力倾向。并就网络场域的话语权进行了理论分析，提出了话语权掌控策略。

3. 网络语言与网络思政

当代青少年学生是网生一代，网络语言既反映他们的思想状况，也深刻影响着他们的语言生活和价值观。网络时代的思想政治工作急需适应这一新情况。这类研究文章甚多，但内容相似度较高，主要涉及网络视域下青少年生活语言受污染问题、网络语言视域下青少年学生文化价值认同与社会心理认知问题、网络语言的流行与大学生思想政治工作创新问题等。

《网络视域下青少年生活语言受污染问题探析》（王进安、谢英，2016）谈到，青少年学生已成为当下网络的生力军，他们的生活语言深受网络语言环境的影响，主要表现有语言的失范、低俗、暴力和悲观等方面，必须严防网络监管失责，严防网络语言失真和严防网络语言失范。

《青少年网络语言使用的社会心理学探析》（刘郁，2009）一文指出，网络语言的使用不仅是一种语言现象，也是一种社会文化现象，青少年使用网络语言的社会心理基础主要有张扬个性、从众心理、娱乐心理、减压心理和抗争心理。针对青少年群体的社会角色状态，对其使用网络语言的行为宜疏不宜堵，同时应采用开设心理咨询室、减压课等方式，引导其正确使用网络资源。

4. 网络语言与网络文学

互联网时代亦为"读网"时代，语言文学创作也进入网络时代。网络文学与网络语言在文化上具有同构关系，网络文学语言是广义网络语言的重要组成部分。网络文学语言研究主要涉及网络文学的语言运用特点（刘峰暨，2004）、审美特质（王晓英，2013）、网络小说的语言特征（魏天真，2003）、网络文学语言的异化和规范（石琳，2008）、网络时代的语言变异与文学转型（李明洁，2011）等等。

《"读网"时代的阅读研究》（胡亚敏，2018）谈到当今社会人们的阅读正在从读文、读图进入数字化的读网时代。读网不仅为阅读提供了极大便利，而且悄然改变了读者的感知方式和思维习惯，并使文学批评活动具有了即时性和交互性。从文化病理学的角度看，信息的碎片化、思想深度的缺失和遗忘是读网时代的三大主要弊端。应对读网时代弊端的基本策略是阅读主体的塑造，具有选择能力、批判能力和生产能力的读者自主性概念就成为读网时代对读者的基本要求。同时，对优秀文本的呼唤也是保证优质阅读的前提。如何利用数字技术服务于人们的精神需要，这一研究昭示文学批评的未来走向。

《网络小说语言的反语言：身份与言语社区的构建》（胡勇，2014）提出，反语言作为社会符号，因其特殊、极端的性质而未得到学界的足够重视。通过反语言理论梳理，从反语言独特的语言形式入手探究国内网络小说的语言特征，以言语社区理论和言语适应理论为角度探讨网络小说语言作为反语言构建、维系社会现实与身份认同等问题，是社会语言学视角下反语言在国内的一次实践性尝试。《中学生网络写作的语言机制》（魏天无，2003）以网络文本为例，对网语的混成性机制及其特征作初步探讨。

5. 有关网络语言发展及其研究综述文章

综述性文章主要有：《网络语言二十年发展综述》（胡凌、刘云、杨传丽，2014）、《传播学视角下网络表情符号研究综述》（刘琦，2016）、《虚拟环境下的语言教学研究综述》（郭万群、杨永林，2002）、《中国大陆网络语言研究述评》（孙宏吉、路金辉，2008）、《我国网络语言研究综述》（杨丽霞、石雪，2013）、《〈质疑"现代汉语规范化"〉讨论综述》（杨文波，2008）、《全国汉语词汇规范问题学术研讨会综述》（2002）、《新词新语的规范问题述评》（国家语委"新词新语规范基本原则"课题组，2002）、《近十年来我国网络流行语的演变及传播研究》（骆昌日、何婷婷，2015）、《这一个十年，网络语言在飞跃》（杨芹，2013）、《近十年网络语言及其使用现状分析》（娄博、李改婷，2015）、《近年来网络传播词语发展变化之观察》（张小平，2010）、《汉语网络语言研究的回顾、问题与展望》（陈敏哲、白解红，2012）、《中国网络语言研究概观》（吴传飞，2003）。

这些综述性文章分别在不同的时间节点，对网络语言及其研究的状况进行了回顾与总结，写作有的重述、有的重评、有的述评结合；内容有的针对网络语言的发展，有的是对网络语言研究的纵向梳理，有的兼而有之，还有的是对某类网络语言纵向发展的专题研究。对系统梳理我国自接入国际互联网以来至今的研究状况，有很好的启发和借鉴作用。例如，《汉语网络语言研究的回顾、问题与展望》（陈敏哲、白解红，2012）通过阅读分析 1994 年以来发表在 CSSCI 来源期刊上的有关汉语网络语言研究的论文，梳理出汉语网络语言的研究经历了从网络语言本体（包括网络语言的性质、词汇、句法、修辞特征等）和网络语言的规范以及对待网络语言的态度问题，逐步拓展到网络语言与语文教学、网络语言与当代社会文化、网络语言与网民的社会心理特征、网络词语及其意义生成的认知机制等的过程。在分析研究不足的基础上，提出汉语网络语言研究今后应该注重汉语网络词汇和句式产生的理据研究，汉语网络语言与其他网络语言的比较研究以及尝试建立汉语网络语言学等三个方面。

《中国网络语言研究概观》（吴传飞，2003）总结了中国网络语言研究有四大内容：一是收集整理中国网络用语，出现了 3 本网络语言词典；二是关于网络语言的概念和结构，结构有两种表现形式——网络行业语和网民常用词语，而网民常用词语又分为七大类、若干小类；三是关于网络语言产生的四种主要原因；四是对待网络语言的九种态度。述、评、论三结合，展示出了中国网络语言研究的状况。

第二部分

中国网络语言的学术研究

第一章
语言视角研究

认知经济性：网络语言
变异的重要动因*

较之现实常规语言运用，网络言语交际的一个重要特征是其语符运用的超经济性。虽然现实语境中的语言运用也要遵循经济性原则，这是人类语言运作的一个重要机制，但是网络语境中的言语交际却将这一机制发挥到极致，已经超出了现实常规语境可以允准的范围与限度。这种超经济性催生出大批经济性变异符号，给网络语境增添了许多不同于现实常规交际的变异表达形式。目前这一超经济性变异特征已经引起了人们的关注，现有研究大多将其归因于网络平台中"键谈"交际的需要。比较通行的看法是，网络交际平台计时收费，当代社会生活节奏加快，为了交际的经济高效，经济性交际势在必行。此外，用键盘、鼠标、显示屏以及网络作为口语化交际的输入输出端口，受制于输入法、打字速度、网络传输等局限，口语交际的及时性与网络交际的延时性矛盾促使网络交际参与者尽量求省求简，以满足口语化交际的及时性需求。现有研究虽然注意到网络交际的物质条件以及模式特点对网络语言运用经济性的影响，但终究还是一种表面化的外因分析，未能深入到网络言语交际过程中的内因层面探究问题。事实上，网络言语交际的经济性已呈现出多样化特点，既有节缩型变异，即通过简约化手段使相关表达形式更为经济省力；又有模因型变异，即运用直接拷贝复制和"旧瓶装新酒"等手段尽量减少新语符的数量，从而获得语言的运用经济性；还有讹误型变异，即受输入法和表达意趣等因素的影响而出现的"将错就错""以讹传讹"式的经济性变异。此外，还有符号图

* 本文为江苏省社会科学基金项目《网络变异语言现象的认知研究》（09YYB012）的阶段性研究成果。作者吉益民，宿迁学院中文系教授、文学博士、硕士研究生导师，主要研究方向为语言学及应用语言学。

谱形式变异，以及动态交际过程中的综合型经济性变异等类型。总之，表达经济性效益有定，具体运用手段可变，以实现最小量语言资源投入获取最大化语言信息表达的目标，从而更好地满足当代网络信息传播的"短平快"需求。而最小量投入获取最大化收益正是人类认知运作经济性的终极追求。因此，相关问题可以纳入人类认知经济性视域中进行考察探究，以便从认知潜层揭示出网络诸多变异语言形式的致成动因。

一、认知经济性理论概说

从本质上来说，经济性原则是指导人类一切行为的基本原则，其根本目的在于实现资源配置与利用的最优化。大到人类对自然资源的节约型开发与利用，小到家庭开支的节约型预算与消费，都要遵循这一原则，以便使人们的生活更有计划、更为协调。这一原则也叫省力原则，最初是由美国哈佛大学齐夫（Zipf）教授（1949）在他的《最省力原则——人类行为生态学导论》一书中首先提出的。书名显示，Zipf 最初用这条原则解释一切人类行为和社会现象，认为省力原则是"指导人类所有类型的个人或集体行为（包括言语行为）的首要原则"①。其基本内容就是以最小的代价换取最大的收益。而语言经济性就是要在表达者的"单一化力量"和接受者的"多样化力量"之间达成共识与平衡，才能实现真正的省力。法国语言学家 André Martinet（1962）在 Zipf 理论的基础上进一步提出了语言经济性的构成要素，即省力原则和交际需要。他认为，一方面，言者需要传递自己的信息；另一方面，他又要尽可能地减少自己的脑力、体力付出。② 由此可见，所谓省力原则，其实指的就是一种平衡量，即言者既要尽可能地减少交际中所需要付出的心力与体力，使用尽可能简洁的语言表达形式和表达手段，同时又要尽可能地让听者正确领会他所要传递的信息。

事实上，"人类的一切活动都蕴含着效用最大化动机"（贝克尔，2003）③。而作为人类最重要的交际工具和交际活动，语言及其运用也内蕴了这一动机。具体来

---

① G. K. Zipf, *Human Behavior and the Principle of Least Effort*, Addison-Wesley Press, 1949, pp. 201-230.

② A. Martinet, *A Functional View of Language*, Clarendon Press, 1962, pp. 152-170.

③ ［美］加里·S. 贝克尔：《人类行为的经济分析》，王业宇、陈琪译，上海人民出版社 1995 年版。

说，可分为工具经济性和使用经济性，前者表现为语言静态符号的简约与节缩，后者表现为动态语境中的变换与省略，二者可以概括为以最小的认知代价换取最大的交际效益。人类语言运用经济性与人类最基本的认知方式——范畴化密切相关。因为"世界是由千变万化的事物组成的，等待人们去认识。离开了人对它们的认识，它们就失去了意义。客观世界的事物又是杂乱的，大脑为了充分认识客观世界，就必须采取最有效的方式对其进行储存和记忆。所以，大脑对事物的认识不能是杂乱的，而是采取分析、判断、归类的方法将其进行分类和定位"，"范畴化是人类对世界万物进行分类的一种高级认知活动，在此基础上人类才具有了形成概念的能力，才有了语言符号的意义"（赵艳芳，2001）①。刘正光（2006）在研究非范畴化问题时也认为，"人类不但面对一个千姿百态的物质世界，同时还面对一个纷繁复杂的经验世界。因此，人类认识的一个基本任务必然首先是进行分类，否则，人类不可能有效地存储和利用知识"，"这个分类的过程就是范畴化的过程"。并且认为"范畴化的最直接作用是减轻认知过程中的工作负担"②。E. Rosch 和 B. Lloyd（1978）还提出了范畴化的两个基本原则：（1）在功能上达到认知经济性，范畴系统必须以最小的认知投入提供最大量的信息；（2）在结构上提供的最大量的信息必须反映出感知世界的结构。③目前，范畴化理论已经成为当代认知语言学的核心理论，因为人类的认识就始于范畴化，在此基础上，才能获得范畴，形成概念，产生意义，并诉诸语词。而范畴化机制正是为了实现人类认知经济性的一个重要机制。也可以说，范畴化过程就是语言交际工具经济性的实现过程。

除了范畴化，人类对现有语言符号的进一步整理加工乃至变异使用，或者另起炉灶，创造新符，往往也包含着经济性认知动因。因为，随着认识的不断深入和发展，人的概念系统和认知系统会不断产生新的内容需要表达，而目前的语言系统又没有足够的表达方式和手段。如何解决概念系统和表达系统之间的矛盾既是认知问题，也是语言运用问题。根据 Heine、Claudi 和 Hünnemeyer（1991）的观点，解决这一矛盾的方法一般会有以下五种选择：

第一，发明新的标记符号；

---

① 赵艳芳：《认知语言学概论》，上海外语教育出版社 2001 年版。
② 刘正光：《语言非范畴化——语言范畴化理论的重要组成部分》，上海外语教育出版社 2006 年版。
③ E. Rosch & B. Lloyd, *Cognition and Categorisation*, Lawrence Erlbaum, 1978, pp. 28-41.

第二，从其他语言或方言中借鉴；

第三，创造像拟声词一样的象征性表达式；

第四，从现有的词汇和语法形式中构成或衍生新的表达式；

第五，扩展原有表达形式的用途以表达新的概念，常见的方法有类比转移、转喻、隐喻等。①

Heine、Claudi 和 Hünnemeyer 同时指出，第一种和第三种几乎是不用的，一般采用的是第二种、第四种和第五种。人们很少发明新的表达式，而宁愿依赖已有的语言形式和结构。这一语言运用方法的选择包含着经济性认知动因，因为利用已有的语言形式和结构可以有效地减少语符数量，以减轻人类记忆和知识储存的负担，进而实现以最小的认知代价获取最大的表达效益。

也可以说，语言运用中的经济性原则驱使语言使用者不断追求语言表达效益的最大化，致使具有变异特质的语言现象不断产生。卢植（2006）也从认知的角度阐述了经济性原则，他认为，"从认知科学的角度看，数量原则和经济机制与人类对认知资源和认知能量的分配有关，认知科学认为在人的一系列认知活动过程中，人的信息加工和处理系统要经过若干心理运算和认知操作，而这些运算和操作都需要认知资源，尽可能减少资源的分配和使用是人类长期进化过程中发展起来的特性之一，除非出于特殊的交际需要和交际目的，人们倾向于把心理认知资源的耗费降低到最低程度"②。

由此可见，既然经济性原则是人类从事一切社会活动和处理一切社会事务的基本原则，那么作为人类最重要的交际工具和交际活动，语言符号的设计与运用也必须要遵循这一原则。而且，由于语言符号既是人类的认识成果，又是人类的认知工具，因此这一双重身份对语言符号的经济性就提出了更高的要求。在不影响正常交际的情况下，人类通常会遵循省力原则、最优化原则和效益最大化原则，将交际活动中的认知资源的分配和付出降低到最低标准。而语言形式层面的经济性正是来源于人类认识活动中的这种少投入多收益的经济性认知机制和认知需求，语言交际过程中的诸多变异现象也正是这一认知机制与认知需求共同作用的产物。

---

① B. Heine, U. Claudi & F. Hünnemeyer, *Grammaticalization: A Conceptual Framework*, The University of Chicago Press, 1991, p. 27.

② 卢植编著：《认知与语言——认知语言学引论》，上海外语教育出版社 2006 年版。

二、网络语言变异中的超经济性

（一）网络语言超经济性变异概说

从认知语言学的角度探究网络语言变异的深层动因，不难发现，认知经济性是一种具有统摄性意义的根本动因，网络语言中的诸多变异现象都可以在这一认知原则的观照下得到科学而统一的阐释。当然也不排除少数出于特殊交际目的而生成的反经济性建构，即繁赘建构，如"走召弓虽"（超强）、"王求革圭"（球鞋）、"马叉虫"（骚）、"轲笕"（可见）、"偶喷芰"（男朋友）、"好好漂亮"（好漂亮）等。但是，这些只是个例，网络语言变异仍是经济性占主流。无论是受制于上网计时收费的经济压力，还是网络交际即时互动的迫切需求，乃至网民追求时尚、标新立异的心理状态，诸多因素形成合力，使网络语言呈现出不同于传统语言的超经济性变异特征。如上所述，所谓超经济性，是指网络语言的经济性已经超出了常规语言运用所能允准的经济性限度，大量字母、数字、图形、符号、错字、别字等构件的介入，以及谐音、缩略、象征、比喻、借代等手法的运用，使网络言语交际突破了原有书写符号的种种规范与限制，违背了传统语言符号能指与所指之间的约定俗成，创造了新的形音义结合体，表现出很强的创新特色，形成网络另类的语言表达形式，将语言经济性发挥到极致。这种超经济性变异使符号象似性和显豁度大为降低，使常规解码难度增加，于是一度被贬为"脑残体"。

以人类现实常规语言符号产生与运作的经济性标准来衡量，网络语言的经济性具有一定的局限性。因为，对于人类使用的语言符号来说，经济性和象似性是一对矛盾统一体，语言符号系统的正常运转需要这两种性质共存并保持平衡协调。一味强调象似性势必会影响经济性，使语言符号系统变得异常繁难；反之，一味追求经济性也势必会影响象似性，使语言符号系统因过于简约而影响正常解码。因此，为了确保交际的顺畅与高效，人类语言交际通常会在象似性和经济性之间寻求一个平衡点，努力将象似性和经济性控制在一个科学合理的限度内，以实现最少付出获取最大收益。一旦出现失衡，语言系统一般会发挥自组织功能进行自动调节，使之复归平衡。显然，网络语言系统的建构与运行状况已经打破了这一运行机制，过分倚重经济性，越出了经济性的允准限度，使象似性严重受损，且难以实现自动调节。

究其因，是由于网络语言的运行场域具有一定的特殊性，非在场的在场化交际需求对网络语言的运用产生重要影响，运行环境和交际主体的变化是网络语言超经济性变异的直接诱因。相关语言形式是特殊交际主体在特殊交际平台上所使用的一种特殊交际工具，较之常规交际工具，这一交际工具呈现出超经济性变异的特征，因此，从某种意义上来说，网络语言的超经济性正是其变异性的重要表现。

（二）网络语言超经济性变异类型

因产生并运行于特殊场域，网络语言超经济性变异具有一定的复杂性和多变性。其变异性表现在网络语言运用中的各个环节，从静态符号形式的创制到动态语篇的建构，每一环节都蕴含着超经济性变异特征。从总体来看，其超经济性变异主要表现为字母缩略、数字谐音、汉字合音、示意符号、拟像图谱、模态衍生、将错就错、混合谐音变异、动态语篇变异等几种类型。

1. 字母缩略

网络语言超经济性变异主要表现为大量使用简约型缩略形式，其中尤其是以字母缩略形式最为典型。字母缩略可分为汉语拼音字母缩略和英文字母缩略两种形式。汉语拼音字母缩略的基本建构机制是：将原有词语、短语或句子的汉语拼音首字母提取出来，组建最简表意形式。如：BT（变态）、BC（白痴）、PF（佩服）、BD（笨蛋）、GG（哥哥）、DD（弟弟）、MM（妹妹或美眉）、FZ（发指）、MJ（马甲）、BG（报告）、SG（帅哥）、MN（美女）、JS（奸商）、KL（恐龙）、WS（猥琐）、RZ（弱智/人渣）、TK（偷窥）、WK（我靠）、LP（老婆）、LG（老公）、SL（色狼）、DX（大侠）、CN（菜鸟）、ZT（转贴/转帖）、JP（极品）、RQ（人气）、BS（鄙视）、RY（人妖）、LM（流氓）、YY（意淫）、PG（屁股）、PMP（拍马屁）、NND（奶奶的）、SJB（神经病）、LYB（留言板）、RMB（人民币）、LBT（路边摊）、WAN（我爱你）、XDJM（兄弟姐妹）、GXGX（恭喜恭喜）、BXCM（冰雪聪明）、JJWW（叽叽歪歪）、PLMM（漂亮妹妹）等。此外，还有单音节首字母缩略词，如：Q（求）、W（万）等。英文字母缩略可分为单词首字母缩略和短语或句子首字母缩略，以及其他缩略等形式。其中常规首字母缩略的有：BF（boy friend，男朋友）、GF（girl friend，女朋友）、BTW（by the way，顺便说一下）、AFAIK（as far as I know，就我所知）、PK（player kill，砍人、攻击）、LOL (laugh out loud，大笑)、BRB (be right back，马上回来)、BBL (be back later，过会回来)、SOHO (small office home office，居家办公)、VG (very good，很好)、DIY (do it your self，自己动手做) 等。变异首字母缩略的有：CU (see you，再见)、OIC (Oh, I see! 我明白了)、CUL (see you later，以后见) 等。其中，英语单词 you、see，根据其发音特点，已经分别被简约为"U"和"C"两个英文字母。其他缩略形式还有：FT (faint，晕) 是抽取单词的首尾字母建构形式，ID (i-dentification，身份) 和 WEL (welcome，欢迎) 是截取单词开头的两三个字母建构形式，而 Howau (How are you，你好) 和 Whoau (Who are you，你是谁) 采用的是半缩略形式，即句首单词保持原型，其他单词采取缩略形式，等等。

2. 数字谐音

数字谐音是指利用数字和词语、短语或句子之间的同音或近音关系，从而用数字来代替相应语言单位的一种表达方式。这种谐音表意方式已经用于日常语言生活，如用"8"谐音"发"（发财)、"9"谐音"久"（长久)、"4"谐音"死"（死亡) 等。但是，在网络交际平台中，网民们高频率大范围地使用这种表意方式，"使得数字在网络语言世界中自成一体，形成了表意功能强大且极具影响力，并有相当规模的数字网语。阿拉伯数字虽然只有寥寥 10 个符号，由于网民的创造性使用，10 个符号却千变万化，魔力无穷"[1]。不过，这种表达经济性也给接受的一方增添了解码难度，使得解码工作具有了破译密码的性质。现将常见的网络数字谐音语言形式按数字 0—9 为序列举如下：

"0"首短语：01925 (你依旧爱我)、02825 (你爱不爱我)、03456 (你想死我了)、04527 (你是我爱妻)、04535 (你是否想我)、04551 (你是我唯一)、0457 (你是我妻)、045692 (你是我的最爱)、0487561 (你是白痴无药医)、0564335 (你无聊时想想我)、06537 (你惹我生气)、07382 (你欺善怕恶)、0748 (你去死吧)、07868 (你吃饱了吧)、08056 (你不理我了)、0837 (你别生气)、095 (你找我)、098 (你走吧) 等。

"1"首短语：1314 (一生一世)、1314920 (一生一世就爱你)、1372 (一厢情愿)、1414 (要死要死，或意思意思)、147 (一世情)、1573 (一往情深)、1711

---

[1] 陈一民：《数字网语：网络语言中的数字表意》，《湖南科技学院学报》2007 年第 11 期。

（一心一意）、1920（依旧爱你）、1930（依旧想你）等。

"2"首短语：200（爱你哦）、2010000（爱你一万年）、2013（爱你一生）、20184（爱你一辈子）、2030999（爱你想你久久久）、20475（爱你是幸福）、20609（爱你到永久）、220225（爱爱你爱爱我）、230（爱上你）、2406（爱死你啦）、246（饿死了）、246437（爱是如此神奇）、25184（爱我一辈子）、25910（爱我久一点）、25965（爱我就留我）、259695（爱我就了解我）、259758（爱我就娶我吧）、2627（爱来爱去）、282（饿不饿）等。

"3"首短语：300（想你哦）、30920（想你就爱你）、3013（想你一生）、310（先依你）、330335（想想你想想我）、3344587（生生世世不变心）、3399（长长久久）、356（上网啦）、35910（想我久一点）、359258（想我就爱我吧）、360（想念你）、369958（神啊救救我吧）、3731（真心真意）、39（Thank you）等。

"4"首短语：42（是啊）、440295（谢谢你爱过我）、447735（时时刻刻想我）、4456（速速回来）、456（是我啦）、460（想念你）、48（是吧）等。

"5"首短语：510（我依你）、51020（我依然爱你）、51095（我要你嫁我）、51396（我要睡觉了）、514（无意思）、518206（我已不爱你了）、5170（我要娶你）、517230（我已经爱上你）、518420（我一辈子爱你）、51920（我依旧爱你）、520（我爱你）、5201314（我爱你一生一世）、5209484（我爱你就是白痴）、521（我愿意）、52306（我爱上你了）、52406（我爱死你了）、530（我想你）、5366（我想聊聊）、5376（我生气了）、53719（我深情依旧）、53770（我想亲亲你）、53782（我心情不好）、53880（我想抱抱你）、53980（我想揍扁你）、5406（我是你的）、54335（无事想想我）、543720（我是真心爱你）、54430（我时时想你）、546（我输了）、5460（我思念你）、555……（呜呜呜，模拟哭声）、55646（我无聊死了）、564335（无聊时想想我）、570（我气你）、57386（我去上班了）、574839（我其实不想走）、5776（我出去了）、584520（我发誓我爱你）、5871（我不介意）、5876（我不去了）、59240（我最爱是你）、59420（我就是爱你）、596（我走了）等。

"6"首短语：609（到永久）、6785753（老地方不见不散）、6868（溜吧溜吧）、687（对不起）等。

"7"首短语：70345（请你相信我）、7087（请你别走）、70885（请你帮帮我）、729（去喝酒）、737420（今生今世爱你）、740（气死你）、7408695（其实你不了解我）、74520（其实我爱你）、74839（其实不想走）、765（去跳舞）、770880（亲亲你抱抱你）、77543（猜猜我是谁）、786（吃饱了）、7998（去走走吧）、7086（七零八落）、70345（请你相信我）、7708801314520（亲亲你抱抱你一生一世我爱你）等。

"8"首短语：8006（不理你了）、8013（伴你一生）、8074（把你气死）、825（不爱我）、837（别生气）、8384（不三不四）、860（不留你）、865（别惹我）、8716（八格耶鲁）、886（拜拜拉）等。

"9"首短语：902535（求你爱我想我）、9089（求你别走）、910（就依你）、920（就爱你）、9213（钟爱一生）、9240（最爱是你）、9494（就是就是）、95（救我）、98（酒吧）、9908875（求求你别抛弃我）等。

3. 汉字合音

汉字合音，亦称汉字谐音缩合，是指合二音为一音，共两形为一形，但仍兼有两个词的意义和作用，该现象通常是由于二字经常连用快读而形成的一种合音变异。其中，能指经历压缩合成，而所指依然保持不变。这种语言现象古已有之，如宋代沈括的《梦溪笔谈·艺文二》中已有相关论述，"古语已有二声合为一字者，如不可为叵，何不为盍，如是为尔，而已为耳，之乎为诸之类"。其他还有"于此"合为"焉"、"之焉"合为"旃"、"何故"合为"胡"等。关于合音字，郝静仪（1993）认为"是由某一历史时代和地域汉语的双音词或词组中前一字相同或相近的'声母'，跟后一字的相同或相近的'韵母'凝合而成的单音字"[1]。相关分析充分说明汉字合音是一种由来已久的音变现象，起因于相邻音节的快速连读，本质上属于一种语流连读音变，与语言经济性和省力原则密切相关。该现象在口语中尤为常见。当代网络语言的半口语半书面语的表达方式承继并发展了这一语流音变方式，结果造就了一系列汉字谐音缩合词，如"酱紫"（这样子）、"酿紫"（那样子）、"表"（不要）、"包"（不好）、"考"（可好）、"哞"（没有）等等。究其因，显然是由于网络口语化的交际方式更接近方言的发音特点，于是运行在方言土语中的合音词就堂而皇之地进入了网络交际平台。而网络语言的变异特征之一就在于它能使方言色彩浓厚的词汇不再局限于特定的地域范畴，而能走进大众生

---

[1] 郝静仪：《合音字浅探》，《齐鲁学刊》1993年第4期。

活，成为网络大众草根语言的有机组成部分。这既满足了经济省力的交际需求，又获得了具有乡土特色的表达效果。

4. 示意符号

网络示意符号，也叫"网络符号"，或"图形符号"和"脸谱符号"。它是由美国卡耐基·梅隆大学研究人工智能的斯科特·法尔曼教授于1982年首创的。当时，法尔曼教授建议在大学的电子公告牌上用"：)"表示笑话，用"：（"表示需要严肃对待的问题，以避免网上交流产生的误解，从此网络表情符号得以迅速普及与流行。此后各国网民和各类技术人员又创造了大量错综复杂的表情符号，使网络示意符号得到了进一步发展与完善。就建构情况来看，它是用键盘上现有的各种符号拼合在一起组成的各种表情或表意的简化形式，是网络语言经济性变异的一个重要体现。它的建构方式比较灵活自由，具有较强的临摹性与创造性。其基本构成要素是阿拉伯数字、标点符号、数学符号、单位符号、汉语拼音、注音码、英文字母和其他一些特殊符号，具有明显的键盘化特征。它并不依托现成的语言文字作为载体，而是用键盘上的字母、数字或符号作为组构素材来传递所要表达的信息。对面部表情的临摹和写意是其重要的建构方式，也是其重要特征。通常是抓住最能反映面部表情特征的眼、鼻、口三个器官进行建构，分别用"："""—"""）"三个符号来表示。当然，也有一些其他非表情类的示意符号。总体来看，示意符号具有一定的象形性，即符号形式与所表达对象相似、相近或相同，用来弥补网络交际中体态表情和情境等副语言信息的匮乏。根据其表达对象的不同，大致可以分为表情类、表物类、动作类和综合类四种类型。

（1）表情类。如："^＿^"表示眯着眼睛笑，"：（"表示扁脸，不高兴了，"：（#)"表示恶心，想吐，"（^@^)"表示幸运小猪猪，"::＞＿＜::"表示哭泣，"＊c＊"表示眼睛哭红了，"（＄）＝3"表示松了一口气，"#^＿^#"表示脸红了，"^＿~"表示俏皮地向对方眨眼睛，"→＿→"表示怀疑的眼神，"●＿●"表示熬夜变熊猫眼，"："表示生气地嘟着嘴巴，"〉〈"表示眉毛竖起来了要发狂，"X%X"表示很痛苦的感觉，"（＆´)"表示无聊或者是很无奈，"^＿^"表示男士温和有礼的笑，"^.^"表示女士含蓄优雅的笑，"：D"表示开口大笑，"p"表示吐了一下舌头，"＜@＿@＞"表示醉了，"O＿O"表示非常吃惊，"ZZZZZZZ……"表示睡觉的样子，"T T"表示双泪长流的哭泣的脸，"：9"表示舔着嘴笑，

"=^=" 表示脸红了等。

（2）表物类。如："@>>>:"（玫瑰花）、"<。)#)))≤"（烤鱼）、"（??)nnn"（毛毛虫）、"＼（0^◇^0)／"（麻雀）、"<)>>>=<"（鱼骨头）、"（=^^=)"（猫）、"／（w）＼"（兔子）、"≡[。。]≡"（螃蟹）、"¯(∞)¯"（猪）、"■D"（咖啡杯）、"（:≡"（水母）、"（。。)~"（蝌蚪）、"ε==3"（骨头）、"<□:≡"（乌贼）、"<'>"（老虎）、"○●○—"（烤丸子）、"（:◎)≡"（章鱼）、"ζ。≡"（狮子）、"（●●)"（太阳镜）、"@/"（蜗牛）、"Σ^)／"（乌鸦）、"（（（●<"（蟑螂）、"（=^ω^=)"（狐狸）、"<※"（花束）、"[:｜｜｜:]"（手风琴）、"┳═—"（枪）、"┠▅▅═—"（针筒）等。

（3）动作类。如："{{{｛}}}"表示拥抱，"{{{(>_<)｝}}}"表示发抖，"Y（^_^)Y"表示举双手胜利，"（^人^)"表示拜托啦等。

（4）综合类。如："（^_^)∠※"表示送你一束花，"（°o°)~@"表示晕倒，不省人事，"（~o~)~ZZ"表示我想睡啦等。

5. 拟像图谱

拟像图谱是系统配置的一种表情示意符号，是一种更为直观形象的情态和物象表达手段，包括脸谱、动作、实物等各种图谱。在辅助交际者的对话过程中具有传递情态、表达情境、展示实物等功用，较之上述象征性的示意符号，这种表达方式具有同样的情态情境表达功能，而且显得更为直观形象。由于各种图谱已经为网络系统预先配置和储存，因此，只要在交际过程中有需要，交际者就可以随时调配使用，以满足网络交际及时快捷的经济性需求，并能弥补网络交际现实情境的匮乏。现将 QQ 聊天工具中自带的拟像图谱列举分析为表1。

表1　QQ 聊天工具自带拟像图谱例析

图谱							
拟像	微笑	再见	惊讶	礼物	咖啡	西瓜	瓢虫
图谱							
拟像	爱情	飞吻	回头	OK	握手	胜利	勾引

6. 模态衍生

网络言语交际过程中的模态衍生表现在语言符号系统的各个层面上，从语词到语篇都能窥见这一复制裂变的繁衍动因。其经济性主要表现为格式模框具有极高的加工使用频率和强大的同化泛化功能，可以将功能情形相似的表达对象纳入结构模框，从而建构起庞大的模标变体族群。通过考察，我们发现，这一模态动因尤其是以词句模标最为典型。例如：

①裸：裸诵、裸考、裸替、裸聊、裸治、裸教、裸婚、裸捐、裸售、裸退等。

②客：黑客、红客、极客、博客、威客、丁客、掘客、拼客、收客、拍客、闪客、播客、蓝客、搜客、换客等。

③吧：酒吧、网吧、淘吧、迪吧、水吧、书吧、话吧、纸吧、氧吧等。

④被：被自杀、被就业、被小康、被增长、被结婚、被成功、被广告、被失踪、被统计、被培训、被赞成、被幸福、被雷锋、被自愿、被跳楼、被中考等。

⑤山寨：山寨手机、山寨电影、山寨明星、山寨春晚、山寨广告、山寨网站、山寨新闻、山寨"神七"、山寨"鸟巢"、山寨《红楼梦》、山寨《百家讲坛》、山寨诺贝尔奖等。

⑥ABB：范跑跑、蒋代代、鲁嫁嫁、舒灰灰、王舔舔、余哭哭、张编编、赵光光、常面面、吕传传、何逛逛、楼薄薄、楼倒倒、坝溃溃、塔散散、桥裂裂、喝水水、做梦梦、洗澡澡、发烧烧等。

⑦哥某不是某，是寂寞：哥吃的不是面，是寂寞；哥唱的不是歌，是寂寞；哥发的不是帖子，是寂寞；哥呼吸的不是空气，是寂寞；哥抽的不是烟，是寂寞；哥摔的不是跤，是寂寞；哥用的不是手机，是寂寞；哥睡的不是觉，是寂寞等。

⑧某某，某某喊（叫）你回家吃饭：贾君鹏，你妈妈喊你回家吃饭；易中天，校长叫你回家吃饭；情妹妹，雪娘喊你回家吃饭；萨达姆，你妈喊你回家吃饭；孩子们，世界杯喊你回家吃饭了；布什，奥巴马喊你回家吃饭；高房价，大家喊你回家吃饭；川岛志明，你老婆沈傲君喊你回家吃饭；台湾，祖国喊你回家吃饭等。

⑨某控。根据林伦伦（2011）的研究，"'控'出自日语（读com音），取英文complex（情结）的第一个音节，指极度喜欢某东西的人"①。该用法现今在我国

---

① 林伦伦：《微博控》，《语文月刊》2011年第4期。

网络媒体上渐趋流行，表达了一种因极度迷恋某人某物而身陷其中的不自主状态。如"妹控、女王控、正太控、萝莉控、伪娘控、大叔控、御姐控、美少年控、镜子控、丝袜控、明星控、减肥控、K歌控、傲娇控、萌音控、声优控"等。

7. 将错就错

将错就错是网络语言超经济性变异的另一个重要表现。其产生原因是：由于网上交流的即时互动性要求网民必须用最快捷的方式将思维付诸文字，但拼音输入法又必须在音同或音近的字词之间进行辨别与选择，具有一定的局限性。尤其是在起初没有使用智能拼音输入法的情况下，输入与选择字码工作更加繁难，不能满足网络交际的即时性需求。于是，网民们一般采取以字词录入迁就网络快速交流的解决办法，也可以说是以牺牲表达准确性来换取交际经济性。一般是在首先跳出的字词中按顺序随意选择，于是，网络言语交际过程中就出现了大批同音或近音的别字错词，久而久之，便形成网络交际空间中特有的有别于现实常规言语交际的高容错性变异风格。相反，如果在网络交际过程中按照常规交际原则循规蹈矩地输入字词，反而会显得不合时宜。因此，如果说这种将错就错的经济性变异起初是由于受限于输入法而采取的权宜之计的话，那么当智能拼音输入法出现以后仍然沿用这种变异形式就完全是一种网络交际风格的需要，即追求一种另类新奇的表达效果。如将"版主"打成"斑竹"，如果对版主有意见，还可以打成"板猪"以发泄一下不满。其他还有："请进"→"青筋"、"睡觉"→"水饺"、"喜欢"→"稀饭"、"有病"→"油饼"、"过奖"→"果酱"、"没有"→"木油"、"主页"→"竹叶"、"同志"→"筒子"、"邮箱"→"幽香"、"美国"→"米国"、"悲剧"→"杯具"、"喜剧"→"洗具"、"惨剧"→"餐具"、"帅哥"→"摔锅"、"和谐"→"河蟹"、"可爱"→"口耐"、"同学"→"童鞋"、"有才华"→"油菜花"、"干什么"→"干色摸"、"恐怖分子"→"恐怖粪纸"、"人身攻击"→"人参公鸡"等等。

8. 混合谐音变异

混合谐音变异是将数字、字母、汉字、符号等构件杂合在一起来谐音表意的一种经济性变异形式。根据构件性质，大致可以分为以下几种类型。

（1）字母数字型：B4（before，之前）、U2（you too，你也是）、3X（Thanks，谢谢）、3Q（Thank you，谢谢你）、4U（for you，为了你）、K4（考试）、p9（啤

酒）、2GT（二锅头）、8HD（不会的）、F2F（face to face，面对面）、8U8（发又发）等。

（2）字母汉字型：D 版（盗版）、P 服（佩服）、L 公（老公）、L 婆（老婆）、T 飞（踢飞）、M 国（美国）、牛 B（牛逼）、新人 W（新人王）、打 PP（打屁股）、I 服了 U（我服了你）等。

（3）数字汉字型：7 饭（吃饭）、哈 9（喝酒）、8 错（不错）、4 人民（为人民）、不好 14（不好意思）、污 78 糟（乌七八糟）等。

（4）拼音/单词数字型：qu4（去死）、me2（我也是）等。

（5）符号字母型：+U（加油）等。

（6）数字字母汉字型：3H 学生（三好学生）、1 切斗 4 幻 j（一切都是幻觉）、3Q 得 Orz（感谢得五体投地）等。

（7）符号字母汉字型：↓b 倒挖 d（吓不倒我的）等。

（8）符号数字字母型：↓4O（吓死我）等。

9. 动态语篇变异

就动态语篇建构来看，其变异性主要表现为网络即时交际过程中的超经济性语言运用，诸如 QQ、ICQ、MSN、各种聊天室等交际平台中的语言运用。网络即时聊天类似于现实口语交际，但因其发生于特殊的电子媒介空间，现实口耳相传的交际模式已变为非在场的可视化"键谈"，这一变化对其语言运用产生了重要影响。较之现实口语交际，网络即时交际过程中的语言运用具有超经济性特点，典型地表现为强省略性和高容错率。例如：

甲：哪？

乙：上海。U？

甲：北京。见到 U 真高兴！^O^。

乙：me2！呵呵……

甲：家？

乙：no，公司。

甲：MM or DD？

乙：D！我有事，走先，886！

甲：OIC，BB！

上述甲乙对话中除了分别运用了字母、数字、英语单词、示意符号等形式表情达意外，还运用了大量的省略形式，如用"哪"代替"你是哪里人"、"上海"代替"我是上海人"、"家"代替"在家吗"等等，充分体现出网络动态语篇中的强省略性交际特点。而高容错率则是动态语篇经济性变异的另一个重要特点。例如：

GG：你嚎！

MM：你嚎！你在哪里？

GG：我在忘八里。你呢？

MM：我也在忘八里。

GG：你是哪里人？

MM：我是鬼州人。你呢？

GG：我是山洞人。

MM：你似男似女？

GG：我当然是难生了。你肯定是女生吧？

MM：是啊。

GG：你霉不霉？

MM：还行吧，人家都说我是大霉女。你衰不衰？

GG：还好啊，很多人都说我是大衰哥。

MM：真的呀？咱们多怜惜好不好？

GG：好呀，你的瘦鸡多少号？

MM：咱别用瘦鸡，瘦鸡多贵呀，你有球球吗？

GG：有啊。

MM：你球球多少号呀？

GG：6344795，你真可爱，我很想同你奸面。

MM：慢慢来啊，虽然隔得远，也有鸡会啦。

上述"GG"与"MM"的对话中出现了大量的别字错词，网络即时互动交际语篇出现了高容错性变异。如"嚎"（好）、"忘八里"（网吧里）、"鬼州人"（贵州人）、"山洞人"（山东人）、"似男似女"（是男是女）、"难生"（男生）、"霉不霉"（美不美）、"大霉女"（大美女）、"衰不衰"（帅不帅）、"大衰哥"（大帅哥）、"怜惜"（联系）、"瘦鸡"（手机）、"奸面"（见面）、"鸡会"（机会）等，其中括号里的语词都是常规语言符号，但在网络动态交际过程中，这些常规语言符

— 86 —

号受到了不同表达意趣的综合影响，即或是为了追求幽默诙谐的表达效果，或是为了满足网络即时交际的经济性需求。于是，出现了一定程度的"将错就错"性变异，即别字错词随意代替现象。

三、网络语言超经济性变异的认知阐释

由上述分类说明可以看出，网络语言的超经济性变异方式具有多样化的特点。网民们在充分利用了其所拥有的文化资源和现代传媒技术优势的基础上，积极探索，大胆创新，进而创造出大量具有超经济性变异特点的符号形式。而这种超经济性变异本质上可以归因于人类认知过程中的一种调适与变化，即认知效益原则和省力原则，以及游戏规则的干预与调节。因为，新兴网络媒介是一种特殊的交际工具，这种交际工具不仅拓展了人们的交际领域，而且也改变了人际交往的性质与方式。网络交际的一大特点就是让陌生人之间的沟通交流有了可能，游弋于网络空间中的网民隐匿了所有的现实背景信息，成为网络人际交往的平等参与者。在茫茫网海中，大家都是萍水相逢的匆匆过客，无须接受现实常规交际律令的束缚与限制，也无须对交际过程与结果承担责任，虚拟的交际情境赋予了网民极大的交际自由度。这种交际情境与交际工具的变化引发了相应的交际方式与手段的变化。作为一种新兴交际符号形式，网络媒介中的超经济性变异符号正是这种变化的直接反映，是对相关交际情境与交际工具变化的一种调适与顺应。认知语言学信奉经验主义认知观，认为在现实和语言之间有人类认知中介的参与，也就是说，现实和语言并不是直接的对应关系，语言并不是对外界客观现实的镜像临摹与反映，而是需要经过人类认知这一中介环节的过滤选择和加工处理。作为一种社会现实，新兴网络交际媒介的出现，必然会对人类认知过程与结果产生影响，进而会在认知产物和认知工具的语言终端有所反映。概言之，网络语言超经济性变异既是一种语言现象，也是一种认知现象，是人类认知经济性的现实反映。

首先，就网络语言中出现的大批量简化符号来说，现有研究一般将其生成归因于信息输出的低速度与网上即时互动的高要求之间的矛盾，促使语言符号朝简化变异方向发展。这一结论充分说明了网络交际情境的本质特征，即网民采取"键谈"方式来模拟"面对面"的即时交际，交际双方在心理上都期待对方能够像自然交谈一样对自己的话语作出快速回应，但由于打字速度和网络传输的限制，使得言语

输出速度往往不能满足交际双方的心理需求。为了缓解低速输出与即时需求的矛盾冲突，交际者必须努力提高信息编码和输出效率。客观上，提高信息编码和输出效率可供选择的途径不外乎改进输入法、提高打字速度和简化语言符号三种。前两者属于硬件改造，需要较多的硬件设备和技术支撑，且改进和提高的幅度有限，一般不能无限制地改造利用；简化语言符号属于软件改造，没有硬件条件限制，可以充分发挥使用者的主观能动性，具有"惟人参之"的认知特征。比较而言，后者使用效率高，改进空间大，因此成为网民们提高信息编码和输出效率的首选途径。网络交际中的大量简化语言符号正是来源于这一选择。其中"惟人参之"的主观能动性正是一种认知经济性，因为，网络语言符号的"软件"改造需要遵循一定的认知原则，动用一定的智力资源。走简化道路遵循的就是一种经济性认知原则，而如何简化则涉及一种认知选择，必须积极发挥认知主体的主观能动性。从产生途径看，网络语言的经济性只是一种表达经济性，对于接受方来说，可能未必经济，有时甚至会造成一定的解码障碍，因此，表达者必须在经济性和象似性之间进行调适，使之趋于平衡，以兼顾到接受方的解码需求，从而确保交际顺利完成。当然，也不排除在某些特殊情况下，表达者故意增加编码的复杂性和隐晦性以阻碍接受方正常解码的做法，如小孩子故意使用火星文写情书以躲过大人的审查。但这只是特例，一般情况下，人们必须遵循交际合作原则，尽量保证编码和解码能够顺利对接，以完成信息交流。由此可见，网络语言的符号经济性也是一种经过认知选择与加工的经济性，这种选择和加工原则就是要努力寻求以最小的认知代价获取最大的交际效益。表达方付出最少的智力资源能够发送最大的信息量，接受方只需付出很少的心力就能获取最大的信息量，以实现表达与接受双方的互利共赢。

其次，网络言语交际过程中的模态衍生变异也内蕴了经济性认知动因。因为，根据上述 Heine、Claudi 和 Hünnemeyer（1991）的观点，人类解决概念系统和表达系统之间矛盾的有效途径之一就是选择从现有的词汇和语法形式中构成或衍生新的表达式，即很少发明新的表达式，而宁愿借用已有的语言形式和结构。网络言语交际过程中模态衍生变异的产生与流行正是遵循了这一认知选择。因为，网络语言模态衍生变异的基本运行机制是：网民们通过对现实社会中的相关现象进行观察、思考与分析，提取关键词进行编码，然后在网上发布宣传，依托网络语境的传播优势，进而演化成为网络变异流行语。随着变异流行语影响的扩大，其蕴含特定语义功能的结构形式本身也获得了进一步复制裂变衍生的功能动因，最终升格为具有强大同化和泛化功能的格式模框。辛仪烨（2010）在研究流行语的扩散问题时曾提出"直接使用—语义泛化—格式框填"① 的基本架构，也是网络流行语发展变化的三个阶段。其中，"格式框填"是流行语的最佳运作模式，它能够充分彰显网络变异流行语的能产性。这种能产性来源于变与不变之间的动态平衡，构式框架有定，框填成分可变，接纳具有类似情境功能和表达意趣的不同客体，以最大限度地实现网络语言模态衍生变异的认知经济性。如"被××"的模框建构过程，从"被自杀"建构中蜕化成为一个能产性话语模，向社会其他领域拓展延伸。于是，"被就业""被小康""被自愿""被幸福""被结婚"等变异性建构应运而生。从中不难看出，"被自杀"是"被××"结构模框的衍生母体，其所包孕的是被操控、受摆布的不自由状态，以及所折射出的社会不公等问题。这也是"被××"结构模框得以建立与流行的主要功能动因。其他如脱胎于"范跑跑"事件的"ABB"建构模块、导源于网络变异流行语"哥吃的不是面，是寂寞"而生成的"哥某不是某，是寂寞"等模块建构都具有类似的演化历程与建构机制。这种"旧瓶装新酒"式的变异衍生机制正是语言经济性的典型表现。依凭既成结构模板，将具有类似功能情形的表达客体纳入模槽，以满足各种功能趋同、语义有别的认知表达需求，可以最大限度地节约智力资源，降低认知能耗。

美国传播学媒介环境学派代表人物沃尔特·翁（2008）认为，"一切表达法和一切思想都存在一定程度的公式化，因为每一个语词和语词传达的每一个概念都是一种公式，都是加工经验数据的固定方式，都决定着经验和思维的结合方式，都成为一种辅助记忆的手段。把经验转换（意味着有一点变化，而不是失真）为语词有助于回忆"②。当前流行的网络语言建构模块可谓是将生活经验、思想认识和情感态度进行公式化编码的极端化代表，这种程式化的建构方式不仅有助于记忆，而且还有助于相关衍生变体在网络交际空间中的宣传推广。因为，从某种意义上来说，这些程式化建构模块本身已经成为一种特定的思想表达，或者说，相关生活经验、思想认识和情感态度就寓于这些程式化的语言模块之中。其中蕴含着构式语法的运作机制，即程式化语言模块的结构义也参与了其整体语义的建构与表达，甚至

---

① 辛仪烨：《流行语的扩散：从泛化到框填——评本刊 2009 年的流行语研究，兼论一个流行语研究框架的建构》，《当代修辞学》2010 年第 2 期。

② ［美］沃尔特·翁：《口语文化与书面文化：语词的技术化》，何道宽译，北京大学出版社2008 年版。

决定了接受方解码的方向与路径。这种程式化语言模块的建构内蕴了功能范畴化认知机制，即将功能趋同的表达对象纳入同一结构模框，以实现功能表达统一性和语言形式最简化，从而有效减轻认知过程中的工作负担。

四、结　语

综上所述，超经济性已经成为当代网络语言变异的主要表现形态，这种变异形态分布于语言符号系统的不同层面上，从静态符号形式的创制到动态语篇的建构，都呈现出一定的超经济性变异特征。而网络媒介的出现使这种变异不仅有了量的激增，更有了质的变化，为网络语符世界增添了新景观。符号简化和模态衍生是其主要的建构机制，以最小的认知代价获取最大的交际效益是其发生变异的根本动因，且还掺杂着因新媒介而生的特殊表达意趣和交际需求，内蕴人类认知处理过程中的选择与加工程序，旨在获取一种节约成本和及时互动的务实经济性，以及服务于游戏娱乐等特殊表达需求的务虚经济性。

网络语言词汇变异动因、特点和规范[*]

随着互联网的飞速发展，除了日常的口语交际，网络已成为人们重要的交际方式之一。网络交际既不同于口语交际，也不同于传统书面表达，而是既有口语交际的特点，又有书面表达的特点，同时还有网络交际自身的特点。作为一种新兴的交际方式，网络语言中的词汇出现了各种变异。变异的形式多样，来源也有很多。网络语言词汇变异产生的动因是什么？词汇变异有哪些特点？网络词汇变异是否需要规范以及哪些需要规范？这些是本文力图回答的问题。

一、变异的动因

词汇变异在如今的网络和社交媒体中随处可见，例如：

例（1）来到了深山老林的赶脚（20190922 作者本人朋友圈）【"感觉"的方言变体】①

例（2）就冲着#8 欧#的机票，说走就走的巴塞罗那之行，结果又双叒叕遇到小偷了!!! 把欧洲贼城排个一二三，首推雅典，其次巴黎，第三当属巴塞罗那了［捂脸］（20190922 作者本人朋友圈）【古汉字】

例（3）亲爱滴们，我已经在度假了，但是完全不影响你们来店哟［害羞］［害羞］（20190922 作者本人朋友圈）【"的"的网络变体】

例（4）陕西，美滴很，撩滴很（2019 年 9 月 23 日《中国日报》双语新闻标

＊ 本文作者钱旭菁，北京大学对外汉语教育学院副教授，主要研究方向为汉语词汇和词汇习得研究。

① "【】"标明的是词汇变异的表现形式或来源。

题）【"的"的网络变体】

例（5）郎教练已然呈现老态了。她当女排主教练还能有几年？接班人选好了吗？<u>TA</u> 能不能顺利挑起大梁？关键是，<u>TA</u> 能不能顺利传承"女排精神"，以后一代代的新女排们能不能承袭这种精神？（20190929 公众号"靠谱的眼神"的文章《女排又赢了——成功从来不是偶然的!》）【"他/她"的拼音变体】

例（6）二姐夫，我为你祈祷，这一天来得越晚越好！如果这一天它不幸来到，也希望你<u>寄几</u>珍重你<u>寄几</u>!【"自己"的方言变体】哈哈哈哈哈哈哈哈【"哈哈"的网络变体】。（20190919 公众号"露脚脖儿"的文章《中年男子的崩溃，从女儿给他介绍幼儿园男朋友开始》评论区评论）

例（7）老公同事的女儿，初中三年级的时候被男生死追。我老公把这事当笑话讲给我听。然后我问他："要是有男生死追你闺女怎么办？"我老公说："我 <u>neng</u> 死他!"（20190919 公众号"露脚脖儿"的文章《中年男子的崩溃，从女儿给他介绍幼儿园男朋友开始》评论区评论）【"弄"的拼音变体】

例（8）我家闺女不到四岁，还处在想和她爸结婚的误区当中。但，我<u>脚着</u>，她爸应该很快就会从这个位置上下来的……（20190919 公众号"露脚脖儿"的文章《中年男子的崩溃，从女儿给他介绍幼儿园男朋友开始》评论区评论）【"觉得"的方言变体】

例（9）（●—●）作为一个<u>蓝孩子</u>的母亲【"男"的方言变体】，要是有这样的对话，我估计也会不<u>开森</u>【"开心"的方言变体】，虽然过家家是每个人都可能经历的哈哈哈哈嗝（ω）<u>hiahiahia</u>【"哈哈"的网络变体】。（20190919 公众号"露脚脖儿"的文章《中年男子的崩溃，从女儿给他介绍幼儿园男朋友开始》评论区评论）

例（10）我的猪队友说，要朋友可以，别太早（不可描述）就行，实在要（不可描述）就做好保护……我 <u>TMD</u> 40 米大刀都已经磨得快了！（20190919 公众号"露脚脖儿"的文章《中年男子的崩溃，从女儿给他介绍幼儿园男朋友开始》评论区评论）【"他妈的"的拼音变体】

例（11）我想知道一下其他手帐 <u>er</u>【"人"的英语变体】如果用 iPad 看 <u>paper</u>【"报纸"的英语变体】、杂志、书籍，眼睛？会不会觉得难受……（20190925 公众号"印象笔记"的文章《所有印象笔记用户，都值得体验的一款"终极阅读神器"》评论区评论）

例（12）<u>wuli</u> 苏州居然在顾爷这儿拥有了姓名！（20190919 公众号"顾爷"

的文章《我家房子 50000 平，数数几个零》评论区评论）【"我们的"韩语变体】

从上述有限的例子可以看到，网络语言词汇的语音、词形、词义、感情色彩都出现了变异。词汇变异的来源有方言、古代汉语、外语等多种。网络词汇为什么会出现这些变异？我们认为主要有网络交际方式、人类的认知方式、心理特点以及语言的功能等多种动因造成了网络词汇变异。

（一）网络交际方式推动词汇发生变异

推动网络语言词汇发生变异的原因首先是交际方式的改变。人们大量利用电子设备通过网络与人交际，这使得书写方式和交际方式都发生了改变。口语的交流是即时的，所说即所听，而网络交流的键盘输入方式需要时间，有一定的延时效应。网络交际对输入速度的要求使得一方面打错了词的人们也没有时间去改正，另一方面造成了大量缩略词、拼音词、数字词的出现。例如：

拼音首字母缩略：BT（变态）、GG（哥哥）、xdjm（兄弟姐妹）

英语首字母缩略：BF（boy friend）、GF（girl friend）、LOL（laugh out loud）

数字谐音：88（拜拜）、9494（就是就是）

有些数字形式的词汇变异跟谐音文化有关，如"8"谐音发财，"9"谐音长久，"4"谐音死亡。但也有一些数字谐音只是因为数字的输入比汉字快，如"88"谐音"拜拜"，"9494"谐音"就是就是"。

口语交际只需要有语音形式即可进行，网络交际是一种"键谈"，除了语音形式，还必须有文字形式。网络交际的这种特点也会造成网络语言中的某些词汇变异。网络上交流，人们会不自觉地使用方言词。例如，下面两例的画线部分都属于方言用法：

例（13）买个票，成本就是大，自己咋都不好买，票都给黄牛，只要给他说，给钱，提前一天都能买到，还能选上下铺的。［偷笑］［偷笑］，@中国铁路公司。（20190928 作者本人朋友圈）

例（14）从酒店出来，著名的西街在不远处。落车之后立刻被人潮吓呆。（20190928"庄雅婷公众号"的文章《桂林让人"心头有火"》）

有些方言词没有对应的汉字形式或常用的汉字形式，这时人们会给这样的方言词创造出一个汉字形式。例如 2017 年十大网络用语中的"怼"在《现代汉语词典》中的意思是"怨恨"，不能单独作为一个词使用，只能是作为语素构成复合词"怼怼"，一般用于书面语。CCL 语料库中的"怼"出现了 55 次，且基本上都是

"怨怼"。百度搜索引擎上以"怼"为关键词搜索到的新闻有931000篇。① 网络上"怼"主要有三种意思：第一，碰撞、打击；第二，言语的不满和打击；第三，调侃、拆台。② 网络上"怼"的意义主要来自方言，在方言中记录这些意义的汉字可能是"撑"、"碓"和"搥"。③ 由于这些汉字不常用，很多人可能并不知道这些汉字，当要表达"duǐ"的时候就选择了"怼"这个汉字，使得这个词的词形出现了变异。

（二）认知动因

网络语言词汇变异产生的动因还跟认知有关。首先是人类认知的经济性原则推动网络语言词汇发生变异。经济性原则又叫省力原则，最早是美国哈佛大学教授齐夫提出的，他认为省力原则可以解释人类的一切行为和社会现象："（省力原则）是指导人类所有类型的个人或集体行为（包括言语行为）的首要原则"④。语言方面的经济性原则就是说话人在满足交际需要的前提下，尽可能地减少脑力和体力的付出。⑤ 如上文提到的"88"和"9494"。"88"谐音"拜拜"，输入数字"88"只需要输入2次，输入拼音需要输入6次。"9494"谐音"就是就是"，输入数字只需要4次，输入拼音需要12次。

经济性原则最突出地体现在缩略以及数字、字母、汉字、符号等混用，以最小的认知和体力付出获取最大的交际收益。例如：

字母+数字：3X＝Thanks，谢谢；P9＝啤酒

字母+汉字：牛B＝牛逼；搭配B不可少＝搭配必不可少

从汉语方言中借用词语也是经济性原则的推动，因为方言词进入普通话系统避免了另外创造新词，例如来自广东话的"山寨"。

词汇变异产生第二方面的认知动因来自类推原则。人类都有类推的倾向，例如英语的过去式是"动词+ed"，英语学习者就倾向于只要是过去式就都在动词后边加ed，因此出现不规则动词也加ed的偏误，如goed。实际上以英语为母语的儿童

① 2019年9月15日检索结果。

② 杨绪明、陈晓：《"怼"的来源、语义及方言词语网络流变规律》，《语言文字应用》2019年第2期。

③ 钱添艳、尹群：《从网络新词"怼"看方源词的扩大化》，《湖州师范学院学报》2019年第11期。

④ Zipf, G. K., *Human Behavior and the Principle of Least Effort: An Introduction to Human Ecology*, Cambridge, Mass: Addison Wesley Press, INC, 1949.

⑤ Martinet, A. A, *Functional View of Language*, Oxford: Oxford University Press, 1962.

开始学英语的时候也会出现这样的偏误，说明了类推的普遍性。"青年语法学派"因此提出了"心理类推产生新的语言形式"这一重要的语言原则。大量通过类词缀产生的词语都是类推原则在起作用。实际上，类推原则的背后也是受经济省力原则驱动的。以类词缀构词为例，"正太控、萝莉控、大叔控、皮草控、长靴控、精品控、倩碧控、浪琴控、电子数码控……"以类推的方式能用最少的认知资源创造出最大量的新词。如果上述词语所表达的概念都用不同的方式创造出新词，所需的认知资源要比类推方式多得多。

词汇变异第三方面的认知动因跟汉语的特点以及人们理解汉字的心理机制有关。记录汉语的汉字是一种表意文字，这种特点使得说汉语的人在理解加工汉字和词语时偏好因形求义、望文生义。如本义为"明亮"的汉字"囧"因其像一张表情失意的脸而从 2008 年开始在网络上大为流行。网络上还出现了一些与汉字本义相去甚远、只取汉字组成部分相连所构成的意义，例如：

表 1　部分网络新字

	本义	网络义
兲	"天"的异体字	王八
烎	光明	通过字形"开火"表示斗志昂扬、热血沸腾、霸气
奣	天空晴朗无云	天明、天亮
勥	"犟"的异体字	力量强大
圐圙	圆圈、范围、土围墙	四面八方

近些年，网络上还出现了"又双叒叕"体，例如：

例（15）2012 年 12 月 17 日，朝日新闻中文网的一条微博："我们又双叒叕要换首相了。"

例（16）国足又双叒叕告别世界杯了。

例（17）这条微博要火炎焱燚了。朝日昌晶君终于改口叩品说自家事了。

例（18）六年七相，这真是一方水淼淼森土圭垚养一方人从众啊！

例（19）评论好牛牪犇啊！

上述例子中通过"单字+双叠字+三叠字（+四叠字）"的形式表示强调，利用的也是汉字表意的特点。

因形求义、望文生义的背后仍然是认知省力的经济性原则动因。例如，"又双叒叕"中的"叒"是"同心同德、相辅相成"的意思，"叕"表示"连缀"义，显然把"又双叒叕"理解成一次又一次要比理解成"同心同德""连缀"省力得多。

（三）心理动因

推动网络语言词汇发生变异第三方面的动因是心理动因。心理动因主要包括人们求同和求异两种心理。求同主要表现为为了获得相同语言社团的认可、得到身份认同，同一个圈子的人会使用相同的变异词汇。例如弹幕是网络语言的一种载体，最初发布弹幕的都是二次元动漫爱好者，他们构成了一个相对封闭的圈子，彼此为了求得身份认同，就会使用这个圈子特有的词汇。Bilibili 弹幕视频网站联合中国社科院发布了 2018 年十大弹幕词："真实、前方高能、颜表立、弹幕护体、合影、开口跪、真香、战歌起、空降成功、多谢款待"。其中"颜表立、开口跪、战歌起、前方高能、弹幕护体"这 5 个词都是源于 Bilibili 弹幕视频网站特定的事物或事件，该网站以外的人很难理解这些词是什么意思。另外 5 个词"真实、合影、真香、空降成功、多谢款待"不是新产生的词或词组，但这些词语在弹幕语言中也有特定的含义，例如"真香"表示"前后态度/看法等截然不同，自己打自己脸的行为，也可以形容人沉迷某个事物"，"合影"指"观看电视、电影、影视作品时出现高能名场面，网友发送自己的弹幕刷存在感"。[①]

求异心理则是刻意使用与别人不同的语言，其背后有两种目的，第一种目的是为了规避网络监督和审查。

例（20）喊弓虽女干的女人最虚伪（简书，文章标题）

例（21）一个必然赚钱的店，煞笔才开加盟，你见过星巴克开加盟吗？（网络文章《再坚持一下，你的奶茶店马上破产》，https：//xueqiu.com/2188845447/133122655？page=10）

例（22）我的猪队友说，要朋友可以，别太早（不可描述）就行，实在要（不可描述）就做好保护……我 TMD 40 米大刀都已经磨得快了！（20190919 公众号"露脚脖儿"的文章《中年男子的崩溃，从女儿给他介绍幼儿园男朋友开始》评论区评论）

---

① 李烁文：《2018 年十大弹幕词语言特点分析》，《新余学院学报》2019 年第 4 期。

例（23）那些喜欢跟砖柜几 W 的比较的，请仔细研究，我们 JUE 不次于砖柜的品质！（淘宝店铺笑涵阁商品介绍）

上述例（20）至例（22）主要是为了回避与性或敏感话题有关的词语。"沙雕""苦逼"最初可能都是为了规避网络审查而出现的词语，后来逐渐成了流行语。例（23）则是为了规避"专柜"一词而代之以"砖柜"。

求异的第二个目的是为了取得他人的关注。这种现象在网络出现以前就一直存在，例如人们故意读错某些汉字的发音，把"臀部"读成"dianbu"。网络交际则使这种现象更为盛行，故意不使用固有的词语而使用自己创造的词语，如不说2019，而说9012：

例（24）这首歌可见周杰伦已经落伍了。歌词令人无语。他还呆在 9012 年吗？现在的小学生都知道不能做这种损己利人的事了。（公众号"庄雅婷"的文章《钱袋子的响声》评论区评论）

例（25）9012 年了，小米为何还在喊打喊杀？（搜狐文章标题①）

广告语言中的词汇变异的主要动因是为了获取人们的关注。"广告语言作为一种特殊语体，往往以变异为手段，通过语言变异增大解码的难度，增添解码的趣味，从而引起消费者的注意以达到一定的商业目的。因而语言变异是广告语言求新求异的客观要求。"② 网络购物的兴起，使得网店的商品推销语言出现了大量变异。淘宝商家商品描述页面出现的词汇变异绝大多数都是为了获取关注。

图 1　淘宝商品描述

---

① http：//www.sohu.com/a/295592338_118005.

② 郑岚心、杨文全：《广告语言中"巨惠"和"钜惠"的变异与规范》，《语言文字应用》2018年第 4 期。

（四）功能动因

语言的某些功能也会推动网络语言的词汇发生变异，例如语言的游戏功能、娱乐功能和批判功能。"网络语言对语言游戏功能的激发和推动作用是前所未有的，有不少语言现象主要来自于语言游戏的需要和结果。"[1] 例如上文提到的网络新字"兲、烎、氼、勥、圐圙"，借用古字的构成成分来表达词义，达到字符游戏化的效果。2009 年"十大流行语"中的"被××"则是语言批评功能推动的网络语言变异现象。"被××"主要用于消极评价影射事件，宣泄说话人的不满情绪，[2] 表达对荒诞社会现实的反讽。[3] 例[4]：

例（26）消费者在不知情的状态下，无端"被投保"。

例（27）数据称广东 CPI 降 4.2%，网友质疑物价"被下降"。

例（28）平均工资增 12.9%，我们的收入"被增长"了吗？

以经济性原则为基础的认知动因与求认同、求异和求新的心理动因以及语言的功能都表明网络语言的词汇变异既有心理基础，又有语言基础，网络语言词汇变异将持续存在，不会消失。网络词汇变异的认知动因和心理动因也决定了词汇变异很难人为控制，对其干预和规范必须符合人们使用语言的认知规律和心理规律。

二、词汇变异特点决定其将长期存在

除了认知动因和心理动因以外，网络语言词汇变异的特点也决定了其将长期持续存在。

（一）变异产生词语基本符合汉语以双音节为主的特点

网络词汇变异的形式主要是"借音、取形、提义"[5]，变异词汇的构词特点基

---

[1] 施春宏：《网络语言的语言价值和语言学价值》，《语言文字应用》2010 年第 3 期。

[2] 彭咏梅、甘于恩：《"被 V 双"：一种新兴的被动格式》，《中国语文》2010 年第 1 期；熊学亮、何玲：《刍议"被"字新用》，《解放军外国语学院学报》2012 年第 5 期。

[3] 刘杰、邵敬敏：《析一种新兴的主观强加性贬义格式——"被××"》，《语言与翻译》2010 年第 1 期；姚俊、宋杰：《"被"字反讽句的认知与解读》，《外语学刊》2012 年第 1 期。

[4] 杨巍：《另类"被××"格式语义及应用分析》，《常熟理工学院学报》2012 年第 3 期。

[5] 武黄岗：《网络词汇构词特点分析》，《现代语文（语言研究版）》2015 年第 4 期。

本符合汉语词汇的构词特点。现代汉语词汇以双音节为主，网络语言的词汇变异未突破这一格局。网络语言中新产生了大量的三字词。《中国语言生活状况报告》2006—2011 年中的《年度媒体新词语表》发布的媒体新词语共 2273 个，其中双音节词 442 个，三音节词 1092 个。[①]《年度媒体新词语表》2010—2017 年共收录媒体新词语 3601 个，其中二字词 675 个，三字词 1573 个，四字词 947 个。[②] 从词语数量上来看，新词语的音节结构似乎与汉语词汇以双音节为主的大格局不符。但深入考察，我们可以发现，双音节的大格局并没有突破。一方面，从结构层次来看，三音节新词语一共有 9 种结构层次，而其中占绝对优势的是"2+1"和"（1+1）+1"，二者分别占 36.95% 和 29.51%。可见，三音节词仍是建立在双音节词的基础上的。

　　另一方面，能生存下来的网络词汇仍以双音节为主。新词产生之后有的可能很快消失，有的会在小范围内使用，还有一些则会广泛流传而被整个语言社团接受。[③] 例如"老司机""油腻""社会"的新出现的变异义项为语言社团接受的程度不同，表现为传统义项和变异义项在网络上的使用频率不同。

表 2　"老司机""油腻""社会"在网络上的使用频率[④]

词语	意思	百分比（%）
老司机（是词组）	词典义：驾驶时间长、经验丰富的驾驶员	55.0
	网络义：形容行业老手，对各种规则、内容以及技术、玩法经验老到的人，带有褒义。拥有丰富资源的人也被称为老司机	45.0
社会	词典义 1：泛指由于共同利益而互相联系起来的人群（名词）	66.1
	词典义 2：一定的经济基础和上层建筑构成的整体，也叫社会形态（名词）	22.0
	网络义：形容人社会气息太重或谈吐举止比较粗俗（形容词）	11.9
油腻	词典义 1：形容油很多	49.1

　　① 夏中华、姜敬槐：《现阶段三音节新词语大量产生原因的探讨》，《渤海大学学报（哲学社会科学版）》2013 年第 3 期。

　　② 张永伟：《〈年度媒体新词语表〉对辞书编纂的价值》，《辞书研究》2019 年第 4 期。

　　③ 苏新春、黄启庆：《新词语的成熟与规范词典的选录标准——谈〈现代汉语词典〉（二〇〇二年增补本）的"附录新词"》，《辞书研究》2003 年第 3 期。

　　④ 李昱丰：《网络词汇新义调查及相关比较分析》，《品位经典》2018 年第 5 期。

续表

词语	意思	百分比（%）
油腻	词典义 2：形容油很多的食物或东西	8.7
	网络义：对某些中年男子特征的概括描述，这些特征包括不注重身材保养、不修边幅、谈吐粗鲁等（百度百科）	42.2

上述三个词语中，"社会"的网络义使用还远远低于其词典义，因此还未被广泛接受。而"老司机"和"油腻"新产生的意义频率跟词典义已经非常接近。当这些变异的网络语义使用频率达到一定数量后，新义可能会进入词典。新词新义被接受的标志是进入词典。《年度媒体新词语表》2010—2017 年收录的 3601 个新词中，进入《现代汉语词典（第 7 版）》的共 30 个，其中二字词 18 个，三字词 5 个，四字词 6 个，六字词 1 个。[①] 由此可见，接受度高的网络新词语仍是以双音节词为主。

（二）与常规形式相比，变异形式的使用频次较低

随着网络的高速发展和人们高频长时使用网络，网络词汇出现了很多变异。但与词语的本来形式相比，变异的数量还是只占少数。例如，第一人称单数"我"在网络上出现的变异形式包括"俺""偶""本宫"等。"叔叔"出现了一个变体"蜀黍"，我们在 BCC 语料库中的微博语料库和莱顿微博语料库[②]中检索了这些词的频率：

表3　"我""叔叔""感觉"及其变异形式的使用频次和频率

	BCC 语料库	莱顿微博频次	莱顿微博频率（每百万词）
本宫	1971	95	1
俺	48382	8701	86
偶	—[③]	1575	16

①　张永伟：《〈年度媒体新词语表〉对辞书编纂的价值》，《辞书研究》2019 年第 4 期。
②　该语料库的语料来自 2018 年 1.8—1.30 期间的新浪微博，有关该语料库的详情参见该语料库网站，http://lwc.daanvanesch.nl/help.php#methodology。
③　因为 BBC 语料库中未区分"偶""偶尔""偶然"，所以无法统计"偶"的频次。

	BCC 语料库	莱顿微博频次	莱顿微博频率（每百万词）
我	17790374	2841511	28014
蜀黍	5113	225	2
叔叔	19692	4655	46
感觉	573974	72813	718
赶脚	23586	234	2

与变异形式相比，第一人称单数"我"的使用频率占绝对优势。变异形式"蜀黍"出现的频次不到本来形式"叔叔"的 1/3，"感觉"是变体形式"赶脚"的 300 多倍。

（三）网络语言词汇以聚类的方式变异

网络语言词汇变异的一个非常引人注目的特点就是聚类变异，可能是围绕某个概念的聚类变异，也可能是围绕某个形式的聚类变异。围绕某个概念的聚类变异如以"论坛—盖楼"这一概念隐喻为核心出现了一系列网络词语。网络论坛是网络兴起后人们交际的一个新兴环境。人们把在论坛上发言比喻为盖楼，围绕"论坛发言—盖楼"这一隐喻，出现的网络新词如：

楼主—发起论坛帖子的人

第某楼—论坛序号为某的帖子

楼上—上一个帖子（的人）

楼下—下一个帖子（的人）

人们还把在论坛中发大量无意义的帖子称为"灌水"，围绕"发帖—灌水"这一概念隐喻，也出现了很多的网络新词①：

潜水：在论坛上只看别人的帖子、不发帖。

潜水员：在论坛上只看别人的帖子、不发帖的人。

冒泡：长期不发帖，偶尔发一次帖子。

沉下去：一个帖子由于长期没有人发帖而被其他帖子覆盖。

浮上来：沉下去的帖子通过回复而让它出现在论坛的前边。

---

① 吉益民：《网络变异语言现象的认知研究》，南京师范大学出版社 2012 年版，第 67 页。

围绕某个形式出现的词汇变异主要是新的类词缀的大量出现以及由新的类词缀构成的词语的大量使用。吕叔湘先生①（1979）最早提出了 18 个类前缀、23 个类后缀。而在 2006—2011 年的 1092 个三音节媒体新词语中，新出现的类前缀有 4 个、类后缀有 21 个，如"被某、微某、某哥、某帝、某控、某秀"等，这些类词缀构成的词语占所有三音节媒体新词语的 56.37%。②

由于词汇变异符合汉语以双音为主的格局，且有聚类变异的特点，有相当的能产性，因此能够融入现有的汉语系统。又由于其使用频率不高，不会在短时间内改变汉语词汇系统，因此网络语言的词汇变异从整体来看将长期存在。

三、网络词汇变异的规范

对于网络语言出现的词汇变异，语言工作者应持什么样的态度？是否需要规范网络语言词汇变异？我们认为需要从词汇变异的影响和产生动因入手，不同的情况区别对待。首先，从网络语言词汇变异对人们语言使用的影响来看，有积极影响的当然不需要规范，消极影响的则需要分析其动因。

网络语言词汇变异的积极影响最突出的就是各种形式的网络词汇大大提高了人们输入的速度，从而解决了高速的实时交际与键盘输入需要时间之间的矛盾，从而提高了人们的交际效率。此外，词汇变异也增强了语言的游戏功能、娱乐功能。例如网络上通过已有词语词义的别解构成的旧词新义通常会产生戏谑幽默的效果，例如"可爱"别解为"可怜没人爱"，"偶像"别解为"呕吐的对象"，"贤惠"别解为"闲在家里什么都不会"等。

网络语言的消极影响已经受到学者们的关注，如网络语言变异的词汇时效性强，脱离语境适用范围窄；受众较为单一；语言内容不健康、不文明等③。我们认为词汇变异最突出的消极影响是可能会造成交际障碍。网络语言经济性只是表达经济性，从听话人的角度来说，可能会造成理解障碍，因此未必经济。以字母缩略词为例，《现代汉语词典（第 7 版）》也收录了一部分字母缩略词，如 BBC、CEO、

---

① 吕叔湘：《汉语语法分析问题》，商务印书馆 1979 年版，第 55 页。
② 夏中华、姜敬槐：《现阶段三音节新词语大量产生原因的探讨》，《渤海大学学报（哲学社会科学版）》2013 年第 3 期。
③ 李尧天：《浅析网络类成语分类及影响》，《现代语文》2018 年第 3 期。

HSK、USB 等，由于其高度规约化性和高频出现，人们理解不太会出现问题。而网络语言中为了追求省力大量使用缩略形式，形式的过度简化、形式的区别性特征不够，可能导致理解困难。例如：

例（29）818 以前的 RZ 同事。（天涯论坛）

上面这个句子中的"RZ"就存在歧义，可能是"人渣"，也可能是"弱智"。再如：

例（30）因为脸上脱皮，偶都素颜一个星期了。葳，不喜欢不喜欢。不管啦，我要每天画得 PP 的，光彩照人。西西~~~~（天涯论坛）

例（31）啊啊啊无聊死姐了坐到 PP 都痛！（天涯论坛）

例（32）我新淘的 PP 手套。（天涯论坛）

例（33）真是奇怪为啥有的 PP 对于只有孙女反应那么大，绝后也是 GG 的后嘛。（天涯论坛）

例（34）哥们偷拍的剧组花絮，哈哈！小 PP 排排站！（天涯论坛）

例（35）外景婚纱 PP 拿到，速晒几张。（天涯论坛）

例（36）刚出生的宝宝红 PP。（天涯论坛）

例（37）因不同意 PP 在我们家安菩萨，LG 说恨我一辈子。（天涯论坛）

例（38）国光是尤物！前脸"风骚"，PP 性感，身段妖娆……（天涯论坛）

例（39）看了环卫工人的希望不放鞭炮的帖子，我转点 PP 来给你们看看。（天涯论坛）

上述句子中的 PP 可能是"屁屁""漂漂""片片""婆婆"，可能给读者造成一定的阅读障碍。

对造成交际障碍的词汇变异现象，我们需要进一步分析其产生的原因。有些词汇变异的出现带有一定的随意性、偶发性。和传统的口头沟通不同，网络交际主要是拼音输入。输入法的特点决定了输入一个拼音会出现很多同音词。这样就出现了很多"将错就错"的词汇变异现象。例如论坛管理人"版主"，在网络上有"斑竹""斑猪""版猪""板主"很多词形，就是因为拼音输入出现的同音候选词造成的。那些偶发的、使用频次不高的词汇变异，随着时间的流逝会自然淘汰。

例（40）空中传来一个声音，纯属偶盐纯属偶盐。（知乎）

例（41）因为除了游戏本身以外，它还有两个因吹斯婷的外设：一个名叫 Ring-Con 的圆圈，还有一个腿部固定带。（20190929 公众号"InDaily"的文章《任

天堂出的这款游戏火了，不仅好玩，还抢了健身房的生意！》)

上述例（41）中的"因吹斯婷"，是用汉字记录了英语 interesting 的发音，属于该文作者的个人用法，对读者也造成了一定的理解障碍，这样的个人用法很难会大范围使用。

上文我们提到经济性原则是推动词汇变异的重要动因，反过来说，不符合经济性原则的词汇变异也会自然淘汰，如等义词中使用频次低的也会慢慢不再使用。例如：

表 4 "谢谢"及其变异形式在莱顿微博语料库中的频次

	莱顿微博频次	莱顿微博频率（每百万词）
谢谢	31858	314
靴靴	10（都是"靴子"义，非"谢谢"义）	0
蟹蟹	61	1
三克油	3（实际出现了 10 次，但有 7 次是同一首打油诗的重复）	0
3Q	17	0
Thank U	0	0
3X	0	0

从上表我们可以看到，除了"蟹蟹"还有少量使用以外，"谢谢"的其他变异形式已经基本不用了。

但是我们认为，人为增高使用频次、影响交际的变异需要规范，如广告语言会人为地提高变异词汇的使用频次。例如，"巨"是现代汉语常用字，"钜"作为"巨"的异体字出现在《第一批异体字整理表》中，在现代汉语中只作为姓名、地名时使用，没有"巨大"义。而广告语言中"钜惠"的频次是"巨惠"的 5 倍多①，人为地提高了变异形式的使用频次。再如下面的淘宝商家商品介绍：

和夏款一样，版型依旧是精干小短款，太长就显拖沓。

秋冬的裤子和裙子都是中高腰，这个长度的上衣，是 jue 配。

就酱紫。

---

① 郑岚心、杨文全：《广告语言中"巨惠"和"钜惠"的变异与规范》，《语言文字应用》2018年第 4 期。

仿版不少，证明了它的油秀。

只有原厂的，才 zui 值得入。

图片拍的呆呆的，无脑收吧，你会和我一样~爱的如痴如醉。

好美好美。○○○○○ 徜徉在星空中。

格调隐闪，CHAO 美 ~

总之，除了好看，我也说不出什么来了。

哈哈，就像这个大字一样，排山倒海的推荐。

白色有点透，隐闪也不太明显。

但是呢，白色在秋冬又不可替代，

我用它搭配了背带裙，hen 雅 hen 美。

藏青色一锭是苤入的。香槟色也 hen 高及。

妞们按肤色，按气质，按胖瘦，来入吧~

U（商家名称的首字母）决定上架的颜色，都是仔细考虑过的，舍弃谁都可惜啊。（淘宝商家"U2 魔法仓库"商品描述）

可以看出，上述商品描述主要是用拼音或别字代替原词，主要目的就是为了显得与众不同，从而吸引人的注意。

总之，变异后的词语基本符合汉语的词汇特点，变异的经济动因和认知动因决定了网络语言的词汇变异从整体上来说是无法避免的。交际障碍主要是理解方面的障碍，对语言的发出者来说不存在障碍。变异形式的使用需要掌握一个度的问题，如缩略，缩略成分与原词语的比例、缩略使用的频率等，如果超过了一定的数量，就会造成理解障碍。而广告语言、淘宝商家通过人为手段提高变异形式的频率，其产生的动因基本不是由上文所说的经济原则或类推原则造成的，也不体现语言的游戏功能、娱乐功能或批判功能，需要规范，也是能够通过法律法规、在语言学研究的指导下规范的。

语用规范视域下的变异表现*

作为人类最基本的思维和交际工具，语言具有其基本的规律和应用规范。然而，进入融媒体时代，网络极大地改变了人们的思维模式、人际交往形式和学习方式，人们进行信息交互与传播活动越来越依赖网络，而网络交际的高速、便利、创新、求异及追求个性使得语言在网络传播中产生了变异现象，语言规范在网络言语行为中发生了新的变化，原有的语言规范被打破，既为语言的发展带来前所未有的生命力，也为语言的规范性带来前所未有的挑战。因此，在语言规范性视域下对当下网络语言的变异表现进行调查和研究，可以为规范网络语言行为、探究汉语发展趋势、制定语言政策提供重要的依据。

一、网络语言应用暴力、低俗化形成变异

为更好地了解汉语在网络运用时反映出的词语低俗化表现，现将近两年来使用较多的 23 个网络低俗词语在 2018 年 8 月至 2019 年 8 月在百度搜索引擎、网络媒体正文、网络新闻评论、网络社交媒体及报刊中的出现频次汇总，如表 1 所示，对比分析目前网络低俗词语在全网中的整体使用态势。

表 1　网络流行低俗语出现频次对比表

词语	百度搜索数整体日均	网络媒体正文	网络新闻评论	网络社交媒体	报刊
舔狗	4616	234	3703	16176	0

* 本文为教育部语用司委托课题《网络语言使用现状调查及治理策略研究》的阶段性成果。作者黄葵、吴鹏。黄葵，贵州师范大学传媒学院教授、硕士研究生导师，主要研究方向为艺术学、传播学；吴鹏，贵州师范大学传媒学院副教授，主要研究方向为语言学。

续表

词语	百度搜索数整体日均	网络媒体正文	网络新闻评论	网络社交媒体	报刊
大猪蹄子	未收录	871	1861	95804	0
滚粗	160	3564	1757	93147	2
油腻	647	11116	1112	85651	43
尼玛	497	1538	11021	86831	4
你妹	278	4513	21328	73034	10
草泥马	1265	497	422	98771	0
妈蛋	231	2051	422	95785	1
TMD	747	2789	4012	44808	2
艹	1283	71	227	98938	1
我靠	349	809	3118	95115	9
卧槽	736	263	3905	95499	0
我擦	199	3471	10145	84535	42
傻逼	1603	25	1	315	0
撕逼	347	2858	124	93570	0
装逼	931	6250	687	88928	0
麻痹	411	10477	1046	86710	436
××婊	未收录	43	28	2868	0
辣鸡	未收录	1982	15308	81727	12
MMP	1256	1511	3454	15186	2
妖艳贱货	256	7616	127	87440	2
尬	400	10847	4135	80090	52
雨女无瓜	6357	4119	10409	83795	8

根据上表数据分析，不难发现网络社交媒体平台是低俗词语使用的高发地带，而以报刊为代表的传统媒体语言传播的规范性意识远远强于其他媒体。为进一步了解低俗词语具体的使用情况，现随机从上述 23 个词语中抽取几个作具体分布情况分析。

1. 麻痹

"麻痹"在网络语言环境中是脏语的谐音同义词，属于网络詈骂语。在日常语境中，麻痹指身体某部分的感觉或运动功能部分丧失或完全丧失的症状。在进行网络检索时，两种语义的检索结果都会出现，需要进一步细分。

全网中麻痹一词的使用量较大。在百度中使用检索式 title"麻痹—（身/原因/治疗/养生/医）"进行检索，2018 年 8 月至 2019 年 8 月的相关结果约 56000 条。监测周期内共获取舆情信息 98966 条（网媒/10477/论坛/3012/博客/22/微博/69485/报刊/436/微信/7406/视频/288/APP/6785/评论/1046/其他/9），其中：10.59%来自网媒，3.04%来自论坛，0.02%来自博客，70.21%来自微博，0.44%来自报刊，7.48%来自微信，0.29%来自视频，6.86%来自 APP，1.06%来自评论，0.01%来自其他。

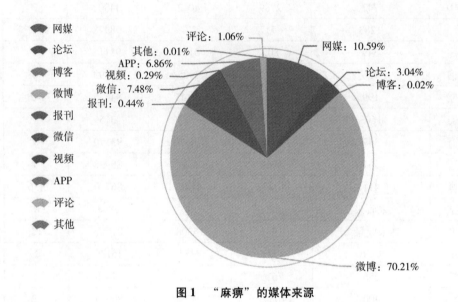

图 1 "麻痹"的媒体来源

2. ××婊

"婊"在民间俗语中是妓女或拥有不正当男女关系的女性之意，包括绿茶婊、汉子婊、圣母婊、心机婊在内的××婊类型的词语属于网络詈骂语，用以攻击和污名化女性。总体来看，××婊类型的词语在全网中使用量较低，百度搜索网页标题 2018 年 8 月至 2019 年 8 月含有婊的相关结果约 342000 个。

监测周期内共获取舆情信息 2948 条（网媒/43/论坛/38/微博/2763/微信/39/APP/37/评论/28），其中：1.46%来自网媒，1.29%来自论坛，93.72%来自微博，1.32%来自微信，1.26%来自 APP，0.95%来自评论。

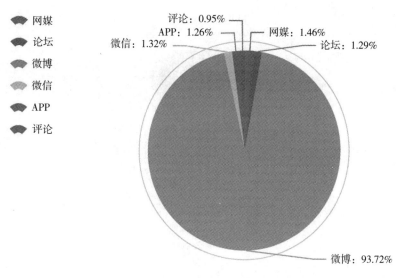

网媒
论坛
微博
微信
APP
评论

评论：0.95%
APP：1.26%
微信：1.32%
网媒：1.46%
论坛：1.29%

微博：93.72%

图 2　"××婊"的媒体来源

3. 妖艳贱货

"贱货"一词多用于侮辱女性出身低微，或在男女关系方面轻浮不自重，妖艳贱货从字面含义来看属于网络詈骂语。该词出自微博红人"谷阿莫"×分钟带你看完×电影系列的原创影评视频中，形容一些电视剧里面白莲花的女主角时，"谷阿莫"直接概括为"天哪，这个女生真的好单纯好不做作，跟外面那些妖艳贱货好不一样"。如今的意思是形容某人某物与众不同。"洪荒少女"傅园慧也曾自嘲"像我这种清新脱俗的美少女，一看就跟外面的妖艳贱货不一样"。

监测周期内共获取舆情信息 95307 条（网媒/7616/论坛/2662/博客/25/微博/60980/报刊/2/微信/18419/视频/80/APP/5354/评论/127/其他/42），其中：7.99%来自网媒，2.79%来自论坛，0.03%来自博客，63.98%来自微博，0.44%来自报刊，19.33%来自微信，0.08%来自视频，5.62%来自 APP，0.13%来自评论，0.04%来自其他。

正是由于网络虚拟世界中发表言论常常是以较为隐蔽的身份进行，这使发言者拥有了充分自主的话语权和释放社会压力的机会，因而在自我表达充分的空间（微博或论坛）出现这种低俗语言的比例最高。在网络中，恶言秽语大肆泛滥，其特点一是蛮不讲理，二是自我发泄，三是危言恐吓，四是哗众取宠，五是黄色下流，总体呈现出粗俗化的特征。

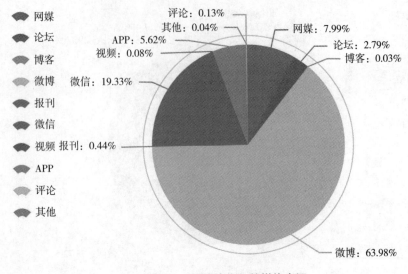

图3　"妖艳贱货"的媒体来源

二、网络语言多元素杂糅形成变异

网络语言的使用要体现高效便捷，简短明了的表达自然成为首选，尤其近年来由于流行的一些网络信息传播平台（如微博、微信等）对文字发布字数的限制，更使得使用者表达时力图以最简短的方式进行信息发布和传播。这样就出现了规范汉语（即现代汉语普通话）语句中常常杂糅各种非规范汉语的表达，将这些非规范汉语的元素插入在规范汉语表达序列中，形式和语义都杂糅到一块儿，形成了一种语用变异现象。这类变异现象主要有以下几种情况。

（一）数学符号与规范汉语杂糅

数学学科有其独立的一套符号系统，用以表达独立的数学概念。而人们在进行网络信息传播时，会将数学符号与语言文字杂糅起来表达某种特殊语义。例如：

1. 数学符号中"N"代表自然数，从 1 至无限。这个符号在网络交际中却被用来表示一个未知或不确定但相当大的甚至是夸张的数字。"N"变成相当于形容词或副词功能的词语来使用。如"这个题问了 N 个人都解不了"（"N"意为"不定量的、很多的"），"N 久不见，你还好吗"（"N"意为不确定的"很、非常"）。

2. "+"在数学符号中表示"加"的概念，将它与互联网结合形成网络用语成就了一个新词"互联网+"，用来表示将任何一种非互联网产业跟互联网相结合形成的创新项目。如："互联网+农业／旅游业"（指农业／旅游业与互联网相结合的创新项目）。

3. 阿拉伯数字 0—9 在数学符号中是用来计数的专门符号。当它们与网络语言相结合后，除了原有的表示计数的意义外，利用它们汉语发音的谐音效果，结合它们输入快捷方便的特点，信息交互双方经常会用一连串数字杂糅到汉语表达序列中来表示一定的意思，使数字在网络语言中的使用发生了变异。如："你可 1018 哟"（"1018"意为"一定要发"）、"这种做法真是 7456"（"7456"意为"气死我了"）、"请你相信 3344520"（意为"生生世世我爱你"）。

（二）表情包（图片）与规范汉语杂糅

表情包是由图片、GIF 动态图片、文字组成的特殊的网络表达符号，是语言的一种变体。网络语言应用中，为了表达方便快捷、形象生动、风趣幽默，表达者往往会在正常行文中夹杂进一些表情包（或图片）。如"这里下雨，没🌂，全身淋湿😿，😭"（这里下雨了，没有带伞，我全身淋湿了，汗，伤心）。将含有表情包的语句同纯文字的语句对比可以发现使用"表情包"这种语言变体表达语义，不但可以将文字图像化，使其简单易懂、形象生动，还能减少文字叙述时一些传播信息的损失，更能提高信息交互的效率和效果。同时，表情包在不同的语境中，会有不同的含义。例如微信表情包中的"🐞"，我们可以理解为"昆虫""慢慢爬""动作慢""让人恶心""可爱的小动物""等待中……"等语义，因此对表情包的理解需要根据不同的语境来判断表达者的语义，否则也会造成理解产生歧义。

（三）外语与规范汉语杂糅

将外语与规范汉语杂糅以表达意义的变异现象主要有两种形式：一是通过外语的语法手段表现汉语的语法意义，二是通过语音相谐来表达汉语的语义。

汉语是孤立语，不像屈折语那样有丰富的词形变化，不能利用词形变化来表达语法范畴。但在汉语的网络应用中，有一定语法范畴观念的语言使用者，故意将屈折语中的形态变化手段运用于汉语词形上，把汉语通过状态助词完成的"态"、通过词缀"们"完成的"复数"等语法范畴都跟英语词形变化方式相结合，人为地为汉语增加了数、时、态的语法范畴义。如"勿扰，休息 ing"（强调正在进行）、"作业写 ed 后才能玩"（强调完成）、"小伙伴 s"（小伙伴们）、"同学 s"（同学们）等。

利用发音相似，用相同或相似发音的汉字来代指相应的发音的英语语义。通过这种手段，网络语言应用发生了外语和汉语杂糅的变异现象。这种变异现象主要有两种情况：一是英语词谐音变异。即用相同或相近的汉字来模拟本应使用的英语发音，书写上不用英文而用汉字。例如："奈斯"（nice）、"嗨皮柳叶"（happy new year）。二是混合谐音变异。把中英文发音和汉语词义表字混杂在一起使用。例如："三口"（thank you）、"B4"（before）、"Re 文"（附文）。

（四）方言与规范汉语杂糅

由于在同一网络平台的言语活动主体来自不同的方言区，不可避免地，网络交流时的用语就会夹杂着不同的方言发音，因而来自相同方言区的信息交互双方会不约而同地使用同音字替代对应普通话词语的方言发音而凸显出方言色彩，如东北话"俺们东北银（人）"、陕西话"额滴个神啊"（我的神啊）、贵州话"阿个"（那个）、河南话"有木有"（有没有）、粤语方言"偶"（我）、山东话"肿么了"（怎么了）等等。

上述用语的杂糅变异现象在网络语言中比较常见。一方面，在规范汉语中杂糅这些创新元素，可以将一些规范汉语词语或语句无法简单表达的复杂语义非常形象而概括地表达出来，便于信息交流和传递，也节省表达篇幅。尤其是含义丰富的图片和表情包，能够让信息交互双方都很直观、生动地体会到信息的内涵，而无须太多的语言叙述。另一方面，用这种杂糅多元素的表达来反映内容，将原有的汉语规范表达的序列打断，汉语的连贯性被打破，使得其表达显得零碎化，这样，网络语言表达产生了碎片化的趋势。同时，由于一些符号、图片、表情等含有多重意思，当它们与汉语序列杂糅在一起时，受到传播者和接受者理解角度不同的影响，可能使表达产生歧义而影响信息的交互。

三、网络语言使用随意性形成的变异

网络语言环境的虚拟性决定了语言交互活动的主体可以不受日常语言规范的限制，他们在网络中使用语言时不用考虑是否符合规范汉语书写要求、是否符合句子语法规范，随意地使用汉语字、词、句，因而形成了汉语应用的变异现象。主要表现如下。

汉字书写和使用出现变异现象。首先，一些已经被淘汰的汉语字词、异体字或繁体字，重新被广泛启用。如"皕、龘、颥、靐、槑"等。这些汉字在如今的网络用语中已失去原义，而因其新鲜、奇特的构字形式受使用者欢迎。其次，出现滥用字义，使其脱离原本的意思，随意破坏语言文字规范立法。如拆字，"强"写作"弓虽"，将"草"写成"艹"、"奸"写成"女干"。对网络语言交流双方来说，这样改后词义并未改变，并不影响表达，但由词语外形与语音的稍加变化而使语义发生了微妙的变化，又可以规避一些网络用语检查和监控，因其表达效果新鲜有趣而受使用者青睐。最后，在网络语言交流时，使用者随意根据发音输入汉字，只要双方能够明白，完全不理会是否使用正确。这样，大量用语出现错误书写。例如"坚苦"（艰苦）、"鬼计"（诡计）、"师付"（傅）、"风度扁扁"（翩翩）、"决对"（绝对）等。

汉语语音系统产生变异现象。表现在随意乱用连读造音记字。与记音文字不同，汉语语音几乎没有连读现象。然而现在当语音转换成文字在网络空间中运用时，为了表现个性，交流主体会采用一个单音节字来表达一个双音节词。而它能等同使用的原因，就是这个字的读音与对应词的两个音节连读产生的混合音相近。例如：造（知道）、酿（那样）、酱（这样）、表（不要）等。

汉语词汇系统产生变异现象。首先是词语语义的变异。网络信息交互过程中，大部分参与者都渴望追求个性、彰显创意，在网络支持的公共领域运用词语别解时，会使词语或句子本身的意思发生扭曲的解释，这样就造成了语义的曲解，从而引起他人关注。而这些意义扭曲了的词句的使用一旦脱离当时的语境，就会造成该词或句子产生歧义。这样，一些既有的词句被赋予了完全不同的意义，而如果不是事先有语境提示，这种临时被赋予的曲解了的意义是很难完成信息交互的。如："今天打酱油的吃瓜群众意外地收到一个大瓜"（今天等着有新鲜事围观的这些路过的闲人无意间获得一条大消息）。这个句子如果不是特定在网络交流语境下，而是日常语境下，交流双方是无法确定信息内容的。造成这种情况的原因就是句子及构成句子的词语被网络语境赋予了扭曲的解释。其次是借用儿童语言中大量重叠词发音的现象引进成人词语系统进行交流，以显得可爱亲切。例如："漂漂"（漂亮）、"东东"（东西）、"亲亲"（亲吻）等等。儿童发音虽然可爱，但并不是所有人都愿意接受和使用的。

汉语语法系统出现变异现象。第一，乱用或不用关联词语。在网络社交中，交流双方都不按句子的逻辑关系使用关联词，而为了体现表达时前后句是有联系的，统统都用"然后呢……"进行连接，表示话语的继续。例如："我这次迟到了，然后呢考勤分没得"（因果关系变成了顺承关系）、"他讨厌你，然后又离不开你"（转折关系变成顺承关系）。这使得句子与句子衔接的逻辑关系混乱，表达准确性大打折扣。第二，副词的功能性减弱。副词是修饰限定行为动作的词，数量众多。但在网络空间，大量的程度副词被闲置，而统统用"好""蛮"代替，例如"我蛮想念你的""你真是好好啦""今天大家玩得好开心"。第三，词性发生变异。汉语中不同词类的词性不同，在句中的功能也不同。但网络用语把汉语词类的功能界限打破，使得词类的性质发生变异。例如将名词用作动词：汉语的名词一般不直接充当谓语（充当谓语是有限制条件的），更不能直接带宾语、受"很"等副词修饰。在网络用语中，违反这种名词功能的例子比比皆是，如："你不知道就百度""他很女人"。再如将形容词用作动词：汉语形容词一般不能带宾语，更不能用于被动结构，但由于网络用语中人们习惯随意简化句子，故而很多形容词被当成动词来使用。如"有事微我"，其实际意思是"有事给我发微信"，这里的形容词"微"充当了名词"微信"的缩略形式而作为动词在使用。第四，汉语的句法顺序发生变异。汉语标准的常规语序是"主语+谓语+宾语"的句式结构，定语、状语和补语也有其相应固定的位置。但网络语言出现部分语序变化或变异，产生许多的不规则语序现象。如：随意倒装句。"想怎么着这是""想什么呢你？"这类倒装句起到了强调的作用，也表现了网络语言口语化、随意性的特点。还有一些状语后置的句式。如："大家怎么啦都""给个理由先""你走先，我赶后"等语句。这样只是为了倒装而倒装，在交际内容上并没有产生新的信息内容，属于零语值。既没提高打字的速度，还破坏了语言的规范性。第五，赘述而产生变异。常用"……的说"式结尾，如："这件事他找来的说"（这件事是他找来的）、"偶很稀饭这首锅的说"（我很喜欢这首歌）。在完整的句子后面加上"的说"，实则没有意义，完全是赘述。另外，还常发生添加赘字"有"的情况。在句意已完整的情况下，句中增加"有"字，以表强调。例如："你确定有做过这个事情"（你确定做过这个事情）、"你有告诉她了吗"（你告诉她了吗）。

四、网络语言变异现象对汉语的影响

汉语作为中华民族共同语，具有其独特的规则和规范。然而网络语言的运用使其产生了负面的影响，主要体现在以下方面：

对汉字的传承和发展产生影响。汉字是形音义的结合体，相对表音文字而言，它的形象化符号及其蕴含的情感恰恰是汉字最大的魅力所在。而通过标新立异的语音表现形式来表达，或是通过谐音、记音来使用汉字，其实质就是把汉字变成了记音符号。这样创造的怪异词语，增加了网络信息的噪音，而且会造成汉字字形和字义的退化，是对汉字本质的亵渎，伤害汉字作为一种有形义结合特征文字的尊严。如果不加以有效的规范和引导，可能导致形声字功能的变异，从而影响汉语的传承。

对汉语词汇系统产生影响。汉语构词有其自身规则，网络应用时将汉语词语的构词混乱化，会导致汉语词语系统受损害。将汉语的构词夹杂符号、数字、表情包甚至外语的行为，如不加规范可能会引起词义混淆不明、词语结构混乱不清，由此产生的畸形和异化的表达，会成为汉语发展的障碍，也会限制语言交流的有效性。

对汉语语法系统产生影响。语法规则变异是网络语言变异的重要表象，网民使用网络语言具有随意性，使得语法的法则被破坏，形成随意组合语序的坏习惯，对以语序和虚词为主要表现手段的汉语来说是不利的，不但违反汉语千年来形成的稳定的语言表达习惯，而且破坏汉语的语言完整性和纯洁性，成为语言交流的障碍。

对社会道德意识产生影响。语言的使用是个人或社会的道德意识、道德标准以及道德价值取向的集中表现。网络交流的隐蔽性让语言使用者极易淋漓尽致地自我表达，以获得个性宣泄，因而日常语言中不能用的发泄情感的词语或语句在这里得到了极大的释放。因此，网民的言语行为会根据喜好随意创造网络语言，甚至广泛使用一些低俗暴力词语，对社会用语的规范形成巨大的冲击，同时败坏社会主义文化道德风尚，最终形成恶劣的网络语言环境。

对语言教育工作产生影响。语言教育是社会教育的重要基础，是一个民族文化传承的基础。随着网络的普及和网民年轻化，网络语言的这些变体形式可能会慢慢影响青少年的思维，网络上流行的故意写错别字或歪曲本意等语言变异现象，甚至受到学生的追捧，成为有"个性"的标志。在普遍接受随意表达的网络语言的学生中进行不良语言习惯矫正就会变得困难。

对中华文化传播产生影响。随着中国国际地位的不断提高，汉语已经成为当今世界最炙手可热的语言学习对象。中华文化的传播和远扬，必须依靠汉语的继承、发展和传播。网络使世界成为一个地球村，对中国充满好奇的世界正通过网络了解中国。然而，网络语言应用所形成的汉语变异形式中表现出的负面因素使得汉语学习者接触不规范汉语，让他们对中华文化的认知产生误解和曲解，这会损害规范汉语和千年文明的传播和宣扬。

当然，网络语言表达的失范现象不仅会产生上述负面影响，也会有一定的积极作用。网民在网络交流时为了高效便捷，采用突破汉语常规的方式进行语言表达，例如加入图片、符号等元素，可以使语言表达更简洁直观、形象生动。而一些反常规的对汉语规范的突破，可能带来意想不到的修辞效果，形成诙谐幽默的语言风格，只要加以合理管理和引导，就可以营造出和谐的网络环境。同时，不论网络信息交互行为中的语言失范现象如何复杂，客观上都会形成新词和新的语用方式。如果把控得当、谨慎规范，它们将成为汉语的新鲜血液，拓展汉语的使用空间、丰富汉语的内涵。

因此，我们在对网络语言失范现象进行研究和探讨时，既要关注其产生的负面影响，也要考虑它带来的有利因素。对不利因素予以管理和把控，杜绝负面影响；对有利因素加以引导和规范，促进语言健康发展和人际沟通交流，加强社会道德建设，保护和弘扬中华文化传统。

基于大数据的网络表情符号研究

　　网络表情作为网络语言的一种特殊形式，在网民日常沟通、观点表达中发挥着越来越重要的作用。对网络表情的研究通常以案例实证研究为主，而通过利用网络大数据技术，分析网民群体对各个表情符号的实际使用情况，可以让我们更好地了解网络表情的使用规律和特征、反映出的社会心理以及对舆论场产生的作用。

一、研究背景

　　随着信息技术的发展和网络社交的进步，网络表情符号的使用成为人们日常生活的一种习惯。网络表情作为一种交流媒介，不仅具有代替语言、补充语言的功能，更具有情感表达和群体划分的功能，是互联网中人们信息沟通和表达感情的重要方式。

　　网络表情包括由抽象字母和标点组成的"颜文字"、社交软件中自带的人脸表情"绘文字"，以及由图像和文字组合而成的"表情包"。颜文字通过特定字符编排其组合次序，从而形象地表示某种表情，如"：-)"表示笑脸，"：-（"表示难过。颜文字出现较早，国内在手机短信时代风靡一时。绘文字（emoji）最早起源于日本，自苹果公司发布的 iOS 5 输入法中加入了绘文字后，这种表情符号开始席卷全球，目前已普遍应用于各种手机短信和社交网络中。2015 年，《牛津词典》年度词汇首次颁给一个绘文字表情符号"破涕为笑"。表情包是网民以时下流行的明星、语录、动漫、影视截图等为素材，配上一系列相匹配的文字，用以表达特定情感的符号。表情包往往成套出现，目前已成为信息交流中重要的载体，人们常通过互发表情包"斗图"来替代日常交流。

作为网络内容信息的重要组成部分，网络表情符号在交际中发挥着越来越重要的作用。具体来说，表情符号在表情达意上主要具有：表达信息简洁直观、完善补充语意、避免冲突营造沟通良好的氛围、话题转换的礼仪工具、凸显个性身份等功能性特点。相较于纯文字的表达，更加形象直观也更容易被记忆，使交流更富有情感，同时也更易于传播，迎合了大众对社交活动所期待的及时回复的需求，在社交网络中迅速被接受和喜爱。同时，表情符号作为青年群体网络文化的直观体现，在针对特定事件的使用过程中，更易产生共情、凝聚情感、增强认同感，发挥了积极作用。

国内外关于网络表情符号文化的研究已有一定的理论基础，学者们从传播学、语言学、心理学等方向展开研究。如 Thompson[1] 等人通过实验分析，认为表情符号是对纯文字对话中"非语言信息"的弥补。彭兰[2]认为表情包是个人面具，可以用来进行柔软化表演、夸大化表演和敷衍式表演。王智萱[3]从语言学的角度探讨了表情包的本质，指出表情包具有诙谐性、全民参与性和经济性等流行因素。胡渺渺[4]分析了表情包在青年和中老年群体间的特点、成因及认知差异，分析了不同群体的文化、审美及心理对表情包使用的影响。以往的研究多采用定性与定量相结合的方法去探讨网络表情符号的特点及使用原因，通过大数据去剖析网络表情符号的特点、受众、使用目的等还是存在研究空缺，本文旨在从大数据的角度挖掘网络表情符号的更多价值。

二、研究方法

本研究采用理论分析与大数据分析相结合的方式。利用大数据寻找网络表情在公共议题意见表达时的现象，并通过传播学、社会学、心理学等视角下表情符号的特征分析，总结得出表情符号使用背后的规律以及对舆论场的作用。

---

[1] Thompson, Ruth Filik, "Sarcasm in Wrintten Communication：Emotions are Dfficient Markers of Intention", *Journal of Computer-Mediated Communication*, 2016, (21), pp. 105-120.

[2] 彭兰：《表情包：密码、标签与面具》，《西安交通大学学报（社会科学版）》2019年第1期。

[3] 王智萱：《语言学视域下的表情包文化探析》，《佳木斯职业学院学报》2017年第8期。

[4] 胡渺渺：《中老年表情包兴起与背后的"代沟"分析——从代际差异到文化差异》，《新闻研究导刊》2017年第15期。

社交媒体是网络表情最主要的使用场景，网民通过社交媒体分享意见、见解、经验和观点的同时，往往会使用表情符号进行表达。

本研究选取两类社交媒体数据为研究对象，分析在不同场景中网民如何通过表情符号进行意见表达。其一是微信公众平台的精选评论数据，精选评论为各公众号文章下、由公众号运营者设置为公开可见的评论内容，由于微信公众平台中信息的新闻性、实时性和话题性较高，且对文章进行评论的公众号粉丝彼此之间多为陌生人的关系，我们认为相关的评论行为能一定程度地代表网民对公共议题的表达。其二是QQ空间说说数据，"说说"是QQ空间包含的一项及时发表心情、言论的功能，形式与微博相近，一般作为QQ好友了解对方近况的重要渠道，因此以说说为对象可以较好地研究社交生活中网民如何通过表情进行网络表达。

此外，本研究所覆盖的表情符号仅限于平台所提供的通用"绘文字"表情，即是那些由文本输入窗口的"插入表情"栏目所提供的表情，而不包含网民聊天时所使用的个性化"表情包"，因为平台通用表情比起表情包具有固定性、通用性、符号化等特点，更适合于大数据统计和计算。研究中涉及的微信公众平台表情共计99种，QQ空间说说表情共计138种，具体表情见附录。

综上所述，本研究基于2019年1月1日至8月31日微信公众平台中的全量精选评论，以及QQ空间中的全量公开"说说"文本，在充分清洗数据、确保用户隐私的前提下，采用数据挖掘方法，聚类分析得出不同性别、年龄和地域的群体对平台通用表情的使用情况，以此为基础研究网民对网络表情的使用。各年龄层的划分方式如表1所示。

表1　本报告采用的年龄段划分

年龄段	当前年龄	出生年份
05后	15周岁以下	2005—2019年
00后	15—19周岁	2000—2004年
90后	20—29周岁	1990—1999年
80后	30—39周岁	1980—1989年
70后	40—49周岁	1970—1979年
60后	50—59周岁	1960—1969年
60前	60周岁及以上	1960年以前

三、大数据分析网络表情

（一）表情符号使用人群、场景、地域差异性

1. 使用场景：微信精选评论场景表情符号使用更为频繁

大数据分析显示，在使用场景方面，微信公众平台精选评论表情符号使用率①为43.7%，而QQ空间说说的表情符号使用率为38.5%，反映出大部分用户更倾向于在公共议题的讨论中使用表情符号，用表情符号表明态度，以填补非语言交际的空缺，同时也体现出陌生人环境下表情符号的交流更利于避免冲突。

2. 性别分布：女性更倾向于使用表情符号进行人际交流

大数据分析显示，不同场景下女性的表情符号使用率均高于男性。尤其是在QQ空间说说中，表情符号使用率达46.2%，超过男性用户的两倍。显示出女性具有典型的感性化思维，更热衷于在人际交流中使用表情符号表达情感。

表2　两种场景下不同性别表情使用率 （单位:%）

性别	微信公众号文章精选评论表情使用率	QQ空间说说表情使用率
男	36.3	22.2
女	54.7	46.2

3. 年龄分布：不同场景各年龄段表情使用率差异明显

在微信公众号文章的精选评论下，表情符号使用率随年龄呈现出下凹形分布的特征，"05后""70后""60后"及"60前"人群的表情符号使用率明显高于其他年龄段，占比均超过50%。可见中老年人与"05后"少年人群比青年人群更倾

---

① 表情符号使用率=统计时段内特定人群发布的精选评论或说说中表情符号总量/特定人群发布的精选评论或说说总量。

向于使用表情符号进行表达。随着中老年人群迈入退休生活，业余时间逐渐增多，已然成为上网新势力，也带动了表情使用率的升高。

表3 两种场景下各年龄段表情使用率 （单位:%）

年龄段	微信公众号文章精选评论表情使用率	QQ空间说说表情使用率
05后	53.2	14.8
00后	39.5	16.1
90后	39.8	45.5
80后	41.7	67.7
70后	50.7	55.8
60后	55.0	36.6
60前	54.1	26.1

在QQ空间说说中，表情符号使用率随年龄呈现出上凸形分布的特征，"80后"群体使用表情符号最为活跃，表情使用率达67.7%。体现出"80后"群体更乐于在与好友进行表达和交流时使用表情符号。此外，与"80后"群体年龄相接近的"90后""70后"，表情使用率也较为突出。这些年龄段的人群曾伴随QQ空间成长，他们更倾向于在自己熟悉的社交环境中使用表情符号表达情绪，而在公共议题讨论中，该人群思维较成熟且有强烈的表达欲望，因此更倾向于使用文字而非表情符号进行观点的论述。

4. 地域分布：中西部地区表情使用最活跃，南方省份活跃度高于北方省份

大数据分析显示，微信公众号文章精选评论下，中西部欠发达地区比东部沿海发达地区用户更倾向于使用表情符号进行公共议题表达。西北地区的表情符号使用率超50%，这些地区不仅是欠发达地区也是多民族地区，来自这些地区的用户更喜欢用表情符号进行表达，以展现直率、自我的性格。

表4 两种场景下各地区表情使用率 （单位:%）

地区	微信公众号文章精选评论表情使用率	QQ空间说说表情使用率
华北地区	41.4	33.2

地区	微信公众号文章精选评论表情使用率	QQ 空间说说表情使用率
东北地区	41.2	25.0
华东地区	41.3	33.8
华中地区	42.5	37.3
华南地区	45.6	48.0
西南地区	46.0	41.0
西北地区	50.3	38.5

QQ 空间说说中，南方用户与北方用户的表情使用率差异明显，广东、广西等华南地区更倾向于使用表情符号进行表达，反映出南方网民善于使用表情符号等更丰富和直接的手段进行情感表达，北方网民相较而言则更为委婉和内敛。

（二）表情符号整体使用情况

1. "点赞""玫瑰""合十"三强领跑，公共议题下理性表达，正能量情绪充沛

微信公众号文章精选评论中，表情"点赞"一枝独秀，占比近三成，成为最热表情，其次是"玫瑰""合十"等表情，总体上正面表情使用率占据绝对高位。微信公众号的热门文章通常涉及热门事件、舆论关注焦点等公共议题，此时的表情符号可以表明使用者的褒贬态度。正面表情的大量运用反映出：一是在公共议题的讨论中，网民乐于赞美与肯定，积极的自我呈现方式与当前社会整体心态相匹配，正能量情绪充沛。如"点赞"反映的是对其他人和话题的称赞、敬佩，在当前浓厚的爱国氛围之下，被大量运用在各式赞颂国家发展建设的文章中。二是交流者在对彼此背景信息缺乏了解的情况下，在交流中会努力控制他人对自己的认知，以塑造良好印象，所以使用者在表达时更为沉稳理性、慎重保守。"玫瑰""合十"等表情含有感激和祈祷的含义，并且不易被负面引申，在相对陌生的交流中可以表达出使用者的共情，拉近双方距离，减少纠纷歧义。

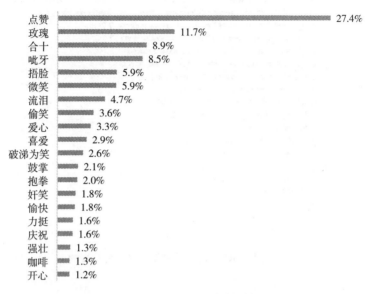

图1　微信公众号文章精选评论中使用率最高的表情

2. "搞怪"表情备受青睐，社交表达个性化生动化，熟人关系助表情"延伸"传意

QQ空间说说中，"呲牙""爱心""玫瑰"等表情占据使用率的第一梯队，"微笑""点赞""喜爱"等表情的使用率占据第二梯队，社交情感表达中的表情使用更为生动活泼。表情符号作为身体语言的再现，制造了面对面沟通的现场感，直观有力地展现出使用者的情绪观感。QQ空间说说相对于微信公众号文章精选评论更为私密化，交流双方通常有较高的熟识度，在交流时一方面少有拘束，更容易运用个性化、搞怪化的表情充分表达自身观感。由于较高的熟识度，在部分场景中，交流双方在发生分歧持不同观点时，个性化搞怪化的表情能够化解冷场时的尴尬气氛，让交流双方在传神有趣的图形语言感召下构建起一种轻松愉悦的交往语境。另一方面，熟人关系也给予表情引申含义的表达空间。如"微笑"表情使用过程中，意义不断叠加，既可以表达微笑原有的欢乐愉悦的含义，也有表示平静、空白无感情的含义，类似于"好吧"的意思，还可以表达与微笑相反的无奈、不开心之意。在相对亲密的关系中，拥有引申含义的表情更容易在交流时读懂使用者的真正想法。

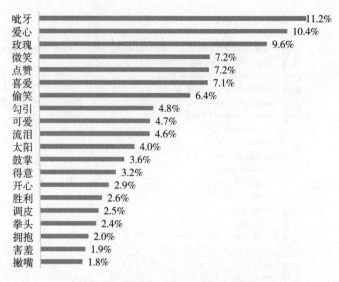

图2　QQ空间说说中使用率最高的表情

（三）不同性别对各类表情符号的使用倾向

1. 男性乐于使用直接、明确表现情绪的表情，"呲牙""得意""发怒"等使用率高

大数据显示，相较于女性，在微信公众号文章精选评论中，男性使用"呲牙""奸笑""得意""发怒""发呆"等个性化表情的比例较高；在QQ空间说说中，男性使用"弱""刀""衰""汗""再见""恶心""晕"等偏负面的表情比例较高。分析认为，男性相较于女性，性格一般更为粗犷，注重表情直观度和表达效率，通常选择表意偏简洁明快的表情。男性也更习惯于使用攻击性表情建立社交关系，用明确的符号宣泄情绪，借助表情展示内心世界。因此，"得意""发怒""刀""弱"等能直接表达使用者情感的表情更被男性用户青睐。

2. 女性乐于使用柔性、温暖表现情绪的表情，"玫瑰""爱心""鼓掌"等使用率高

大数据显示，女性在各类场景中使用"玫瑰""合十""爱心""鼓掌""愉快"等表达正面情感表情的比例普遍高于男性。相较于男性，女性性格更加理性温婉，选用的表情符号也更丰富，更倾向于以赞美、鼓励等积极向上的表情建立社交关系。女性唯美、感性等气质在表情包使用上多有流露。

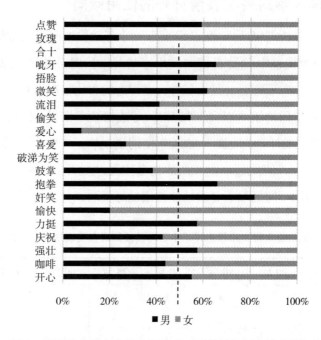

图 3　微信公众号文章精选评论中不同性别使用各类表情倾向

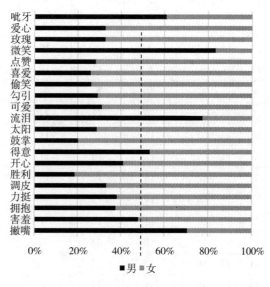

图 4　QQ 空间说说中不同性别使用各类表情倾向

（四）不同年龄对各类表情符号的使用倾向

借助大数据，分析"05 后"至"60 前"七个年龄段的网民在微信公众号文章精选评论、QQ 空间说说中各类表情的使用率情况，同时分析不同表情在各年龄段、不同场景下的分布形态，并给出五种分布形态的占比情况。在微信公众号文章精选评论中，各年龄段使用"点赞""流泪"等表情频率相当，使用频率前三的表情分别是"点赞""呲牙""捂脸"；在 QQ 空间说说中，"呲牙""调皮"等表情的运用频率相对一致，使用频率前三的表情分别是"呲牙""爱心""玫瑰"。总体来说，不同年龄段不同场景下各表情的使用偏好不同，具体情况如下：

表5　微信公众号文章精选评论中各年龄段网民各类表情使用率排名

表情	05 后	00 后	90 后	80 后	70 后	60 后	60 前	分布形态
点赞	1	1	1	1	1	1	1	平稳
呲牙	4	3	2	2	4	4	5	上凸
捂脸	6	2	3	3	7	12	16	上凸
玫瑰	2	4	5	4	2	2	2	下凹
微笑	5	6	4	5	5	5	6	平稳
合十	3	9	12	6	3	3	3	下凹
偷笑	10	14	10	10	6	10	10	上凸
喜爱	11	11	9	9	12	16	20	下降
流泪	7	5	6	9	8	8	8	平稳
破涕为笑	12	10	7	10	21	27	30	上凸
鼓掌	15	16	15	11	9	11	7	上升
愉快	16	15	13	12	16	21	21	上凸
爱心	8	7	8	13	17	13	12	下降
庆祝	17	19	18	14	15	14	13	上升
抱拳	13	24	26	15	10	6	4	上升
奸笑	9	8	11	16	34	39	36	下降
撇嘴	26	23	16	17	23	26	38	上凸
力挺	14	22	30	18	11	9	9	下凹
调皮	20	21	22	19	18	19	19	平稳
开心	25	27	17	20	20	22	23	上凸

表6 QQ空间说说中各年龄段网民各类表情使用率排名

表情	05后	00后	90后	80后	70后	60后	60前	分布形态
呲牙	4	2	2	2	3	2	2	平稳
爱心	3	4	1	4	4	4	4	上凸
玫瑰	8	5	3	1	1	1	1	上升
微笑	2	1	5	11	10	6	3	下凹
点赞	22	15	7	3	2	3	6	上凸
喜爱	12	14	4	5	5	8	8	上凸
偷笑	13	11	6	6	6	5	5	上升
勾引	51	43	8	7	8	11	12	上凸
可爱	14	10	9	8	9	9	10	上凸
流泪	1	3	11	18	16	12	7	下降
太阳	36	26	10	9	7	7	9	上升
鼓掌	30	37	12	10	11	13	15	上凸
得意	7	8	14	12	18	20	20	下降
开心	20	21	13	15	17	16	14	上升
胜利	43	36	15	13	14	18	19	上凸
调皮	16	24	16	16	15	17	16	平稳
力挺	57	49	17	14	12	14	18	上凸
拥抱	19	32	22	17	13	10	11	上升
害羞	9	6	20	25	27	29	23	下降
撇嘴	11	9	19	24	26	28	24	下降

表7 表情各类分布形态占比 （单位:%）

分布形态	微信公众号文章精选评论TOP50表情分布形态占比	QQ空间说说TOP50表情分布形态占比
平稳	18	10
上升	10	34
下降	14	18
上凸	36	28
下凹	22	10

1. 微信公众号文章精选评论表情分析

（1）"喜爱""爱心""奸笑""机智"等表情，使用率随年龄增高而递减

不同年龄段的网民对"喜爱""爱心""奸笑""机智"等表情的看法不同，

中老年网民偏向认为"喜爱""奸笑""机智"表情给人"不正经"等感觉,不会轻易使用,认为"爱心"等同于爱情、示爱的一种表达,"大哭"则过于卖萌,不够严肃,因此使用率较低。

(2)"鼓掌""庆祝""抱拳"等表情,使用率随年龄增高而递增

"鼓掌""庆祝"一般用于庆祝、欢迎某人某事等场景居多,"抱拳"表情不拘泥于单一场景,如表示佩服对方、拜托他人帮忙、感激、保重、告辞、承让、恭喜等。由于"鼓掌""庆祝""抱拳"等表情用于日常场景较多,而年龄越大的网民越认为此类表情是一种礼貌的回应,其使用率随年龄增高而递增。

(3)"呲牙""捂脸""偷笑""破涕为笑"等表情,"80后"使用率更高

"呲牙""捂脸""偷笑""破涕为笑"为经典表情,更多地用来表示发自内心的愉悦。"80后"群体接触表情符号较早,对经典搞怪表情情有独钟,一般会选择沿用此类表情表达多元化情感,增加聊天的趣味性。

(4)"玫瑰""合十""力挺"等表情,"00后"和中老年群体使用较多

"玫瑰""合十""力挺""强壮"等表情代表积极向上的正能量情怀,与"玫瑰"表情关联系数较高的词汇有谢谢、感谢、节日快乐、生日快乐等,这些词汇均属于相互祝福的这一话题中,中老年群体使用较多;而在通过网络向明星表达钦慕之情、疯狂"撒花"的时候,"00后"会频繁使用该表情;"力挺""强壮"等表情通常与奋斗、加油、继续努力等词汇相关联,"00后"大多仍处于修习学业阶段,在复习、考试前夕,奋斗类表情包使用频繁,多有祈祷考出好成绩、考试过关等意味;"合十"表情在天灾人祸发生时被大量使用,蕴含祈祷、祈福之意。

(5)"00后"和"70后"表情使用率共性强,但表意多有不同

"00后"和"70后"对表情的使用率有更多的共性,如"呲牙""捂脸""偷笑""破涕为笑""开心""愉快""撇嘴"等,但相同的表情符号表意多有不同,比如,"70后"认为"撇嘴"是不高兴,对一件事、某个人不满,而"00后"可能会认为"撇嘴"是不屑,对某人的看法不以为然,或许是另一种撒娇意味的表达。又比如"呲牙"在"00后"看来可能是调皮的笑,或是嘲讽他人、令人不爽,或是一种卑微的笑。而"70后"会单纯地认为是表达一种喜悦之情。再如"捂脸"表情,"70后"可能会认为是捂着脸哭。而"00后"会理解为笑出眼泪,哭笑不得,也可以当作化解尴尬和无言的利器,有时也用来代替"害羞"。

2. QQ 空间说说表情分析

（1）"05 后"不爱"呲牙"爱"流泪"

思维敏锐、特立独行的"05 后"，创造力更为突出，自我意识更为强烈。"05 后"普遍处于小学至初中阶段，当前学业较为繁重，"鸡娃"现象较为普遍。如果是就读于名校或者意欲进入名校学习，如《疯狂的黄庄》一文中的孩童一样将每天辗转于不同的培训班，或者如香港教育对培训班的过度追捧，同龄家长间的过于攀比，使"05 后"不爱"呲牙"笑更爱默默"流泪"，"有苦也要往自己肚子里咽"。

（2）"90 后"最喜欢"爱心"，"80 后"最中意"玫瑰"

QQ 空间说说中，"90 后"使用"爱心"最频繁，无论是对亲情、友情、爱情，"爱心"表情包均被"90 后"广泛地加以运用。"爱心"或等同于比心，是一种表达喜爱的方式。有时会连续使用，用于闺蜜、朋友、情侣间表达喜欢、满意、高兴等情感。"80 后"偏向于喜欢"玫瑰"，它代表的一般是赞成和感谢。

（3）"70 后"喜欢"点赞""太阳""力挺"等正面激昂的表情

"点赞""太阳""力挺"等正面激昂的表情能表达出"70 后"积极乐观的生活态度，表情"点赞"更是对你或者是他人他事的一种认可和点赞。中老年表情核心正能量强，有网民称其"文能灌鸡汤，武能打鸡血，无论是诗歌茶文化，还是明星娱乐，都能成为他们的素材"，"点赞""力挺"等是该群体表达认可和学习意愿的表情，并会鼓励年轻人积极学习。

（4）"00 后"和"60 前"都爱"微笑"，但表意截然不同

"00 后"和"60 前"都较为喜爱使用"微笑"表情包，但他们所要表达的情感是不同的。"60 前"使用"微笑"可能像文章中的标点符号一样，表达一种礼貌性仪式，"00 后"或认为"微笑"是"呵呵"的意思，近似于"假笑男孩"的表达，"谜一样朝下的眼睛流露出满满的嘲讽，再配上快把脸咧开的笑容，给人一种笑容很假的感觉"，运用于社交场景，"00 后"也只会认为"算是一种尴尬而不失礼貌微笑的表达"。

（5）"00 后"和"05 后"表情使用与其他年龄层差异性较大

QQ 空间说说中的"00 后"和"05 后"表情使用与其他年龄层差异性较大，不少使用率较高的表情在这两个年龄段中出现明显下滑，如"点赞""勾引""太阳""鼓掌""胜利""力挺"等，可见青少年群体对各种表情符号的使用更为平均化。

（五）各类公共议题讨论中的表情使用情况

1. 网民在微信公众号文章精选评论中对公共议题进行观点表达时，时政话题"点赞"表情居高，社会话题表情使用率最低

以微信公众号文章精选评论中的表情使用情况作为代表，分析各类公共议题不同年龄人群的表情使用率。可以看出，时政话题中"05后""70后""60后""60前"的表情使用率高，均超过40%，"点赞""爱心"等正面表情最常出现，2019年是新中国成立70周年，网民多通过表情符号表达对祖国的赞美之情。财经领域获得40岁以上人群的关注，主要以"点赞""呲牙"等表情表达实现财务收益的愉悦心情。社会领域相关话题更易引发网民使用逻辑严密的文字论述观点，因此各年龄层的表情使用率均较低，未有超过40%的年龄群体。在事故领域，"60前后""70后""05后"网民倾向于使用"合十""流泪"等表达对灾害事故遇难者的哀悼之情。"05后"对科技领域的表情使用率最高，以"点赞""呲牙"表达对科技发展的赞叹。在娱乐和游戏领域，各年龄层比较平均，"捂脸""爱心""微笑"等表情使用率最高，表现出各年龄层的丰富情感。各年龄层对养生领域均有较高的表情使用率，且随着年龄增长，使用率越来越高，其中"点赞""合十"等表情使用较多，使用率均超过40%。在时尚领域，除"00后"外，其他年龄层表情使用率较高，超过40%。在情感领域，"60前后""70后""05后"使用表情较多，表情使用率超过40%，年龄跨度较大。

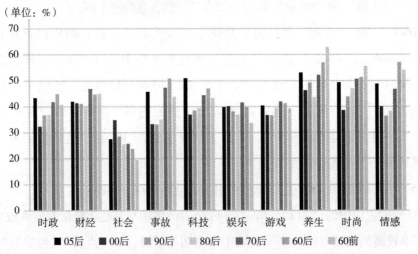

图5 微信公众号文章精选评论中各议题不同年龄人群表情使用率

表8　微信公众号文章精选评论中各类议题下的表情使用率以及最热表情

话题类型	时政	财经	社会	事故	科技	娱乐	游戏	养生	时尚	情感
TOP10表情	点赞	点赞	点赞	合十	点赞	捂脸	捂脸	点赞	呲牙	点赞
	玫瑰	呲牙	微笑	流泪	呲牙	爱心	呲牙	合十	点赞	玫瑰
	合十	玫瑰	呲牙	点赞	捂脸	微笑	微笑	玫瑰	捂脸	呲牙
	力挺	微笑	捂脸	微笑	微笑	呲牙	奸笑	微笑	色	微笑
	呲牙	喜爱	流泪	玫瑰	玫瑰	流泪	点赞	呲牙	玫瑰	捂脸
	微笑	捂脸	破涕为笑	大哭	偷笑	破涕为笑	流泪	抱拳	微笑	合十
	鼓掌	偷笑	偷笑	捂脸	流泪	玫瑰	破涕为笑	捂脸	流泪	流泪
	流泪	鼓掌	玫瑰	难过	奸笑	点赞	偷笑	流泪	爱心	偷笑
	强壮	庆祝	奸笑	呲牙	鼓掌	喜爱	喜爱	爱心	偷笑	破涕为笑
	庆祝	力挺	撇嘴	心碎	破涕为笑	偷笑	玫瑰	喜爱	破涕为笑	爱心

2. 表情的使用受当前热点话题的影响较大，全民情感共鸣效应明显

分析 2019 年 1 月 1 日至 8 月 31 日的几类主要表情在微信公众号文章精选评论中的使用占比情况，可以发现随着社会热点事件的发生，网民对表情符号的使用情况也随之变化。春节期间举国欢腾、合家团圆、喜庆祥和的氛围较为浓烈，多数网民通过"爱心""微笑"等表情表达对节日的祝福，同时春节期间，网络传播明星录制祝福视频、春节晚会直播和亮点小视频，网民激动于见到喜爱的明星、点赞喜闻乐见的表演，正能量表情符号使用频繁。3 月底四川凉山大火后，27 名森林消防人员和 3 名地方干部群众壮烈牺牲，引世人落泪，媒体公布遇难消防员名单和英雄事迹后，网民纷纷通过流泪表情缅怀牺牲英雄，致敬他们的赴汤蹈火、负重前行。有"网络情人节"之称的"520"当日，"爱心"表情使用激增，网民往往通过"爱心"表达爱意，无论是表白他人，还是情侣间、夫妻间互诉衷情。6 月 17 日，四川宜宾发生 6.0 级地震，截至 18 日共造成 13 人死亡、200 人受伤，地震发生初期网民多使用"合十"表情为灾区祈福、祈祷现场再无人员伤亡、希望自己在该地区的亲戚朋友无人伤亡。8 月上旬各表情的占比变化幅度大，8 月 3 日，央媒通

过社交媒体传播"五星红旗有 14 亿护旗手"的话题，在此期间民间情绪出现大幅
波动，从网络表情使用的波动变化也可见一斑，网民纷纷通过表情符号传递爱国情
感，引起共情凝聚爱国力量，网络表情通过层层传递达到的情感动员，不仅对港独
表明态度，也唤醒国内外同胞的爱国热情，实现共情传播，使表情包出征达到传播
最优效益，大大增强了民族及国家认同感。

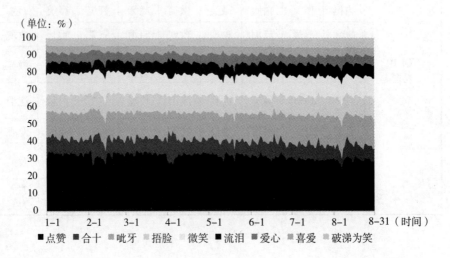

图 6　2019 年 1 月 1 日至 8 月 31 日微信公众号文章精选评论中几类主要表情使用占比趋势

四、结　论

当前，网民在微信公众号文章精选评论和 QQ 空间说说中的表情符号使用率分
别为 43.7% 和 38.5%，表情符号成为人们在社交平台表达情感和态度的重要工具，
成为舆论氛围营造、正能量舆论场形成的"抓手"之一。通过大数据对不同性别、
年龄、地域、领域等使用表情符号的群体情况进行分析，可以观察得出表情符号使
用对舆论场的主要作用如下。

一是各年龄群体对表情符号使用均较为频繁，"点赞""玫瑰"等表情使用率
领跑，促正能量占据舆论场高地。

大数据分析显示，在微信公众号文章精选评论中，"00 后"和"70 后"对不
同的表情使用有共性，但对相同表情的解读存在差异，所以表达的意义大相径庭；
QQ 空间说说中，往往呈现随着年龄递增或递减的分布形态，中老年群体偏爱使用

正面、正能量表情表达情感，而"00后""05后"因年龄偏小、尚未步入社会，情感较为细腻敏感，与其他年龄层差异性较大。如"00后"喜爱"微笑"、"05后"偏爱"流泪"等。此外，"80后"成为社交平台中表情符号使用的主力军，主要关注时政、财经、养生、情感等各领域话题。"60前"和"60后"普遍进入老年生活，闲暇时间紧跟互联网脚步，成为网络新势力，助推表情符号使用率的提升。他们往往更关注养生领域，表达肯定性的情感较多。

二是不同地域和性别的表情使用率差异显著，但涉及爱国主义议题时使用率和类型高度一致，有效团结一致激发爱国共鸣。

大数据分析显示，微信公众号文章精选评论中，欠发达地区网民较发达地区网民更乐于使用表情符号进行表达；QQ空间说说中，南方地区网民更积极使用表情符号，表达方式更直接；女性情感细腻委婉，倾向于使用"强""玫瑰""合十""爱心""鼓掌""愉快"等表达正面情感的表情，男性则较为简洁直接，倾向于使用"得意""发怒"等带有明显情绪表达的表情。但是，在涉及爱国主义、正能量、主旋律等议题中，网民网络表情使用的地域、性别差异明显缩小，并具有同一性。比如，2019年恰逢新中国成立70周年，网民不分地域、性别、年龄，均在相关话题中使用"点赞""玫瑰""合十"等表现赞美、自豪、喜悦、祝福等正向情绪表情，舆论场在网络表情表达的助力下正能量激荡，具有显著的凝神聚气效能。

三是各年龄层表情使用更集中于情感、财经、养生领域，降低舆论场政治偏差风险、助益平和情绪引导。

大数据分析显示，各年龄群体网民应用网络表情对舆论议题的表达关注意愿强、领域广，包含时政、财经、社会、事故、科技、娱乐、游戏、养生、时尚、情感等多领域。但值得注意的是，网民虽然对时政、社会等具有一定的政治性话题表现出积极兴趣，却并非将此类话题作为关注首选。各年龄段网民对情感、财经、养生的关注度更强烈，"玫瑰""点赞"多出现于相应领域，超越对时政社会类议题的关注度。情感、财经、养生领域议题多为正向中性，是舆论场正向中性情绪表达的主要构成，舆论偏差性小，各年龄段对此类领域表现出更为浓厚的"兴趣"，对舆论场风险降低、和谐情绪氛围引导助益力强。

四是"80后""90后"等社会中坚力量对"力挺""胜利""鼓掌"等表情使用率高，正向进取心态助推和谐奋进舆论底色形成。

在常态舆论感知中，"90后"等青年群体在个别语态下易与垮掉、负能量等消极词汇挂钩，但大数据显示，青年群体在以爱国主义情绪为代表的正能量情绪表达群体的比例中占据多数，甚至在一定阶段成为引领舆论的爱国先锋。尤其在近期香港事件中，青年群体表现出较强的爱国情感、主动性、组织力，并形成正向合力和效果。在其他领域，"80后""90后"等社会中坚力量亦表现出助力和谐氛围形成的潜力，比如在财经、养生议题方面，关注和追求经济发展、富足，关注身体和精神健康，均有助于社会积极平和舆论基调形成。其中一部分青年处于步入社会的奋斗期，"力挺""胜利"等表情反映出该群体内心深处努力、昂扬、"撸起袖子加油干"的向上进取精神。

附录：表情符号对应表

表情	微信名称	QQ名称	表情含义
	微笑	微笑	微笑
	调皮	调皮	活泼，调皮
	呲牙	呲牙	兴奋
	开心	开心	开心
	爱心	爱心	比心，爱心
	坏笑	坏笑	喜悦
	玫瑰	玫瑰	爱情，喜欢，感谢
	奋斗	奋斗	奋斗，努力
	鼓掌	鼓掌	鼓掌，祝贺
	偷笑	偷笑	窃喜，快乐
	愉快	可爱	愉快，高兴
	得意	得意	得意
	拥抱	拥抱	拥抱，安慰
	力挺	力挺	力挺，加油
	握手	握手	成交，友好，合作
	胜利	胜利	成功，胜利
	点赞	—	点赞
	庆祝	—	庆祝
	强壮	—	支持，给力
	耶	—	激动
	心	—	爱心
	合十	—	祈祷，敬意，保佑
	捂脸	—	害羞，尴尬

表情	微信名称	QQ名称	表情含义
	奸笑	—	奸笑
	机智	—	机智
	抱拳	抱拳	承让，尊重，拜托
	喜爱	喜爱	喜爱
	破涕为笑	笑哭	喜极而泣，笑哭
	发呆	发呆	发呆，无聊
	流泪	流泪	流泪
	害羞	害羞	害羞
	惊讶	惊讶	惊讶
	撇嘴	撇嘴	委屈，伤心
	亲亲	亲亲	亲密
	难过	难过	难过
	囧	冷汗	尴尬，失落，无奈
	抓狂	抓狂	抓狂
	恶心	恶心	恶心
	白眼	白眼	蔑视，发楞
	傲慢	傲慢	骄傲，傲慢
	饥饿	饥饿	饥饿
	困	困	疲惫
	惊恐	惊恐	惊恐，惊慌
	闭嘴	闭嘴	闭嘴
	睡	睡	睡觉
	大哭	大哭	悲伤
	尴尬	尴尬	尴尬
	发怒	发怒	发怒
	流汗	流汗	无奈
	悠闲	大兵	悠闲，观望
	咒骂	咒骂	咒骂
	疑问	疑问	疑问，疑惑
	嘘	嘘	嘘
	晕	晕	发昏
	疯了	折磨	折磨
	酷	酷	酷
	衰	衰	衰，倒霉

表情	微信名称	QQ名称	表情含义
	骷髅	骷髅	恐怖
	敲打	敲打	打人，敲打
	再见	再见	再见
	擦汗	擦汗	无语
	抠鼻	抠鼻	悠闲，不屑
	糗大了	糗大了	丢脸
	左哼哼	左哼哼	骄傲，俏皮
	右哼哼	右哼哼	骄傲，俏皮
	哈欠	哈欠	无聊
	鄙视	鄙视	鄙视
	委屈	委屈	委屈
	快哭	快哭了	心酸
	阴险	阴险	坏笑
	吓	吓	惊吓
	可怜	可怜	可怜
	菜刀	菜刀	菜刀
	西瓜	西瓜	西瓜
	啤酒	啤酒	干杯
	篮球	篮球	篮球
	乒乓	乒乓	乒乓
	—	茶	悠闲
	咖啡	咖啡	悠闲
	饭	饭	吃饭
	猪头	猪头	猪头
	凋谢	凋谢	凋谢，失望
	嘴唇	示爱	示爱
	心碎	心碎	心碎
	蛋糕	蛋糕	蛋糕
	闪电	闪电	惊叹，打击
	炸弹	炸弹	炸弹
	刀	刀	恐吓
	足球	足球	足球
	瓢虫	瓢虫	瓢虫
	便便	便便	恶心，便便

表情	微信名称	QQ名称	表情含义
	月亮	月亮	晚安
	太阳	太阳	阳光，开朗
	勾引	勾引	勾引
	差劲	差劲	差劲
	爱你	爱你	爱你
	no	no	否定，反对
	ok	ok	肯定，赞成
	爱情	爱情	爱情
	飞吻	飞吻	飞吻
	跳跳	跳跳	跳跳
	发抖	发抖	发抖
	怄火	怄火	怄火
	转圈	转圈	转圈
	磕头	磕头	道歉，认错
	回头	回头	回头
	跳绳	跳绳	跳绳
	投降	挥手	投降，挥手
	激动	激动	激动
	献吻	献吻	献吻
	右太极	右太极	接招，过招
	左太极	左太极	接招，过招
	乱舞	街舞	街舞
	—	好棒	厉害，很棒
	—	敬礼	敬礼
	—	加油	加油
	接吻	—	示爱
	无语	—	无语
	皱眉	—	忧虑
	嘿哈	—	耍酷，开心
	红包	—	红包
	蜡烛	—	祝福，祈祷，默哀，纪念
	笑脸	—	开心，快乐
	热情	—	热情

续表

表情	微信名称	QQ 名称	表情含义
	眨眼	—	调皮，可爱
	亲吻	—	亲吻
	脸红	—	脸红，害羞
	露齿笑	—	愉快，开心
	满意	—	满意
	戏弄	—	戏弄，调皮，可爱
	吐舌	—	调皮，可爱
	悔恨	—	悔恨
	失望	—	失望
	低落	—	低落
	汗	—	无奈，无语
	呸	—	不屑
	眼泪	—	委屈，伤心
	焦虑	—	焦虑
	担心	—	担心
	震惊	—	震惊
	哭	—	难过，伤心
	恐惧	—	恐惧
	心烦	—	心烦
	生气	—	生气
	睡觉	—	睡觉
	生病	—	生病
	中国国旗	—	中国国旗
	鬼魂	—	搞怪
	弱	—	差劲
	發	—	发财
	礼物	—	礼物

网络平台"标题党"现象调查[*]

标题，通常是决定受众是否获取完整新闻等信息的首要因素，当标题编辑者和受众对于标题的追求超出了正常的标题制作原则时，"标题党"随之产生了。"标题党"一词最初是指以娱乐方式加工标题来吸引点击量的网络帖主群体以及与之相关的网络现象①，时代的发展推动"标题党"渗透至两微一端、报纸杂志等新媒体和传统媒体平台，"标题党"成为一个备受争议和关注的现象。

2017年，为进一步净化网络舆论环境，打击乱改标题、歪曲新闻原意等"标题党"行为，国家网信办联合相关部门开展了为期1个月的专项整治行动，依法处罚了存在突出问题的5家网站：新浪、搜狐、网易、凤凰、焦点②，批评"标题党"的六大乱象。2018年7月2日起，人民网③发表"三评浮夸自大文风"系列文章，针对"跪求体""哭晕体""吓尿体"等浮夸自大的文风进行批评，称此类现象消解媒体公信力、污染舆论生态、扭曲国民心态、不利于构建清朗的网络空间。当然，也有学者对"标题党"表示支持与肯定。

综合各方观点，"标题党"现象，从广义上讲既包括传递无价值信息或损害当事人权益的恶性"标题党"现象，也包括产生幽默与娱乐效果的无明显危害的良性"标题党"现象；狭义的"标题党"主要指有意使用夸张、怪异、骇人、娱乐、

＊　本文为国家社科基金"青少年网络语言生活方式及其引导策略研究"（14ZDB158）阶段性成果。作者王宇波，武汉大学文学院副教授，主要研究方向为社会语言学；刘文瑶，武汉大学文学院语言学及应用语言学专业硕士研究生；汪磊，广东外语外贸大学中文学院教授、硕士生导师，主要研究方向为社会语言学、网络语言传播。

① 李立：《网络新闻传播中的"标题党"现象解析》，《东南传播》2009年第5期。

② 《国家网信办深入整治"标题党"问题》，中国网信网，http：//www.cac.gov.cn/2017-01/13/c_1120302910.htm。

③ 《人民网三评浮夸自大文风之一：文章不会写了吗?》，人民网，http：//opinion.people.com.cn/GB/n1/2018/0702/c1003-30098611.html。

低俗等手法加工标题，来获取高阅读量和点击量的现象，主要有文字类和图片类，本文侧重于对文字类标题的考察与分析。

一、调查步骤与方法

网络平台主要包括新闻资讯类、视频类、直播类、音频类、博客类和问答社区类等，其中新闻资讯类平台和短视频平台为"标题党"的重灾区。本文采用抽样调查的方法，选取微信和"头条号"两大自媒体平台，以及新浪、搜狐、网易、凤凰和腾讯五大门户网站作为新闻资讯类平台调查对象，选取抖音、快手、哔哩哔哩和西瓜视频 APP 作为短视频平台调查对象，每个平台随机抽取 2019 年 9 月 1 日至 10 月 1 日点击量靠前的 300 条标题，标题样本共 3300 条，根据标题党的特征，筛选出"标题党"标题共 1097 条，进行主题、表现手法与核心词汇分析，以及句类、句式与标点分析。

二、"标题党"分布情况

新闻资讯平台与短视频平台"标题党"数量及占比统计如表 1 所示，整体上看，短视频平台"标题党"的标题占比高达 39.7%，比新闻资讯平台高出 10.1%，表明"标题党"现象在短视频平台中尤为盛行，这与近年来短视频行业的飞速发展密切相关。统计显示，截至 2018 年 6 月，中国短视频用户规模达 5.94 亿人，占网民总数的 74.1%①，青年占据短视频用户的主导。短视频平台具有移动性、互动性、碎片化、娱乐化和视觉冲击力强等产品特征，恰恰契合广大网民的互联网社交和内容消费需要，娱乐化环境与新闻资讯平台相比更易催化"标题党"的生长。其中，西瓜视频的"标题党"标题占比达到 42.3%，抖音 APP 达到 40.0%，快手紧随其后，占比 37.7%；哔哩哔哩作为弹幕视频门户的代表，其视频时长往往略长于前三者，"标题党"标题占据 38.7%。

---

① 祖薇：《2018 中国网络视听发展研究报告：短视频崛起最为抢眼》，《北京青年报》2018 年 12 月 5 日。

表1　"标题党"分布情况

平台类型	平台名称	标题样本数量（个）	标题党数量（个）	占比（%）
新闻资讯	微信	300	119	39.7
	头条号	300	103	34.3
	搜狐	300	99	33.0
	凤凰	300	82	27.3
	新浪	300	80	26.7
	网易	300	70	23.3
	腾讯	300	68	22.7
总计		2100	621	29.6
短视频	西瓜视频	300	127	42.3
	抖音	300	120	40.0
	哔哩哔哩	300	116	38.7
	快手	300	113	37.7
总计		1200	476	39.7

新闻资讯平台中，微信平台"标题党"的数量稳居榜首，占比达39.7%。微信作为国内最大的移动流量平台，其公众号数量已突破2000万个，每年推文总量超过100亿篇，由于微信公众号运营门槛低、运营程序简单，"标题党"标题衍生迅速。头条号的"标题党"占比也高达34.3%，头条号的文章主要在"今日头条"APP中呈现，2018年沃指数APP活跃用户数排行榜①显示，"今日头条"APP在新闻资讯APP中排名第一，头条号产生的标题可谓是时下新闻资讯APP"标题党"现象的缩影。新闻网站中，搜狐"标题党"的占比较高，为33%，凤凰、新浪、网易和腾讯的比例都低于30%，腾讯"标题党"的数量最少，占比为22.7%。

三、"标题党"主题类别

参考各大新闻网站的模块分类，我们将621条新闻资讯平台标题分为24个主

---

① 阳泉联通：《[沃指数] 2018 年 10 月沃指数之移动应用 APP 排行榜》，http：//www.sohu.com/a/271742389_250537。

题，这一细分说明新闻媒体的内容进一步"小报化"，即新闻媒体在内容选题上从硬转向软，严肃新闻大幅减少，生活消费类内容急剧增加，在报道风格上追求其娱乐性、通俗易懂和强情感性，信息发布的目标也从告知和教育转向提供服务和建议①。

表 2　新闻资讯平台"标题党"主题分类

序号	主题	示例	数量（个）	占比（%）
1	时事	老人投 100 元坐公交，司机听他说了这句话后，立即报警……	141	22.7
2	明星	蠢货姚明其人	64	10.3
3	娱乐	松鼠：这特么是人干的事???	47	7.6
4	情感	［夜读］见过世面的人，从不说这 3 句话	42	6.8
5	国际	原创丨太蠢！刚刚，欧洲又被美国忽悠瘸了！	37	6.0
6	生活	79 元起！3 大波十一福利，除了秋裤，还有……	33	5.3
7	政治	今日聚焦：热泪！第一次看这样的毛主席，亿万中国人竟哭了！	27	4.3
8	健康	医生呼吁：这种水果真的会要命，有肾病的尤其当心！	23	3.7
9	教育	我！的！老！师！超！硬！核！	22	3.5
10	旅游	对不起，你朋友圈里的网红景点都是骗人的	20	3.2
11	体育	中国女排五连胜后怎么办？郎平说了四个字……	19	3.1
12	经济	再过 2 天，又要涨了	18	2.9
13	职业	当你不想上班的时候，想想这三个人	17	2.7
14	历史	88 年前的这一天，我们永远铭记！	17	2.7
15	时尚	好看！好玩！好硬核！这些居然都是《人民日报》联名款?	16	2.6
16	军事	最帅"成人礼"！武警特战终极考核，竟然这么考！看哭爸妈……	15	2.4
17	科技	华为突然宣布：3999 元！苹果颤抖，全世界都沸腾了！	14	2.3
18	汽车	车胎出现这几种情况，别犹豫赶紧换！	12	1.9
19	影视	本季最佳日剧完结，必须再夸一次	11	1.8
20	动物	笑喷！主人给狗剪指甲 狗为了不剪指甲假装晕倒在地：晕指甲刀	10	1.6

---

① 何曦玮：《新媒体视阈下的"标题党"现象研究》，南昌大学硕士学位论文，2018 年。

序号	主题	示例	数量（个）	占比（%）
21	文化	水浒传：鲁智深最耻辱一战！败给这两个人，只因饿着肚子……	7	1.1
22	音乐	音像店消失了，可我还在听那些老歌	4	0.6
23	星座	巨蟹座10月份运势要炸了！	2	0.3
24	美食	荷花竟然能在油里盛开？绽放的那一瞬间口水都流出来了	2	0.3
		总计	621	100

据表2显示，时事、明星、娱乐、情感、国际和生活类标题成为"标题党"的可能性较高。时事类占比最高，达到22.7%，时事新闻紧跟热点事件，网民关注度最高，发布时事也是新闻资讯平台最重要的功能，这类标题党通常以夸大事实、歪曲事件、断章取义的方式吸引眼球。

明星和娱乐类的标题占比分别为10.3%和7.6%，这两类标题党体现新媒体环境下话题的娱乐性，娱乐至上的背后是泛娱乐化。明星类标题内容涉及明星八卦在内的社会新闻、热点话题，这类标题党通常以捕风捉影、无中生有、虚张声势，甚至以玩噱头的方式吸引眼球；娱乐类标题内容多以低俗、媚俗、戏谑、搞怪的手法使读者在搞笑型内容中获得阅读快感。

情感类占比6.8%，这类标题党通常以故弄玄虚、哗众取宠等方式引起人们的好奇、共鸣，主要涉及人际沟通、心灵鸡汤和情感故事等；生活和健康类标题共占比9%，这两类标题党通常以虚假夸张、以偏概全等方式引起人们对生活方式及身体健康的关注，甚至担忧或恐慌。

短视频平台的"标题党"主题分类情况，与新闻资讯平台稍显不同。短视频平台单独设有游戏和美妆类主题，少了新闻资讯平台中的政治、军事、文化和星座类主题，娱乐色彩更加凸显，形式更新颖，体现民众对于表达、展示和分享的需求，使用户在分享快乐的同时实现自我满足。其中，西瓜视频作为"字节跳动"旗下的个性化推荐短视频平台，主要通过人工智能算法为用户推荐短视频内容，因此新鲜、好看、好玩的标题更易受用户关注；抖音视频标题内容重在可分享性，新潮的音乐和搞笑的创意为其带来了巨大流量；快手视频标题更加生活化，不少美妆、健身及美食技巧类的短视频广受用户青睐；哔哩哔哩用户群一直是我国当代青年亚文化的重要组成部分，作为一个面向年轻人基于兴趣而聚集的文化社区，哔哩哔哩"标题党"主要瞄准兴趣圈层。

表3　短视频平台"标题党"主题分类

序号	主题	示例	数量（个）	占比（%）
1	娱乐	99.6%的人点进来都会狂笑甚至泪目，而我，太难了	112	23.5
2	生活	最简单的猪蹄扣，用绳子绕两圈就行，生活中处处都能用得上	46	9.7
3	美食	花卷这样做还是第一次见！懒人做法简单一压就成功，看一遍就会	39	8.2
4	影视	奶爆新番！十月最值得期待的10部动画！最后一部竟然看哭up主！	37	7.8
5	明星	邓丽君的皮是真的皮	33	6.9
6	音乐	白天听1遍~不瞌睡＼（＾o＾）/晚上听10遍~睡得香！♪ high school musical village ♪	29	6.1
7	时尚	不要再这样吹了！男生自己做头发造型必须知道的3个技巧	23	4.8
8	情感	凑够800块去相亲，找了家高档餐厅，没想到女生提出……	23	4.8
9	游戏	世界上BUG最多的搞笑游戏 每局3000个BUG	21	4.4
10	时事	孙子在超市打碎东西，奶奶随后做出的举动，让周围的人纷纷称赞	21	4.4
11	教育	现代女性的崩溃：丧偶式育儿的痛，有谁能懂？	17	3.6
12	健康	上了黑名单的"假牛奶"，没营养还害孩子，大多家长依旧给孩子喝	16	3.4
13	动物	测试喵星人到底有多软？狗狗和主人也加入了挑战，结果主人脸被打肿……	12	2.5
14	美妆	美妆垃圾区 这些雷品你竟然还在买？	10	2.1
15	历史	春秋战国时期的人才为什么那么多？专家告诉你这个条件很重要	7	1.5
16	体育	这就是泰拳王播求的实力，一拳直接秒杀日本人！	6	1.3
17	汽车	新手买车别忘了验车，学会这几点验车技巧，谁也不敢套路你！	6	1.3
18	科技	三星A80真实使用体验，这些功能放到国产手机上肯定要吹爆	5	1.1
19	经济	[回形针PaperClip] 为什么你炒股总是亏钱？	4	0.8
20	国际	马杜罗赠普京军刀，普京又……	3	0.6
21	旅游	[党妹] vlog| 在飞机上洗澡!? 全世界最豪华的阿联酋航空头等舱测评！	3	0.6

序号	主题	示例	数量（个）	占比（%）
22	职业	如何成为酒店试睡员　重磅干货	3	0.6
		总计	476	100

表3显示，短视频平台"标题党"标题占比较高的是娱乐、生活、美食、影视、明星、音乐、时尚、情感类主题；娱乐类标题党占比23.5%，内容主要选取日常生活中的搞笑场景吸引读者兴趣。

值得关注的是，美食类标题党占比高达8.2%，表明用户对美食类短视频有一定的审美情趣，很多受众爱好美食并愿意关注美食类短视频，这具体可分为"吃播秀"和"技能分享"两类，技能分享类标题在"标题党"中居多，通过采用夸张描述手段点燃受众动手下厨的欲望。

影视和音乐类标题占比分别为7.8%和6.1%，内容以电影、电视剧、动画和歌曲分享点评为主，旨在引起观众共鸣。明星类标题占比6.9%，内容多分享明星有趣或令人吐槽的片段。

游戏类占比4.4%，这类"标题党"涉及时下流行的绝地求生、英雄联盟、CS等游戏，多用激动、兴奋或愤怒等激烈情绪刺激受众点击。

四、表现手法与核心词汇

在标题党主题考察的基础上，我们将"标题党"的表现手法分为七类，据此分别统计两大类平台"标题党"表现手法的使用情况，参见下表4、表5；并通过词语抽取逐一统计每种表现手法的核心词汇，详见下表6。鉴于同一种表现手法在不同平台中所使用的核心词汇具有共性，故表格中不做区分。

表4　新闻资讯平台"标题党"表现手法

表现手法	频次①（次）	频率（%）
故弄玄虚	214	34.5

---

① 指表现手法在"标题党"中使用的次数，有的标题不止使用了一种表现手法。

续表

表现手法	频次①（次）	频率（%）
表述夸张	139	22.4
情感诱导	116	18.7
离奇设问	112	18.0
突破常识	66	10.6
色情低俗	9	1.4
名人效应	8	1.3

表5 短视频平台"标题党"表现手法

表现手法	频次	占比
情感诱导	168	35.3%
表述夸张	142	29.8%
故弄玄虚	107	22.5%
离奇设问	38	8.0%
突破常识	38	8.0%
色情低俗	15	3.2%
名人效应	4	0.8%

如上表所示，"故弄玄虚""表述夸张""情感诱导"是两大平台"标题党"最常使用的表现手法，新闻资讯平台中"故弄玄虚"手法的使用频率最高，达到34.5%，此类标题党多在时事类标题中设下悬念，或在题尾省略重要信息；短视频平台中"情感诱导"手法的使用频率最高，达到35.3%，此类"标题党"多出现在娱乐、生活、美食类等标题中，用诱导性话语吸引用户点击并分享。

新闻资讯平台中"离奇设问"手法的使用频率为18.0%，远高于短视频平台的8.0%，表明新闻资讯类的"标题党"更青睐使用问句形式；短视频平台中"色情低俗"手法的使用频率为3.2%，新闻资讯平台的仅为1.4%，可见短视频平台的色情低俗词语的使用仍有待规范。

表6 两大平台"标题党"核心词汇①

表现手法	核心词汇
故弄玄虚	这个、×说……、这些、这样、它、结果……、这种、结局、原来是……、这几点、竟、竟是……、居然、原因、答案是……、没想到、秘密、这件事、这一幕、这（×）款
表述夸张	最、竟（然）、史上最……、×疯、比……更/还、瞬间、笑喷、泪奔、爆笑、看呆、简直、秒杀、超级、刷屏、逆天、绝密、高能、高燃、惊天、哈哈哈哈②、×%的人、泪奔、全世界、崩溃、疯狂、整个朋友圈、只需、一秒、大事、一次就、看一遍
情感诱导	我、你、都、不要、请、必须、千万别、告诉你、快×、你的、可能、收藏、来看看、小心、不一定、最好、赶紧、紧急、真正、这才是、千万不要、有你吗、必看、深度好文
离奇设问	什么、吗、到底、为什么、谁、怎么、哪里、多少、哪个、如何、凭什么、终于、发生（了）什么、比……还、咋回事、你敢……吗
突破常识	竟（竟然）、却、不是、不、突然、只（有）、×岁、还要、想不到、连……都/也
色情低俗	蠢货、大尺度、奇葩、湿身、他妈、卧槽、信你个鬼、垃圾、沙雕
名人效应	王俊凯、贾玲、胡歌、邓丽君、文章、巩俐、惊奇队长、刘谦

"故弄玄虚"类标题表意不明，更倾向于主观感情表达，显著表现是用省略号或指示代词"这个、这些、它"代替一些关键信息，令人产生一种欲言又止的好奇感，或只选取危言耸听的方面吸引读者关注，如"他放弃百万年薪来到这里，唯一的要求竟是……"

"表述夸张"常常通过夸张或带有强烈感情色彩的词语，多用"最"夸大事实，用"笑喷""泪奔""看呆"等夸大效果来吸引关注增加点击率，如"凉拌莲藕，很多人第1步就错了，简单2步，不到3分钟就学会"。

"离奇设问"的突出表现是借助问句形式选取事件中的某一新奇点进行放大，满足读者的猎奇心理，如"主播说联播｜刚强今天一口气说了二十多个牛，到底是啥这么牛？"

"情感诱导"的主要特点是通过祈使句、强烈语气词和人称代词，例如使用"我"在标题中现身说法，增强标题可信度，或"你""你的"等拉近与读者的距离，并采用煽情与共情手段催促读者阅读和转发，如"遇到这种号码的100元纸

---

① 列举的核心词汇以能说明标题表现手法为标准，出现顺序按词频高低排列。
② 我们将超过三个"哈"字的词组归为表述夸张。

币，别花掉了！一张价值翻几倍！"

"突破常识"类强调反差效果，常用对比引起视觉冲击，造成强烈的道德反差或引起巨大的伦理批判，多用"却""竟然"表示转折，如"这个女医生每年救活上百人，却没有病人对她说谢谢……"

"色情低俗"类标题多含性暗示或低俗词语，迎合一些读者的阅读偏好，如"手速快到服务器延迟？超音速盲僧，全程卧槽"。

"名人效应"类标题借用名人，内容往往打名人的擦边球，如"巩俐、惊奇队长双双打卡的珠宝展到底有多厉害？"

五、句类、句式与标点

通过相关提取，表7给出了"标题党"标题句类和句式的统计数据。

表7 "标题党"标题句类和句式 （单位：次）

表现手法	句类				特殊句式
	陈述句	感叹句	疑问句	祈使句	省略句
故弄玄虚	193	100	38	16	37
表述夸张	101	133	21	15	4
情感诱导	74	135	57	75	9
离奇设问	1	23	136	5	2
突破常识	28	33	9	2	4
色情低俗	9	7	3	1	1
名人效应	6	1	2	0	1
频次总计	412	432	266	114	58
频率（%）	37.6	39.4	24.2	10.4	5.3

各句类中，陈述句占37.6%，感叹句占比位居榜首，占39.4%，这与日常交际语言以及传统媒体新闻语言有明显的差异，多出现在表述夸张、故弄玄虚和情感诱导类标题中，有两种常见句式：一种为"词语＋感叹号＋内容陈述"，如"原创｜太蠢！刚刚，欧洲又被美国忽悠瘸了！"这类标题通过第一个感叹句吸引受

众，重点内容在感叹词之后；另一种为"内容陈述 + 结果或评价 + 感叹号"，如"金毛被遗弃，老人把它抱回家，给它洗澡陪它玩，结局很感人!"标题重心往往是后半部分的结果或评价。

疑问句标题共 266 条，占 24.2%，主要采用离奇设问的表现手法。祈使句中尚未发现名人效应类表现手法，主要采用情感诱导类表现手法。特殊句式中，省略句是"标题党"最常用的句式之一，占比 5.3%。这类标题利用省略制造悬念，诱人点击，虽然总比例不高，但是省略句标题成为"标题党"的概率很大。

标点符号的使用具有三个典型特征：（1）低频标点符号或特殊符号的使用。除感叹号、问号和省略号以外，鱼尾号、波浪号符号频繁出现。（2）标点符号的叠加连用。叠加问号、感叹号和省略号也是标题党常见的手段。其目的是凸显核心词汇，吸引读者关注。（3）表情符号的使用。哔哩哔哩"标题党"标题中会使用表情符号辅助表达情绪，使标题生动可感，例如"教官是魔鬼吗？公开处刑最为致命（_）网络上那些爆笑的沙雕图（ˋ·ω·）| 第 219 期"。各标点符号具体频次详见下表。

表 8 "标题党"常用标点符号

标点符号	频次（次）	标点符号	频次（次）
，	829	（）	17
！	434	+	17
？	242	|	13
：	139	、	12
""	126	~	7
#	90	=	3
《》	44	「」	2
【】	41	/	2
……	33	——	2
@	28	&	2
…	23	%	1
。	20	。。。	1

六、成因分析

"标题党"原本是一个中性词，利用"标题党"的某些编辑技巧，的确可以取得良好的传播效果，增强阅读的趣味性。例如在软新闻，即人情味突出的社会新闻、娱乐新闻、服务性新闻等中，适当使用"标题党"类语言可使标题形式通俗、贴近群众。但如果"标题党"标题中各类夸张、歪曲、暴力的语言充斥网络空间，便会对社会、媒体和受众产生不可忽视的负面影响。就网络语言环境而言，"标题党"的泛滥会助长不良社会风气，不利于弘扬社会主义核心价值观；对媒体自身而言，"标题党"的过度使用在一定程度上折损媒体公信力，不利于塑造勇于承担社会责任的媒体形象；于受众而言，浏览过多的"标题党"不利于树立正确的世界观、人生观和价值观。

"标题党"式新闻本身具有一定的社会危害，而且在当下具有一定的市场，其背后有经济、道德、法律和心理四方面原因。

（一）网络媒体"流量为王"的经营方式

各大网络平台获取利益的方式依赖点击量，用户的每一次点击都具有经济价值，点击行为成为一种变相的购买行为。搜狐网总裁张朝阳在《把握注意力经济，迎接数字化生存》[①]的演讲中提到，注意力正在成为一种重要的商业资源，哪个企业能够抓住市场的注意力，就有可能脱颖而出。因而，为了提高点击率、抓取市场注意力、赢得高收益，许多媒体人选择撰写"标题党"标题迎合和诱惑受众。

（二）社会道德的约束力不足

一方面，一些媒体从业者职业道德缺乏、专业素养和社会责任感不足、法制意识淡薄，受互联网思维影响较深，不重视文章或视频的内容体验度，反而过于重视点击率和阅读量，导致一系列"标题党"标题产生。另一方面，社会大众对不良"标题党"的自觉抵制不够，使"标题党"式新闻盛行。

---

① 转引自许卫兵编著：《知本家演绎知本运营》，兵器工业出版社 2000 年版。

（三）相关法律法规建设滞后

虽然关于新闻业管制的条例在宪法和其他法律文件中都有所体现，但我国还尚未出台正式的新闻法，对短视频平台行业相关准则的制定也不健全，公权力对网络平台制约不足，致使一些信息发布者打法律的擦边球来制作标题新闻。

（四）迎合用户心理

首先，"标题党"标题迎合用户的猎奇心理。美国心理学家乔治·罗温斯坦指出，那些能激发我们好奇心的东西能在我们的"当前状态"和"未来状态"之间造成一种"知识鸿沟"，进而催生一种我们难以忍受的被剥夺感。为了消除这种被剥夺感，人们会忍不住去获取相关信息，直到找到答案，水落石出，直到"知识鸿沟"被填平[1]，因此这类标题点击量高。

其次，"标题党"标题迎合用户的焦虑心理。面对碎片化的海量信息，网民常常有一种害怕错漏掉信息或机会的紧张感，它是一种人类中普遍存在的、害怕他人可能得益而自己可能失利的恐惧[2]。"标题党"标题常会使用"前倾提示"——如"这些事×岁前一定要学会"——来激发网民的焦虑感，同时许诺网民读了此文之后需求可以得到满足，等等。

七、治理建议

随着媒体行业的不断壮大，不论是行业机构，还是政府部门，抑或是媒体自身，都有责任去努力纠正"标题党"的不良影响。

（一）建立行业内部自我监督机制，维护媒体公信力

媒体行业要加强内部巡查力度，增强巡查自觉性，使巡查制度逐渐上升为内部管理的常规内容，以净化行业环境，促进行业自律。例如"今日头条"目前

---

[1] Hen, Yimin, Niall J. Conroy, and Victoria L. 1Kubin, "News Inan Online World: The Needfor an Automatic Crap Detector", In *Proceedings of the 78th ASIS & T Annual Meeting: Information Science with Impact: Research in and for the Community*, American—Society for Information Science, 2015, p. 81.

[2] ［美］Ben H. Bagdikian：《新媒体垄断》，邓建国等译，清华大学出版社 2013 年版。

已经建立了色情、低俗、标题党、虚假信息、低质内容识别和处置算法模型 180 多个；2019 年 1 月 9 日，中国网络视听节目服务协会官网也发布了《网络短视频内容审核标准细则》，其中包含 100 条审核标准，包括标题是否合规、是否涉及色情、是否适宜未成年人等多个方面。同时，关注行业内部从业人员的软实力，提高网络媒体的职业准入门槛与工作底线，开展必要的业务培训，提高从业者的业务水平和政治素养，切实减少"标题党"现象。行业工作者应更加注重用户体验，从追求"流量为王"向追求"内容为王"转变，实现媒体收益与社会责任的平衡，维护媒体公信力，形成实事求是、健康向上、激励人心、理性客观的网络传播语言的风格。

（二）加强行业监管力度，健全法律法规

"标题党"现象的治理是一项系统工程，需要各部门的协调合作才能取得良好成效。首先，应充分发挥公权力部门的职能作用，加强对各大平台的监管力度，切实开展整治"标题党"乱象的专项活动，并定期公布查处的一些"标题党"案例，对于利用网络实施诽谤、非法经营或编造、故意传播虚假恐怖信息等行为进行依法处罚。2018 年 7 月，针对当前一些网络短视频格调低下、价值导向偏离和低俗恶搞、盗版侵权、"标题党"突出等问题，国家网信办会同工信部、公安部、文化和旅游部、广电总局、全国"扫黄打非"办公室等五部门，开展网络短视频行业集中整治，依法处置一批违法违规网络短视频平台，如能将审核行为常态化，"标题党"现象定会得到良好改善。另外，应借鉴国际上成熟的媒体自律经验与行业管理准则，研究制定一套网络新闻标题制作的基本原则与操作规程。

（三）培养民众监督甄别意识，共建清朗网络空间

新媒体时代，宣传管理部门、媒体机构可利用新技术为受众提供参与治理的便捷途径，这将有效抑制"标题党"的消费与传播，利于共建清朗网络空间。互联网新闻信息服务单位可在网站 PC 和移动端首页首屏的显著位置开设针对不当标题等内容的公众举报平台，受理举报信息，及时核查处置违反上述规定的行为，并及时将处置结果向社会公开。网络上还出现了一些反标题党工具，如浏览器"标题党侦测"插件，它能在网民鼠标轻触链接时给出目标文章的简要内容，从而避免民众因不良信息而上当受骗，激发民众的甄别意识。

谐音类网络语言使用情况调查 *

字词发音相同或相近被称为谐音。谐音是网络语言中常用的一种构词手段，创作者通过语音或字形变异引起网友的关注，吸引大家互相模仿，形成网络传播。采用谐音方式形成的网络词语通常可以分为两类，一类是为了避免直接说出不文明词语的尴尬，采用谐音的方式对这些词语的字形或发音进行改变，在网络上大量使用。例如"你妈—尼玛"等。还有一类是日常生活中的词语，通过谐音产生诙谐、生动、搞笑的效果，吸引网友的注意，在网络上互相模仿。如"旅友—驴友""激动—鸡冻""悲剧—杯具"等。第一类词语本文称之为詈词，第二类词语称之为非詈词。

本文选择网络语言中常用的 12 个谐音词语进行调查，其中詈词 5 个，分别是"沙雕、我靠、卧槽、尼玛、傻逼"；非詈词 7 个，分别是"驴友、杯具、大虾、砖家、叫兽、鸡冻、歪果仁"。通过问卷星在网络上发放调查问卷，对这些网络语言的使用情况、使用频率、使用场合，以及具体语义进行了调查，一共收集了 364 份有效问卷。下文主要针对本次问卷调查的结果进行分析。

一、网络语言使用的影响因素

（一）词语使用的年龄影响

本调查所涉年龄段分布较广，基本涵盖了使用网络的老、中、青各个年龄段。

---

* 本文作者邓丹，北京大学对外汉语教育学院副教授、硕士生导师，主要研究方向为汉语语音学、第二语言习得。

但是各个年龄段的人数分布不太均匀，其中 18 岁以下的 37 人，18—30 岁的 203 人，30—40 岁的 37 人，40—50 岁的 62 人，50 岁以上的 25 人。

我们首先考察了詈词类和非詈词类网络用语在不同年龄段的人群中的使用情况（见图 1）。从图 1 可以看出，不同年龄段的人群在使用詈词和非詈词这两类网络词语时，存在明显的不同。

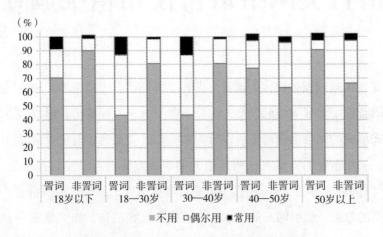

图 1　不同年龄段人群谐音类词语的使用情况

对于詈词来说，18—40 岁的人群和其他年龄段的人群存在明显差异。18—40 岁的人群更倾向于在日常交际中使用这类词语，使用比例超过了 50%，而且有超过 10% 的人使用频率还很高，即在日常交际中常常使用。而 18 岁以下和 40 岁以上的人群在日常交际中使用詈词类词语的比例较低，使用比例均没有超过 30%。虽然在调查中我们把 18—40 岁的年龄段区分为两组，即 18—30 岁和 30—40 岁两组，但是从实际调查结果看，两组被试者在詈词和非詈词的使用上并没有太大差别。詈词使用比例较低的三个年龄段是 18 岁以下、40—50 岁以及 50 岁以上，仍然存在一些不同，18 岁以下青少年的詈词使用比例最高，40 岁以上的人群，年龄越大使用詈词的比例就越低。

对于非詈词来说，40 岁以上的人群和 40 岁以下的人群在使用比例上存在明显的差异。40 岁以上的人使用非詈词类词语的比例明显高于 40 岁以下的人。40 岁以上的人的使用比例均高于 30%，但是 40 岁以下的人的使用比例则低于 20%。

从同一个年龄段中詈词和非詈词的使用情况来看，我们可以明显看出 40 岁是一个重要的分界线。40 岁以下的人在日常交际中詈词的使用比例远高于非詈词，但是 40 岁以上的人在日常交际中则是非詈词的使用比例远高于詈词。这些数据说明 40 岁以下的年轻人包括青少年，在日常交际中更愿意使用谐音形成的詈词，即不文明词语在他们网络语言的使用中经常出现。而 40 岁以上的人对于这些不文明词语的接受程度明显低于年轻人，他们更愿意使用其他的谐音类词语来彰显网络语言的独特性。

（二）词语使用的性别影响

本调查中男女被试者的性别分布不太均匀，其中男被试者 91 人，女被试者 273 人。上文分析显示年龄对于谐音类网络词语的使用影响较大，40 岁以上和 40 岁以下的人群在使用偏好上存在明显的不同。因此下文分别选择 40 岁以下和 40 岁以上的年龄段中人数较多的两个年龄段进行性别分析，分别是 18—30 岁和 40—50 岁两个年龄段。18—30 岁年龄段中的男性 29 人，女性 174 人，40—50 岁年龄段中的男性 26 人，女性 36 人。

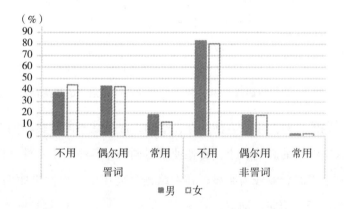

图 2　谐音类词语在 18—30 岁年龄段不同性别中的使用情况

图 2 是 18—30 岁年龄段的被试者使用谐音类词语时的性别差异。图中显示，在使用詈词时，男女之间存在一些差异，但总体差异不大。男性和女性在日常交际中偶尔使用詈词的比例基本一致，二者之间的差异主要表现在女性不使用詈词的比例比男性略高，女性常常使用詈词的比例比男性略低。对于非詈词来说，男性和女性之间的差异也不明显，女性在日常交际中不使用非詈词的比例略低于男性。这些数据说明对于 18—30 岁的年轻人来说，性别对网络语言的使用存在一些影响，但是总体来看影响不大。无论男性还是女性在网络上使用詈词的比例都高于非詈词，

其中男性使用晋词的比例略高于女性。

图 3 是 40—50 岁年龄段的被试者使用谐音类词语时的性别差异。图中显示性别在谐音类词语的使用中存在明显差异。对于晋词来说，女性不使用的比例明显高于男性，在使用频率上，无论是偶尔使用还是常常使用，女性的比例都低于男性。非晋词的情况则和晋词相反，女性不使用的比例明显低于男性，而偶尔使用和常常使用的比例则明显高于男性。这说明对于 40—50 岁的人群来说，性别对网络语言的使用存在明显的影响，男性在日常交际中更愿意使用晋词，而女性则更愿意使用非晋词。

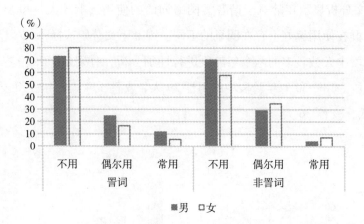

图 3　谐音类词语在 40—50 岁年龄段不同性别中的使用情况

总之，性别因素对网络语言使用存在影响，而且在不同年龄段的人群中表现不同。在青年人中性别的影响较小，男性使用晋词的比例略高于女性；但是对于中年人来说，性别因素的影响较为明显，在网络语言使用中，男性更倾向于使用晋词，而女性则更倾向于使用非晋词。

（三）词语使用者的教育程度影响

本节继续选择 18—30 岁和 40—50 岁两个年龄段的人群，考察教育背景对于谐音类网络词语使用的影响。根据被试者的教育程度将教育背景划分为本科以下、本科和研究生三个类别。18—30 岁年龄段中本科以下 23 人、本科 102 人、研究生 78 人。40—50 岁年龄段中本科以下 9 人、本科 27 人、研究生 26 人。

图 4 给出了 18—30 岁年龄段中教育背景不同的被试者使用网络词语的比例。从图中可以看到，对于晋词来说，教育背景会影响晋词的使用比例，研究生背景的

被试者不用詈词的比例明显高于本科以下和本科背景的两类被试者，而且使用詈词的比例明显低于其他两类被试者。对于非詈词来说，则呈现出受教育程度越高使用比例越高的倾向，即研究生背景的被试者使用非詈词的比例高于本科背景的，本科背景的被试者的使用比例高于本科以下背景的。

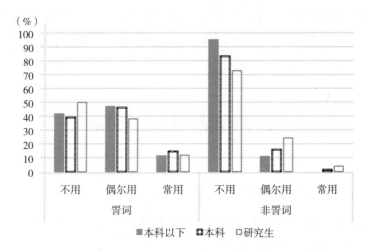

图 4　谐音类词语在 18—30 岁年龄段不同教育背景人群中的使用情况

图 5 是 40—50 岁年龄段中教育背景不同的被试者使用网络词语的比例。从图中可以看出，对于詈词来说，被试教育背景的影响主要表现为本科和研究生背景的被试者与本科以下背景的被试者存在明显的不同，前者不用詈词的比例明显高于后者，使用詈词的比例则明显低于后者。对于非詈词来说，主要的差异也表现在本科、研究生背景的被试者与本科以下背景的被试者之间，本科及以上背景的被试者比本科以下背景的被试者更倾向于使用非詈词类网络词语。

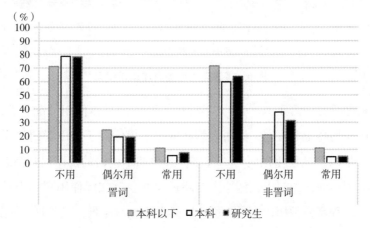

图 5　谐音类词语在 40—50 岁年龄段不同教育背景人群中的使用情况

上文分析显示，教育背景不同对于网络语言的使用存在一定的影响。在青年人中，研究生背景和研究生以下背景的被试者在使用詈词时存在差异，研究生以下（本科及本科以下）背景的被试者，在网络语言中更倾向于使用詈词。而对于非詈词类网络语言的使用则体现出教育背景越高越愿意使用的倾向。在中年人中，教育背景的影响则主要表现在本科以下背景与本科和研究生背景的被试者之间，本科以下背景的被试者更倾向于使用詈词类网络语言，而本科和研究生背景的被试者则更倾向于使用非詈词类网络语言。

二、网络语言的语义分析

（一）具体词语使用分析

由于本调查中 18—30 岁年龄段的被试人数最多，因此下文选取 18—30 岁年龄段的被试者进行具体词语使用分析。

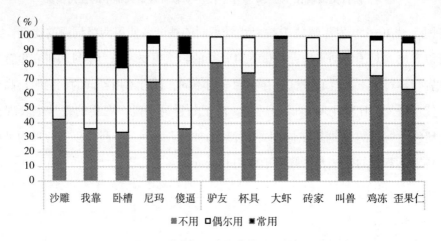

图6 谐音类词语的具体使用情况

图6是谐音类词语在 18—30 岁年龄段人群中的具体使用情况。总体来看，詈词的使用比例均高于非詈词，说明人们在网络上更倾向于使用詈词类词语。5 个詈词中只有"尼玛"的使用比例为 30% 多，其他四个词语的使用比例都超过了 50%，而 7 个非詈词类词语的使用比例均没有超过 40%。从实际使用频率来看，5 个詈词均出现了一定程度的常用比例，"尼玛"的常用比例略低，其他四个词语的常用比例均超过了 10%，而 7 个非詈词的常用比例则非常低，只有"歪果仁"有 4% 的常

用比例，其他词语的常用比例均极低或没有。这些数据表明"沙雕、我靠、卧槽、傻逼"这 4 个詈词在人们日常交际中出现的比例极高，"尼玛"的使用比例虽然低于其他 4 个词语，但也是人们日常交际中常用的词语。对于非詈词来说，"大虾"的使用比例较低，说明人们对于这个词语不太熟悉或者不常使用，其他 6 个词语均是人们日常交际中比较常用的词语。

（二）词语的语义分析

上文分析显示詈词中的"尼玛"和非詈词中的"大虾"与其他同类词语相比，使用频率较低。为了进一步分析这些词语使用频率低的原因，我们对词语的语义进行了考察。由于"傻逼"的字音和原词没有变化，因此我们认为人们对于该词的语义应该完全了解，在下文的语义考察中没有进一步对该词进行分析。根据问卷中被试者对于词语语义的描述，我们首先将被试者的回答区分为两类，即知道该词的实际意义和不知道该词的实际意义。图 7 是被试者对 11 个词语语义的理解程度的百分比，从中可以看出，除"大虾"外，其他词语无论是詈词还是非詈词，大部分被试者都可以理解该词语的真实含义。而"大虾"这个词语的理解程度仅仅达到 50%，也就是说，有一半的被试者不知道"大虾"的真实含义。这一结果也说明上一节看到的"大虾"的使用率低是由于被试者对这个词语比较陌生，对它的实际含义不了解造成的。而"尼玛"则和"大虾"不同，从被试者对"尼玛"的语义理解来看，80% 以上的被试者都知道它的实际含义，因此"尼玛"的使用率低并不是被试者不知道该词的词义引起的。

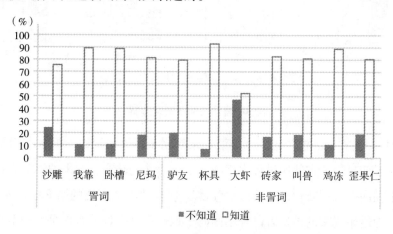

图 7　词语语义分析

　　为了进一步探讨"尼玛"使用率低的原因，我们又对"我靠"等四个詈词的语义进行了分析。对上文中被划分为"知道"类语义的被试者的词义解释再进行分析，根据被试者的回答，又把每个词语的语义归纳为不文明类和语气类两类。不文明类指被试者明确指出这是不文明用语，或不礼貌的说法。语气类指被试者认为该词表达了一种语气，包括惊讶、愤怒、生气等。图8给出了四个詈词的具体语义分类。图中显示，"沙雕、我靠、卧槽"三个词语中语气类的含义占大多数，而"尼玛"的语义中则是不文明类占大多数。这说明在被试者的语感中"尼玛"仍然被大多数人看作不文明词语，而其他三个詈词的不文明程度逐渐削弱，慢慢地演变成了一种语气。对于"尼玛"的分析结果表明被试者对于该词实际使用率偏低的原因是这个词语包含的不文明的语义色彩保留较多，被试者为了避免使用不文明用语，所以在日常交际中尽量避免使用。

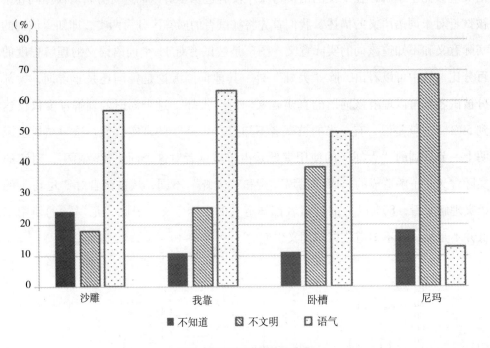

图8　詈词类词语语义分析

　　"沙雕、我靠、卧槽"这三个词语原来都属于不文明词语，但是在网络上经过语音和字形变异后，在使用过程中逐渐发生了语义的转变，原来的不文明程度逐渐削弱，正在向语气词转化，尤其是"沙雕"包含的不文明类的语义已经非常之少，也可以认为越来越多的被试者已经不倾向于把使用这个词语看作是一种不文明的表现，在被试者的回答中我们甚至发现了一些被试者认为该词具有"可爱"的意义。

由此我们又对"沙雕"语气类解释进行了进一步考察，区分了褒义、贬义和中性三种语气，其中褒义为 12.44%，中性为 19.14%，贬义为 68.42%。由此可以看出，该词在实际使用中语义发生了比较大的转变，原来所承载的不文明程度大幅降低，甚至在语义色彩上也逐渐发生了一些演变，由原来的贬义逐渐演变出一些中性色彩，甚至还出现了一定程度的褒义色彩。这似乎也表明网络语言的变异会影响词语的语义，造成一些词语语义色彩的变化，尤其是对不文明词语的影响更大。

三、启示及建议

本文对 12 个常用的谐音类网络词语的使用情况进行了较大规模的调查，调查范围涵盖了使用网络的老、中、青不同年龄段、不同性别、不同教育背景的 364 位被试者。通过考察发现，年龄对于网络语言的使用具有较大的影响，40 岁以下的人群更愿意使用詈词类网络流行词，而 40 岁以上的人群则更愿意使用非詈词类网络流行词。性别对于网络语言使用的影响较小，尤其是在青年人中性别因素的影响几乎可以忽略，但是对中年人，性别则存在一定的影响，男性更愿意使用詈词，而女性则更愿意使用非詈词。教育背景也会对网络语言的使用产生影响，教育背景的提高会降低詈词的使用比例，同时提升非詈词的使用比例。

本文还对 12 个词语的具体使用情况和被试者的语义理解进行了考察，发现"大虾"和"尼玛"这两个词语使用频率低的原因不同，前者是由于被试者对该词不熟悉造成的，而后者是由于该词包含较多的不文明程度造成的。网络词语在实际传播过程中还会发生语义的转变，这种转变主要发生在使用频率较高的包含某种不文明程度的詈词类词语上，这些词语在传播过程中，不文明程度逐渐减弱，语气类程度逐渐加强，在语义上也由原来的贬义色彩逐渐演变为中性色彩，甚至还出现了一定程度的褒义色彩。

第二章
文化视角研究

从 2019 年网络热词
看网民社会心态

2019 年，全球政治经济形势持续深刻变化。为深度透视年度网民社会心态，本文从时事政治、国际外交、经济金融、民族情感等十大主要社会热点领域的网络热词入手，分析探研热词背后显现的网民观点、情绪、期待，由此形成基于网民网络行为之语言表达的网民社会心态研究，并尝试为 2020 年的舆论形势发展预判提供一些参考。

一、研究目的和方法

网络热词是指流传于互联网空间，在热点话题中形成并被广泛使用的新兴词汇。作为一种社会文化现象，网络热词具有一定的时代环境特征，反映了当前人们普遍关注的问题和事物，体现出热点话题中的民意表达，折射出社会心态的变迁。因此，梳理和总结热词的涌现和传播的现象和规律，分析其背后的社会心理状态，有助于我们更好地去观察和理解民众价值观的形成和某些大众文化塑成的原因。

本研究通过大数据的方法，统计获得 2019 年时事政治、国际外交、经济金融、民族情感等主要社会热点领域传播热度最高的十个网络热词，借助对各领域热词以及相关热点话题或事件的分析，洞察其中隐含的网民心理变化。研究人员收集了一批 2019 年中国互联网舆论场中涌现出的热门网络词语或表述，在热词的选取时，我们同时侧重于热词的话题性、传播性和新颖性。话题性是指热词紧紧围绕当下舆论场的热点话题，由这些话题生成并且使用范围已超越相关话题，或是其本身的流行就已构成网民热议的对象。传播性是指热词必须具有一定的网

— 164 —

络传播热度，本研究统计热词在微信公众平台、微博、QQ 空间、新闻网站、新闻客户端、新闻评论、论坛、贴吧、博客等全网公开场景中的总传播量作为其传播热度，数据统计周期为 2019 年 1 月 1 日至 10 月 15 日，选取传播热度超过 10 万条的热词作为样本选取标准。新颖性是指所选取的热词为 2019 年新出现的，或是其内涵外延在 2019 年发生了明显变化的，通过比较网络热词在 2018 年和 2019 年全网传播热度的差异，可以判断热词是否符合新颖性标准，我们规定那些 2019 年传播量超过 2018 年传播量两倍的网络热词，满足本研究的新颖性要求。综合以上热词的选取标准，最终获得 310 个 2019 年网络热词作为研究对象，这些热词分属以下十个领域。

表 1　各领域收录热词数量及传播总量

类别	收录热词总量（个）	传播总量（亿次）
科技创新	30	8.91
网络表达	60	5.14
时事政治	29	4.55
文体娱乐	28	2.67
经济金融	28	2.21
社会民生	42	1.74
民族情感	27	1.27
公共安全	19	0.81
司法反腐	27	0.67
国际外交	20	0.19
总计	310	28.16

数据统计周期：2019 年 1 月 1 日至 10 月 15 日。

综合梳理发现，科技创新、网络表达、时事政治三个领域的总传播热度占据高位。2019 年，网民注意力更加聚焦国事，在高度关注我国科技力量发展的同时，亦强化其发展对国家整体发展的作用和参与全球竞争的影响，注重通过网络语言表达个体情感和情绪。对于各类领域，选取传播热度前十名的网络热词，针对其所体现的社会心态进行以下更为细致的分析。

二、2019 年各领域热词分析

1. 时事政治领域：新中国成立 70 周年高热居前，内地发展成就对比香港之"乱"增强网民"四个自信"

时事政治领域因各类举措涉众面广、影响深远，持续受到网民高度关注。通过对 2019 年时事政治领域网络热词筛选发现，新中国成立 70 周年庆祝大会、全面建成小康社会、地方政府改革等方面均有覆盖。其中，"新中国成立 70 周年"热度居首，"国庆阅兵""废青"分列第二位和第三位。2019 年，在新中国成立 70 周年的大背景下，中央和地方持续推进利民举措落地，内地之"安"与香港之"乱"对比，以及国庆庆祝大会、大阅兵等系列活动三个维度热点叠加，极大地提升和鼓舞了网民的民族自豪感、发展自信心，激发了网民的爱国情绪和对"四个自信"的感知与认同。

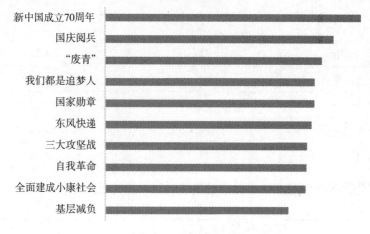

图 1　2019 年时事政治领域网络热词

数据统计周期：2019 年 1 月 1 日至 10 月 15 日。

对于三大攻坚战、全面建成小康社会等其他热词，多数网民也表现出对我国稳步发展的坚定信心，认为在中央和各级政府部门的带领下，中国道路必将有一个辉煌的未来。网民在对时事政治领域事件点赞支持的同时，也表达了少量的中性和负面观点。

2. 国际外交领域：中美交锋深化、"一带一路"主场优势依旧，发展自信促理性看待外交事件心态培育

近年，全球政治经济格局持续深刻变化，中美关系、中国国际舞台动作日益"吸睛"。在 2019 年热词中，网民关注也以中美关系、"一带一路"、中朝关系为主。其中，中美经贸摩擦成为核心焦点，美国对台军售、华为"备胎转正"等事件相关热词亦在列。值得注意的是，两国除涉对台军售、台湾所谓"邦交国"的问题外，纪录片《美国工厂》引发网民较高的关注。在中美经贸摩擦和近年中国企业出海参与全球竞争遇到的问题语境下，《美国工厂》热播促使两国舆论，尤其是中国网民产生积极思考，更冷静地透视不同制度、文化差异下的交流和竞争。

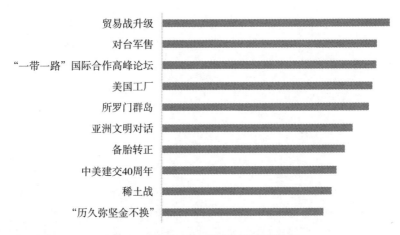

图 2 2019 年国际外交领域网络热词

数据统计周期：2019 年 1 月 1 日至 10 月 15 日。

网民在国际外交领域不同事件中的情绪表现以积极正面为主，年内热点事件对网民爱国情绪和发展自信的培育，在国际外交领域事件中表现得尤为突出和集中，民族主义情绪和爱国热情易被"点燃"。境内部分网民对台湾问题的关注角度已调整，心态越发成熟自信，从关注台湾动作、政客表演，到关注中国意愿、中国实力、"统一时间表"。此外，对于第二届"一带一路"国际合作高峰论坛、亚洲文明对话大会、"历久弥坚金不换"等话题，网民在自豪自信的同时亦表现出理性成熟的一面。但是，对于中美经贸摩擦，因"交锋"间隔越来越短、谈判涉及范围越来越广，引发少数境内网民的担忧看衰心态。

3. 经济金融领域：科创板和自贸区提振网民对经济上行信心，天秤币和政府事务代表等话题刺激潜层担忧

在经济金融领域，科创板创立、"币圈"乱象迭出、多个自贸区先后挂牌等热点事件多发，网民关注范围覆盖广，"科创板、'币圈'、自贸区、套路贷、营商环境"等成为年度热词。科创板作为中国资本市场最新的股市板块，一经问世便获得舆论关注，与多个自贸区挂牌成立和相关政策出台成为年内拉升网民对经济上行信心的重要事件。6月，脸书宣布发行加密货币"天秤币"（Libra），引发各国关注，央行于8月表示"将加快推进法定数字货币的研发步伐"，创新和监管关系问题引发网民对相关动作对经济金融稳定和未来发展影响的聚焦。

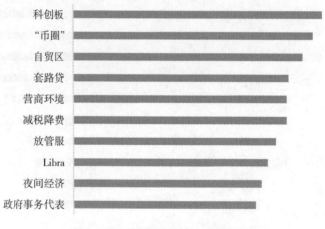

图 3　2019 年经济金融领域网络热词

数据统计周期：2019 年 1 月 1 日至 10 月 15 日。

在经济金融领域，伴随国家对营商环境、减税降费等政策的进一步优化，网民对经济领域问题的观感趋于积极正面，对相关举措给予"点赞"。面对年内"币圈"多发的"崩盘""爆雷"，网民恐慌心理降低，更倾向于批评受害者不劳而获的心态。值得注意的是，在杭州向阿里巴巴、娃哈哈、吉利等百家民营企业派驻"政府事务代表"一事上，网民除点赞形式创新外，对行政手段与企业经营关系略表担忧。

4. 社会民生领域：基建能力强化获得感、教育物价屡增焦虑感，"两高"心态交织促热词"高温"

2019 年社会民生领域热词众多，垃圾分类、大兴国际机场、携号转网、猪肉涨价、"996.ICU"等为焦点词汇，网民关注范围覆盖环保、交通、教育、电信服务、物价房价等多个维度。其中，大兴国际机场被誉为"新世界七大奇迹"激发了民族自豪感；党和政府瞄准"两不愁三保障"精准发力、携号转网进入落地阶段，网民获得感指数大幅提升；垃圾分类及猪肉水果"涨声再起"，"996.ICU""鸡娃""海淀家长"等众多高热词汇显示物价、教育、环保、就业等热敏话题令网民持续焦虑。

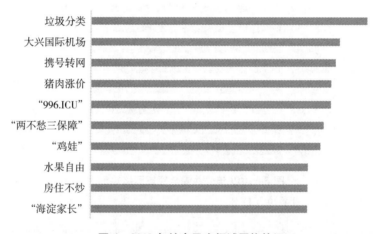

图 4　2019 年社会民生领域网络热词

数据统计周期：2019 年 1 月 1 日至 10 月 15 日。

在社会民生领域热点词汇的背后，显现出网民借助网络表达情感、释放压力的需求。垃圾分类的相关讨论热门且持久，话题聚焦上海垃圾分类具体执行，除支持推进垃圾分类外，网民调侃垃圾分类标准复杂、吐槽垃圾分类带来诸多不便，侧面表达利益诉求。关于水果自由和猪肉涨价，国家统计局、农业农村部、市场监管总局等先后回应并采取措施平抑价格，网民生活压力在网络表达和官方回应的良性互动中部分消解。IT 从业者不堪重压，"996.ICU"的职业焦虑一触即发，"鸡娃""海淀家长"的话题屡屡引发热议，传递出新中产寄望通过教育实现阶层保位和跃升的焦虑情绪难以释怀。

5. 公共安全领域："猪瘟"居热词榜首、安全生产"灰犀牛"多见，多元痛感致网民相应愤懑情绪积聚

在 2019 年公共安全领域热词 TOP10 中，猪瘟、台风"利奇马"、净网位居前三，网民关注范围覆盖食品药品安全、自然灾害、网络环境、安全生产等领域。猪瘟因其背负食品安全和"菜篮子"稳定双重期待成为其中的"话题之王"，网民担忧官方瞒报、病猪肉流入市场，对食品安全屡次出现问题、危害生命安全表示担忧和不满，期待加强监管保障舌尖上的安全。

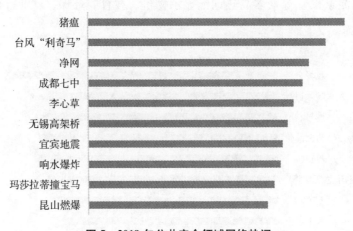

图 5　2019 年公共安全领域网络热词

数据统计周期：2019 年 1 月 1 日至 10 月 15 日。

台风"利奇马"过境、宜宾地震、响水爆炸等"天灾""人祸"伤亡，拉升网民悲痛、悲愤的情绪。相对自然灾害等天灾，响水爆炸、昆山燃爆等具有"人祸"的问题事件加剧网民对公共安全领域的担忧。网民对该领域的"黑天鹅"屡发预警，但"灰犀牛"仍狂奔而来，情绪复杂，"彻头彻尾的人祸"成为网民锥心之痛，悲愤情绪下安监部门易成为舆论的挞伐对象，呼吁筑牢安全底线的呼声强烈。

6. 司法反腐领域：扫黑除恶持续推进、新旧案叠加促制度化思考，网民安全感与对司法期待度同步提升

2019 年，高压反腐工作持续发力，全国扫黑除恶专项斗争进入纵深推进的关键阶段，"扫黑除恶""打伞破网"等关键词，在舆论场热点频繁更迭之外始终保持较高的话题度。司法、金融、高校、宗教等领域进入反腐"深水区"，行动成果显著提升司法反腐话题的社会影响力以及民众的满意度、安全感。同时，涉黑涉恶案件告破亦牵出多起违规判决及减刑旧案，其中云南的"孙小果案"引发舆论持续追打和强烈质疑，触发一定的负面舆情，后续叠加同类案件"搭车"爆发，公众对事件情绪的消化周期被拉长。此外，重庆保时捷女车主"坑夫"事件、湖南新晃"操场埋尸"案件等热点舆情，在"仇官""仇富"的效应下引发蝴蝶效应，"保护伞"争议招致标签化指责。

图 6　2019 年司法反腐领域网络热词

数据统计周期：2019 年 1 月 1 日至 10 月 15 日。

在"扫黑除恶"深入推进的大背景下，网民对冤假错案得到持续纠正，司法和判决"标杆"被树立等成效给予高度肯定和广泛点赞，全社会法治信心和公平正义理念显著提升。同时，《反洗钱法》、民企反腐等举措、成绩亦获网民关注，"反腐永远在路上""大快人心""杀虎祭旗"等成为网民评论的高频词。较多网民积极行使互联网监督权，将讨论焦点不断从案件本身向所谓阶层固化、社会安全以及司法体制等话题转移，非理性指责言论及群体性愤怒情绪导致"舆论绑架司法""舆论干预司法"现象频现。

7. 民族情感领域：涉祖国统一领土完整话题凝聚爱国情感共鸣，网民家国认同和自发"护国"意识强烈

受重大节点及敏感事件影响，舆论对民族情感领域的关注度在 2019 年显著增强，牵动舆论高度聚焦，"付国豪事件""饭圈女孩""帝吧出征""莫雷"等舆情事件多点爆发。民间舆论场爱国主义、民族主义情绪被不断激发，自发性追击境外负面舆论，"守护阿中""我支持香港警察""14亿护旗手"等词亦热度较高，网民爱国情绪连续累加，对期待香港重回正轨、加强国家认同教育、严惩暴徒港独势力等形成自发共识。青年群体爱国浓度增加成为该领域表达的显著特点，"阿中哥哥""种花家"等拟人化称谓体现青年网民的爱国护国热忱，进一步抬高舆论场爱国主义强烈的情感共鸣，民族情感领域的话题热度长期维持高位。

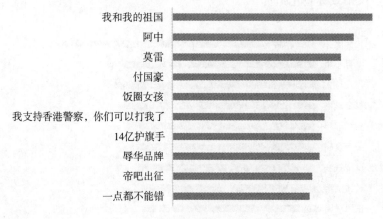

图7 2019年民族情感领域网络热词

数据统计周期：2019年1月1日至10月15日。

同时，新中国成立70周年相关庆祝活动带动舆论爱国情怀氛围高涨，以"我和我的祖国"为主题的庆祝联欢、献礼影片等各类活动在全网平台上传播广泛，正能量讨论引发"中国精神"和"民族自信"情感共鸣。此外，"一点都不能错"等涉祖国统一领土完整话题敏感性强，易点燃网民情绪，成为话题热度聚集地。

8. 科技创新领域：多维关注技术发展，科技伦理、大国博弈"武器"、与爱国主义关系成为网民思考驱动力

在科技创新领域，"5G""新能源""电子烟"等词引发广泛讨论，受中美经贸摩擦影响，网民较多地关注各项技术行业的国内国际发展水平和我国相关领域的竞争力。由于"华为事件"成为中美两国的博弈焦点之一，5G技术被网民日益关注。舆论积极讨论"5G时代"对日常生活的影响和我国5G技术的发展水平，并对5G应用给予期待。新能源争议的焦点主要集中在个别公司炒作"水氢汽车"，缺乏科学依据的"新能源"和其关联的地方政府政绩观引发网民嘲讽。电子烟惹争议，主要是因为近来该方向的创业势头和市场拓展强劲，被"烟民"和创业群体广泛关注，但最新科学研究表明，电子烟可致癌，颠覆舆论对电子烟的"健康"认知。网民对电子烟在我国流行表示担忧，呼吁电子烟国家标准应尽快落地。

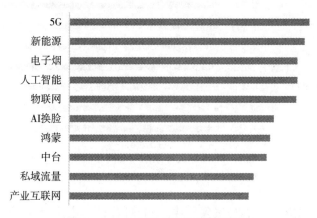

图 8　2019 年科技创新领域网络热词

数据统计周期：2019 年 1 月 1 日至 10 月 15 日。

科技创新领域热词多、"温度"高，网民在关注相应技术的发展时，同时关注其"双刃剑"效应，以及相关行业竞争引发的新的国际博弈问题。比如，"ZAO"APP 带动的关于"AI 换脸"技术问题的关注，令网民关注科技伦理问题，并深度审视近来新技术新应用发展正向效能的意义。华为"鸿蒙"系统也令舆论关注国产应用和自主技术能力"到底能走多远"等问题。此外，产业互联网、自主研发能力亦是网民讨论较多的话题，科技创新与社会生活发展、科技创新与爱国主义关系等维度均纳入网民的思考范畴。

9. 文体娱乐领域：电影方向多匹"黑马"添产业竞争信心，明星"吸睛力"下降、网民关注呈"分布式"心态

在文体娱乐领域，"哪吒""乔碧萝""都挺好"等词成为 2019 年度大热词汇。从热词排名情况看，热映电影、电视剧在网民的关注焦点中排名较靠前，成为文化消费的新亮点。从热词分布情况看，2019 年文体娱乐领域的网民关注点较为分散，如直播类热词"乔碧萝"，明星类热词"我不要你觉得，我要我觉得"，以及体育类"中国女排""男篮世界杯"均登榜，但相较而言，影视产业的相关事件热度更高。

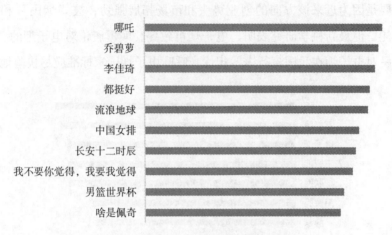

图9　2019年文体娱乐领域网络热词

数据统计周期：2019年1月1日至10月15日。

今年是中国电影的"黑马爆发"年。年初有科幻电影《流浪地球》逆袭春节档，年中有动画电影《哪吒》热映获得年度冠军，拉升网民对中国电影文化和文化输出方面的期待，希望更多既有"技术"又有"内容"的电影面世，并呼吁用电影文化凝聚海外华人华侨的家国认同，助力中国价值观、中国国家形象传播等。"乔碧萝"一词高热，其指斗鱼主播的真实相貌曝光引发网友热议，该事件"娱乐"味道重，但促使网民对直播行业产生新认识，令部分网民对"打赏"给予冷静审视。影视明星黄晓明"我不要你觉得，我要我觉得"的表述引网民热议，有网民将其用于反对香港事件中的示威分子言论。今年体育方向热点亦多，中国女排"十连胜"唤醒舆论的"五连冠"记忆，激发网民自豪感，中国男篮也成为网民的关注焦点，网民在批评个别队员时，关联中国男足、女足、翻出"男女运动员成绩"对比的"继发性"话题，引发"大球"领域竞争力等问题的讨论。

10. 网络表达领域：网络语言来源多、碎片化、使用广，自嘲、趣味解构等方式推动释压和寻找舆论共情

在网络表达领域，"我太难了""好嗨哟""盘他"位列2019年流行语前三位。从各领域热词总体热度的分布情况看，网络表达领域的词汇热度总量位居十大话题分类的第二位，凸显网民通过碎片化用语表达心情的意愿越发强烈。数据显示，2019年网络表达领域呈现出三大特点：来源多、碎片化、使用广。来源多指网络语言出处多, 如 "我太难了" 来源于网络直播、"好嗨哟" 来源于网络歌曲、"宏颜获水" 出于新闻事件、"盘他" 则源于相声; 碎片化指网络用语字数较少, 一般以两个字的词汇为主, 表达上做到不求详解、不要主谓宾的表达方式, 一切以 "你懂就行" 为准则; 使用广指网络用语主观色彩浓重, 具体什么意思在于使用者的意愿, 如 "咱也不知道, 咱也不敢问", 可真不知道, 也可真不敢问。

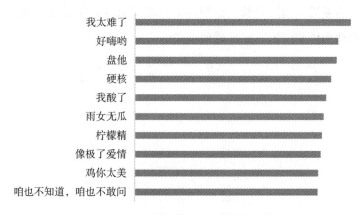

图 10　2019 年网络表达领域网络热词

数据统计周期: 2019 年 1 月 1 日至 10 月 15 日。

　　网络表达碎片化、多元化的背后, 一定程度地表明网民心态变得越发复杂、不易描述, 越来越多的网络流行语已脱离单纯的 "恶搞" 范畴, 网民通过网络用语表达心声的意愿强烈。当前, 网民善用自黑成分的俏皮语为生活增趣, 如 "我太难了" "我酸了" "柠檬精" 等自嘲词汇。与往年相同, 今年的网络表达热词中, 依旧流露出相对中性夹杂消极的情绪, 追求安慰的 "夸夸群", 不自信的 "我膨胀了", 多为无奈后的自我调侃, 网民在平凡生活中试图用网络语言的表达方式追求内心的慰藉。

三、结　论

　　综合分析 2019 年网络热词发现, 当前网民的社会心态呈现三个主要特征: 一是在时事政治、国际外交、民族情感等领域获得感强, 正能量情绪充沛, 相应心态正在成为舆论场上的情绪底色; 二是对科技创新等领域的期待度高, 对相应领域的自主发展和参与全球竞争能力建设方面表现出坚定的支持; 三是对社会民生、公共安全、司法反腐等领域的"惯性"存在一定的担忧焦虑情绪，并从建设性角度表达相应的意见建议。

网民社会心态的形成不仅受主观认知驱动，更受外界尤其是国家和社会发展的客观环境影响。当前，舆论氛围以爱国主义为主导的正能量情绪充沛，为下一阶段国家发展奠定良好的社会心态基础。如何将社会认同和共情转化为民族发展动力和切实成果，关系到社会主流心态能否长期处于压倒性优势，从而抑制或消解民众焦虑与担忧情绪的滋长。道阻且长，行则将至，以爱国自觉为引领的玉汝于成的发展心态，终将驱动个体和国家不断地成熟前进。

网络语言与当代流行文化*

网络语言是现代民众，特别是青年人抒发情感的重要方式和沟通渠道。同时，网络语言也是一面镜子，透视出当前最流行的潮文化现象，如"宅文化""丧文化""佛系文化"等，都有其相对应的网络语言，它们形象生动、可以表达丰富多彩的话语和情绪，起到缓解自我压力和调节聊天氛围的作用。此外，网络语言的使用跨越了时空、地域文化，甚至跨越了年龄阻隔，已成为一种全民流行文化。

一、网络语言

网络语言是互联网孕育而生的新产物。网络语言是现代汉语在网络上的变异，一切互联网上呈现的词、句、段落、文本，都属于网络语言的研究范畴。同时，网络语言也是特殊生活环境条件下，在特殊语境中，用特殊方式呈现的语言，它反映了人们的生活和思想，具有大众文化所有明显的特征，如通俗化、狂欢化、娱乐化等，这也是它们能够迅速兴起与流行的原因。研究网络语言，并择其优、弃其弊地使用好它们的优缺点，有助于网络文化的良性发展。

今天的中国，网络语言已渗透到人们日常生活的方方面面，特别是受到青年群体的追捧。网络语言是一种流行文化，它离经叛道、丰富多元、活力四射。从形式上看，网络语言可分为以下几种主要类型。

第一，汉字类，如锦鲤、杯具、种草、打酱油、蓝瘦香菇、羡慕忌妒恨、躺着也中枪。

第二，数字符号类，如 886—拜拜了、9494—就是就是、520—我爱你、

---

*　本文作者李煜，北京大学新媒体研究院博士研究生，主要研究方向为网络语言与网络文化。

1314——一生一世、666、233333、1551。

第三，字母符号类，包括中文拼音缩写：GG（哥哥）、LP（老婆）、BT（变态），以及中英文混搭、中文缩略语：I 服了 U——我服了你、无 fuck 说——无话可说。

第四，网络符号类，如下图所示。

二、网络语言的文化内涵

文化是人类在社会历史发展过程中所创造的物质财富和精神财富的总和，特指精神财富，如文学、艺术、教育、科学等①。流行文化则是社会上大多数成员参与，并以物质或非物质的形态表现出这个时代人们的心理状况与价值取向的社会文化，它通常借助于这个时代先进的媒介工具传播与消亡，并对社会产生一定的影响。流行文化以商品经济为基础、以大众传媒为载体、以娱乐为主要目的、以流行趣味为引导，包括时装文化、饮食文化、消费文化、休闲文化、奢侈文化、流行生活方式、流行品味、都市文化、亚文化、大众文化以及群众文化等。

笔者认为，流行文化是一个时代的镜子，它折射出社会大众的生活方式、道德水准和价值观念。就当下而言，互联网时代创造了具有网络特色的流行文化，它表现为娱乐至死的、赛博空间化的虚拟人设与匿名性，比如当下社会流行的"丧文化""佛系文化""宅文化""审丑文化""粉丝文化""自嘲文化"。上述文化特色，在丰富多彩的网络语言中都得以充分体现。

---

① 中国社会科学院语言研究所词典编辑室编：《现代汉语词典》，商务印书馆 2018 年版，第 1371—1372 页。

1. 丧文化——展示孤独失落又不失些许自我激励

"丧"①，有情绪低落，失意之意。"丧文化"是一个统称，是指颓废、绝望等带有消极、负面情绪的心态，是指青年亚文化的一种新的表现形式，也是当代青年亚文化的一种典型表现，反映出当前青年的精神特质和集体焦虑，在一定程度上是新时期青年社会心态和社会心理的一个表征。

近年来，"丧文化"流行一时，带有颓废、绝望、悲观等情绪和色彩的语言、文字或图画大量出现，最能表现社会丧文化的网络表情符号，是普及性和使用率极高的网络表情"葛优躺"。

"葛优躺"又称"葛优瘫"，源自情景喜剧《我爱我家》中著名演员葛优的剧照姿势。经过人们的恶搞和渲染，成为一个具有代表性的流行文化符号，由此产生了一系列"瘫类表情包"，被广泛使用。"丧文化"的产生和流行，源于互联网时代的个性化张扬、随心所欲、发泄自我、展现自我和标新立异。"丧文化"是以"80 后""90 后"为代表的青年亚文化群体个体孤独的表现，是他们放纵自我、展现自我的独特表达方式。网络语言主要是年轻人表达自我的符号，因此，大量的网络语言中蕴含着"丧文化"的特征，大量丧元素词语和表情包的出现，无不展现出年轻人的所思所想，例如："我自闭了""在哪里跌倒，就在哪里躺好""努力不一定成功，但不努力真的很舒服""咸鱼翻身，翻身了还是咸鱼""生命不息，躺尸不止"等。

---

① 中国社会科学院语言研究所词典编辑室编：《现代汉语词典》，商务印书馆 2018 年版，第 1127 页。

2. 佛系文化——自我安放、自我认同的生活方式

"佛系"一词最早源于日本。2014年，人民网的一篇报道，介绍了日本某杂志中描述的当下最流行的一类男性，即"佛系男子"。他们永远将自己的喜好放在第一位，并按照自己的意愿去行事。并且，他们总是嫌恋爱太麻烦，不希望在这件事情上耗费过多的时间，不愿意去结交女生，认为和女生在一起会很累，相比之下更享受单身状态。"佛系"一词最初传入中国，仅在粉丝圈（又称饭圈）文化中出现，叫"佛系追星"。

2017年11月21日，微信公众号"留通社"发表了一篇文章，标题叫《胃垮了，头秃了，离婚了，90后又开始追求佛系生活了?》。自此，"佛系"一词正式走入公众视野。再后来《第一批"90后"已经出家了》的包装将"佛系"推向高潮。

"佛系"既包含了"丧"文化中对当下社会无奈却又无力反抗的心酸，又表达了当下"90后"年轻群体对待事物的一种自我安慰、波澜不惊的心态。2019年，"佛系"一词成为网络十大热词之一，足见这种文化被青年人接受并追捧的程度。一系列与佛系有关的网络词语不断出现，"佛系带娃""佛系养生"流行一时，与佛系有关的表情包更是铺天盖地。

在大城市打拼的年轻人，起早贪黑、朝九晚五地努力工作，却可能终其一生也得不到一套属于自己的蜗居，怎么办？佛系来拯救。佛系是让心安静的一种态度，也是被动消极心态的表现。

3. 宅文化——在自我内化的世界求得慰藉

"宅文化"最早源自日本，于20世纪80年代末期传入我国，起初在南方发展较快，主要针对的群体是"80后"和"90后"。但发展至今，在中国的传播已经发生了变化。相信不少人见过"宅文化""御宅族""亚文化""ACG"这几个术语，却很难清晰地将它们区分开来。

日本将动画（Animation）、漫画（Comic）和电玩游戏（Game）这类具有情节互动的产业视为一个整体，合称为ACG。喜欢ACG的年轻群体被称为"御宅族"，他们对自己喜爱的事物投入了大量的时间和精力，在虚拟社会中展开互动，并延伸到社会的日常交往中。"御宅"（OTAKU）将大量的时间花费在ACG中，因此给人们留下了一个长期"宅"在家的印象。"御宅族"所代表的并非某一个个体，而是一个庞大的族群，因为他们需要彼此的互动与交流，才能进行文化实践。有人说"御宅族"拥有独立的思维和行动能力，具有引领潮流的作用。但从另一方面来说，在虚拟的网络社会中，他们每一个成员都更有可能被接纳、尊重和认同。当御宅文化传入中国，其内涵已经在发生变化，它更多的是追求一种主流的价值观。然而现实社会并不是一个理想的"乌托邦"，故一部分"御宅族"或许是社会感知较差的一类人，也被称为"异托邦"。网络语言里充斥着宅文化元素，表现在大量的网络词语和表情包中。

宅文化的"精神内核"是趋于封闭的心理状态和不拘泥于形式的文化,是一种以消费文化为前提而出现的新文化,在互联网时代得以井喷。互联网为肥宅们提供了宅的基本条件,每天家—办公室—家,能不出门就不出门,没有人打扰,也不用看他人脸色,打开电脑,一切都有了!

宅文化似乎是令人担忧的,是不健康、不被推崇的生活状态,充满封闭、颓丧和被动。但也有文化研究者不断发声,对于"御宅文化",我们应当保持客观理性、观望的态度,不能过分推崇,却也不能一口否认,近些年各大学动漫社团的蓬勃发展就是一个很好的例子,"御宅族"并非不与人交往,也并非不愿意主动与人交往,只是比起与人面对面的交往,他们更乐于宅在家中,利用网络这一平台进行互动。

4. 审丑文化——标新立异、追求更大的认同

"审丑文化"并非一个全新的概念,在中国古代的文学作品中也颇为常见。早年曾有多位学者从美学、心理学等角度对"审丑文化"进行过解读,总的来说,它是一种否定美的活动,如"图腾文化"中夸张丑陋的作品。文艺复兴思潮兴起之后,雨果等人开启了"美丑共赏"的形式①,他曾说:"古老庄严地散布在一切之上的普遍的美,不无单调之感,同样的印象总是重复,时间一久也会使人厌倦。相反,滑稽丑怪却似乎是一段稍息时间,一种比较的对象,一个出发点,从这里我们带着更新鲜、更敏锐的感觉朝着美上升。"② 直到 1853 年,罗森·克兰兹发表《丑的美学》,审丑文化才开始独立成说,他也被誉为"现代丑学的开创人"。

互联网时代,当"审丑文化"被互联网化,新媒体平台中人们普遍追求标新立异的心理,为"审丑文化"带来了新的爆发点和更大的关注度,主要体现为丑星、丑人、丑丑的表情包等大受追捧。

---

① 转引自闫晓征、周晓艳:《新媒体环境下的审丑文化探析》,《新闻研究导刊》2016 年第 6 期。
② 转引自伍蠡甫主编:《西方文论选》(下卷),上海译文出版社 1979 年版。

2018 年，抖音短视频中的毛毛姐因翻唱歌曲《好嗨哟》而被大众熟知。毛毛姐用贵州方言将歌曲唱得出神忘我，让观众觉得有趣、搞笑、魔性且易于模仿。短短两个月时间，毛毛姐的粉丝量就突破了 2000 万，类似的还有将影视作品中面目狰狞的表情以及小动物的丑照等配上文字或是做成动图。

"审丑文化"为人们的娱乐生活平添乐趣，但正如罗森·克兰兹所说："吸收丑是为了美而不是为了丑。"① 人们总是在事件爆发时大肆批判，但由于互联网传播速度快、范围广等特点，逐渐将"丑"文化变为一种潮流。

5. 自嘲文化——失意的消解、无奈中的妥协

自嘲文化在我国由来已久，古代如陶渊明《五柳先生传》开篇"先生不知何许人也，亦不详其姓字"，王绩《自撰墓志铭》中"若顽若愚，似矫似激"；近代鲁迅先生的《自嘲》《阿 Q 正传》，都是中国自嘲文化的典范。到了互联网时代，这一文化依旧盛行，但多了些恶搞、诙谐幽默的成分，且表现形式也繁复多样。常用的自嘲表情包多以动物来做比喻，如将狗作为主体。

青年人以自损自贬的口吻描述他们自己以及他们的生活境况，他们拥抱污名并且乐在其中，借自嘲自黑消解自己的失意情绪已经成为一种风潮，甚至是一种网络青年的时尚。② 近年来，典型的自嘲文化网络流行语有伤不起、屌丝一枚、躺着也

---

① 转引自闫晓征、周晓艳：《新媒体环境下的审丑文化探析》，《新闻研究导刊》2016 年第 6 期。
② 任婕：《话语空间的漩涡与身份悬置的快感——网络自嘲现象的亚文化研究》，华中科技大学硕士学位论文，2014 年。

中枪、臣妾做不到啊、我是一颗柠檬精、睡觉吧，狗命要紧！

三、网络语言和网络文化的具体体现

最具网络文化特性的网络语言，因其简明生动而渗透到人们日常生活的各个方面，且不同圈层的时尚文化中都有其独具特色的网络语言，因其强大的表情达意的能量，甚至是戏谑搞怪，在游戏、综艺节目之中彼此借力而再度被传播与放大，圈粉无数，展现了很强的活力，主要体现在以下几类。

1. 弹幕——自由的表达与宣泄，增强对节目的兴趣与参与度

"弹幕"（Barrage）源于军事术语，指的是同一时间内射出大量子弹或炮火，密集得如同一张幕布。① 而当今流行文化中的弹幕，是指 2006 年日本 N 站（全称为"Niconico 的动画视频网站"）为用户提供的动态留言字幕功能，屏幕中流动的文字如同"弹丸"一般。② 这一文化传入中国后逐渐被网民接纳，且弹幕融合了形式各样的网络语言，在网络空间中的影响力日益增大，由最初的两大弹幕视频网站——2008年成立的 AcFun（A 站）和 2010 年成立的 bilibili（B 站或称哔哩哔哩）传播至网络空间的其他场域，如爱奇艺、腾讯、优酷等各大视频网站，也陆续开通了弹幕功能。

---

① Vezon A. C., *The United States in the First World War: An Encyclopedia*, New York: Routledge, 1994, p.64.

② 丁依宁：《受众的表演与想象：弹幕使用族群研究》，《新闻春秋》2015 年第 4 期。

弹幕可以根据用户的需求打开或者关闭。2014 年 12 月爱奇艺数据显示，约有四成用户会在观看视频时打开弹幕，其中"90 后""00 后"群体占总人数的80%。[1] 用户群体的年轻化也同样反映在弹幕诙谐幽默和恶搞的网络语言中，如：若是剧情中的男女主人公感情发展趋势符合观众预期，有网友就会发 666、233333、干了这碗狗粮、给导演加鸡腿等；若是剧情恶俗或感情戏过于悲惨，观众通常用给编剧寄刀片来表达对剧情的不满。弹幕文化既增强了人们发表自我观点的参与度，也满足了人们追求标新立异、特立独行，以及渴望被更多人了解和接纳的一种心态。

弹幕语言的素材，除以上列举的网友对视频的评价，还包括那些源自影视作品中主人公的表演片段，后经过网民缩减及二次加工，便形成了带有讽刺意味的网络新语，如在中国第一档生活角色互换节目《变形记》中，城市主人公王境泽初到农村家庭时撂下狠话，"我王境泽就是饿死，死外面，从这跳下去，也不会吃你们一点东西！"之后又端着碗边吃边感慨"真香"，这样一段反差视频，在节目播出之后被网友们制作成相关表情包，并在网络中快速传播，从而有了"真香警告"这一网络流行语。

然而，弹幕中的网络语言包罗万象，它包括但不仅限于与视频内容相关的词语，甚至会出现与影视作品本身毫无关联、因其他原因而火爆的网络用语，可见，弹幕已经成为各类网络语言的聚集地。

---

① 肖玮颉：《从弹幕看群体传播时代传播主体的心理特征》，《今传媒》2015 年第 8 期。

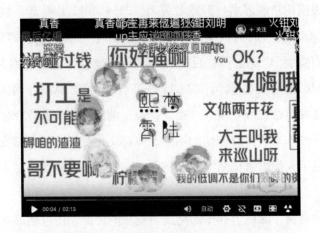

2. 网络综艺——与网络语言互为再度传播的催化平台

互联网具有高兼容性、匿名性和共享性等特点，为小众文化创造了有利的传播途径，而网络综艺则是小众文化的重要传播平台。所谓小众文化（Niche Culture），是相较于大众文化而言的，社会中少数人群因共同爱好、品味或利益趋同而形成的一个个独立的小群体，也可称为"非主流文化"。① 其中，网络语言是网络综艺得以传播的重要渠道，网络综艺是网络语言得以体现且大量传播的平台，例如："你有 freestyle 吗?""skr skr"这类被网络综艺创造出来的热词或流行语，会在整个栏目中频繁出现。通过独具特色又富有感染力的网络语言，来吸引更多的受众，特别是那些对小众文化兴趣度不高的人群，故网络语言与网络综艺互为催化剂，推动了小众文化向大众文化的发展。笔者整理了自 2004—2019 年度比较人气热络的综艺栏目如表 1 所示。

表 1　2004—2019 年度主要综艺栏目

年份	栏目
2004	《超级女声》《我型我秀》
2005	《猫人超级魅力主持秀》《真维斯全能新秀》
2006	《变形记》《加油！好男儿》
2007	《快乐男声》《武林大会》《我爱记歌词》《舞动奇迹》
2008	《天天向上》《爱唱才会赢》

---

① 龙猷：《互联网下网络综艺对小众文化传播的策略研究》，《大众文艺》2019 年第 17 期。

续表

年份	栏目
2009	《越跳越美丽》《我是大评委》《金牌魔术团》
2010	《非诚勿扰》《非你莫属》《爱情保卫战》《老梁故事汇》《阳光快车道》《中国达人秀》
2011	《三年二班》《向幸福出发》《非常了得》《中国梦想秀》
2012	《中国好声音》《一站到底》《非常完美》
2013	《我是歌手》《爸爸去哪儿》《星跳水立方》
2014	《中国好歌曲》《爸爸回来了》《爸爸在这儿》《最强大脑》《奔跑吧兄弟》《花儿与少年》《喜从天降》
2015	《为她而战》《远方的爸爸》《金星秀》《中国式相亲》《花样姐姐》《我们相爱吧》《我去上学啦》《拜托了冰箱》
2016	《跨界歌王》《梦想的声音》《蒙面唱将猜猜猜》《妈妈是超人》《奇葩说》《明星大侦探》《王牌对王牌》《极速前进》《今夜百乐门》《中国诗词大会》《见字如面》
2017	《中国有嘻哈》《歌手》《吐槽大会》《向往的生活》《明日之子》《中餐厅》《亲爱的·客栈》《吐槽大会》《脱口秀大会》《高能少年团》《非常静距离》《国家宝藏》《奔跑吧》
2018	《偶像练习生》《中国新说唱》《创造101》《妻子的浪漫旅行》《心动的信号》《我是大侦探》《中国新相亲》《我家那小子》《声临其境》《Hi 室友》《热血街舞团》《演员的品格》《这！就是街舞》《一本好书》《我就是演员》
2019	《乐队的夏天》《我是唱作人》《这就是原创》《青春有你》《创造营》《女儿们的恋爱》《我家那闺女》《花样中国》《忘不了餐厅》《我们的师父》

资料来源：报刊、影视杂志及网络新闻的汇总。

中国的网络综艺发展主要分为三个阶段①：（1）2014 年之前小制作、小投入、不成规模；（2）2014—2016 年资本涌入、竞争激烈；（3）2017 年至今网综质量趋于精品化。上表收录了近年来关注度较高的网络综艺栏目，可以看出，2014 年是中国电视综艺向网络综艺的转型期。相较于传统的电视综艺，网络综艺从人物刻画、内容制作，到舞台灯光、后期剪辑等，都打破了原有综艺栏目的传统模式，更别出心裁、更标新立异，也给予观众更多的参与感。此外，能够催生小众文化的高速发展，让多个网络综艺成为"现象级"栏目，也得益于大量网络语言的融入。随着"90 后""00 后"逐渐成为网络综艺的核心用户②，源自网络综艺的流行语，也更趋于那些能够反映当下年轻人生活现状的文化现象，如《奇葩说》节目中的

① 界面新闻：《极光大数据：2018 年网络综艺观众研究报告》，2018 年 6 月 5 日。
② 艺恩网：《竞逐蝶变的新时代——2018 年中国网络综艺市场白皮书》，2019 年 1 月 28 日。

一期辩题"精致穷",即反映了当下青年群体生活压力大,却不忘追求精致生活的现状。

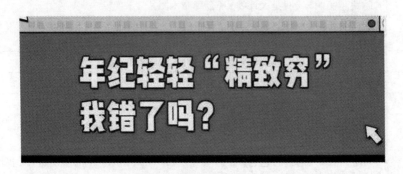

3. 网络游戏——在自我世界中忘我狂欢

由 HIT-POINT 公司研发的一款放置类型手游《旅行青蛙》,于 2018 年 5 月开始在中国走红。该游戏的主角是一只绿色的小青蛙,独自居住在木头做的阁楼中,无论是食物还是用品,都相对简朴,好似过着一种"隐居"生活。小青蛙爱好周游世界,且会在旅行期间给主人寄明信片,人们甚至亲切地将小青蛙称为"蛙儿子"。结合潮流,网友制作了不少表情包。

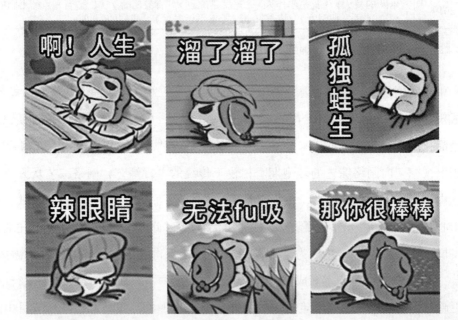

从该款网络游戏中,我们感受到的是当下年轻人孤独、想要逃避的特性,将"佛系""丧""宅"文化体现得淋漓尽致。《旅行青蛙》游戏中的小青蛙,更像是

用户自己，它四处旅行、会见朋友的洒脱生活，便是人们对自我生活的预期。

我们常听到或常使用的网络语言，如大吉大利，今晚吃鸡、666、233333 等，也同样源自近些年热门的网络游戏，如《绝地求生：大逃杀》《王者荣耀》《古剑奇谭3》《中国式家长》《阴阳师》等。

四、结　论

通过梳理网络语言的多种表现形式、热点词句，以及它在当下潮流文化中的具体体现，可以发现，网络语言也如同历史上的其他热门文化一样，呈现出典型的大众文化（又称庶民文化）特征，其特点是通俗化、随意化、娱乐化、狂欢化。

尽管网络语言让年轻人得以舒缓压力、宣泄情绪，体现我们这个时代的丰富多元、生机勃发，但同时也传递出网民们"丧""宅""佛"等略显消极的心态，作为一个时代的产物，它折射出的也是当下时代的精神面貌和文化潮流。

不少学者认为网络语言及其引发的一系列社会现象，只是一段时期的文化现象，它会随着时光的流逝进行自我调节，无须过多关注；但另一些学者主张，等其自然消亡，必将面临一个漫长而充满斗争的过渡时期，若想避免，则对网络内容的治理刻不容缓，应当引起学界和业界的高度重视。我们认为，正如曼纽尔·卡斯特在《传播力》一书中指出："恐吓或暴力可以造成肉体屈服，但相较而言，精神的塑造是一个更具决定性和持续性的统治形式。"① 一味地管教、一味地遮蔽在互联

---

① ［美］曼纽尔·卡斯特：《传播力》（新版），汤景泰、星辰译，社会科学文献出版社 2018 年版，"序言"。

网时代未必能行得通，最有效的管理是引导。我们要提升中国传统文化在网络中的影响力度，将其与现代潮流文化相结合，如摇滚乐队与琵琶混搭、古筝与现代流行乐的交融等。这样既能缓解西方文化的过度植入，又普及和弘扬了中国传统文化，将其融入当代潮文化中，提升流行文化的思想深度与高度。

此外，要积极探索网络语言内在的规律与特征，要充分发掘与利用其长处，比如通俗易懂、简明扼要，有亲民性与活力等特点，并结合中国象形文字的独特性和其他优秀文化，充分利用好新媒体信息巨大增量的作用，充实与完善互联网文化世界，使青年人有一个更丰富、更健全的表达自我意愿的天地，这也必将有益于中华优秀文化的吸纳与弘传，从而提升新一代年轻人的民族自豪感和爱国情怀。

这样不但可以使网络语言更好地服务于中国百姓、优化网络文化氛围、净化当下社会生活，未来其也会成为一种见证、记录与阐释我们这个时代变迁的最有利的工具。

网络语言使用如何
影响家庭代际互动*

网络语言得以在年青一代和其父辈中同时扩散。新媒体环境下，网络语言的繁荣与普及将对家庭代际互动带来哪些新变化？这些变化的原因和影响是什么？这是本文的研究问题。

一、文献综述

中国台湾学者张煜麟聚焦于互联网中父母辈的监督角色，认为子女一代消极地选择使用社交媒介与父母一代进行亲密沟通，更加愿意与同辈之间进行深入的交流和互动。[①] 华中科技大学何志武等人探讨了新媒体为家庭互动带来的信息新场景，及其对家庭成员间互动产生的影响。研究发现，新媒体的介入使得家庭群体感得以重塑，信息共享逐渐弱化，"后台"行为慢慢暴露。父母的家庭权威地位与信息垄断被打破，子女由此获得更多的信息资源来挑战父母的"全知"信息地位。[②] 王植认为，长期处于异地的家庭更愿意使用微信进行交流；与不使用微信的父母相比，使用微信的父母与子女间的共通意义空间更加丰富，且利于网络新生事物的理解。[③] 朱丽丽、李灵琳通过访谈发现，网络时代中的亲子互动不仅依靠使用新媒介的能力，还有赖于双方的数字能动性（digital agency）。Christensen 指出，当家庭成

本文为国家社科基金《网络语言传播对现实语言生活影响的多视角研究》（08BYY022）阶段性成果。作者熊悠竹，北京大学新媒体研究院博士研究生，主要研究方向为跨文化传播、市场与媒介分析。

① 张煜麟：《社交媒体时代的亲职监督与家庭凝聚》，《青年研究》2015 年第 3 期。
② 何志武、吴瑶：《媒介情境论视角下新媒体对家庭互动的影响》，《编辑之友》2015 年第 9 期。
③ 王植：《微信对代际间共通的意义空间之影响》，《新闻研究导刊》2014 年第 17 期。

员频繁地使用手机进行沟通时，彼此之间能够带来亲密和存在的感觉，拉近家庭成员之间的关系。① 康庭瑜从传播科技资源的不平等分配入手，着重分析在英国的中国移民如何使用手机与在中国的父母进行沟通。其发现在亲子跨国家庭中，父亲的媒介使用能力优于母亲，这使得亲子之间使用手机等通信工具维系家庭关系时，原本属于母亲的照顾、亲密感维系等职责转移至父亲身上，进而改变了家庭的亲密关系。② 新媒体环境下，家庭代际互动的相关研究中，既往已有的研究多以亲代与子代间的不平等为考察基础，例如权威、信息资源等，但缺乏有代表性的研究。

赵呈晨认为，随着互联网的飞速发展，同一世代内的人们之间也开始出现较为显著的文化差异。年青一代在使用网络语言的过程中，以文化浸染、圈层共享、文化互授的方式完成了语义共享、场域共享及资本共享。③ 青少年网络流行语的传播语境具有自黑式、黑色幽默、熟人式、无厘头的特征。青少年网络语言的行动逻辑就像一场语言的游戏。在这场游戏中，他们遵从游戏化表达、默认一致性以及艺术化思维的范式。

网络语言是新媒体环境下家庭代际互动的重要载体，但有关的研究多集中在年青一代的同辈互动中，有关网络语言在家庭内代际互动中的研究成果也不足，由此有必要对这些问题加以重视与厘清。

二、研究方法

目前，学界关于网络语言的定义存在广义和狭义之分。Baron 认为，网络语言包括网络中使用的交际自然用语，网络中用于交际的特殊编码系统、从万维网中收集信息使用的自然语言、编码系统或翻译接口，以及网络交流中的特殊术语。④ 赵华伦认为，网络语言大体可分为三类，即网络有关的专业术语、与网络有关的特别用语以及网民在聊天室内的常用词语和符号。于根元认为，起初多指网络的计算机

---

① 朱丽丽、李灵琳：《基于能动性的数字亲密关系：社交网络空间的亲子互动》，《中国地质大学学报（社会科学版）》2017 年第 5 期。

② Kang T. Genderedmedia, "Changingintimacy: internet-mediatedtransnationalcommunicationinthefamilysphere", Media Culture & Society, 2012, 34（2）: 146-161.

③ 赵呈晨：《文化协商：代际沟通视角下的网络语言传播研究》，《中国青年研究》2018 年第 11 期。

④ Baron NS, "Language of the Internet", *The Stanford Handbook For Language Engineers*, 2003: 59-127.

语言，也指网络上使用的有自己特点的自然语言，现在一般指后者。①

本文取"网络语言"的中间义，将其定义为发源于互联网的词汇和语体，不区分其线上或线下的使用场景。采用深度访谈的方法，以 15 个未成年子女家庭（由青少年及其父母一方构成）为访谈对象；探究了网络语言在新媒体环境下的家庭代际互动中的作用。

三、情感传递

（一）误读与冲突

张薇、王红旗认为，网络语言是一种社会方言。具有不同社会特征（即职业、年龄、性别、文化程度、阶级或阶层等）的人在使用网络语言时有自己的特点，使用不同的词汇、发音甚至语法。②

在被访的所有家庭中，都提及了对"呵呵"一词与"微笑"这一表情的误读。在代际沟通间，5 个家庭的亲代都曾认为"呵呵"或"微笑"就其表面含义，用来向子女表示愉快、关心、赞同等情绪或含义。然而，表情包的实质是一种符号，因此也带有符号的任意性，其能指与所指的组合在网络语言中时常是任意的。网络语言中的"呵呵"及"微笑"，既能被大多数中年人用于表示愉快、关心、赞同等正面情感，又能被大多数年轻人用于表示反对、嘲讽和无奈等负面情感。网络语言交际中，语言符号的能指与所指具有任意性，在遇到不同代际的家庭成员不同的观念和知识背景后，便容易造成误读。

一位子代受访者表示："同学之间叫个什么'爸爸''儿子''姥姥''姥爷'都很正常，就是好朋友之间叫着玩儿。我管 A 叫'儿子'，B 管 A 叫'爸爸'，B 可不就得管我叫'爷爷'了吗？都很正常，又不代表我真的是他爷爷，人家也根本不会在乎。但有一次一不小心让父母知道了，他们就觉得不得了了，说我多不尊重人。我跟他们说也说不清楚，以后就懒得说了，但是在同学面前我该怎么叫还是怎么叫，别让他们听见就行。"

---

① 于根元主编：《网络语言概说》，中国经济出版社 2001 年版，第 2 页。
② 张薇、王红旗：《网络语言是一种社会方言》，《济南大学学报（社会科学版）》2009 年第 1 期。

亲属称谓的泛化在亲代中被视为重大的伦理问题，不能如此随意。但许多青少年则觉得无所谓，自己平常这样称呼他人并未收到负面反馈，既然父母无法理解，那么索性决定以后还是继续这样叫，只是要把范围严格限制在同龄人中间。子女在与父母的谈判和自身对所处语言环境的观察中选择了一个平衡点——在特定对象面前使用特定的网络语言表达。这恰好体现了网络语言身上"社会方言"的属性。

戚务念在对新时期中国大学生家庭的亲子互动考察中发现，亲代与子代在发生冲突时，会采取温和、理性、非对抗式的方式解决问题，迥异于改革开放前的极端方式。[①] 面对网络语言使用中的冲突，青少年既尊重父母，又保留个性的非对抗解决机制有利于亲子间长期良性互动关系的形成。

（二）理解与亲密

一位子代受访者表示，自己曾经在家族群聊中对母亲发的笑话表示捧场，说了一句"笑哭"，自己的母亲当即就问他怎么哭了，自己一度很尴尬，不知道该怎么接下去。"有的时候跟同学'微笑'来'微笑'去，内心都是大写的无语。回头想想觉得自己的母亲也挺可爱的，表达的方式很简单，起码是真的关心自己。"

张亚红在对当代农村家庭代际关系的研究中指出，在中国的传统农业社会中，长辈是家庭关系中的核心，这促使家庭代际关系呈现向上倾斜的特征。随着中国社会的加速转型，家庭代际关系出现了严重向下倾斜的趋势。[②] 亲代尤其是一些独生子女的父母开始主动俯身向下，倾听子女的所思所想，试图拉近子女与自己之间的距离。王嘉晰发现，家庭成员对互联网的偏好呈现出不完整性，亲子之间的数字鸿沟体现得尤为明显。父母一代由于对新技术还未能熟悉掌握，因而与子女之间的互动更多的是在物理世界进行。随着各种社交软件的流行，父母也开始尝试借此与子女进行网络互动，巩固并加深彼此之间的亲密关系。[③] 随着智能手机和移动互联网的普及，子代对新媒体的依赖程度越来越高，从信息获取到娱乐方式，从社交生活到日常行为需求，全部可以通过新媒体构建的移动网络来实现。在这种情境中，子

---

① 戚务念：《文化反哺的辩证解读：大学生家庭中的亲子互动》，《甘肃行政学院学报》2010 年第 5 期。

② 张亚红：《从亲密到疏离：当代农村家庭代际关系的变迁》，浙江师范大学硕士学位论文，2015 年。

③ 王嘉晰：《家庭沟通中新媒介技术的应用对亲子关系的影响研究——以大陆在台学生为例》，北京理工大学硕士学位论文，2015 年。

代在家庭当中充当的信息角色就会呈现一定程度上的剥离，具体表现为与父母的沟通明显减少。许多家庭内部的话题，也被新媒体释放的大量信息内容消解。而面对子代的改变，亲代则显得更为被动。他们试图延续传统的家庭互动沟通模式，但却发现新媒体的介入已经改变了家庭内部的信息环境。于是亲代试图寻找与子代沟通的新模式。相比游戏、动漫等受年轻人追捧的事物，网络语言的学习门槛更低。作为增进亲子关系的工具，网络语言是一种更加实用的选择。

一位亲代受访者说，"自己早年在外地工作，与孩子聚少离多。有些关心好像也不知道怎么说出口，听说年轻人中间管'儿子'叫'儿砸'，感觉很亲近，自己也这样在微信上叫了，他还挺接受的，给我回了个'母上大人'"。

网络语言除了具有较低的"次元壁"，容易学习，还因其轻松、幽默、诙谐的特质，消解了亲子间固有的长幼之序，有利于情感的表达。一位亲代受访者说："我有时候用他们的语言跟他讲道理要容易接受一些，比如那个什么'重说三'①，也不嫌我唠叨了，还笑了。"当家长适时地采用一些网络语言与孩子沟通一些严肃问题时，天然的娱乐性消解了家庭教育中的说教色彩，使得子女更容易接受，沟通效率更高。

一位子代受访者也表示，"我妈有时候老在家族群里面发一些自拍照，有的画风比较一言难尽，也不知道怎么回复。'美丽''气质'好像都有点说不出口，太尬了，像'小仙女'② 这个词好像就挺好的，她也能听懂，自己也不觉得尴尬"。

网络语言进入亲子沟通之初，由于亲子双方对同一表达的不同解码方式，不可避免地发生过不同程度的误解。随着次数的增多，亲子之间也在误会的产生和消除之中增进了彼此的了解。平时藏在心底的一些难以启齿的感情，如感激、歉意、亲昵也都能借助网络语言的形式表达出来，无形中拉近了代与代之间的心理距离。

四、社会资本传递

（一）子代对亲代的反哺

20世纪70年代，玛格丽特·米德便指出，在急剧社会变迁的推动下，一种全

---

① 网络流行语，"重要的事情说三遍"的简称，表示一件事情非常重要。
② 网络流行语，指女性美丽善良，常用于对女性的示好、感激等场景。

新的代际传播模式必然会出现，即原先充当被教化者角色的子代，能够扮演教化者的角色①。米德所预言的这种状况在新媒体时代尤为明显。子代凭借对于新媒介技术的敏感性和接受能力，成为"信息富者"，而亲代却沦为"信息贫者"。子代得以对亲代进行"文化反哺"。这是网络语言进入亲子沟通后出现的新变化之一。

米德的判断在新媒体时代可展开为：新媒体的崛起带来了社会信息环境和家庭信息环境的巨大改变，互联网技术推动下的媒介和信息革命，也带来了信息获取内容和方式上的颠覆性转变。新媒体的急速发展和与移动计算技术的结合，已经给人们带来了生活方式的全方位变革。网络空间与日常生活的界限越来越模糊，网络语言越来越多地进入人们的日常生活。因受众的年龄不同，进入的程度也有所不同。子代作为年轻人，接受新鲜事物的能力更强。作为"互联网原住民"的子代，相对作为"互联网移民"的父辈，对互联网下新技术、新事物的掌握具有天然的优势。访谈中，所有亲代受访者均表示自己曾从子女处习得过网络语言。

一位亲代受访者表示，"自己本来在体制内工作，觉得不了解那些（网络语言）也没关系，但是现在越来越多网上的说法进入到现实生活，不知道不行了。不光是跟孩子说话听不懂，商家的宣传也看不懂了"。

在新媒体发展之初，子代就成为早期的追随者，而亲代由于对传统信息环境的习惯与依赖，对新媒体的了解程度和认识深度都远远落后于子代，但并未因此差距而产生学习的欲望，反而认为传统的信息媒介具有较高的可信度。但随着新媒体的迅猛发展和对社会各个方面"无孔不入"的渗透，以及互联网与智能手机融合下的移动网络对人们日常生产生活带来的全方位改变，父辈仅仅运用他们熟悉的信息渠道已经不能应付当下时代的改变。这种新媒体发展给整个社会的信息环境和生活方式带来的变革，促使亲代必须要学习和应用新媒体，才能够适应新媒体时代下社会方方面面的变化。这种来自外部环境的刺激，促使亲代产生了对新媒体的学习欲望，从而开始向家庭成员中对新媒体使用和掌握能力较高的子代进行"请教"，家庭内部的文化反哺由此产生。

孙思齐认为，网络语言实质上是一种网络舆论，每一个词语的流行不仅表现了当前网民的社会关注点，同时也蕴含了网民对该事件的态度，进而折射出民众的价

---

① ［美］玛格丽特·米德：《文化与承诺：一项有关代沟问题的研究》，周晓虹、周怡译，河北人民出版社 1987 年版，第 7 页。

值观念。① 滕尼斯则认为，"在一个共同体中，相互之间有一个共同的、有约束力的思想信念作为共同体的意志，这其实是一种默认一致，它就是把人作为一个整体的成员团结在一起的特殊社会力量。结构和经验越相似，默认一致就越可能实现"②。从这一意义上讲，网络语言所蕴含的是一种复杂的、高语境的文化。如果说语言是思维的要素和思想的外化，网络语言就是互联网时代人类思维方式和生活现实的凝结。迫切希望了解网络语言所凝聚的趋势、知识、技能的需求不是网络使用的后进者的专属，而是生活在互联网下的人们共同的需要，无关年龄。

一位子代受访者说，"前段时间因为考试闭关好久，看到满屏的'寻找锦鲤'，以为是老年人转发的迷信或是什么奇闻逸事就没理，后来知道是抽奖，感觉错过了一个亿……"

傅帅认为，当今的文化反哺主要包含以下七个领域的内容：新知识及应用技能、新器物和新的消费品使用、消费方式与消费理念、沟通交流方式、语言习惯、思维模式及休闲生活方式等领域。看似网络空间中弄潮儿的年轻人，一段时间隔绝网络后就会发现自己的落后。可以说，年青一代是通过其与互联网高频、深度的接触得以快速从互联网的海量信息中汲取最新的、一手的新事物和新趋势来保持其优势地位的。随后，在家庭互动中，又将这些新知识以传授网络语言的方式，反哺给亲代。年长一代得以克服畏难情绪与技术区隔，了解到当下网络和日常生活中的新鲜资讯乃至生存技能，如了解一些广告用语的含义，根据对方身份正确识别他人的赞美和调侃等。

如果没有互联网对年青一代知识和信息获取上的赋权，子代便难以突破自身知识和阅历的局限，获得超越其父辈的更加先进的认识。当借力互联网成为可能，子代可以将超前（相较其自身生命周期）获得的知识与技能反哺给亲代。网络语言正是这一过程中的绝佳桥梁。

（二）亲代对子代的规训

不容忽视的是，网络语言作为网络文化的一部分，后者所具有的糟粕，前者一样不能幸免。网络语言中除了诙谐幽默的表达，亦充斥着大量低俗、恶俗、具有侮

---

① 孙思齐：《网络语言：价值观的解构与重构》，《新闻研究导刊》2017年第18期。
② ［德］斐迪南·滕尼斯：《共同体与社会——纯粹社会学的基本概念》，林荣远译，北京大学出版社2010年版，第56—59页。

辱性的表达。许多学者担忧低俗的网络语言，恐怕会对青少年心理和价值观产生负面影响。长期以来，语言学界和文学界对当下不合规范的语言现象持批判态度。针对当下流行的英汉夹杂现象，发出了捍卫"汉语纯洁性"的呼吁。① 网络语言大量涌现汉语与外语、汉语与数字，甚至汉语与符号夹杂的表达。不符合通用语言规范，是网络语言被批判与诟病最多的方面。顾骏认为，网络语言中的新造成语确有缺陷，但更应关注如何引导青少年从掌握语言到理解传统文化。了解这一过程中的深层结构和运行逻辑比一味抵触网络语言更加重要。②

一位亲代受访者说，"我们家的氛围比较民主，小孩说什么我一般都会认真听，注意跟他沟通，但有的时候听到他嘴里说的什么'婊'，什么'逼'，还是要纠正。他开始也不接受，但我非常严肃地跟他强调了这个问题。这不是说话的问题，是做人的问题。其他什么俏皮话我都不跟你计较，但是这种涉及对别人人格侮辱的，绝对不允许。同样，一些俏皮话平常说可以，绝对不能写到作业或者试卷里。我见一次说一次，后来他也就改了"。由此也证明了一句异国谚语所说的道理：真正的教育是从桌边开始的。一个家庭的父母和孩子，都可以从对方身上学到东西而共同成长。

无论是对网络低俗语的禁绝，还是限制网络语言使用的场合，关于语言规范的教育在家庭中不断被强化，效果显著。在笔者进行的青少年网络语言问卷调查中也印证了这一点。在"日常表达中，谁的引导最让你信服？"一问中，选择父母的比例为38.0%，高于老师和同龄人。传统亲子关系中，亲代的权威仍然存在，亲代在语言规范一事上的认识明显优于子代，其对子女的引导亦被充分信服。

在家庭信息场景当中，新媒体的介入使得亲代和子代信息的交流不再依靠地理环境和物理空间上的接近，也不再依靠血缘关系上的情感接近，而是更加倾向于与拥有更多的兴趣共同点、性格投契、三观相符的人进行交流。也就是说，新媒体在家庭成员中的广泛使用，一方面增加了个体与家庭外部的信息共享与流动，另一方面减少了家庭成员之间的信息共享与流动。在这样的家庭信息场景下，传统家庭当中的信息共享功能被逐渐地弱化和瓦解。

---

① 崔璨、骆琳：《浅析当下汉语纯洁性危机——从"洋泾浜"谈起》，《科学大众（科学教育）》2013年第9期。

② 顾骏：《"网络成语"干扰汉语纯洁性吗》，《北京日报》2013年9月30日。

五、结论与讨论

麦克卢汉认为，"任何新媒介都是一个进化的过程，它为人类打开了通向感知和新型活动领域的大门"[①]。媒介不仅仅是信息，同时也是"人的一切文化"。新媒体时代，家庭内部亲代与子代在信息获取内容、能力和方式上的差异，引发了家庭内部互动方式的变化，出现子女向父母传授知识、技能、生活方式的"反向社会化"过程。新媒体引起的这场全方位变革从社会的方方面面深入到社会基本单位——家庭的方方面面。网络语言在不同年龄段的人群中扩散，进而进入家庭代际沟通，正是这一变化的外在表现。

在代际情感沟通中，网络语言是高语境文化的产物，不同年龄、圈层（主要是趣缘圈层中）的人们有着不同的解码方式。在沟通之初，不可避免地发生误读。在一些较为严肃的问题上，如涉及伦理问题的网络称谓语上，亲子双方由于认知差异巨大甚至可能发生冲突。然而，随着时间的推移，每次使用网络语言都是一个亲子双方充分碰撞与接触、了解对方、亲近对方的机会。随后，代际沟通中的误会逐渐消解，取而代之的是理解与亲密。网络语言轻松诙谐的特性，使得亲子之间那些用日常语言难以启齿的情感更容易表达，如亲昵、感激、歉意等；网络语言的娱乐性可以消解家庭教育中说教的严肃色彩。这无疑会增进亲子间的亲密程度，缩短代际间的心理距离。

对于社会资本的传递，亲代因其年龄和阅历的优势，能够帮助子代树立正确的语言规范，区分网络语言与规范语言的差异，了解正确的使用场景和使用对象。而子代作为互联网使用技能的先进者和网络语言的弄潮儿，通过传授网络语言的方式，将网络语言背后的互联网时代的新知识、新技能、新现象传递给亲代，实现文化的反哺。

---

① ［加拿大］马歇尔·麦克卢汉：《理解媒介——论人的延伸》，何道宽译，商务印书馆 2000 年版，第 76 页。

美学视域下的网络语言[*]

网络语言是新技术媒介语境和社会生活现实语境深度交融的产物，其起源从最初的对社会热点的趣味表达，到逐渐希冀通过玩笑般的释疑来引导社会舆论体现出"游戏—艺术"观的对于"快感"的追求；而依托于新技术赋能的网络语言，其文本内容构成越发丰富，文本创作迭代快速完成，又彰显了艺术自律与他律的互衡；在互联网的覆盖下，在数字网络解构传统有限传播媒介与重构新型无限传播平台的语境之中，网络语言呈现出大众"广场式"狂欢般的接受之势。但也应看到，近几年的网络语言演变出了圈层之隔，各年龄、各场域、各阶级逐步形成向内的小众接受体，以区别冗杂的海量流行语，体现出艺术传播的分众化；从艺术审美视角看待网络语言的诞生本心、创作途径、传播效应及影响深度，亦即能察觉出艺术与日常生活边界的消解，以及精英艺术与大众艺术之间的来回转向。

以下论证将从网络语言所体现出的艺术性，以及将网络语言放置于艺术语境中所体现出的特质进行分析。破解出在审美和艺术视域下，网络语言在现下的境况，以及探索出未来网络语言所能够迸发出的新活力。

一、"游戏—艺术"本位下对"快感"的追求

艺术的起源众说纷纭，"模仿说""游戏说""劳动说""再现说""巫术说"，各有其词、各有论据，也各有道理。艺术起源的"游戏说"，早在古希腊时期，柏拉图就指出游戏是人用来安抚神灵的一种活动。随后对"游戏说"进行了系统的概述的人是近代的哲学家康德，他在《判断力批判》中指出："艺术甚至也和手艺

---

* 本文作者周蕾，北京大学艺术学院硕士研究生。

不同：前者叫作自由的艺术，后者可以叫作雇佣的艺术。我们把前者看作它好像只能作为游戏，即一种本身就使人快乐的事情而得出合乎目的的结果。"① 康德明确提出，艺术是使人快乐的，形似游戏一般的活动，它的本质是主体自由。他弘扬个性解放，希望在艺术中实现真正的个体自由创作、自由欣赏、自由体验。创造者和体验者也都同样如同在游戏一般纯粹，忘却利与害，仅是无功利的自由。

网络流行语通过对传统语言的词汇、语法、句式进行重组和颠覆，重构属于当代大众的话语体系。在网络空间里肆无忌惮地，以诙谐逗乐的语言样态去表达内心的激情澎湃，并进行全相位的广泛传播，从而实现艺术学中游戏精神的欢愉。这种游戏精神体现在三方面。

首先，网络语言内容的游戏化。例如2018年的十大网络流行语"大猪蹄子"是女生以游戏的方式吐槽男生的不解风情、花心易变、"钢铁直男"；而"女汉子"一词，经由贾玲和瞿颖的小品《女神和女汉子》的衍生，而后快速风靡全网，它用以玩笑般的口吻自嘲或形容那些言语行动不拘小节、个性直爽，像男人婆、假小子一般的女生；"老司机"一词，意为行业经验老到的人，对于知识、内容、技术等熟稔掌握的人，如今在网络中更多地用于形容"很会讨女孩子欢心"的男性。此类网络流行语，用游戏的精神戏谑与演绎有特殊性格标签的个人或人群，在词性上并无强烈的讽刺或批判意味，使用者和接收者对其也多为一笑而过，未形成利害关系。

其次，网络语言创作过程的游戏化，所谓游戏，即在特定时间空间遵循特定规则而发出的社会行为以满足精神的追求。游戏的最大特点便是可以反复重启，并不断升级，更新迭代快，这也便是网络语言的游戏性。例如：同样表达"佛系青年"，不同的表情包呈现不同的文字以表达相同的意思。"万物皆空，无欲无求""种种谣言，过眼云烟""随缘点赞，善哉善哉"；同样一种"葛优躺"的表情包，被覆盖以不同的国际人物涂鸦形象，以表达任何时空的自我皆同，等同漫无目的的颓废；网络语言从最初的文字发展到后来的图片配文字再到如今的动图配文字，甚至网民可将自己或身边的人的头像或图片或视频制作成专属的网络表情包，以达到深度参与的乐趣。由此可见，网民通过游戏性质的话语表达，将社会热点及群体心理变成一种幽默的象征性的语言和表情，以达到内心情绪的澎湃和欢乐，实现了心

---

① ［德］康德：《判断力批判》，邓晓芒译，人民出版社2002年版。

理的宣泄。

最后，是网络身份的游戏化。网络语言的使用存在于虚拟的网络空间，匿名的宣泄足以让参与者在游戏过程中全面释放内心的压力，以表达对生活现状以及社会事件的观点。例如："我爸是李刚"。源于 2010 年一个肇事司机口出狂言，"有本事你们告我去，我爸是李刚"，此话立即成为网民和媒体关注的焦点，"我爸是李刚"这一句也一跃成为当年的十大网络流行语。在游戏匿名的庇护下，网友以仗义执言的正义者身份疯狂转发，以表达对社会权贵腐败、道德沦丧的抨击；"屌丝"一词，用自嘲或互嘲的形式，借以表达某人的生活状态无论从物质还是精神角度都未得以满足。"生活平庸，未来渺茫"这几个字，可谓是屌丝们命运的最真实写照。"屌丝"的游戏扮演者，借此词以求内在本性的释放。这种释放的背后表达的或许是对不正当财富和扭曲成功学的不屑，也或许隐含新的时代视角下当代青年所认同的新的价值观和人生观。这种全新的观念是否可取，还有待多方深入研究。可见在网络空间中，网民的真实身份被悬置，转而嫁接于神秘的未知身份，得以形成生活方式和身份转化的快感体验。

对于广泛使用网络语言的网友而言，他们明确地认识到网络虚拟世界与现实完全是两个世界，在网络空间中亦即"游戏"中的行为，并不会对现实身份产生特别大的影响，因此可以在游戏中随心所欲地变换身份尽情玩乐，以便放肆地宣泄自己内心的喜怒哀乐，由此达到对于"快感"追求与体验的目的。

二、艺术自律与他律的互衡

18 世纪的欧洲，美国学者夏尔·巴图在《归结为单一原理的美的艺术》一书中，率先提出了"美的艺术"的概念，认为"美的艺术是以自身为目的的活动"。而后，康德将艺术自律论美学原则的内在要旨进行完善建构，他在《判断力批判》一书中从四个方面赋予艺术自律性以品格，即"无概念的普遍性（量）""无目的的合目的性（关系）""无概念的必然性（情状）""审美的自由愉悦性和无利害性（质）"[①]，强调艺术的自主性及独立性，提倡要将艺术与现实生活剥离开来；而法兰克福派的代表人物阿多诺则认为："艺术的本质是双重的，一方面，艺术本身与

---

① [德] 康德：《判断力批判》，邓晓芒译，人民出版社 2017 年版，第 30—35、42—43、58 页。

经验现实、社会的功能切断了联系；另一方面，它又属于那种现实和社会负载型。这种审美现象始终既是审美的，也是社会学的事实"①，即艺术应与政治、经济、宗教、社会现实接连起来，并不能脱离现实场域，提出了艺术的他律性。

网络语言自身的诞生、创作以及传播有其内在的独立性和自主性，其自成一体的语言风格，独树一帜的狂欢体验，独立于其他相关语境，具有相对的纯粹性，体现了艺术的自律性；但同时其创作的内容又依附于现实生活中的社会热点，并且其传播媒介基于新科学技术的发展，因此又体现了艺术的他律性。故网络语言这一新型景观的构建离不开自我内部的独立自主更迭，也离不开外部场域的助力，形成了艺术的自律性与他律性的协同互衡。

细致分析近十年的网络流行语就会发现，如"何弃疗"（为何放弃治疗）、"不明觉厉"（不明白所以然，但觉得很厉害）、"躺枪"（躺着也中枪）等精简式的网络用语，以文字缩写为主要形式，将传统语言词汇进行压缩，以简洁诙谐轻松的风格进行网络语言的再创造；而"土味情话""佛系青年""有木有""萌萌哒"等，这一系列在传统语言系统中不复存在的流行词汇，就是基于当代青年一代的社会现状和现实心理，而被网民以网络空间的流行规律进行快速的创造使用和传播出来的。而反观网络语言的内容："小目标"（出自万达集团董事长王健林接受采访时表示：年轻人要先给自己定个小目标，比如先挣它一个亿）；"C位"（源于网络游戏《DOTA》，是英文单词 center 的缩写，表示中心位置核心区域）；"官宣"（网络问题，源于艺人冯绍峰和赵丽颖的结婚声明，意为官方宣布），"且行且珍惜""我们""skr"等。这些网络流行语或源起于社会热点事件，或来源于明星艺人的口头语，或来源于生活中有代表性认同度高的趣味话语，借助数字媒体的传播，实现最终的大众狂欢。

从这一视角看来，网络语言的创新也离不开经济场域、娱乐场域、科学场域等场合的相互交融。其自身虽具备创造的能力，但如若没有其余场域的相互融合，网络语言的社会影响力、网民的使用认同感亦不会如此强烈，更无法引起超强共振。在当代语境中，人民对社会事务的参与度急剧攀升，对现实生活状态的表达欲望也越发强烈，加之如今社会的透明度有所增强，这种种因素的相互制衡，使网络语言的自律性与他律性达到一定程度的平衡。也正是基于这种平衡，才加速了网络语言

① ［德］阿多诺：《美学理论》，王柯平译，四川人民出版社 1998 年版，第 392 页。

体制的快速构建，使其显示出"创作快""传播快""应用快""消失快"的特性。而此种特性于网络语言本身无疑是促进其发展的，但对于社会、对于时代的利好还有待研究。

三、"圈层文化"孕于"大众狂欢"

在网络这个自由的、无限制的、易被模仿的环境中，众多网民根据个人意愿使用网络语言以完成戏谑调侃、自我降格或娱乐恶搞的效果。中国互联网络信息中心（CNNIC）发布第 44 次《中国互联网络发展状况统计报告》，截至 2019 年 8 月 30 日，中国的网民数量达到 8.54 亿人。[①] 因此，网络语言的传播和使用率也急剧攀升，形成了网络空间的"大众广场式狂欢"。"狂欢"一词出自苏联文艺学家巴赫金，他将狂欢分为两种：第一种是官方的、严肃的、等级森严的秩序世界；第二种则是狂欢广场式的生活，即在民间的狂欢节期间，打破官方的秩序世界，进入狂欢的乌托邦世界。[②] 而网络语言则是网民在打破传统受约束的秩序世界之后，建立起来的自由与独立的"乌托邦"，它可使人无限接近自我精神上的一种纯粹性愉悦。

网络语言诞生之初的大众狂欢是集体式的狂欢，众网友对少量的网络语言进行大肆地使用和传播。例如："哥吃的不是面，是寂寞""神马都是浮云""土豪，我们做朋友吧""给力""亲"等这一类初期的网络流行语，大多来源于社会热点事件和对生活中种种现象的长吁短叹，其使用者覆盖广，且使用者之间无沟通障碍，放之四海而皆准，可自如畅通使用于多个领域、多种对象、多种情境。可随着网络语言生发的速度越发快速，数量日渐庞大，网络流行语渐渐出现了分众化即"圈层文化"。以下仅以三种典型的"圈层文化"为案例进行分析。

1. 方言圈层：纵观如今的网络流行语可见，以"蓝瘦香菇""好嗨哟，感觉人生已经达到了巅峰""你个耙耳朵""酱紫""偶们"等为代表的地方方言，已经在网络语言中占据一席之地。我国幅员辽阔，民族众多，自然在语言的使用中会无意夹带方言，以寻求网络自由空间中的真实自我的展现。从最初的无意使用，到

---

① 2019 年 8 月 30 日，中国互联网络信息中心（CNNIC）在京发布第 44 次《中国互联网络发展状况统计报告》，据该报告统计显示，截至 2019 年 6 月，我国网民规模达 8.54 亿人，较 2018 年年底增长 2598 万人；互联网普及率达 61.2%，较 2018 年年底提升 1.6 个百分点。

② 吴文涛：《巴赫金狂欢化理论的审美人类学阐释》，广西师范大学硕士学位论文，2014 年。

现在的刻意创造，为具有同质性的网友在无边无尽又纷繁复杂的网络世界之中，树起了一道心理的安全屏障。在同一"地域圈层"中能寻找到认同感、归属感和亲切感。

2. 代际圈层：如今的网络流行语中大量充斥着网民内部相互分割的标志新词，例如："暖说说（帮忙点赞评论转发）""走花路（表示受欢迎，红了）""躺列（加了好友却从不聊天，躺在列表里的好友）""xswl（笑死我了）""共药（一起放弃吃药，一起发神经）"等一系列"00后黑话"，用"00后"一代网民的标新立异的话语体系，将其余代际的众网民搁置于深深的鸿沟对岸。让网友产生了"00后的世界，90后摸不着头脑"的障碍感，拿不到这张"通行证"，也即失去了理解"00后"现状的部分渠道。而"00后黑话"的产生原因，也更加直白——阻止外部人员入侵他们的领土去破译他们的"摩斯密码"，因而这种代沟造成了网络语言"代际圈层"的形成。

3. 职业圈层：另一种圈层的形成则来自不同的行业领域，例如："996（用以描述互联网企业的加班文化，早9点上班，晚9点下班，一周工作6天）""菜鸟（形容计算机新手，后代之各领域对业务熟悉程度不够的新手）""铁公鸡（用以形容股市行业中盈利但从不回报股民，既不赠股也不分红的上市公司）"。此类各行各业的内部术语式网络语，有着群体化特征，这一圈层所产生的流行语多为寻求同行理解和共鸣，隔行如隔山，只有同一职业圈层的人士，才能够体谅该圈层独特的内部制度和规则。

基于上述三种圈层网络语言的分众化，麻省理工学院教授马歇尔·范阿尔泰提出了"网络巴尔干化"，巴尔干半岛本是一个地理概念，在这一个半岛上，有着十个国家的部分领土。而"网络巴尔干化"则是指：万维网分裂成有特定利益的不同子群，一个子群的成员几乎总是利用网络传播，或阅读仅吸引本子群其他成员的材料。① 而网络语言的各圈层流行语正是符合了网络巴尔干化的定论，在各圈层网民的创造和维护中，一个流行语或一个梗得以快速无限度地扩大，不断演化以至于让圈外人士摸不着头脑，只需获得同类的认可。但也应看到它有益处的一面，在多元化语境下，各圈层的影响逐步扩大，由此可对主流文化带来不小的影响，其所形成的"圈层效应"，可以释放圈层的内部能量，对文化的交融和互通也能产生一定

---

① 转引自 https://baike.baidu.com/item/网络巴尔干化/5462498? fr=aladdin。

的促进作用。

四、审美和日常生活边界的消解及精英
文化和大众文化的相互转向

在网络这个"无限开放"又"隐匿"的环境里，没有高雅庸俗的标准界定，没有限制，也没有束缚。网络语言的创作者不分阶级、不分地域、不分年龄；网络语言的传播无时间与空间的锁定；网络语言所反映的内容没有太多的局限，可以是政治、经济、社会生活、文化等各方面的。因此，公众将日常审美活动中的感受转化为文字进行情绪的表达，这个过程消解了审美与日常生活的边界。英国社会学与传播学教授迈克·费瑟斯通在提出了"日常生活审美化"和"审美日常生活化"的概念，指出日常生活审美化正在消弭艺术和生活之间的距离，在把"生活转换成艺术"的同时，也把"艺术转换成生活"。日常生活审美应包括两个层面：一是艺术和审美进入日常生活，被日常生活化。二是日常生活中的一切，特别是大工业批量生产中的产品以及环境被审美化。① 网络语言的创造则是将源于生活的众多细节，或者社会的典型问题加以改编而形成的。

"待我长发及腰，娶我可好""友谊的小船说翻就翻""扎心了，老铁""确认过眼神""意不意外，惊不惊喜""单身汪"等网络流行语，将生活中的婚恋、亲情、友情、学业、事业、心情等用诙谐幽默的方式进行改编，将生活中的难题以自我嘲讽，或互相嘲讽的方式呈现。以娱乐的形态，达到审美的享受和紧张心情的释放。因此，具有生动、活泼、快意、简明、自嘲、反讽、嬉戏等为特征的网络语言，也成为当代美学一种新的研究领域，日常生活审美化不仅对传统美学产生了影响，而且对当代美学也有一定的影响。因此，当代美学必须要重视当今的网络所带来的影响和作用，当代美学需要在日常生活以及社会现象中继续发现美，并且将审美带到正常的途径中。

在网络语言诞生之前，社会话语权掌握在上层的政治领袖或文化名人手中，他们主导着社会的舆论导向，即"精英文化"主导阶段；随着传播媒介的日益多元

---

① ［英］迈克·费瑟斯通：《消解文化——全球化、后现代主义与认同》，杨渝东译，北京大学出版社 2009 年版，第 94 页。

化，公众对于公共事务的参与度越发高涨，借着数字网络的技术支撑，大众在媒介平台抒发心声成为可能，即"大众文化"主导阶段；当大众文化强劲地渗透到社会现实生活中，大众透过网络语言所宣泄的内心情绪，以迅雷不及掩耳之势迅速铺展开来，影响力之巨大、范围之广泛，也引起了精英层面的关注。为了拉近与民众之间的距离，亲和地将上层观念自上而下地传达，精英阶层也开始逐步有限度地放低姿态，主动贴近大众阶层，官方话语主动采取网络语言的言语形式，使得"大众文化"中的经典被挑选为"精英文化"。例如："给力"登上《人民日报》；"厉害了，我的国"成为央视报道专题；习近平主席发表的新年贺词多次使用网络流行语；第七届世界军人运动会宣传片中的"为运动员们打 call"等，都是网络语言得到官方认可的印证，也标志着网络语言实现了从网络空间话语到社会公共空间话语的华丽转身，实现了"精英文化"到"大众文化"再到"精英文化"的相互转向。

五、总　结

网络语言是一个社会群体的意识、观念、规范和格式从解构到建构的历程演变中诞生的新型社会文化现象。它的诞生、创作、传播、创新体现了社会价值观的偏向，也映射了一个社会、民族、国家的审美倾向。在完成对网络语言的理性学术性分析之后，应进行审美现象的反思，在全民游戏精神的隐性体现和全民审美泛化的显性体现中，寻找制衡点。使网络语言不再仅仅是简单粗暴的情绪宣泄式话语，而能成为影响社会公共决策及促进社会健康发展的重要力量。

网络语言发展的历史学视角[*]

互联网新媒体时代，网络软硬件设备的快速发展使得信息传播达到了前所未有的高速度，网民通过通信软件、媒介终端在网络上接收和输出大量信息。在这种交流互动中，网络语言应运而生。从历史的视角看待网络语言，可以发现网络语言在诞生和反映社会现实方面与传统汉字语言具有相似性。

一、语言根植于社会

从商朝甲骨文开始，汉字经历了甲骨文、金文、大篆小篆、隶书、楷书、行书、草书等多种变化。文字形态在发展演变的同时，语言文化也随着社会的发展而不断丰富，其比较重要的两个来源分别是历史人物事件和文化交融。

1. 从人物事件中诞生的语言

在中国古代历史中，许多社会事件或者人物的言行被记载下来，逐渐演化成常用的汉字语言，既为大众日常所用，又是记载历史的文字材料。"飞鸟尽，良弓藏，狡兔死，走狗烹"和"杀鸡焉用牛刀"就是两个比较典型的例子。

"飞鸟尽，良弓藏，狡兔死，走狗烹"指的是猎杀飞鸟结束后，弓就会收起来，兔子死了，猎狗就可以烹了吃。喻指一个人或者物失去了利用价值，就会被抛弃。文献中关于越王勾践诛杀复国功臣和韩信之死就有相关的记载：《韩非子》的"内储说下六微"："狡兔尽则良犬烹，敌国灭则谋臣亡。"《史记·越王勾践世家》："范蠡遂去，自齐遗大夫种书曰：'蜚鸟尽，良弓藏；狡兔死，走狗

---

* 本文作者袁燮扬，北京大学新媒体研究院 2019 级硕士生。

烹。越王为人长颈鸟喙，可与共患难，不可与共乐。子何不去？'种见书，称病不朝。人或谗种且作乱，越王乃赐种剑曰：'子教寡人伐吴七术，寡人用其三而败吴，其四在子，子为我从先王试之。'种遂自杀。"《史记·淮阴侯列传》："果若人言，'狡兔死，良狗烹；高鸟尽，良弓藏；敌国破，谋臣亡。'天下已定，我固当烹！"

"杀鸡焉用牛刀"指的是不要用杀牛的刀来杀鸡，比喻办小事不必用大力气。《论语》"阳货篇"就记载孔子说过相关的文字：子之武城，闻弦歌之声。夫子莞尔而笑，曰："割鸡焉用牛刀？"子游对曰："昔者偃也闻诸夫子曰：'君子学道则爱人，小人学道则易使也。'"子曰："二三子！偃之言是也。前言戏之耳。"

后来《三国演义》则是直接使用了"割鸡焉用牛刀"这个词，《发矫诏诸镇应曹公　破关兵三英战吕布》描写董卓迎战十八路诸侯，吕布正要领兵出战长沙太守孙坚时，华雄高声出曰："割鸡焉用牛刀？不劳温侯亲往。吾斩众诸侯首级，如探囊取物耳！"

与传统汉语文字相同，网络语言中也有许多来源于热点的社会事件和人物言行，在互联网的传播环境快速发展，如耳熟能详的"正能量"和"点赞"。

据凤凰网报道，2012年伦敦奥运会邀请了十几位中国普通民众到英国参加火炬传递的活动，其中有从小与先天性心脏病"作战"，最终以顽强的毅力战胜病魔的赛车手陶崇文，他24岁成为交通系统最年轻的劳模，26岁夺得全国汽车拉力赛S4组冠军。还有2001年开始在贵州以卖羊肉串的收入资助数百名贫困学生，谱写民族团结之歌的新疆人阿里木江·哈力克。这样一个传递正面社会价值的事件引发微博上的众多博主发布"点燃正能量，引爆小宇宙！"和"点燃正能量，运气挡不住！"的博文，一时间网上出现了模仿发布关于"正能量"微博的热潮。据凤凰网统计，在短短的3天时间之内，约有超过50万网友参与了这次博文模仿活动。"正能量"一词也当选为2013年度热词。

"点赞"一词相信我们也都不陌生，该词来源于社交软件以及媒体平台中的一个功能，即点击某个按钮来表达对对方的关心、认同、支持，是一种网络平台上正面的交流互动方式。"点赞"一词在演变中，逐步从最初的软件物理功能丰富发展，变成文字进入到人与人之间的交流当中。

日常生活中，我们也会直接说"给你点赞"来表达对对方的赞许和支持。

2. 在文化交融中诞生的语言

随着社会群体的联系日益密切，语言在不同文化的交融碰撞中得到发展。无论是传统汉字语言还是网络语言，都存在源于文化交融的部分，这种文化交融既有外来语进入汉语体系，也有中国地方方言成为大众常用语言。

以中国近现代史为例，鸦片战争之后，清朝的闭关锁国政策被打破，列强的殖民侵略使得西方文化与中华文化产生巨大的碰撞，在中国反抗和学习列强的过程中，许多外语逐渐成为汉语的一部分。改革开放以来，中西方政治、经济、文化各方面交流更加的密切，外来语则以更多样的方式、更大的数量进入汉语体系中。例如："民主""科学"等词受到日语很大的影响；"沙发""咖啡""芭蕾""派对"等，则是对英语以及其他外来语的音译。

那么网络用语中是否也存在外来语呢？答案是非常肯定的。2010 年网络热词中的"萝莉""正太""御姐"便来源于日系动漫文化，"欧巴""思密达"等韩语系语言也是网络中常见的用语，这些网络外来语凭借网络平台在传播速度和传播范围上都达到了一个极大的高度。

除了外来语，传统汉语和网络用语中也都有地方方言的特色。传统汉语中的"泊车（停车）""靓女（美女）""牛腩（指带有筋、肉、油花的牛肉块）"就来源于粤语，"病秧子（经常患病的人）"则是典型的北方方言，在长期的历史发展中，这些地方方言已经深入地融入到官方汉语体系中，通用性和传播度都有很大的提高。

网络用语中，同样也有方言的元素，比较著名的就是"蓝瘦香菇"和"猴赛雷"。

2016 年，广西南宁的一个小哥失恋后录视频，视频中他用方言说道："蓝瘦，香菇，本来今颠高高兴兴，泥为什莫要说这种话？蓝瘦，香菇在这里。第一翅为一个女孩这么香菇，蓝瘦。泥为什莫要说射种话，丢我一个人在这里"。该段方言的意思是"难受，想哭，本来今天高高兴兴，你为什么要说这种话？难受，在这里想哭。第一次为一个女孩子这么想哭，难受。你为什么要说这种话，丢我一个人在这里"。"难受，想哭"在广西方言中的发音近似于"蓝瘦，香菇"，饶有趣味，别具特色，该视频因此迅速传播，"蓝瘦，香菇"也被制作成表情包在微信、微博等平台上被广泛使用。

"猴赛雷"则是粤语"好犀利"的谐音，表示"厉害""棒"。曾有一位女生以"猴赛雷"为网名进行网上征友，因其所发出的照片和征友条件而走红网络，其网名也随之传播。2016 年春晚的吉祥物"康康"是以十二生肖"猴"为原型，因其脸颊的部分有两个凸起的球状设计，被网友们谐音称作"猴腮雷"，随后又谐音变成了"猴赛雷"。

无论是人物事件还是文化交融的"社会存在"，从古至今都催生着新的文化符号。与传统汉字语言一样，网络用语的发展有着相同的规律，本质上是一脉相承的。而在互联网大环境下，网络用语的产生和传播达到了前所未有的高度。

二、新时代造就新语言

网络语言与传统汉字语言有着相同的历史语言发展规律，同时由于处于互联网新媒体时代，网络语言必然地反映着时代社会以及网民文化水准、生活状态、心理、情绪等特征，这是与传统汉字语言相比所不同的文化意义。

1. 丧文化背后的社会心态

目前在现实生活中，一些年轻人生活上遇到一些挫折，会在网络上表达自己的沮丧，使用带有颓废、绝望、悲观等情绪和色彩的文字或图画，逐渐形成了一种被称为"丧文化"的趋势。文化的典型代表词有：2016 年十大流行语之一的"葛优躺""我能怎么办，我也很绝望啊""废柴"等。以"葛优躺"为例，指的是演员葛优在 1993 年情景喜剧《我爱我家》中的一个剧照姿势，该角色浑浑噩噩度日瘫在沙发上，比喻一种"颓废"的状态。"葛优躺"的图片被制作成各种表情包，流行网络。这种亚文化反映出当前部分青年的精神焦虑，颓废缺乏生机，逃避现实。

对此，不少媒体发文对丧文化进行评论，《光明日报》评论道："从价值的角度来说，青年人朝气蓬勃，有理想、有智慧、有力量，是全社会最富有活力和创造性的群体，应该胸怀理想、志存高远，自觉加强学习、奉献青春，敢爱敢拼，敢试敢为，敢于正视人生的苦痛，与颓废的生活方式绝缘。"《人民日报》的评论有另一面的看法，"其实不少年轻人喜欢的'丧'，和外界对于'丧'的解读，有着微妙的区别：最明显的一点是，其实'丧'不等同于负能量，'丧'也不意味着绝望，而大多是作为一种自嘲和排解压力的方式"。不同的角度看到的丧文化内涵不同，但是不变的是丧文化一直与受其影响而产生的网络语言深刻地结合，随着语言的使用和传播而继续发展。

2. "宅文化"背后的青年生活

"宅"字在《新华字典》中的解释为"住所",网络新媒体时代的"宅文化"则更多地受到日本动漫文化的影响,日本著名漫画家中森明夫1983年通过漫画作品提出"御宅族"一词,主要描写那些对动漫等着迷几乎不顾时间和精力、全身心投入的人。在日本动漫文化在中国青少年群体中广泛传播之后,"宅"就逐渐演变成对那些待在家里,沉迷于个人的兴趣、爱好,而与社会脱节的青年的称呼,常作动词用,例如"宅在家里"等。由此,"宅文化"逐渐诞生。

日本《文学通信》出版社出版了《中华御宅用语辞典》,在2019年登上日文书籍畅销榜。在中国流行的宅文化网络用语有:2016年度中国媒体十大新词、2016年度十大网络用语的"吃瓜群众""我只想安静地做个美男子""死宅""宅男宅女"。这种宅文化与互联网技术的发展密切相关,互联网媒体和移动终端的蓬勃发展扩大了人们获取信息的渠道,网络创业、网上就业逐渐成为新的就业方式,网络购物和外卖配送的便利使得人们可以不必经常踏出家门……互联网从生活、学习、工作、娱乐等各方面改变着人们的生活,给"宅男宅女"们提供了现实物质基础。

3. 应援活动与粉丝文化

"打call"为中英混合词,常用于"为××打call"这样的句式,意思是为××呼喊、加油,即台下的观众在演唱会上跟随音乐的节奏,按一定的规律,用呼喊、挥动荧光棒等方式,与台上的表演者自发互动。这是受日本应援文化影响产生的、在中国粉丝经济快速发展中广泛使用的一个网络用词,随着某个选秀类节目的播出而火爆。2017年,"打call"一词被列入国家语言资源监测与研究中心发布的"2017年度十大网络用语"榜单中,也被《咬文嚼字》评为2017年度十大流行语。随着"打call"一词的广泛使用,衍生出"疯狂打call""打电话"等系列粉丝文化用词。

"打call"源于粉丝文化中举荧光棒按照节奏为台上偶像加油的行为动作,代表的是观众对于表演者的喜爱甚至是崇拜,在进行"打call"的过程中,观众往往获得集体的认同感。该词语在后来的发展应用中,慢慢地不再局限于原始的行为,更多地聚焦于该词语内涵中表达的对另一方的支持和赞赏,双方也不一定是观众和表演者的关系。

丧文化、宅文化、粉丝文化只是网络语言文化中的典型代表，以网络语言的文字、符号、表情等元素为载体呈现，表现出这个时代用户群体的社会特点，具有极高的社会现实意义。同时，通过对某种文化的网络语言的使用，又会加深这种文化的传播和影响。

三、总　结

根据《中国历史大辞典》的解释，史料就是"研究和编纂历史所用的资料。主要来源有实物的（如古迹、文物、地下发现的遗物等）、文字的（如各种著作、文献、铭刻等）和口传的（如传说、访问、民歌等）"，故《史学概论》中提出"随着现代社会生活的日益丰富多彩，历史遗留物的增加，史料的内涵和外延都将会不断地得到扩充"[①]。

古人的经史子集和诗词歌赋小说流传到现代，成为后人研究中国古代的重要文字材料。这也是我们中华民族何其幸运与得天独厚的地方，能有正野史、诗文、笔记等无数文字记录下我们文明的方方面面，这也是我们中华文明能保持长久不衰的秘器之一，是我们文化自信最有力的支撑。

同理，网络语言的发展与历史上传统汉语的发展有着相同的规律，同时反映着互联网新媒体时代社会及网络群体的文化现象、见证我们这个时代的风貌，也是值得保存、研究的重要历史材料。

---

① 李隆国：《史学概论》，北京大学出版社 2009 年版，第 39 页。

第三章
传播视角研究

模因——网络语言动力阀 *

模因是一种与基因相似的现象，基因通过遗传而繁衍，模因通过模仿而传播。塔尔德认为整个人类历史就是一部模仿的历史，模仿是社会发展和存在的基本原则。法国社会心理学家莫斯科维奇说："发明者打乱了事物的秩序，模仿者则重新建立事物的秩序。前者掀起了连续的波浪并因此带来了发展，后者重复了一致性也因此形成了传统或时尚。"① 互联网就是模因复制、拷贝、传播的一种"模因复制器"。布赖森认为使人成为模因物种的原因在于两种能力的结合：精确模仿的能力为信息传播提供了丰富的基底；源于社会推理的第二次序表征能力为语言的语义合成性提供了计算能力。②日益发达的网络传播使人与人的交往更加频繁，意味着人们彼此间的模仿更加频密，语言模因传播与交换的机会更多，"模因家族"也在不断壮大。Shifman 认为，Web 2.0 时代的模因植根于经济、社会和文化的参与逻辑，这些逻辑揭示了网络模因生成的经济、社会和文化根源。③ 在网络媒介广泛普及的今天，受众更有能力来消解网络带来的信息，使模仿更准确、稳定、逼真，出现了传播无限扩大的趋势，也造成了模仿无限增长的趋势。

* 本文为国家社科基金西部项目《基于可比语料库的网络语言生态文明建构策略研究》（18XYY011）阶段性成果。作者曹进，西北师范大学教授、博士生导师，主要研究方向为网络语言传播，语言与跨文化传播研究；梁海英，西北师范大学副教授、硕士生导师，主要从事话语分析；杨明托，西北师范大学博士生。

① ［法］塞奇·莫斯科维奇：《群氓的时代》，许列民等译，江苏人民出版社 2006 年版，第214—215 页。

② Joanna J. Bryson, "Embodiment versus memetics", *Mind & Society*, 2008（7）：89-90.

③ Limor Shifman, *Memes in Digital Culture*, The MIT Press, 2014：32-34.

一、模因与网络语言

"语言的进步首先是靠模仿实现的。"[①]网上模因传播与通过意象、声音或词语传播相比，具有很高的复制精确性，因为计算机可以在短时间内给一条信息生产出数万个类似的拷贝，多产性大大增加，长寿性的潜力也增加了，因为信息可以无限地存储于磁盘或文件夹中。这三种特性共同保证了模因可以通过网络进行有效复制。

（一）强势模因与网络语言

模因渗透到了我们生活的方方面面，包含人们掌握的语汇、了解的事情、学会的技能、喜爱的游戏，以及遵守的各种规则。模因作为一种文化复制因子，也遵循"适者生存"的生物进化规律。道金斯认为，强势模因有三个特点：保真度、多产性和长久性。网络语言模因以网络为载体飞速传播，在极短的时间内复制大量相似或相同的信息。那些经过长期竞争、选择、淘汰并保留下来的网络言语表达方式就是最终生存下来的、高质量的强势模因。表1显示了网络语言中的强势模因排序。

表1　网络语言个案汇总表（Google 搜索结果）

大类	N（条数）	合计 N 的（%）	极小值（使用频次最低词条使用次数）	极大值（使用频次最高词条使用次数）	均值（所有词条使用次数平均值）	合计（使用次数）	总和的（%）
表情符号	1539	34.7	851	2535000000	2950729285.16	454117236986	90.2
谐音	757	17.1	4	1022000000	147207246.59	111435885672	2.2
缩写	651	14.7	578	2536000000	384542358.58	250337075438	5.0
社会时政语汇	573	12.9	658	341000000	14767405.49	8461723343	0.2
词义转换	384	8.7	20900	1370000000	25440642.19	9769206600	0.2
其他	160	3.6	3280	4190000000	94798005.63	15167680900	0.3
造新字词	139	3.1	15900	1880000000	52755541.01	7333020200	0.1
语码混用	123	2.8	609	4210000000	132161059.87	16255810364	0.3

---

① ［法］加布里埃尔·塔尔德：《传播与社会影响》，［美］特里·N.克拉克丝英译，何道宽译，中国人民大学出版社 2005 年版，第 145 页。

续表

大类	N (条数)	合计N 的（%）	极小值 （使用频次最低 词条使用次数）	极大值 （使用频次最高 词条使用次数）	均值 （所有词条使用 次数平均值）	合计 （使用次数）	总和的 （%）
外语词汇	77	1.7	6480	2535000000	954627981.56	73506354580	1.5
网络语法	35	0.8	44700	161000000	29910625.71	1046871900	0.0
总计	4438	100	4	2536000000	1134404235.89	503448599885	100

根据表1统计数据显示，表情符号模因高居第一位，达到34.7%，显然是强势模因，谐音模因占第二位，达到17.1%，缩写模因占第三位，达到14.7%，社会时政语汇模因占第四位，达到12.9%，占第五位的是词义转换模因，达到8.7%。

（二）网络模因的生成理据分析

高居第一位的表情符号成为网络传播中最活跃的模因。首先，这种模因是图符形式，能指清晰，所指意义不易引起误解，反复拷贝也不会变形走样，具有很好的保真度；其次，随着键盘符号的不断组合、重组，各种输入法的推波助澜，实现了模因的易产性和多产性。表情符号模因的持续使用使得模因的长久性大大增加。网络上广泛使用的表情符号与肢体符号，弥补了网民在网络交际中由于主体"缺场"的情感交流。这些活跃的模因便于宿主接受，实现了"同化"，便于记忆；实现了"保持"，利于表达心声；实现了"表达"功能，宿主随时都会在网络交际中使用，最终实现了"传播"。

位居第二的谐音模因诙谐、幽默、生动，易于引起联想，深受网民的欢迎。数字谐音是网络模因家族的重要成员，其传播力之大使数字谐音迅速成为强势模因。谐音模因是一种语言的杂糅现象，它既是对汉语二维空间的突破，也是因为互联网作为综合媒体，语言运作的空间弹性为表意文字的结构化提供了新的生产场域和话语传播场域。

表2 网络数字谐音字音义对照表

数字	发音	变体1	变体2	变体3	变体4	变体5	变体6	变体7	变体8
0	你	您	冻	理	氧	人	年	—	—

续表

数字	发音	变体1	变体2	变体3	变体4	变体5	变体6	变体7	变体8
1	一	幺	意	亚	今	你	要	—	—
2	二	俩	爱	啊	饿	额	恶	—	—
3	三	生	深	想	上	先	深	长	—
4	四	死	世	是	输	速	时	想	只
5	五	呜	我	无	晚	唯	偶	—	—
6	六	啦	聊	溜	了	顺	喽	懒	老
7	七	拐	气	情	娶	去	亲	吃	请
8	八	发	吧	不	抱	帮	伴	别	被
9	九	就	走	揍	球	求	加	救	最

据表2显示，由数字构成的谐音词语中，数字使用的频率并不平衡。数字在不同的语言社区和不同的方言社区具有不同的社会文化意义。新颖的表达方式在恰当的语境中使用，给人际交往增添了谐趣、幽默的色彩和活力。网民有时还会利用数字和运算符号实现谐音表达，例如"145×154÷D2：1G（一事无成一无是处的二逼一个）"，这样的谐音只是根据语音大致对应并辅之以联想来实现的。数字模因与文字符号发音越贴近，更具有多产性、保真性和长寿性，越容易成为强势模因。

位居第三的缩写模因易于记忆、复制和模仿，在互联网上广泛传播。这是因为"语词的紧缩和缩略使语言更加灵活、更加富有表现力"①。网络缩写语模因的生成方式为：（1）约定俗成的用法，如汉语中的"网络管理"称为"网管"，英语中的"3rd Generation"缩略为"3G"；（2）网民借用某些机构的英文名称，再用汉语拼音的缩写形式和联想手法，实现意义的流变。例如，网上流行的"看看哪家银行缩写最牛？"帖：

建设银行（CBC）："存不存？"；中国银行（BC）："不存！"；农业银行（ABC）："啊？不存？"；工商银行（ICBC）："爱存不存！"；民生银行（CMSB）："存么，傻吧！"；招行（CMBC）："存么，白痴！"；国家开发银行（CDB）："存点吧！"；兴业银行（CIB）："存一百！"；北京市商业银行（BC-

---

① ［法］加布里埃尔·塔尔德：《模仿律》，［美］埃尔希·克鲁斯·帕森斯英译，何道宽译，中国人民大学出版社2008年版，第103页。

CB）："白存，存不？"；汇丰银行（HSBC）："还是不存！"①

网络缩略语模因的生产既是语言模因的"缩略化"，也是语言模因的"再符号化"和"再意义化"的语言加工过程，它通过缩减、拼贴、混合等手法，把原有的模因加以处理，以新的模因形式或内容传播出去。

社会时政语汇是位居第四的网络语言模因。这类模因借用日常语言的外壳，发音、词语形式都没有变化，但是模因的内涵发生了变化，意义依据社会语境而变化是这类模因具有的最大特点。例如：原义筑有栅栏等防守工事的"山寨"进入 IT 产业，出现了"山寨手机"，很快"山寨"作为强势模因，立刻衍生出了"山寨春晚""山寨人物""山寨明星"等模因复合体。但是，时政类语汇模因有明显的时间性限制，保真度、多产性均可达到较高水平，但是长寿性不佳，时过境迁，众多模因也就渐受冷落，被网民淘汰。

位居第五的是词义转换模因。网民把含义迥异的字、词拿出来用于网络交流，通过模因意义的变异，实现人际交流和意义传递。模因意义变异主要依靠以下方式：（1）隐喻："踩一脚"（支持）；（2）旧字新义："囧"（尴尬）；（3）曲解：风趣（疯疯癫癫没趣）等；（4）反语："如花撕（似）玉"（丑陋）；（5）借代：双核（反应快）等。这些词语通过网络传播，努力扩大影响，使自己成为复制因子。这说明任何文化元素试图成为一种模因，它就必须"支持以变异、选择和保持（或遗传）为基础的进化规则系统"②。

位居第六的是其他模因，如火星文或多种文字、符号叠加生产意义的方式。这类模因重形不重义，它之所以能在网络传播中占一席之地，得益于由文字（包括简体字、繁体字、外语文字）、图符叠加构成的模因复合体，随着技术的发展，火星文软件使这类模因在青少年中迅速流行开来。例如：

网络语：苊荮電腦壞扌卓叻，嗜碷(1)整忝嘟彳艮傷吣~

解读：我的电脑坏了，害我一整天都很伤心~

1切斗4幻j，↓b倒挖d！

解读：一切都是幻觉，吓不倒我的！

从模因论的角度来看，它能够为部分网民接受（同化）、记忆（保持），用其

---

① 《看看哪家银行缩写最牛？》，百度贴吧，http：//tieba.baidu.com/f？kz=217358553。

② ［英］苏珊·布莱克摩尔：《谜米机器》，高申春等译，吉林人民出版社 2001 年版，第 24 页。

表达自己的所思所想（表达），并且开始和别人交流（传播），说明火星文达到了作为模因的基本条件。在技术的推动下，多产性比较容易实现，但因其难于理解，不便普及且交流面小，使其自身失去了保真性和长寿性。

新造字词模因位居第七。这类模因主要通过以下方式实现：（1）汉字解析化："走召弓虽"（超强）；（2）儿语化：东东（东西）；（3）模糊化：×××（不宜表达的内容）；（4）口语化：切，才（怀疑、嘲笑。与代字符"~"连用）；（5）通假化：泥（你）；（6）类比化：从"黑客"类比出众多的"维客""闪客"；（7）体态化：zzZZz（睡觉的状态）；（8）拟声化："KK"（咳嗽声）；（9）连读化：酱紫（这样子）；（10）动漫术语化：御姐（比自己年长的女性）。这样的新字词更像是语言游戏，词语与概念"诞生于创新的语言，这里所谓语言是无数不同的语言——因为游戏概念是在无数次反复使用中形成的"①。这类模因实现了保真性、多产性、长寿性，以及满足了同化、保持、表达和传播这四个条件，是成功的模因。

位居第八的是语码混用模因。网络语码混用概念超出了社会语言学对语码混用定义的边界，多种符号的混合杂糅构成了模因复合体，增强了其复制、模仿与传播效果。语码混用通过以下方法实现：（1）英语字母+汉语："I 服了 U"（我服了你）；（2）英语字母+数字："g2g"（got to go）；（3）汉字+英文单词："至 high"（特兴奋）；（4）数学符号+英语字母："+U"（加油）；（5）数字+汉字："37°女"（理性而不冷漠的女性）；（6）拼音+数字："qu48"（去死吧）；（7）汉字+拼音："好帖要 cai"（好帖要踩）；（8）汉字+数字谐音："哈 9"（喝酒）；（9）英语字母+数字谐音："P9"（啤酒）；（10）数字谐音+英语单词："go 2 school"（go to school）；（11）数字谐音（英文数字发音）+汉语："4 人民"（为人民）；（12）汉字+数字+符号+表情符号："气死了，555~~~：("。在网络传播中，多种形态模因共存，形成其独到的网络语言模因体系，该体系借助网络与自然语言衍生出了更多和生存时间更长的复制品。

外语词汇模因位居第九，最常见的是使用外语单词作为模因传播。这种模因主要通过以下方式实现：（1）英语单词：bullshit（废话）；（2）其他语言：……的说

---

① ［荷兰］约翰·赫伊津哈：《游戏的人：文化中游戏成分的研究》，何道宽译，花城出版社2007 年版，第 31 页。

（在日语中表示认为、觉得），偶见韩语、法语及德语；（3）外文缩略语：HRU（How are you）等。这类模因受到语言使用人群外语教育的影响，传播影响力不大，所以其寿命、保真度均一般，只有少数成为强势模因。

网络语法模因名列末位，主要包括：（1）状语后置："给我一个理由先"（先给我一个理由）；（2）名词用作动词："电话你"（给你打电话）；（3）疑问代词代替疑问句："哪"（你是哪里人；你去哪儿）；（4）助词变动词："我来乐"（我来了）；（5）汉语动词+ing 或英语加汉语助词拼音："吃饭 ing"（正吃饭呢）、"go ba"（走吧）；（6）副词+名词："很美女"（很美）。

语言的生命力在于语言模因的广泛传递，口语化是网络模因选择无法回避的结果，其基本法则是增进语言传播过程的即时性、保真度、多产性以及语言的可记忆性，进而实现语言模因生存的长寿性。随着语言能说之事变得越来越多，就会有越来越多的模因被创造出来。

二、模因：网络语言传播动力阀

模因的传递、变异、发展与传播均无法离开模仿。模因概念的发展经历了两个阶段：在第一个阶段，它被视为文化遗传单位，而在第二个阶段，它被看作是大脑的信息单位，是储存于大脑中的一个复制因子。人们一旦将学来的新词语或外来词引进自己的语言中，就能满足交际需要，那么这些新的语言模因就会被广泛复制、传播①。

（一）成功模因的标准

网络时代的模因彼此竞争，努力争取被宿主采纳接受。任何一个事物，同那些与之发生竞争关系的事物相比，只要它能够在保真度、多产性、长寿性方面占优势，那么它必定能在这种竞争关系中获胜，成为成功的模因。模因"争取获得自我拷贝的方法之一，就是争取某一个人的大脑的资源，并使这些资源保持着对它的复述，从而获得比未受这个人大脑资源复述的模因更加强大的竞争力"②。此处将

---

① 何自然：《语言中的模因》，《语言科学》2005 年第 6 期。
② ［英］苏珊·布莱克摩尔：《谜米机器》，高申春等译，吉林人民出版社 2001 年版，第 65 页。

通过成功模因的三个标准——保真度、多产性和长寿性，从强势模因和模因复合体这两个层面阐释网络语汇的复制、模仿与传播路径。

1. 强势模因——胜者为王

强势模因即在自我复制竞争中获胜的模因。能够被广泛模仿、复制和传播的网络模因必定是强势模因。在虚拟的交际环境中，缺乏面对面交流的真实情感与适当语境，网民无法通过眼神、体态、表情等副语言手段传情达意，为了弥补这些不足，他们在网络交际中创造、采纳、使用众多表情符号和图符使得信息接收者通过视觉和拟声词为人际交往升温。网民通过发送表示表情符号或肢体符号，将声音和情景输入到认知过程中，有效地弥补了网络交际中非言语交际手段的缺失。这些模因具有很强的实用性、便利性，易于情感交流，在网络交流时被网民逐渐固定下来，并通过互联网大量复制传播，拥有较高的保真度、长寿性和多产性，成为成功的强势模因。

2. 模因复合体——汇聚众智

模因的发展过程充满了竞争和选择，它们在竞争和选择的过程中既斗争又联合，联合的结果就是产生模因复合体。构成模因复合体的诸模因比相同的诸模因处于分离状态下时更容易得到复制，发挥的作用更加强大。模因复合体在选择过程中更具竞争力，更有利于模因的模仿、复制和传播。网络模因复合体往往是众人智慧的产物。例如，用网络语言写的"日记"生动地反映了这种情形：

> 老师，在此向你反映班上的一些情况，就看你能否看得懂了。XIXI^-^^-^。跟泥说的事表让同学们知道，怕他们说偶是 KGB、是 MPJ。偶班好多同学交了 BF 或 GF，还有好些泛认了 GG、MM，大家在一起总是议论 HU 是 HU 滴 GF、HU 是 HU 滴 LG、谁是菌男谁是霉女、谁长得康、谁长得不康，甚至还有泛谈论 419。有些泛有空就 GO2 网吧，不是打鸡就是潜水灌水打铁。酱紫真是太 BXH，泥要管管才行啊。活活，3166。①

① 刚刚：《网络语言写的日记》，http：//www. 4uup. com/bbs/viewthread. php? tid = 35097。解读：老师，在此向你反映班上的一些情况，就看你能否看得懂了。嘻嘻（扮两个笑脸）。跟你说的事不要让同学们知道，怕他们说我是克格勃、是马屁精。我班好多同学交了男朋友或女朋友，还有好些人认了哥哥、妹妹，大家在一起总是议论谁是谁的女朋友、谁是谁的老公、谁是俊男、谁是美女、谁长得好看、谁长得不好看，甚至还有人谈论一夜情。有些人有空就去网吧，不是玩游戏就是去聊天室聊天去论坛发帖子。这样子太不像话了，你要管管才行啊。呵呵，再见。

上例中，包括了谐音、英文、汉语拼音缩写、表情符号、英语的汉语拼音读音、拟声词汉语拼音、日语、方言等等，形成了一个超级网语模因复合体。网络语言的模因宿主激活了储存大脑中的世界知识或百科知识，将它们同网络语言模因捆绑起来，构成意义上的模因复合体。种种网语模因借助网络传播具有了能在同一时间复制传播大量信息的功能，彼此结合，成为一种具有多产性的复制因子。

塔尔德说："模仿的趋势从诞生之日起就获得了自由，以几何级数增长，越来越清楚而圆满地表达出来。……模仿就会像声波一样，在一个完美的弹性介质里刹那间传播开来。"①网络就给网民提供了这样一个"弹性介质"。网络作为弹性介质，"弹性"体现在：空间上可远可近，时间上可即时也可延时；词语可原义可变异，语法可传统可创新，文体可严谨可松散，言语可正规可怪诞；内容可多可少，群体可大可小，由此导致网络模因复合体异常活跃，模因的传播力大大增强。

（二）网语模因的两种传播方式

布莱克摩尔把模因分为模因表现型和模因基因型，即对结果的拷贝和对指令信息的拷贝。②何自然将模因传播进一步划分为：第一，基因型的内容相同形式各异，包括相同的信息直接传播、相同的信息以异形传播；第二，表现型的形式相同内容各异，包括同音异义横向嫁接、同形联想嫁接、同构异义横向嫁接。③在成功复制传播的网络语言模因中，表现最突出的是内容相同、形式各异的基因型传播和形式相同、内容各异的表现型传播两种类型。

1. 内容相同、形式各异的基因型传播

第一，相同信息的直接传递。这种模因在模仿、复制和传播过程中，原始信息依然保留，但是传播方式或传播情景发生了变化，产生了别有韵味的效果。

> 刚才一个"90后"小伙子为放开生二胎的事差点哭了，因为他妈想生二胎，丈母娘也想生二胎了，媳妇刚怀孕，到时候谁来伺候谁呢？（百度知道，2015-10-30）

---

① ［法］加布里埃尔·塔尔德：《模仿律》，［美］埃尔希·克鲁斯·帕森斯英译，何道宽译，中国人民大学出版社 2008 年版，第 150—151 页。

② ［英］苏珊·布莱克摩尔：《谜米机器》，高申春等译，吉林人民出版社 2001 年版，第 106 页。

③ 何自然：《语言中的模因》，《语言科学》2005 年第 6 期。

此例反映了青年网民对生二胎的纠结心理和心理落差，"不生"不甘心，也会有来自社会、家庭、同事等方面的压力，"生"又会面临着经济、抚养、教育等诸多新问题。此处"二胎"作为强语言模因，是因为"它得到广大宿主的心理认同，让社会更多的受众分享到传播的信息"①。

第二，相同信息的异形传递。这类模因以复制信息为主，在复制与传播过程中，信息形式会发生变异，但信息意义却传递无误。

　　农村要想富，多生孩子能种树（百度贴吧，2015-10-31）

此例以反喻仿拟的手法，将30多年前相关"一胎"宣传标语"农村要想富，少生孩子多种树"作了改造。网民采用隐喻的方式，用"多生孩子"隐射"二胎"一词。这是目前网络上对"二胎"模因最常见的变体传播手法之一。

2. 形式相同、内容各异的表现型传播

第一，同音异义横向嫁接。这类模因保留了原有结构，利用同音、谐音、近音的手段替代原有信息来达到传播模因的目的。

　　"公子是二胎？""是的！""叫什么名字？""尔泰。""我问你叫什么名字？""尔泰（二胎）"……（百度贴吧，2015-10-31）

此例通过谐音手段，将热词"二胎"与电视连续剧《还珠格格》中的人物名字"尔泰"并列在一起，利用汉语同音异义来制造交际双方的误解和谐趣效果。

第二，同形联想嫁接。这类模因的内容、形式均保持不变。但运用在不同语境中，受众就会依据个人体验或语境推理，产生不同的联想，实现了模因"默认义"向"浮现义"的转变。

　　广大股民看到二胎全面放开的新闻，深深吸了一口烟，淡淡滴说：终于"解套"了！（订阅，2015-10-30）

此例中的"解套"借用了股市"被套"或"解套"的概念，既指向放开了的二胎政策，同时，"解套"也喻指了个人解除避孕措施，一"套"三解。该例利用汉语的多义性，一展汉语的魅力和民间语文的智慧。"解套"作为信息元表征的潜势语言模因就是在股市中用各种策略使得股票回归成本，而随网络传播语境所派生出的意义则成为"解除避孕措施"的"浮现义"。

---

① 何自然、陈新仁：《语言模因理论与应用》，暨南大学出版社2014年版，第51—52页。

第三，同构意义横向嫁接。此类模因结构与形式保留，内容被其他词语或语汇取而代之，模因产生了较大的意义变化。

> 二胎版《春》：盼望着，盼望着，政策来了，二胎的脚步近了……想要女儿，再生儿子，最好双生……全国成千上万的家庭激烈地斗争着，不同的声音呼来喊去。想法遍地是：想要的，拒生的，丁克的，夹在人堆里不孕的不育的，还嗷呀嗷……（搜狐媒体平台，2015-11-05）

此例通篇模仿了朱自清的散文《春》的文体和结构，将"二胎"带给人们的躁动反映得淋漓尽致，该模因既充满了文学色彩又体现了幽默效果，实现了模因的模仿、复制和传播的历程。关注的人越来越多，仿写率也越来越频繁，成为"二胎"化身强势模因的有力推手。

人们一旦将学来的、听来的、看来的新词语引进自己的语言系统中并加以使用，那么这些新的语言模因就会被广泛复制和传播。网络语言自产生以来，方便了人们进行网上交流，其数量增长迅速，在一定程度上说明网络语言模因具有的生命力。

三、网络模因"感染"自然语言

随着网络这一全新的传播方式对传统媒体的冲击，网络语汇模因也不可避免地关涉其中，并以其自身独特的方式"感染"并改变着传统媒体的版式结构、版面内容、色彩运用等等。因此，模因应该被看成"是一种有生命力的结构……当你把一个有生命力的模因移植到我的心田上，事实上你把我的脑子变成了这个模因的宿主，使之成为传播这个模因的工具，就像病毒寄生于一个宿主细胞的遗传机制一样"①。网络语言是一种富有创造力的媒介语言，它具有很强的媒介融合性，同时，它也是一个开放的符号系统，蕴含着无限的创新性。进入传统媒体的网络语汇打破了传统语言模因的程式化规约，模因的传递更加自由灵活。

（一）网络模因浸染传统媒体

本报告收集《新京报》、《新民晚报》和《兰州晚报》三种都市报，《中国新

---

① ［英］里查德·道金斯：《自私的基因》，卢允中等译，吉林人民出版社1998年版，第268页。

闻周刊》《南方人物周刊》《读者》三种期刊。对报刊模因的构成分析发现报刊在吸收网络语汇方面是有选择性的，不同的报刊及其版面吸收的网络语汇不尽相同。

表3　三种报纸网络语汇统计表

网络语汇来源	《新京报》	《新民晚报》	《兰州晚报》
网络语汇出现总数（条）	291	724	172
网络语汇出现版面总数（版）	108	190	48
网络语汇出现版面总数比例（%）	16	42	22

表4　三种期刊网络语汇统计表

网络语汇来源	《中国新闻周刊》	《南方人物周刊》	《读者》
网络语汇出现总数（条）	328	444	147

表3、表4说明报纸或期刊传统媒体无一例外地吸收或汲取了网络模因，在内容表达、版式设计、语言风格、用词特征乃至色彩设计等方面均有所表现。

（二）专业语汇进入传统媒体

在三种报纸和三种期刊中出现了为数较多的计算机及网络技术语汇，如《新京报》A09社会版："百脑汇"紧急叫停免费送U盘（2009年4月11日）；《新民晚报》法制视窗：同为国内知名视频门户，激动网对自己网站拥有独家信息网络传播权的影视作品被PPLIVE网"分羹"颇感"不爽"（2009年4月13日）；《兰州晚报》民生·热线：据瑞星专家介绍，黑客主要攻击的是一些地方性的综合信息网站中的部分查询页面（2009年4月16日）；《中国新闻周刊》封面故事："索朗旺姆用最新款的手机，笔记本电脑上网"（2009年3月2日）；《南方人物周刊》商业："除了'博客教父'的称谓外，方兴东还是互联网实验室和义务全球网创始人现实博客网仲裁员……"（2009年3月9日）；《读者》校园内外："计算机课上，几十个人轮流抢用三台系统还是Windows 98的破旧电脑……"（2009年4月）。这些与计算机和网络自身相关的语汇便是网络语汇模因传播渗透到传统媒体的直接体现，它普及了计算机和网络知识，构建出了新的模因，丰富了传统媒体的语言表达。

（三）传统媒体借用网络强势模因

网民自创的一套"网络行话"对传统媒体语言有着直接的影响，而传统媒体也通常直接"搬用"网络语汇。其模因形态有以下几种。

1. 自然语言变体构成模因

进入报刊的网络语汇构成方式仍以汉语语言符号为主流，这类网络语汇符号在形式上和规范的汉语符号相似，但是其生成方式更加灵活多样。这一类主要是语言文字符号构成的网络语汇模因，由于汉字是一种音、形、义结合编码的文字，大量同音不同形的汉字符号在网络中大有蔓延之势，堪称"网络通假字"。例如，"避免'位下垂'"（《新京报》2009年4月13日 C01 版）；"一见'终'情真灰心"（《新民晚报》2009年4月12日 B12 版）以及"世博会期间来沪的国内外'驴友'"（《兰州晚报》2009年4月14日 A20 版）。网民往往追求交际最大化，为了实现语言表达的新、奇、乐，或者为了省时方便对错误拼写也不作纠正，久而久之就成为网民一种惯用的表达方法，属于模因的"同构异义横向嫁接"类型。

2. 英语单词汉译谐音构成模因

单纯的英语交流会有一定的局限性并造成交际障碍，外语单词并不完全适合汉语媒体传播，于是出现了大量的英语单词音译汉语的现象，其形式较之英语词汇本身更加便于交流，较之于传统汉字则更显时尚、前卫，因此在报刊中广泛应用和传播。例如，"志愿者网上晒服务时间"（《新京报》2009年4月13日 A10 版）；"从六七岁的小朋友到七十多岁的'外婆级粉丝'都有"（《新民晚报》2009年4月12日 A06 版）以及"洪晃博客更新"（《兰州晚报》2009年4月16日 A26 版）。

3. 旧字词赋新义构成模因

这种独具特色的词语变异模因在报刊语汇中普遍存在，传统媒体采用"旧字新义"的手法进行信息传播，例如，"导演张峰力图将电视剧打造成'雷人'歌舞片"（《新京报》2009年4月11日 A27 版）；"这辈子从来没有这么囧过，简直是槑到家了"（《新民晚报》2009年4月13日 B05 版）；还有曲解原词含义而赋予其新的含义，如，"留学生演绎'山寨版梁祝'"（《新京报》2009 年 4 月 18 日 A06 版）。

4. 网络新词语构成模因

传统媒体根据社会现象与网络热点事件创造出的网络模因、构成方式多样。例如，"我听说过有'武替'，有'裸替'，于是就给自己起了个名叫做'会替'"（《新京报》2009 年 4 月 11 日 B03 版）；"定投解忧'啃老族'"（《新民晚报》2009 年 4 月 18 日 B03 版）以及"我们以为'躲猫猫'事件是结束"（《兰州晚报》2009 年 4 月 16 日第二版）。作为社会现象的语言表征，这一类网络语汇模因的生命力最弱，会随着社会现象的出现而大量涌现，随着事件的结束而被人们遗忘。

5. 语码混用构建语言模因

语码混用模因在报刊中表现得较为活跃，是传统媒体对最富表现力的网络模因的直接搬用。最常见的是汉语字、词加英语单词构成的网络语汇模因，例如，"从前有位女友跟我感叹，darling 啊……"（《新民晚报》2009 年 4 月 12 日 B05 版）；也有汉语加英语词汇缩写构成的网络语汇，例如，"格兰仕现象 VS 海尔冬泳"（《兰州晚报》2009 年 4 月 17 日 A21 版）。

表5　三种期刊网络语汇强势模因统计表

网络语汇来源	网络语汇出现总数（条）	"网"出现频率（条）	百分比（%）	语码混用频率（条）	百分比（%）
《中国新闻周刊》	328	178	54	67	20
《南方人物周刊》	444	215	48	89	20
《读者》	147	55	37	28	19

期刊中的语言模因统计结果显示："网"字无论在网上虚拟环境，还是网下现实社会，已经成为一个最强势模因。由它为核心模因构成的模因复合体在传统媒体中表现突出，例如：

网民、网友、网虫、网址、网络、网页、因特网、杂志网、网络语言、网络论坛、网络媒体、网络民意、网络调查、网络传播、官方网站、网络监督、域名网站、网络签名、网上交流、网络瘾君子、网络注册会员、网民调查委员会、网络人肉搜索等。

"代码的交替或语言的混合可能是为了对话战略的需要，为了创造意义。"① 网络语言的语码混用超越了两种语言的局限，有时会有三种甚至更多种语言的混用。即使在同一种语言内部，不同的方言也会与标准语产生混合的情况。

（四）网络模因与传统媒体的浸染

网络语言模因通常这样流行起来：一是由网上传播到网下而进入报刊，而后重回网络世界中进行传播；二是由社会事件或热门话题而创造的流行词汇经由传统媒体或广播、电视等媒体传播开来，而后在网络上传播。图 1 显示，网络语言经历了一个双向回路的传播过程，而其每个环节的完成都是以已有的模因为基础进行的直接搬用或加工改造，只是语言模因的载体发生变化，形成了更大的模因群。

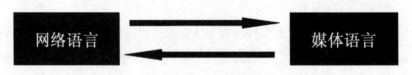

图 1　网络语言与媒体语言的互动关系

1. 网语模因进入传统媒体

模因复制的最典型特征就是模仿，作为传统媒体不可能也无法抗拒网络这一新媒体的巨大影响，媒体从业者有意无意、或多或少会受到网络语汇的影响，进而模仿、复制与扩散，成就了强势模因，实现了大众传播的效果。从一定意义上说，传统媒体扩大或推动了网络语言模因的进一步传播。仅《中国新闻周刊》2009 年 5 月 25 日同一期的特别报道中，就出现了下列网络语汇："70 码：民意的红灯""绕着车子拍了一圈照片，'晒'在 QQ 空间里""躲猫猫青年走了……"等等。这些网络热词迅速成为强势模因，在网络上流传且不断地衍生出更多的网语模因及其变体。多样化的词汇丰富了报刊语言，活跃的网络语汇造就了许多成功的网络模因。原因在于"一方面现有的词汇系统缺少能准确表达网络概念的新词汇，另一方面参与市场竞争的传统媒体也必须照顾到读者求新求异的阅读心理，吸纳部分网络词

---

① ［法］路易-让·卡尔韦：《社会语言学》，曹德明译，商务印书馆 2001 年版，第 26—28 页。

汇成为新词也是顺理成章的事。"①近年来许多传统媒体利用纸媒与互联网结合起来的做法，加快了传统媒体语言和网络语言的互动与融合。

2. 传统媒体表达介入网络传播

传统媒体与网络传播实际上形成了一种多元化的互动关系。网络语言也同样会吸收传统媒体中的语言模因。传统媒体语言需要网络语言的创新、新颖与活力，合理汲取其养分以丰富语言表达方式，同时，网络语言也需要从传统媒体语言中获取规范语言的表达。传统媒体的从业人员不仅吸收网络语言，而且还利用这种"词语模"创造出了如过江之鲫的新词语，使模因传递越来越快、越来越广。例如：由电影"夏洛特烦恼"的句式，传统媒体仿造出了"邓紫棋牌室""吴克群侠传"等表达方式；既然"牛逼"不雅，传统媒体就使用"牛×""牛叉"来替代。模因的重组"可以是新模因与人们熟知的模因之间的重组，也可以是两个或多个人们所熟知的模因之间的重组，以产生新的变异体"②。网络模因一旦被热炒，就会迅速进入到报刊语言中去，而传统媒体的语言模因又在不断扩大自身的创造性的同时，产生了形式多样、意义有别的模因。在此基础上，不断推陈出新的网络语汇模因与规范的主流语言模因共存，丰富了媒介语言。

四、启示与建议

网络模因作为一种文化复制因子，同样遵循"适者生存"的生物进化规律。网络作为人类社会的"共脑"，成为模因生产、模仿、复制与传播的有力工具。任何网民接触到网络语言，通常进入"不解—稍解—熟悉—模仿—使用—创造—传播—再模仿—再传播"这样一个传播过程，他们先有了思想的接受和模仿，而后借助网络媒介模仿性地介入传播语言表述，从欣赏性转向参与性传播，从目的性转向过程性传播。网络为模因传播提供的"弹性介质"体现了时空转换灵活、词语变异丰富、文体变换自由、意义指代分散以及传播群体不限规模。随着网络传播对传统媒体的冲击，网络语汇模因不可避免地以其自身独特的方式"感染"着传统

---

① 吴子慧：《网络语言对报刊语言的影响》，《浙江教育学院学报》2005 年第 6 期。
② 李果红：《Distin 对模因论的新评定》，《浙江工业大学学报（社会科学版）》2007 年第 4 期。

媒体语言。网络语言是一种媒介语言，在网络这个共融平台上，不断推陈出新的网络语汇模因与传统媒介语言模因共存，丰富了媒介语言模因，加强了传播效果。

大众传播学认为受众理解信息的依据是选择性注意、选择性理解和选择性记忆，它们都是从属于选择性接触这个机制的三个层次。而模因论的选择性模仿扩展了大众传播的三个层次，对于模因模仿、加工、传播、扩散以及舆情监测具有很重要的学理意义。未来对网络模因的研究可以从宿主认知心理、模因加工机制、模因传播渠道、传播效果以及模仿机理等方面开展更为深入的研究。

社交网络新词研究[*]

社交网络新词是典型的网络语言现象之一，是互联网时代被广泛使用于社交网络上与传统语言有别的新词汇。^① 这里的"新"主要体现在两点：一方面是传统语言体系所没有的，从字音、字形等各方面来看都是崭新的；另一方面是词汇本身在传统语言体系中已经存在，但是在社交网络语境下被赋予了截然不同的含义，而新意义是其在社交网络上广泛传播的主要推动力。BBS、博客、SNS、微博客等社交媒体都曾成为网络新词的发源地与传播区。^② 近年来，直播平台、弹幕视频平台、短视频平台的用户增长迅速，活跃度高，产生大量的网络新词，典型代表如"老铁""扎心""666"。

研究团队选取了 50 个在社交媒体上广泛使用、具有代表性的社交网络新词^③，通过对典型例词的综合分析，总结社交网络新词在网络空间中的传播特征与内容特征。

一、社交网络新词传播平台分析

社交网络新词的传播平台主要包括微博、微信公众号、论坛、新闻网站以及新

---

* 本文作者田丽，北京大学新媒体研究院副教授、博士生导师，主要研究方向为网络传播、互联网与社会、互联网治理；杜松涛，北京大学新媒体研究院硕士研究生；任雅菲，北京大学新闻与传播学院硕士研究生。

① 王丽：《网络新词生成机制的认知阐释》，《长春理工大学学报（社会科学版）》2011 年第 4 期。

② 吕屏、杨永红：《网络新词与网络舆情研究》，《西华大学学报（哲学社会科学版）》2010 年第 1 期。

③ 对新词样本的选取，主要基于百度世说新词排行榜、百度搜索指数和尔俗在线网络词典、热词网等，并适当参考萌娘百科、贱百科等小众亚文化百科平台。统计词汇在网络平台中出现的总次数，选择前 50 位作为研究对象。

— 233 —

闻 APP 等。在 2017 年 9 月至 12 月的三个月间，50 个社交网络新词在各网络平台上的使用总次数达 1.9 亿次，综合排名前十的社交网络新词依次为"打 call、撩、小姐姐、小仙女、套路、老铁、燃、666、扎心、有毒"。其中，"打 call、撩、小姐姐、小仙女"的使用量均破千万，"打 call"更是以 4385 万的使用量遥遥领先，可谓是 2017 年度最热社交网络新词。①

社交网络新词产生和传播最为广泛的平台为微博，无论在使用量还是使用频率上都远超其他平台，贡献了总使用量的 92.35%。微博由于其相对于微信、QQ 等更强的公共属性，在推动新词普及、扩大新词影响力上更具优势，是社交网络新词传播的主战场。新词整体较符合主流文化，反映了一段时期内大众的话语习惯。

使用量第二的传播平台为论坛，占总使用量的 7.28%。论坛在社交网络新词传播中扮演的角色与以微博为代表的社交媒体有所不同。诸如百度贴吧、腾讯兴趣部落、豆瓣、天涯等知名大论坛，由按兴趣聚合而成的次级群体组成，其中不乏许多亚文化群体，如二次元群体、电竞群体等。因此，虽然在新词使用总量上无法与微博相比，但论坛对于某些特殊词汇的传播起到了重要作用，譬如与网络游戏相关的词汇，如"吃鸡"以及一些低俗用语等。

其余平台如微信公众号、新闻网站、新闻 APP 等占比均较低，不足总量的 1%，在社交网络新词的产生与传播上发挥的作用较小。

相对于社交媒体和论坛而言，新闻媒体由于其新闻属性的存在，具有更强的权威性，也承担着更多的社会责任。因此，新闻媒体，无论是新闻网站还是新闻客户端，在使用社交网络新词上都表现得较为严谨，使用量普遍低于社交媒体和论坛。分析发现，在新闻媒体上使用量较多的社交网络新词具有两个特征，一是多为旧词新义，二是词义用法较为稳定。具有这两个特征的社交网络新词，相对于多数新词而言规范性较强，也容易为受众所接受，符合新闻媒体的用语需求，因此为新闻媒体所青睐。

从传播平台上看，社交网络新词的产生和传播并非拘泥于某一平台，而是横跨互联网上的各平台。在不同平台上，社交网络新词的传播又呈现出不同的特征。当前，微博已成为社交网络新词传播最重要的平台，是社交网络新词的主战场，也是

---

① 统计时间段为 2017 年 9 月 1 日至 12 月 31 日，数据来源为鹰眼全网舆情监测分析系统，统计平台包括网络新闻、微博、微信公众号、百度贴吧等主流新媒体平台。

风向标；论坛虽然总量上无法与微博相匹敌，但对于某些特殊词汇的传播起到了重要作用，推动了二次元界、游戏界等亚文化类新词的传播；新闻媒体由于其专业性与权威性，在社交网络新词的传播上表现得较为谨慎，往往使用经过时间检验的、符合大众话语习惯的网络新词。

二、社交网络新词内容分析

对社交网络新词的内容分析，聚焦于词汇本身，主要从语言渊源、主题内容和情感倾向三个方面展开。语言渊源，包括新词初次出现的语境和之后的建构路径，通过回溯新词从产生到现在所经历的发展变化，理解词汇的词义用法是如何在发展演变中逐渐成型的。主题内容，包括生活类、政治类、经济类、娱乐类等等，从词义本身出发，结合上文对使用情况的监测分析，全面分析新词的内涵主题及所属领域。情感倾向，大致分为正面、中立、负面三种，更具体一点来看，可以分为乐、好、惊、惧、哀、怒、恶、无八种情绪状态。

从 2017 年流行的社交网络新词来看，社交网络新词的语言渊源随着互联网的变化与发展，呈现出日益多样的特征。谐音、缩略词、象形等传统构词方法虽然仍存在，但所占比例已有所下降，尤其是象形，受到表情包文化的冲击而日渐没落；外来语由于适应互联网时代无国界的特质大量产生并广泛传播，例如因《中国有嘻哈》而走红网络的热词"freestyle"，便是直接从英语中借用过来的，而流行语"你有 freestyle 吗"，则是典型的中英文混杂的句式，"打 call"也是外来语构成网络新词的典型代表；源自方言的社交网络新词因为口语化、生动性、临近性从而更适合视频形式的传播，在直播和短视频平台爆发的阶段迎来新的发展，如"怼""老铁"等；旧词新义的兴起，则往往与社交网络上的热门事件密切相关。

社交网络新词的主题内容丰富多样，既有娱乐类、游戏类、生活类等娱乐性质较强的词汇，也有政治类、社会类等较严肃正式的词汇。其中较有代表性，能够反映当下社会情绪的生活类新词，指与生活状态、行为相关的新词，如"剁手""吃土""吸猫""聊骚"等，反映了当下年轻人间的消费文化、萌宠文化、交友文化等。与生活情感、情绪相关的新词，如"扎心""狗带""方""心累"等，反映了这些词的使用群体的焦虑、抑郁、难过等情绪。许多社交网络新词在主题内容上并不单纯地属于某个类别，而是具有很强的适应性，可以适用于不同类别、不同场合。在传播的过程中，社交网络新词往往呈现出常用常新的特点，主题内容拓展的可能性很大。例如，"打 call"起源于二次元文化，在传播中先是拓展到了整个娱乐类中，然后逐渐实现了向全类别渗透。在党的十九大政治类新闻报道中，也可以看到"打 call"的身影。这种主题内容上的可拓展性，是社交网络新词具有生命力的重要表现。

在情感倾向上，以正面和中立为主，正能量占据主流。使用中更多呈现正面情感的新词包括"亲亲抱抱举高高""洪荒之力""小仙女""打 call"等。在负面情感占比排行中，排在第一的是"有毒"。其余负面情感占比较高的词汇，多是由于包含低俗用语或具有色情意味。从总体上来看，社交网络新词的情感倾向是中立偏正面的，即使是负面情感占比较高的新词，其负面占比也均未超过 40%。

三、社交网络新词典型例词分析

社交网络新词在传播方式上，日渐呈现出由亚文化/小群体向主流文化/大众过渡的特征，"打 call"一词便是非常典型的案例；新词在词源内容方面则呈现出多元化特征，视频类媒体如直播平台、短视频平台正在造词能力上凸显优势，"666""怼"是这方面的典型代表。下文将详细分析这三个案例。

1. 打 call

打 call，词源为日语的"コール"，起源于日本偶像文化，是粉丝在 Live（现场活动）为台上偶像鼓劲的日式应援的一种。[①] 近年来，随着偶像文化、粉丝文化的持续走热，"打 call"一词的适用范围开始了第一波拓展。在传播发展的历程中，"打 call"含义里的二次元标签和性别标签首先被淡化，被国内粉丝用来形容自己对偶像的各种支持行为。2017 年中旬，部分媒体和明星在微博上使用"打 call"一词，引起微博网友的大规模转发，由此掀起了"打 call"的使用热潮，并引发了"打 call"适用范围的第二波拓展。作为社交网络新词，"打 call"的场景意义被分离出去，仅用来表示支持与鼓励，意思与"点赞""加油"相近，常见的用法是"为××（疯狂）打 call"。由于"call"的中文释义之一为"打电话"，还引申出了

---

① 李雪娇：《网络新词"打 call"的诠释学分析》，《戏剧之家》2018 年第 22 期。

"为××打电话"的用法。此次适用范围拓展后，"打 call"完成了从亚文化到主流文化的过渡，从一开始的二次元文化到之后的粉丝文化，再到现在被主流文化广泛接受，从娱乐到政治、经济、社会等各个领域，"打 call"的主题内容在传播中不断发展变化。

"打 call"是统计时间段内热度最高、使用最频繁的社交网络新词，总使用量高达 43847419 次。在媒体类型统计中（见图 1），最活跃的平台类型是社交媒体，共计使用过 43211568 次，占比为 98.55%；论坛共使用 495525 次，占比为 1.13%；新闻媒体共使用 140326 次，占比仅为 0.32%。可见，社交媒体相对于其他平台类型而言具有绝对优势，是"打 call"一词传播发展的最重要阵地。

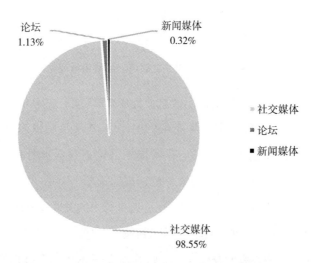

图 1 "打 call"在各类型传播平台上的使用量分布

在社交媒体中，"打 call"的出现次数非常多，共计 43211568 次。其中，微博平台上的出现次数为 43053701 次，占总使用量的 98.18%；微信公众号文章中的出现次数为 157866 次，占总使用量的 0.36%。

在微博上，"打 call"一词的传播受到粉丝文化的强烈影响，绝大部分都与粉丝表达自己对偶像的喜爱、支持偶像、为偶像投票等密切相关，已然成为最新最热的追星必备词汇。近三个月微博上"打 call"的使用量走势（见图 2）就充分反映了其与粉丝文化间的密切联系。

可以看出，"打 call"一词的使用情况虽有起伏，但从大趋势上看仍处于上升的态势中。使用峰值出现在 2017 年 12 月 9 日，次高峰在 2017 年 11 月 29 日。两次使用高峰的出现都与粉丝活动密切相关，并且都是由具有影响力、号召力的官方媒体发起的应援活动。

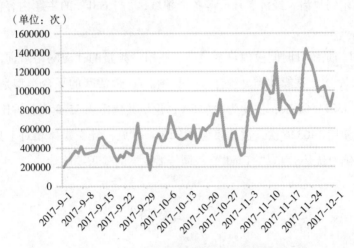

图2 "打call"在微博上的使用量变化

在论坛中，"打call"的出现次数总计为495525次，占总使用量的1.13%。其中，百度贴吧中出现次数最多，共计469201次，其次是腾讯旗下的兴趣部落，共计9984次，然后依次是豆瓣、华为花粉俱乐部论坛、天涯社区、虎扑体育网等。可见使用"打call"一词的多为较大、较正规的论坛。

论坛上"打call"的使用与粉丝文化、追星行为的关联度有所降低，内容涉及搞笑段子、二次元、游戏、政府活动等不同领域。例如，在搞笑帖子《你手机里有哪些搞笑的动态图?》中，有网友分享了一张开电动三轮车炫车技的动图并配文："这车技! 我给你疯狂打call! 已经出神入化了!"在二次元帖子《【官方】〈宝石研物语〉角色篇——莉莉》中，网友回帖："日常打call"。在政府活动帖《【2017十佳红船卫士】快为红船卫士打call! 送小米蓝牙音箱哦》中，标题含有"打call"一词。

表1 论坛内容中出现"打call"一词的数量

网站	数量（次）
百度	469201
腾讯	9984
豆瓣	3964
华为花粉俱乐部论坛	1918
天涯社区	858

网站	数量（次）
虎扑体育网	641
重庆购物狂网络技术有限公司	535
九游	454
大众点评网	431
新浪网	330

在新闻媒体中，"打call"出现次数总计为140326次，在各类别中数量偏少，不过仍处于上升趋势中。其中，新闻网站出现过122785次，占总使用量的0.28%；新闻客户端出现过17541次，仅占总使用量的0.04%。使用最频繁的新闻网站为东方网，总计18461次；其次是7654.com，总计12046次；接下来依次是搜狐网、蛋蛋赞、猫扑网等。使用次数较多的新闻客户端包括今日头条、天天快报、新浪新闻客户端、搜狐新闻客户端等。

使用"打call"的新闻报道涉猎十分广泛，从政治、经济到社会、民生，从娱乐、体育到科技、游戏，"打call"一词都能被应用得恰到好处，传达正能量。例如，娱乐新闻《2017时尚COSMO美丽盛典嘉宾阵容曝光　时尚COSMO美丽盛典直播时间》中，"2017COSMO时尚美丽盛典将于12月18日下周一盛大举行，近百位明星为活动轮番打CALL！环球双塔精彩呈现！"社会新闻《听闻欧洲"肉夹馍"被禁，德国人民一万个不同意！吃货认真起来简直可怕……》中，"因为好吃，而且最开始发明土耳其烤肉的KadirNurman第一次贩卖就在德国柏林墙附近，所以德国人疯狂为这种食物打call..."。经济新闻《34亿元修这几条路！柳州交通建设又要猛发力了》中，"为大柳州疯狂打call~柳州的发展又要快进一步啦！"新闻评论《评论：小学家长"三点半烦恼"，政府听到了吗?》中，"面对为学生疯狂打call的校外辅导机构，教育主管部门虽不是束手无策，而实际上手段有限"。

表2　新闻网站内容中出现"打call"一词的数量

网站	数量（次）
东方网	18461
7654.com	12046
搜狐网	7332

续表

网站	数量（次）
蛋蛋赞	6730
猫扑网	4132
cnahrx. com	3509
UC 科技	2337
新浪网	2170
凤凰网	2014
AB 报网站	1846

总的来说，伴随着应用范围的扩大，"打 call"的传播平台也日益多元。从开始在论坛、微博的亚文化圈里的小范围传播，到现在席卷整个微博，并逐渐被主流新闻媒体所接受，传播平台的变化从一个侧面反映了词汇的发展历程。

2. 666

666，谐音"溜溜溜""牛牛牛"，用来形容某人或某物很牛、很厉害、令人折服，本义是用来表达称赞、佩服的情感，现有时也用作反语。"666"最早是在网络游戏《英雄联盟》中流行起来的缩略语言，与 lol（laugh out loud，意为笑出声）、gg（good game，意为打得精彩）、gank（gangbang kill，意为包抄、偷袭）等相类似。当一名游戏玩家在游戏中完成了精彩的操作时，对手就会在对话框中打出"666"，以表示对该人的膜拜和点赞。

关于"666"的词源尚存在一定的争议，主要有以下两种说法：一说"6"是口头形容词"溜"的谐音数字，"溜"在作形容词时，读 liū，意思为灵活、麻利，引申含义便是精通、厉害、令人佩服；另一说"6"是"G"的象形数字，"66"最早是作为"GG"的替代而出现的，GG 即 Good Game，同样是用来夸赞对方游戏打得好。无论是上述哪一个，都说明"6"的起源是网络游戏，而三个"6"重叠使用则强调了使用者对于被使用者的强烈情感。

"666"在游戏圈内的使用早已不是新鲜事。而真正让"666"走出亚文化圈、火遍大江南北的，是日使用量超过 5000 万人次、在农村和城市都具有深厚用户基础的直播 APP 快手。在快手里，许多主播（尤其以东北地区主播为主）经常在视频里呼呼粉丝们"双击 666"，而在观看的粉丝也积极以"666"回应，这推动了作为社交网络新词的"666"在更大范围内的传播。在快手视频中,"双击"就意味着为正在看的视频点赞,"双击666"也就表明了"已经看过,给你点赞"的态度。

在"666"日益火爆的过程中,发挥了助推作用的还有一起刑事案件。在2017年8月由江苏苏州警方破获的一起非法利用信息网络涉毒案中,犯罪嫌疑人万某称"666"是他们涉毒圈内部的暗号,代指"吸毒"。[①] 这起案件的采访视频在中央13套新闻频道播出(见图3),并在网络上引起广泛转载和热烈讨论。这一事件让"666"的内涵被进一步拓宽,调侃意味增加。

图3　2017年8月新闻中关于"666"的暗语

现在的"666",语义和主题内容已经比其发源于游戏时要丰富得多,甚至可以说是包罗万象。无论你是觉得赞赏、好奇还是惊讶、讨厌,是想形容人、物还是事情,是想发表褒义的评论还是贬义的评论,都可以用一个"666"一言以概之。"666"甚至成为很多人的言语上的避风港,不管是害怕说错话、害怕表达错立场,还是想掩盖真实的情感、明褒暗贬,都可以拿"666"作为挡箭牌。

"666"能迅速成为社交网络热词,是有其必然性的,可以说它天然具备现象级的传播性。首先,它同时具备了简洁性和可拓展性,"6"可以是一个字,也可以延长成一组"66666",而无论是几个字都满足简单易懂的传播要求,且在输入法上十分简便;其次,"666"相比于大多数缩略词而言,更加朗朗上口,就读音而言,"666"比"lol""gg"等更易发音,因此更容易完成向日常生活用语的过

---

① 《警方破获利用网络涉毒案:"666"原来是这个意思》,央视新闻,2017年8月19日。

渡；最后，正如上文所说，主题内容上的多样性无疑是"666"传播的一大优势。

不同情绪下"666"的使用量如图4所示。可见，在"好"的情绪下使用"666"的次数最多，达3707660次，占总使用量的49.38%；其次是"乐"，达1882376次，占总使用量的25.07%。因此，在积极正面的情绪下使用"666"的情况更多，而在消极负面的情绪下使用"666"的情况相对较少。

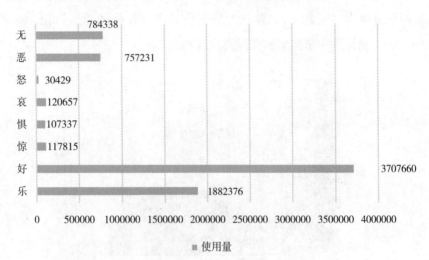

图4　不同情绪下"666"的使用量

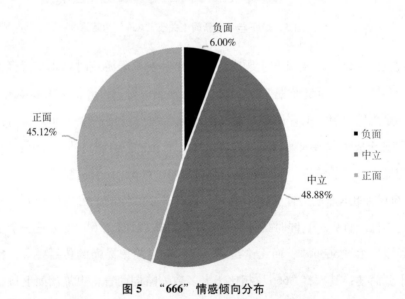

图5　"666"情感倾向分布

"666"一词在使用中的情感倾向分布如图5所示。其中，占比最高的情感倾向为中立，占总量的48.88%；其次是正面，占45.12%；最后是负面，仅占总量的 6.00%。因此，"666"的情感倾向以中立和正面为主，负面情感较少。

总的来说，尽管在不断传播演变的过程中，"666"自身的情感倾向有所丰富和变化，能表达的情绪情感日益多样，但从整体上来看，"666"依然不失为一个正能量词汇，多用于传达赞赏与钦佩等。

3. 怼

怼，作为一个古已有之的汉字，拼音为 duì，心部，从对声。对，相持也，意为互相对峙，底下加"心"，表示心里抵触、对抗，引申为怨恨。故而怼，怨也。可以组成的词语如怨怼、冤怼、愠怼、怼怒、怼恨等，均表"怨"之意。①

"怼"成为近两年的网络热词，其实是源于一个错误。据考证，在北方方言中，表达"用手推撞"或"用语言拒斥反驳"的意思并且读音为"duǐ"的字，应当为"㨃"，而非现在被普遍使用的"怼"。但由于"怼"字相对"㨃"字而言更容易在输入法中打出，再加上大众媒体的误用扩大了传播范围和影响力，"怼"便代替"㨃"火遍了线上线下。如今，"怼"字的用法已经约定俗成，并为大家所广泛接受，因此也就不再被认为是错别字了。

"怼"（原"㨃"），起源于河南方言，在河南的用法非常广泛，大致相当于英语里的 do。"怼"既可以表示吃、喝、干杯的意思，也可以表示买、拿（东西），还可以表示干活等。而现在广泛流行的用法，只是河南方言诸多用法中的一个，即怼人，"怼"在此类似于"收拾"，包括打、骂、批评等行为。

"怼"字在网络上的流行，最早也是源于游戏圈。通过百度搜索发现，"怼"最早被网友提及是源于一个叫"龙怼怼"的人，出现的时间是在 2014 年。"龙怼怼"是 DOTA 职业选手 longdd 的绰号，由于经常在游戏直播中怼人而被网友戏称为"怼怼"。此时的"怼"字，使用范围仍然较小，未能从游戏圈向外拓展。

真正让"怼"字走红网络的，是湖南卫视 2015 年热播的一档综艺节目——《真正男子汉》。节目中，由于军营中的战友来自五湖四海，各地方言混杂，"怼"字频繁出现。红十班班长说出的金句"小怼小进步，大怼大进步，不怼不进步"，更是给广大观众留下了深刻印象。随后，有网友直接以"怼"字建立了微博话题，

---

① 杨绪明、陈晓：《"怼"的来源、语义及方言词语网络流变规律》，《语言文字应用》2019 年第 2 期。

在网友们的互动下，"怼"字一度冲进了当时热门话题榜的前五名。在这之后，"怼"字彻底走入了大众视野，至今始终保持着稳定的高热度。

与大多数网络新词热词自下而上的流行路径不同，"怼"的走红更像是一个自上而下的过程。虽然早在方言和游戏圈中被使用，"怼"真正进入主流文化却是源于一档电视节目。可以说是大众媒体把这个字领入了社交网络新词的门，然后它才在网络上发酵、蔓延，并最终渗透进了人们的日常话语体系中，占据了重要地位。

不同情绪下"怼"的使用量如图6所示。其中，使用"怼"次数最多的情绪为"好"，达2950021次，占总使用量的48.00%；其次是"恶"，达1239804次，占总使用量的20.17%；再次是"乐"，为1095716次，占总使用量的17.83%。可见，使用"怼"的情绪呈现两极特征，既有大量正面情绪使用"怼"的情况出现，也存在不小比例的负面情绪下使用"怼"的情况。

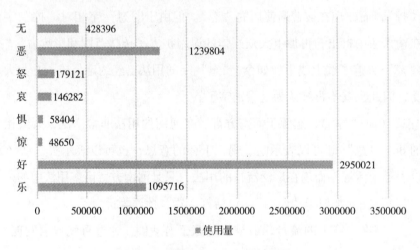

图6 不同情绪下"怼"的使用量

"怼"的情感倾向分布如图7所示。其中，占比最高的情感倾向为正面，占总使用量的43.40%；其次是中立，占42.24%；最后是负面，占总量的14.36%。因此，虽然负面情感所占的比例较前几个词有所上升，但"怼"的情感倾向仍然是以正面和中立为主，负面情感仍较少。

总的来说，一方面，"怼"字由于其自带的批评、骂人的意味，负面情绪情感所占比例有所上升；另一方面，"怼"字又常以调侃的语气降低其本身带有的戾气，从数据上看，传达的仍以正面情感倾向为主。

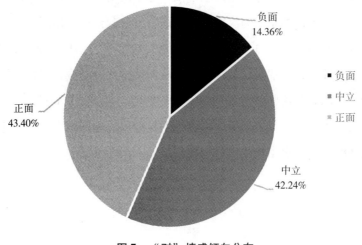

图7 "怼"情感倾向分布

四、社交网络新词产生的原因及影响

社交网络新词的产生，是多种因素合力作用的结果。首先，互联网的产生和快速普及进一步激发了人类原始的社交欲望。人际交往是人类生活的基本需求和基本生活方式之一，网络世界为现实人际交往扩展了交际空间，在缩短了人与人之间自然距离的同时，也打破了心理壁垒，进而推动人类社会"再部落化"的进程，为人们提供了理想化的人际交往距离，也满足了人们对于回归真实人际交流的内在需求与渴望。其次，社交网络中的人际交流呈现出与传统社交完全不同的特征，现有的词汇逐渐暴露出其难以适应全新社交模式的弊端，这也在客观上要求社交网络新词的出现和发展。同时，形形色色的社交网络为广大网民互动提供了交往平台，也为社交网络新词汇的产生和传播提供了载体。最后，社交网络新词是网民群体集体智慧的产物，他们充分运用符号、谐音、象形、缩略、旧词新义等构词方式，甚至吸收外来词语为我所用，建构起一套全新的适用于网络交际的语言词汇体系。网民群体的积极主动参与，是社交网络新词汇产生的直接原因。

社交网络新词泛滥成为互联网时代的典型现象之一，这些词汇的广泛传播对我国网络文化发展、网络空间建设和语言文化整体风貌产生了重要影响。从积极的方面看，社交网络新词便捷了网民之间的交流互动，为网络文化的繁荣注入了新能量，而某些特定词语甚至突破了网络空间和显示空间的屏障，渗透进入人们的日常生活，成为日常交际用语，这些新词汇不仅丰富了汉语言文化词料库，也极大地丰富和发展了汉语言词汇体系，为汉语言文化革新发展起到推动作用。从消极的一面而言，社交网络新词由于其自身特性，对汉语传统字音、字形、字义、组词方式、句式结构带来了冲击，干扰汉语的纯洁性，从而使得部分隐藏在其背后的传统语言文化消失殆尽，同时，这些新词汇发端于网络空间，本身良莠不齐，伴随着道德失范词语的传播，色情、低俗、暴戾、拜金等不良内容也在网络空间中肆意扩散，对建设清朗的网络空间提出了挑战。

试论网络新词的传播与扩散 *

美国学者拉斯韦尔于 1948 年在《社会传播的结构与功能》一书中，首次提出了构成传播过程的五种基本要素，即 Who（谁）、Says What（说了什么）、In Which Channel（通过什么渠道）、To Whom（向谁说）、With What Effect（有什么效果）①。这个经典的模式包括了传播者分析、内容分析、渠道分析、受众分析和效果分析。本文将围绕此框架展开网络新词的传播过程研究。

我们选取的例词全部来自 2018—2019 年的网络热词。例词的主要来源分别是国家语言资源监测与研究中心于 2018 年发布的"2018 年度十大网络用语"和百度发布的 2018 年度流行语。例词的数据统计主要来自网络新词在微信公众平台、微博、新闻网站、新闻评论、论坛、贴吧等全网公开场景中的总传播量，以及代表网络搜索指数的百度指数。此外，研究也包括了抖音等短视频平台的播放数据。

2018 年，国家语言资源监测与研究中心发布的十大网络用语依次为："锦鲤、杠精、skr、佛系、确认过眼神、官宣、C 位、土味情话、皮一下、燃烧我的卡路里"。百度发布的年度流行语有："skr、佛系、大猪蹄子、小奶狗、小姐姐、钢铁直男、C 位出道、渣渣辉、真香、官宣体"。由于不同平台的数据库和统计方法的差异，热词出现一定程度地不同是正常现象。我们结合各个平台的数据，去除重复出现的以及搜索热度和传播总量较低的热词，获得本文研究的网络新词传播热度峰值排名如图 1 所示。

---

* 本文作者蒋科，北京大学新媒体研究院博士研究生，主要研究方向为新媒体理论与文化。

① ［美］哈罗德·拉斯韦尔：《社会传播的结构与功能》，何道宽译，中国传媒大学出版社 2017 年版。

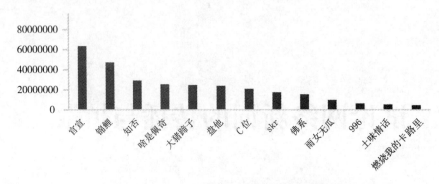

图1   2018—2019 年网络新词传播热度峰值排名

资料来源：本研究整理。

一、2018—2019 年网络新词传播过程分析

（一）传播者分析（Who）——名人效应

研究发现，网络新词的传播呈现出多次的点对面或面对面的传播。传播者可以是个人，也可以是组织。但是这种传播一般会有节点，而流量明星和名人往往充当了最为关键的节点，并起到了催化剂的作用。网络新词与名人明星联系起来往往能产生巨大的传播效果。以"官宣"为例，2018 年 10 月 16 日赵丽颖和冯绍峰两位明星在微博上公布结婚喜讯时使用了"官宣"一词。在 10 月 16 日当天该词就产生了 389611 次搜索量，10 月该词在全网的传播总量达到 63284789 次。

再以"盘他"为例，我们回顾一下这个网络新词是如何从综艺节目中被创造传播出来，走向点击高峰的。"盘他"出自东方卫视综艺节目《相声有新人》2018 年 9 月 15 日第六期孟鹤堂的相声《文玩》，节目中孟鹤堂说了一句"干巴巴的，麻麻赖赖的，一点都不圆润，盘他"。2019 年 1 月 6 日的一段抖音视频用了语音标题"万物皆可盘——盘就完了"。这段视频的点赞量达到 15 万次，转发量为 7727 次。1 月 7 日和 8 日相继又有不少个人和组织对该视频进行了传播，既包括以孟鹤堂相声为原型的传播，也包括各式各样的延伸型传播，其点赞量基本维持在十万次级别。1 月 9 日，一位叫李雪琴的普通网民在视频中喊话明星吴亦凡，说了一句

"我想盘你"。吴亦凡同天进行回复，其视频的点赞量达到了281.6万次，转发量为12万次。1月11日"盘他"的百度搜索量达到峰值近10万次，当月"盘他"的全网传播总量超过2000万次。"盘他"就这样被吴亦凡带火了。

表1　"盘他"传播分析

日期	传播者	视频类型	传播者类型	点赞量（万次）	转发量（万次）
2019年1月6日	A	延伸型	个人	15.2	7727
2019年1月7日	辉常优秀	原型	组织	64.5	25000
2019年1月7日	蒋饼饼	延伸型	个人	11.3	3731
2019年1月8日	芒果妈妈	原型	组织	88.9	70000
2019年1月9日	李雪琴	延伸型	个人	43.3	34000
2019年1月9日	吴亦凡	延伸型	个人	281.6	120000

资料来源：本研究根据抖音数据整理。

事实上，研究发现大部分网络新词、热词都有相关的流量名人参与传播，有的是直接由名人的团队创造并传播出来的，比如"官宣"、"skr"和"996"等，有的虽然不是由名人创造的，但是名人在传播过程中产生了催化剂的作用，促成了网络新词的热度攀登到一个新的高峰。还有一些网络新词，尤其是来源于综艺节目和影视热播剧的，先天就与一个或多个名人产生了化学反应，从而推进了其传播和扩散的进程。

表2　2018—2019年网络新词与相关流量名人

网络新词	相关流量名人
skr	吴亦凡
官宣	赵丽颖/冯绍峰
啥是佩奇	王思聪
996	马云
雨女无瓜	林更新等
知否	赵丽颖
盘他	孟鹤堂/吴亦凡
锦鲤	杨超越
土味情话	蔡徐坤等
燃烧我的卡路里	杨超越

资料来源：本研究整理。

（二）传播渠道分析（In Which Channel）——综艺、微博、影视剧三足鼎立

综艺、微博和影视剧是网络新词产生的三大源头，基本上形成三足鼎立的局面，尤其是收视率较高的卫视，比如湖南卫视和东方卫视，以及爱奇艺、腾讯视频等主要网络平台，都是产生网络新词、热词的重要来源。在本文选取的十三大网络新词中，有五个来自综艺节目，四个来自影视剧，三个来自微博，一个来自杂志。

表3　2018—2019 年网络新词传播渠道分析

网络新词	来源	名称	制作首播平台
盘他	综艺/抖音	相声有新人	东方卫视
skr	综艺	中国新说唱	爱奇艺
土味情话	综艺	偶像练习生	爱奇艺
燃烧我的卡路里	综艺	创造101	腾讯视频
C 位	综艺	偶像练习生	爱奇艺
啥是佩奇	微博	—	—
996	微博	—	—
锦鲤	微博	—	—
佛系	日本杂志	—	—
雨女无瓜	影视剧	巴啦啦小魔仙	广州南方少儿频道
官宣	微博	—	—
知否	影视剧	知否知否应是绿肥红瘦	湖南卫视
大猪蹄子	影视剧	延禧攻略	爱奇艺

资料来源：本研究整理。

综艺节目和热播影视剧本来就有大批固定的粉丝群体，一旦这个节目中出现某些传播度较高的词语，就容易被综艺节目和热播影视剧的粉丝群体传播，传播量会在节目播出时期在粉丝群体中稳步增长。

（三）传播效果分析（Effect）

本文在分析传播效果时运用了两个数据指标：一个是搜索指数，即搜索量；另一个是全网传播总量。著名的创新及传播学专家罗杰斯认为创新传播的过程分知

晓、兴趣、评价、试用和采用（awareness，interest，evaluation，trial，adoption）这五个阶段①。本文认为一般在对新事物缺乏了解的情况下，我们会使用搜索这一工具，所以搜索指数可以被用于测量网络新词的知晓和兴趣阶段；全网传播总量代表网民对网络新词的评价、试用和采用阶段。

本文中搜索指数用的是百度搜索的数据，只包括网络新词的搜索量。搜索指数的优点是精确统计到天，可以比较清晰地分析压缩式网络传播中的传播扩散轨迹。同时，由于搜索指数代表知晓和兴趣阶段，当搜索指数明显下降时，说明对网络新词感兴趣的新增人群减少。搜索指数的缺点是只包含网络新词的搜索量，并不足以反映网络新词在全网的传播效果，因此本文引入了第二个数据指标——全网传播总量。全网传播总量统计了网络新词在微信公众平台、微博、新闻网站、新闻评论、论坛、贴吧等全网公开场景中的总传播量。全网传播总量代表了网民对网络新词的评价、试用和采用阶段。结合这两个数据指标，我们可以较好地测量网络新词的传播扩散的过程和效果。

1. 压缩式网络传播扩散过程

传统的新产品或新技术的创新扩散需要长时间的推广。罗杰斯在杂交玉米试验中发现从第一次知晓到采用之间的时间差的众数是5—6年②。在网络时代，网络新词的传播扩散整体进程被大大压缩了。本文选取的十三个网络新词中有十一个的搜索指数峰值出现的一个月以内，全网传播总量也到达峰值。网络新词的搜索指数峰值一般先于全网传播总量峰值出现。当搜索指数出现峰值后，网络新词迅速扩散到全网，通常在一个月内完成从知晓和兴趣阶段进入到评价、试用和采用阶段的过程。

表4　从搜索指数和全网传播总量分析传播扩散的时间进程

网络新词	搜索指数峰值（次）	全网传播总量峰值（次）	搜索指数峰值日期	全网传播总量峰值月份
官宣	389611	63284789	10月16日	10月
锦鲤	63949	47006539	10月15日	10月

① ［美］希伦·A.洛厄里、梅尔文·L.德弗勒：《大众传播效果研究的里程碑》（第三版），刘海龙等译，中国人民大学出版社2009年版，第80页。
② ［美］希伦·A.洛厄里、梅尔文·L.德弗勒：《大众传播效果研究的里程碑》（第三版），刘海龙等译，中国人民大学出版社2009年版，第126页。

续表

网络新词	搜索指数峰值（次）	全网传播总量峰值（次）	搜索指数峰值日期	全网传播总量峰值月份
啥是佩奇	346826	25331442	1 月 19 日	1 月
大猪蹄子	46924	24735847	8 月 24 日	8 月
盘他	97667	23879206	1 月 11 日	1 月
C 位	26658	20907163	6 月 24 日	6 月
雨女无瓜	294883	9610498	5 月 29 日	6 月
996	299435	6267896	4 月 13 日	4 月
土味情话	59875	5353530	8 月 17 日	8 月
燃烧我的卡路里	38577	4388043	8 月 9 日	8 月
skr	474602	17529790	7 月 27 日	8 月

资料来源：本研究整理。

2. 急速升温、快速降温

搜索指数代表了网络新词的知晓和兴趣阶段，其反映了对网络新词感兴趣的人群数量。在本文选取的十三个网络新词中，有 69% 的网络新词在两周内从几乎无人关注的 0 搜索量到达搜索峰值。

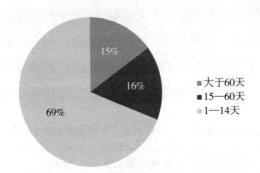

图 2　网络新词从搜索量为 0 到峰值的天数比例

资料来源：本研究根据百度指数整理。

升温相对较慢的词语"大猪蹄子"和"知否"从 0 搜索量到峰值用的时间较长，是因为这两个词语和产生词语的影视剧播出有强相关性，其搜索量随着影视剧的热播持续了较长时间。"土味情话"和"C 位"均出自综艺节目偶像练习生，其到达搜索峰值的天数较长也和这个节目的播出时长有关系，但这与普通非网络新词的创新传播速度相比也已经非常快了。

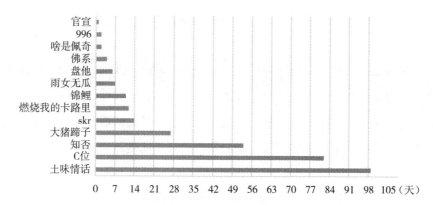

图3　网络新词从搜索量为0到峰值的天数

资料来源：本研究根据百度指数整理。

网络新词在升温迅速的同时，降温也比较快。本文选取的网络新词从搜索峰值的日期开始计算，一个月以后网络新词的搜索热度平均只剩峰值的15%，其中六成新词的搜索热度降到峰值的10%以下。传播持续一个月以后，搜索量急剧下降，没有对网络新词感兴趣的新的人群加入，网络新词的传播受到了抑制。

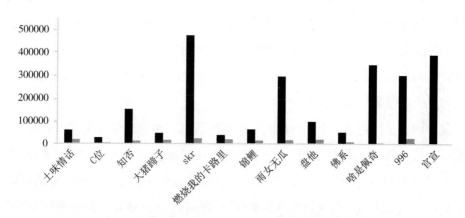

图4　搜索指数峰值 vs 一个月以后的搜索指数

资料来源：本研究根据百度指数整理。

从以上对搜索指数和全网传播总量的分析中，我们可以看到网络新词的传播扩散从知晓和兴趣阶段进入到评价、试用和采用阶段的过程通常只需要一个月的时间。网络新词的传播扩散呈现压缩式发展。从搜索指数上看，大部分网络新词的传播在出现后的两周内达到搜索顶峰，而在出现后的一个月内搜索指数迅速降低，呈现出急速升温、快速降温的特点。

二、现象透视

本文通过对传播者、传播渠道和传播效果的分析，发现了网络新词传播的一系列特点，包括传播中的名人效应，传播渠道呈现综艺、微博、影视剧三足鼎立的局面，传播扩散过程为压缩式发展，呈现急速升温、快速降温的特点。这些现象的背后藏着什么值得我们关注的问题？我们从传播学的角度逐一分析。

（一）现象透视一：模因论与网络新词

模因（meme）由英国著名生物学家、动物行为学家 Dawkins 在《The Selfish Gene》一书中，提出了与生物界基因（gene）相对应的语言学领域基因：模因。模因论的提出基于达尔文的进化论，模因论被广泛用来研究解释人类语言文化进化的规律。成功的模因如同成功的复制基因一样，具有多产性、复制的忠实性和长寿性三大特征。

Dawkins 认为多产性是比较重要的一个因素。举例来说，如果要看一种款式的女鞋的模因多产性，就应该看鞋店的销售数据[1]。本文主要选取的新词，搜索指数和全网传播总量都是排名最靠前的网络新词，而搜索量和全网传播总量本身就是衡量多产性的指标。高搜索量和高传播总量证明本文所选的网络新词具备了在多产性这一特点上的强势模因的特点。

复制的忠实性是指一个好的模因可能在传播过程中无法保持 100% 的原样，但是模因的核心得到了很好的继承。这个核心按照通俗的理解也就是人们常说的"梗"。或者可以理解为这个强势模因是一个很好的模具，可以根据受众的不同情况，盛放不同的内容，但是这个模具本身的形态不变。这种变化反而使得这个模因的核心得以更好地传播。实际上，由于热词本身的可复制性强，常常可以延伸为某种语体，就是对复制的忠实性的很好的解读。比如"知否体"，就是一个具有复制忠实性的模因。原词是李清照的"知否知否，应是绿肥红瘦"，由演员冯绍峰演绎为"知否知否，应是一家三口"，从而引起网民进行大量复制创新，形成"知否体"。甚至官方媒体也进行了大量的"知否体"创作，例如人民网官方微博的"知

---

① Richard Dawkins，*The Selfish Gene*，Oxford University Press，30th Anniversary Edition，2006.

否知否，请注意查收"，中国消防网官方微博的"知否知否，狗粮快领走"。

Dawkins 认为长寿性在有些情况下不那么重要。他认为有些好的模因，能在短期内大规模快速扩散，但是不能持续太长时间，就像流行歌曲。网络新词某种程度上类似于流行歌曲，很多几年前的网络新词已经不再炙手可热，但关于长寿性的问题有待持续关注考量。网络新词的长寿性问题我们在后文中会进一步分析。

模因论对网络新词的传播做出了很好的解释，因此也被大量学者所接受来解释网络语言病毒式快速传播的现象，但是无法完全解释我们在研究中发现的网络新词急速升温、快速降温的现象，所以在研究的过程中我们引入了宏大效果论和创新扩散理论。

（二）现象透视二：宏大效果论的回归——网络新词和名人效应

宏大效果论是大众社会理论的一种，其起源于 19 世纪，流行于 20 世纪初至 20 世纪 30 年代。宏大效果论认为传播媒体拥有强大的力量，它们所传递的信息在受众身上就像子弹击中躯体、药剂注入皮肤一样，可以起到直接迅速的反应，它们能够左右人们的态度，甚至直接支配人们的行动。这个理论产生的社会背景是由于工业革命、城市化和现代化造成人们之间距离加大，随着劳动分工和社会差异的增大，社会被原子化，个体被隔绝，人们在宣传面前十分脆弱，所以才有媒体的宏大效果论的产生。

宏大效果论一度被有限效果论和适度效果论代替，但在 20 世纪 90 年代，宏大效果论有所回归，研究学者发现在某些特定的情境中，宏大效果论是存在的。那么在什么情况下，宏大效果论有影响呢？其中最重要的、最直观的就是名人效应。也就是当名人和某个事件产生关系，这件事就有可能产生传播效果的膨胀。这个理论恰恰为网络语言产生的宏大效果做出了解释。

在第一部分我们以"官宣"为例进行了介绍，2018 年 10 月 16 日，赵丽颖和冯绍峰两位明星在微博上公布结婚喜讯时使用了"官宣"一词。因二人粉丝众多，该词的使用受到高度关注，并被广泛模仿使用。"官宣"的字面意为"官方宣布"，现泛指某人或某机构对外正式宣布消息，表达广而告之的含义。在一天以内，"官宣"直接达到近 39 万次的搜索量。如魔弹一般击中网民，而且迅速扩散。但是这种热度的维持只是昙花一现，在一周之内，官宣的搜索量跌到 2000 次左右，和普通词语无差别。同样,《啥是佩奇》是张大鹏执导的贺岁片《小猪佩奇过大年》的先导片,2019 年 1 月 17 日播出后迅速形成病毒式传播。1 月 17 日演员李佩奇转发微博,称自己是佩奇本奇。1 月 17 日王思聪转发微博,引发热度,短短两天时间,在 1 月 19 日达到传播搜索指数 34.6 万的峰值,但是在随后的一月内同样跌回 3000 左右的搜索量。

几乎我们研究中的所有热词都有名人加持,或者是直接出自名人,或者名人在传播中起到了推波助澜的催化剂作用。宏大效果论的名人效应很好地解释了网络新词火爆一时的现象。

(三)现象透视三:创新扩散理论和网络新词

网络新词具备了一个强势模因的条件,本身就利于传播。具有名人效应的加持,形成了短时期的宏大效果。这就解释了网络新词为什么会"热",但是为什么"热得快",我们引入了创新扩散理论进一步分析。

1. 决策过程简单化

创新扩散理论是罗杰斯在 1962 年提出的,对 506 个过程研究进行了总结。罗杰斯认为创新传播的过程分知晓、兴趣、评价、试用和采用这五个阶段。创新采用者分为创新者、早期采用者、早期的大多数、晚期的大多数和滞后者五种人群。罗杰斯的创新扩散理论的研究对象包括医药卫生、农业技术、教育改革等。前文提到过罗杰斯在杂交玉米试验中发现从第一次知晓到采用新技术之间,时间差的众数是 5—6 年。罗杰斯的研究中创新传播的速度不可能太快的原因是替换成本较高。这个决定的过程注定是漫长的。但是在网络语言的研究中,我们可以看到很多网络新词在一周甚至一天的时间内就可以从零达到几十万次的搜索量。在一个月的时间传播总量可以达到千万级别。为什么?因为替换成本较低,甚至没有替换成本,所以这是人们可以迅速接受一个网络新词的原因。罗杰斯提出的知晓、兴趣、评价、试用和采用这五个阶段在网络新词的传播过程中被大大压缩了。由于决策过程的简单化,网络新词的传播过程就比一般的创新传播迅速得多,这也就不难理解为什么网络新词升温快了。

2. 群体同质性过强

同质性的传播会大大加快传播的速度，但异质性沟通较弱使得传播后劲不足。罗杰斯认为信息的交换多在两个相似或者同质的个体之间发生，这是人类沟通的一个基本原理。异质性沟通通常发生在两种社会群体之间，也就是让两个不一样的社会群体有了某种联络。同质性沟通可以加速扩散的过程，但却限制了扩散的对象，创新的扩散必须透过某种程度的异质性沟通，才算大功告成①。

上述理论很好地解释了为什么网络新词的传播呈现急速升温、迅速降温的特点，一个重要的原因就是网络语言的传播呈现出同质性沟通过强，异质性沟通较弱的特点。罗杰斯认为创新观念通常由地位较高的成员引入社会体系中，高度的同质性沟通意味着创新只在社会精英中流传。网络语言的传播正好与之相反。网络语言的传播同样具备高同质性沟通的特点，但是由于网民的受教育程度和经济社会地位决定了这种传播很难渗透到精英阶层，所以网络语言反而是在层次比较低的同质性群体中传播。这种同质性沟通反而可能成为社会体系中创新扩散的无形障碍。我们从网络语言的使用人群报告中可见一斑。

在中国互联网络信息中心（CNNIC）发布的第 44 次《中国互联网络发展状况统计报告》中，我们可以看到网民受教育程度偏低和低收入人群较多的特点。截至 2019 年 6 月，初中、高中学历的网民占比分别为 38.1% 和 23.8%；受过大学专科、大学本科及以上教育的网民占比分别为 10.5% 和 9.7%。也就是说，网民没有受过高等教育。同时，第 44 次《中国互联网络发展状况统计报告》指出学生和自由职业/个体户是网民的主力，其中学生占总人数的比例为 26%，自由职业者/个体户的占比为 20%，职业党政机关领导干部、企业中高层和专业技术人员的比例仅仅分别是 0.5%、3.3% 和 5.1%②。网络新词无法跨越各种阶层形成各种群体间的情感思想的共鸣，从而达到共振的效果，导致热度迅速仅仅在同质性的群体之间传播扩散开来。网络语言的同质性扩散的特点，无法跨层变成异质性扩散是影响网络语言扩散的因素。

---

① ［美］E. M. 罗杰斯：《创新的扩散》（第五版），唐兴通、郑常青、张延臣译，电子工业出版社 2016 年版，第 326 页。

② 第 44 次《中国互联网络发展状况统计报告》（全文），中国网信网，2019 年 8 月 30 日。

3. 意见领袖缺席

在罗杰斯的理论中，创新者和早期采用者的比例分别是 2.5% 和 13.5%[①]。这是一个少数人群，但是这个少数人群能够在人际传播中发挥很大的作用，劝说他人接受创新。我认为对这一部分少数人群的研究非常重要，如果这一部分人群在社群中是高质量传播人群，也就是所谓的"意见领袖"，那么后期的传播才有可能得到传播和扩散。

我们认为的意见领袖一般是指社会精英，受教育程度较高，收入较高，有较高的社会政治经济地位。社会精英中有多少是网民，有多少是网络语言的使用者，有多少愿意传播网络语言，是一个特别需要关注的问题。从目前的数据来看，网络语言的使用者和传播者中，社会精英的数量很少。网络新词可以由明星作为第一次意见领袖，使得网络语言迅速传播。而在二级传播中，网民的素质决定其无法担任意见领袖，他们绝大部分不是社会的精英阶层，甚至有可能是社会话语权较弱的阶层。网络语言虽然可以在受教育程度较低、收入较低的阶层迅速传播，但是由于这种传播属于强同质性扩散，导致网络语言无法跨层并得到长期有效的扩散。我们无法从社会精英的口头传播中听到网络新词，意见领袖的缺席使得网络语言犹如天空中的流星，一闪而过。

三、结论与启示

由于网络语言，尤其是网络热词、网络新词，大部分都是一个很好的模因，具备了模因论中多产性和复制忠实性的特点。宏大效果论中的名人效应的加持，同质性的网民使用网络新词的决策过程极短，所以热词的热度能够在短期内达到高峰。但是我们也发现真正具有生命力，能够长期存在并有持续效果的网络热词、网络新词并不多，每年的网络热词代代更新。这是由于同质性传播过强反而影响网络语言的扩散，所以传播的后劲不足，加之这一部分同质性的网民的质量偏低，不能担任意见领袖的作用。对于有一定社会经济地位、可以担任意见领袖的人来说，他们不一定愿意接受使用或者传播扩散网络新词，网络新词没有真正实现跨社会阶层的传

---

① ［美］E. M. 罗杰斯：《创新的扩散》（第五版），唐兴通、郑常青、张延臣译，电子工业出版社 2016 年版，第 296 页。

播，最终难逃昙花一现的效果。意见领袖的缺席和同质性传播过强是网络语言无法持续扩散的重要原因。

对于网络语言我们应该持有什么样的态度？本文认为不必过分惊恐也绝对不能置之不理。第一，网络语言短期效果惊人，如果不适当控制可能产生短期内的宏大效果，产生联动反应，引发不良事件。第二，由于网络语言的使用者和传播者的同质性，而且这一部分人群的社会经济地位较低，受教育程度不足，容易形成小团体集群事件，应该得到高度重视。第三，网民中最大的一部分群体是学生，也就是青少年，虽然他们还不是社会的精英阶层，但未来不可限量。网络语言对青少年的影响是我们应该高度密切关注的问题。第四，由于网络语言本身是一个新生事物，我们对其的判断还需要时间的佐证，持续长期的关注研究是必要的。

从治理的角度看，第一，由于网络语言传播的压缩式发展导致整个传播扩散的时间大大缩短。网络新词的搜索热度到达顶峰一般在一个月，扩散到全网热度也仅需要两个月的时间。这就要求管理者及时迅速反应，以免错过了治理窗口期。第二，加强受众分析，由于这是一个同质性的群体，应加强对这一部分群体的了解，只有在了解的基础上才能找到网民群体的关键，尤其要特别加强对青少年网民群体的关注。

拉斯韦尔的传播过程的五种基本要素，本文着重讨论了"谁""通过什么渠道""说了什么""有什么效果"。在"向谁说"，也就是受众研究方面，没有特别对网络新词的受众进行深入分析。

这是本文的研究局限所在。青少年学生群体是目前中国网民结构中的重要组成部分，而青少年学生群体往往在流行文化的扩散中有重要作用。以罗杰斯在《创新的扩散》一书中提到的说唱音乐的流行为例。黑人的说唱音乐在美国白人中的扩散，关键的人群就是社会中上阶层的白人青少年。这些年轻人不喜欢父母中意的古典音乐，他们认为说唱音乐反映了他们想要反对父母控制的内心。他们反其道而行之，成为黑人说唱音乐的忠实粉丝，在黑人说唱音乐跨圈层传播的过程中起到了桥梁作用，将黑人说唱音乐带入了白人圈层。我们的青少年学生群体，也可能成为网络语言传播扩散过程中打破圈层的重要一环。同时结合研究中我们发现的网络新词在传播过程中精英意见领袖缺失的问题，青少年网络语言使用者是否能够成长为网络语言传播过程中的意见领袖，青少年群体在网络语言传播过程中的作用等都是后续值得我们关注的重要问题。

2011—2018 年网络流行语
传播趋势解读 *

互联网的发展改变了传统的大众传播模式，社交媒体成为信息传播扩散的主要入口，被赋予更多表达权利的网民在网络空间中畅所欲言，网络流行语随之走进了大众视野。网络流行语既和我们在现实生活中使用的语言有一定的关联，同时又有社交媒体这样独特的语境。作为现代汉语在互联网下衍生的新元素，研究网络流行语的传播趋势，有利于我们理解网络流行语自产生到消亡的完整过程，分析网络语言背后反映出的网络文化和网民心态，这对认识现代汉语的未来发展有重要意义。

一、研究思路和数据搜集

我们选取的研究对象为 2011 年到 2018 年间影响力较大的网络流行语。选择对象来源于本书附录语料库中的词条，依据百度指数中的搜索指数进行排名。该搜索指数描述了互联网用户对某关键词的搜索关注程度及持续变化情况。本研究选取了每年度搜索指数排名前 20 的网络流行语，建立研究词库进行内容分析。

对于网络流行语的内容分析主要建立在以下三个维度：第一，内容维度，包含该流行语的表达形式等；第二，传播维度，包含该流行语的诞生来源、扩散变化、热度影响、持续时间等；第三，文化维度，包含该流行语的文化体现等。

具体的变量编码方式如表 1 所示：

---

* 本文作者王月彤，北京大学新媒体研究院硕士研究生。

表1 网络流行语语用内容分析编码表

变量名称	编码内容	编码标准
诞生来源	ACGN	该流行语从小说、漫画、动画或游戏的相关内容中衍生出来
	方言	该流行语源于某地区方言并在社交媒体上广为使用
	影视综艺	该流行语出自影视综艺中的台词并在社交媒体上广泛使用
	新闻媒体	该流行语源于某新闻事件中的媒体报道用词；或先在新闻媒体中出现，后在网民交流中使用
	热点事件	该流行语直接源于互联网中的某些热点热搜事件，为该事件的关键词
	外文舶来	该流行语由其他外语转译而来，或者源于其他国家的文化
	社交媒体	其他在社交媒体中被网民创造并广为使用的流行语，来源多为网民在沟通交流中创造出来的
持续时间	月/年	根据百度指数中搜索指数的分布情况，结合该词语的实际使用情况进行判断。判断标准：连续2个月周均搜索指数低于400为流行周期结束
热度影响	热度峰值数	百度指数搜索指数中，该词所获得的最高值为其热度峰值，取个、十两位数字为整数
扩散变化	二次赋义	该流行语在后续发展中存在二次流行或被赋予新含义的现象
表达方式	字母符号	该流行语组成中有外文字母或其他符号
	表情包	该流行语有对应的表情包
	缩略语	该流行语是由长词缩略构成或该词有对应的缩略写法，包含文字缩略和拼音缩略两种形式
	谐音词	该流行语的构词方式为谐音，包含中文谐音和外文谐音
	旧词新义	该流行语本为日常用语，在社交媒体中被网友赋予新的含义和新的使用语境
文化属性	舶来文化/二次元文化/粉丝文化/晋词文化	该流行语在生成时带有某种亚文化的属性，并在传播过程中影响力逐渐扩大到主流文化圈层

二、网络流行语的分类及各类语言发展情况

网络流行语的表达特征是其可传播性的基础，正是由于某些网络词语在表达方面极具特色，迎合网民对新事物的猎奇心理和娱乐心态，才能在诞生之后进一步引

发网民有规模的扩散和模仿，形成网络流行语。

通过对 2011—2018 年网络流行语的表达形式进行归纳，我们将网络流行语分为字母符号、表情包、缩略语、谐音词和旧词新义五类，并据此分析每一类流行语的发展情况。见图 1。

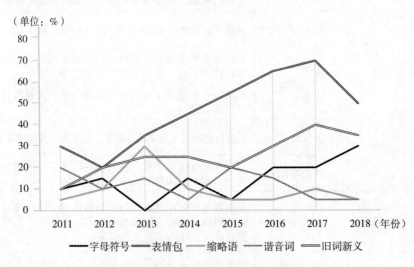

（单位：%）

图 1　网络流行语表达形式发展趋势图

1. 字母符号

字母符号使用频次的增加体现出网络流行语追求简洁化、符号化的趋势。网络语言的符号化进程在早期与网络社区聊天追求打字效率和偶然"手误"有关，后来随着亚文化圈层在社交媒体中聚集起来，探讨某些隐晦话题时使用字母缩写有利于保持圈层的排他性，通过这样的识别行为建立优越感，快速建立和维护群体内部的身份认同，同时避免亚文化属性暴露在大众文化的视野下。2017 年以来，以粉丝文化为代表的拼音缩写流行语逐渐开始为主流社会发觉，例如"awsl（啊我死了）"，但目前并没有被完全接受，不易识别的网络流行语仍处在被广大网友批评的地位。

2. 表情包

如图 1 所示，表情包一直是网络流行语重要的表达形式之一，以图片为核心的多元解读能够消解沟通过程的严肃性。早期表情包主要是图文并存的简单形式，在文本流行语出现之后诞生，以幽默诙谐的态度表达使用者想要传递的信息。随着网络通信技术的提升和流量资费的下降，表情包逐渐走向精致化和 IP 化，诞生了"熊猫头""阿狸""网黄猫日"等经典系列表情包。这些表情包开始脱离对流行语"文字符号"的依赖，直接以成体系的图像进行传播。

随后，社交媒体中也出现了一类由表情包"逆向"而来的流行语。该类流行语先以图片表情包开始流行，当该图片已经得到网友的认可之后，无须再使用图片，直接用表情包的文字概括版就可以唤起网友对该表情包的记忆，同时理解使用者想要表达的含义。典型代表为图 2"黑人问号"表情包与对应的 2016 年流行语"黑人问号"。

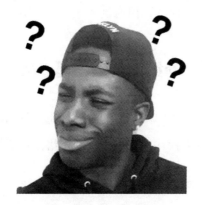

图 2　"黑人问号"表情包

3. 缩略语

从构词方式的角度来看，缩略构词方式在 2013 年达到顶峰，涌现出一批诸如"喜大普奔""人艰不拆""细思恐极"等流行语。但是当这一批流行语热度减退后，由于缩略构词方式的编码解码过程存在困难性，难以解读更难以使用，不利于网络流行语的扩散，因此在 2013 年后，网络流行语很少采用长句直接缩写的形式，而是采用类似"意译"的衍生方式，例如 2018 年流行句式"二营长，把老子的意大利……面端上来"，后被转换为流行语"骗面之词"。

4. 谐音词

谐音词一直是网络流行语重要的表达方式之一，但在图 1 中我们能够看出来，谐音词在网络语言的总体表达形式中所占的比例不高，且一直有下降的势态，主要原因还是网络语言整体表达形式变得越来越丰富，单纯的谐音词已经不能满足网民对网络语言创新性的需求。

5. 旧词新义

从图 1 中可以看出，旧词新义在网络流行语与构词中所占的比例越来越大，具体存在以下两类生成方式：一类是原有汉语词汇本无此意，经过网友的创造为其附加了新意义，例如"大猪蹄子"本是一种食物，在网络语境下衍生为不专一的男生；另一类是在原有词汇的基础上添加了暗示或比喻，例如"你站在此地不要动，我去买几个橘子来"，引自朱自清散文《背影》，原句为父亲对儿子的嘱咐，作为网络流行语其本意并未发生改变，但通过上下文对话暗示"我是你爸爸"。

三、网络流行语传播趋势解读

根据网络流行语在互联网中影响力的波动变化，我们将其传播流程分为四个阶段：产生—扩散—爆发—消亡，在不同阶段，网络流行语呈现出各自的发展趋势。

1. 产生期："众星拱月"——以网民认同为中心化

网络流行语的来源多种多样，在对 2011—2018 年网络流行语的产生源头进行统计整理后，我们总结出 7 类来源，分别是 ACGN、方言、影视综艺、新闻媒体、热点事件、外文舶来和社交媒体，并以每类词占总体的比例绘制了图 3。

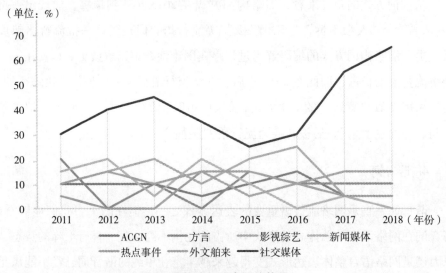

图 3　网络流行语来源趋势图

从图中我们可以看出，网络流行语的来源从总体来看还是多样的，每年都有来自不同渠道的网络流行语。然而，尽管网络流行语可以从不同类型的原始素材中诞生，但是网民们在交流过程中的自我创造在总体流行语中所占的比例在不断升高，在 2018 年达到 65%。这充分体现出，网民越来越成为网络流行语产生的中心，网民认同逐渐成为网络流行语是否成型的决定因素。

网络流行语的生成过程，是网民在交流的过程中，对现有的汉语词汇进行重新组合，并结合语境赋予它们新的内涵。在此过程中，往往很难考证网络流行语的创造动机，因为多是某个网友无意中创造出来的，例如"压力山大"源于网友在天涯论坛发言时打错字而形成的。而就是这样的无心之失，在诞生之后能够快速引起网民的心理共鸣，网民主动进行转发扩散和模仿发言等行为，从而建立属于该流行语的使用情景，网络流行语就此产生。

同样，方言也是对网络流行语产生过程中"网民中心化"趋势的一个佐证。以"蓝瘦香菇"为代表的方言流行语大多缺乏社会意义，并不能够像源于新闻媒体和影视剧、综艺节目的网络流行语那样快速激发社会热议，但是每一年都有方言流行语从众多网络热词中脱颖而出，主要原因有以下两点：一方面，互联网社交媒体平台为不同地域人群的语言交流提供了方便，方言的使用构建了广泛意义上的群体认同，通过使用家乡话的网络流行语，能够亮明自己的身份，唤起网民对家乡的共同记忆；另一方面，方言所特有的音调变化能够激起人们模仿和使用的心理机制，与普通话不同的发音和构词带来笑的刺激，帮助使用者释放压力，带来愉悦的使用感受，从而促进了方言从小众词语向网络流行语的转变。

2. 扩散期："扭曲"与"模糊"——扩散过程"所指"曲折化

瑞士语言学家索绪尔认为，语言符号是"能指"与"所指"的结合。能指是语言符号的表现层面，所指是语言符号所代表的意义和内容①。也就是说，在网络流行语中，网民所使用的文本或者表情包图片为网络流行语的"能指"，而在使用过程中想要表达的含义即为其"所指"。

---

① ［瑞士］费尔迪南·德·索绪尔：《普通语言学教程》，刘丽译，九州出版社 2007 年版，第 153 页。

当网络语言被创作出来之后，其"能指"基本会被固定，具有相对稳定性。某个网络词语诞生之后，决定它能否成为网络流行语的关键，在于其"所指"是否能得到广大网友的认同。然而，网络流行语的"所指"会在扩散过程中被加入使用者自己的理解，不断扭曲；随着网络流行语扩散范围的扩大和扩散时间的增加，其"所指"会更加模糊，语意泛化。

如表2显示，有相当一部分网络流行语存在"二次赋意"的现象，单个流行语有多种含义，适用于多个场景。

表2 网络流行语"二次赋意"情况表

年份	"二次赋意"词语	所占比例（%）
2011	淘宝体、伤不起、有木有、干物女	20
2012	上天台、舌尖上、甄嬛体	15
2013	土豪、待我长发及腰	10
2014	hhh、you can you up	10
2015	duang、我想静静、小清新、睡你麻痹起来嗨、叶良辰、吃土	30
2016	洪荒之力、厉害了我的哥	10
2017	非酋	5
2018	xswl、小奶狗、肥宅快乐水	15

这一类词语在搜索指数中含有多个峰值，表明它们至少经历了两次大规模的传播扩散。引起前后多次传播的原因主要集中在两个方面：一是对网络流行语含义的二次解读，如"厉害了我的哥"只是夸赞用语，电影《厉害了我的国》上映之后，为该词赋予了更加正能量的含义；二是前后多次的网络热度事件带动了同一网络热词的二次爆发，例如"洪荒之力"先为电视剧《花千骨》的台词中出现，后因为游泳运动员傅园慧在采访中的使用引发了第二波热度，同时配合"傅园慧表情包"，突出了该词的形象感。

语意的模糊化，体现在扩散过程中网络流行语使用语境的多样化，某个网络词语可以同时使用在多个场景中，并不影响相应情绪的传递。例如"盘他"一词，最早出现在相声表演中，意为"把玩"，等同于现代汉语中"盘核桃"的意思；在该词从相声段子到网络流行语的扩散过程中，意义泛化为"万物皆可盘"，不仅可以"盘宠物"、"盘食物"，甚至在被引入粉丝群体后，支持偶像明星也可以使用

"盘他"表明粉丝的态度和立场。

3. 爆发期：从"三角形"到"梯形"——整体影响缩水化

在本研究中，为了衡量爆发期网络流行语的影响力，我们选取了 2011—2018 年的 20 个网络流行语在百度指数中的热度值数据绘制了表 3，通过热度值的数值分布情况能够体现出网络流行语的爆发期特征。

表 3　网络流行语热度峰值数据表

年份	平均值	最高值	最低值	标准偏差（取整数）
2011	11030	87000	700	19684
2012	14435	91000	1300	22394
2013	16755	70000	1600	18194
2014	30425	202000	2700	59389
2015	109160	1125000	4700	276403
2016	52940	425000	3500	103950
2017	13505	58000	1300	15681
2018	22950	247000	1200	54422

从表 3 中可以看出，即使是选取热度排名前 20 的网络流行语，它们之间的热度高低也有较大差距，导致热度值的标准偏差非常大。而造成这种现象的原因是部分网络流行语来源为突然爆发的热点事件，与网友在长期使用中形成的流行语在影响模式上有所不同。爆发式热点流行语多为瞬时影响，覆盖范围存续时间短，热度值图像为尖锐的"三角形"（见图 4）；其他网络流行语多为长期影响，覆盖范围随时间逐渐扩大，存续时间长，热度值图像为"梯形"（见图 5）。因此，在网络流行语中，"三角形"模式爆发的流行语越多，该年度网络流行语的整体方差就会偏大；而如果"梯形"模式爆发的流行语比较多，整体热度相对均衡，方差值则相对较小。

由于某些网络流行语的高热度爆发具有不可预知性，为了能够排除此类事件对我们判断年度变化趋势的影响，在去除本年度热度最高的词条之后，重新计算的方差如图 6 所示。

从图 6 中可以看出，方差只在 2015 年到达顶峰，此后又慢慢回落。这说明网

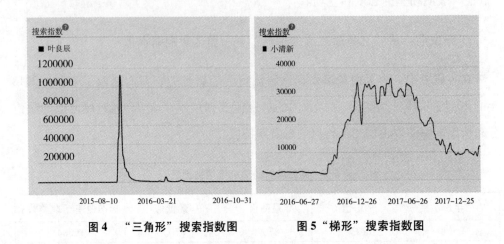

图 4　"三角形"搜索指数图　　　　　图 5"梯形"搜索指数图

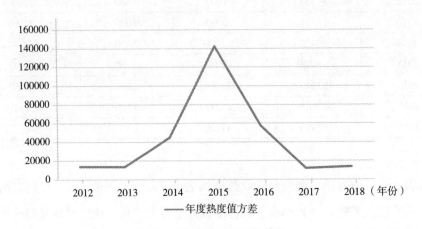

图 6　年度热度值方差趋势图

络流行语在爆发阶段的整体传播趋势正在从"三角形"模式向"梯形"模式转变；从表 3 的平均值我们也能看出，虽然互联网的覆盖范围在 2015—2018 年间仍在不断扩大，更多的群体被接入互联网中，但是网络流行语的平均热度却下降了，这说明网络流行语的整体影响范围正在缩小。

出现上述现象的原因，主要是由于互联网社交媒体平台近年间有明显的多样化发展，从微信、微博到各类直播 APP、短视频平台，不同社交媒体的圈层属性有明显的不同，导致很多流行语先在某一个平台上爆发，随后再扩散至其他平台。因此，网络流行语在扩散的过程中，受到传播受众圈层和文化认同不同的影响，无法实现时间上的同步，很难再以短时间爆炸的模式进行传播，整体热度值被分散了，导致缺乏高热度流行语的诞生，使得流行语之间的热度值差异逐渐拉近。

4. 消亡期：速亡或"永生"——存续周期两极分化

对于网络流行语来说，不同的存续时间代表了它们与主流文化的相容能力。图 7 为 2011—2018 年各网络流行语在互联网中存续周期的分布情况。从图中我们能够看出，热度在 2 个月以内的"快速消亡"型流行语所占的比例虽然相对较低，但随时间推移有所上升；存在 1 年以上但是最终热度消失的流行语占比逐年下降，说明网络流行语的消亡周期更加两极分化——要么在短时间内迅速冷却，要么进入常用语的序列中。

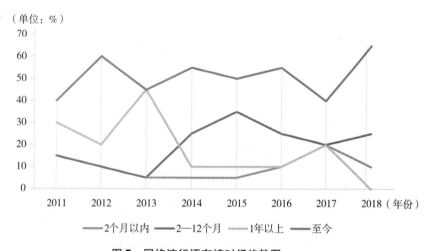

（单位：%）

图 7　网络流行语存续时间趋势图

热度周期在 2 个月以内的网络流行语，往往是该时间段内热点事件的直接相关词，具有短时间内的爆炸热度，但是并未能够进入网民的日常交流中，在热点时间过后使用频率迅速下降。该类占比上升，说明了网络流行语的更新速度越发频繁。

热度周期在 2—12 个月的网络流行语，在当年具有一定的影响力，并且能以模因的形式向外扩张，衍生出结构关系一致的其他流行语，如"元芳你怎么看""友谊的小船说翻就翻"等等。但是这些流行语普遍存在的特点是日常交流中有其他的可代替词汇，特别是本身长度偏长的流行语。它们没有能够融入网络语言的普遍用法中，而是随着时间被慢慢替代。

热度周期在 1 年以上的网络流行语，本身就具有符合现代汉语文化的一些特征，不仅能够在网络语言环境中使用，也能够进入真实的社会交流中，但是网络语言的一大特点是对语境的依赖程度较高，而网络语言环境又一直处在变化之中，不断吸收新的网络文化。在进化的过程中，一些旧有的网络语言失去了其使用的网络语境，例如咆哮体"有木有"、网络詈词"吃翔"等等，会给人一种落后于当今网络潮流文化的感觉，在今天的社交媒体中就不再使用了。

当然，从图 7 中我们也可以看到，仍有近一半的网络流行语仍然在保持使用，这充分说明了现代汉语蓬勃的生命力，能够与时俱进地吸收流行的网络文化，同时也把网络流行语中不符合主流文化价值认同的词语淘汰掉。

此外，研究中我们发现，部分特殊的网络流行语存在着周期性的热度变化。如图 8 所示，"剁手"一词在每年的 11 月初电商"双十一"购物节期间达到全年热度的最高峰，在活动结束后热度迅速下降。这体现出媒介时间对网络文化的重要影响，从微观层面反映在网民对"剁手"一词的使用情况上。

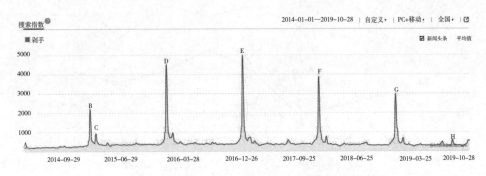

图 8　网络流行语"剁手"的搜索指数分布图

四、流行语背后的社会文化

网络流行语是网络文化中特别活跃的部分，与网民的虚拟社会生活相互映射，对网络流行语的使用是网民建立虚拟空间中社会认同的必经之路。作为网络文化的载体之一，网络流行语的传播趋势也是网络文化演变的反映。通过对 2011—2018 年间网络流行语文化属性的分析，我们主要发现了以下三点重要的文化现象。

1. 严肃文化与娱乐文化的冲突与对抗

网络流行语从源头看其实是日常生活口语的网络化，其天然带有大众文化的一些庸俗性，比如对金钱的过分追捧、网络詈词和恶搞恶趣味等。同时，由于网络空间的匿名性等特点，人们更容易把现实生活中的负面情绪发泄到网络空间中来，网络语言也不免带有诸如暴力（"妈妈再打我一次"）、颓废（"丧"）、审丑（"屌丝"）等网络文化的负面因素。

但是我们应当警惕的是，随着网络空间与现实空间的融合，原有的这些娱乐化和低俗化的网络流行语与真实生活中人们对高雅情趣的追求相冲突。网络流行语在现实空间的使用则会遭遇无法解读甚至被误解的尴尬场景。在《网络语言对中学生语文学习的影响及对策研究》① 中，调查结果显示，有 16.72% 的学生表示会在写作或作文考试中使用网络语言；而在"网络流行词汇会影响你的说话与理解能力"一题中，只有 26.69% 的学生认为受到了严重的影响。这充分说明网络语言以及它所携带的娱乐文化，正在侵入文学、教育等严肃文化的领域，引起公众对于"文化网络化"的担忧。

2. 本土文化对舶来文化的接纳与融合

在 2011—2013 年间，有很多网络流行语从日文、韩文等外语词汇中转译而来，由于东亚文化圈具有一些相似性，这些舶来词汇能够快速融入本土语境中，例如"怨念""坑爹""傲娇"。我们能够看出，此时日韩潮流文化对我们的本土文化有较大影响。

而近几年来，日韩潮流文化在国内影响力减弱，欧美文化成为与本土文化对撞的主要舶来文化，这也体现在网络流行语方面。"你有 freestyle 吗？""pick""勿cue"等英语词汇，逐渐从粉丝文化圈层扩散到大众传播领域，成为人们日常生活中的用词。

文化间并不仅仅是对抗，本土文化与舶来文化融合后也产生了一些广为流行的网络用语，例如"you can you up（你行你上）""no zuo no die（不作不死）"等等。这类混合文化的流行语不仅能够减少舶来文化与本土文化的冲突，同时也有利于本土文化的向外输出。图 9 为在日本社交媒体上一度流行的"伪中文"流行语表情包。

3. 亚文化与主流文化的提升与规劝

流行文化的实质是网民的共同创造。网络亚文化往往关注主流文化难以顾及的

---

① 张岩岩：《网络语言对中学生语文学习的影响及对策研究》，河南师范大学硕士学位论文，2015 年。

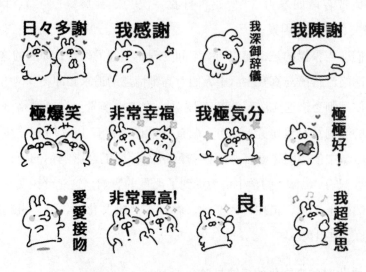

图9　日本"伪中文"流行语表情包

边缘，是对主流文化的重要补充，能够保持主流文化的生机与活力。例如"精芬（精神上的芬兰人）"一词，代表了在生活中不愿与人有过多的社会接触，极度注重个人空间的一类群体。"精芬"一词反映了当代社会年轻人的心理亚健康状态，这类情况很难被主流文化注意到，但是能够从网络流行语的广泛传播中体现出来。

　　同时，主流文化也对网络流行语中不符合主流价值观的用词进行规劝，引导网络流行语保持良好的价值取向。以詈词文化为例，通过研究发现，詈词在早期的网络流行语中非常常见，大部分是现实生活中一些骂人的词汇；随着社交媒体的影响范围逐渐扩大，主流文化对网络生态环境提出了更高的要求，詈词文化受到了主流文化的排斥和规训，从2011年的"泥马"到2015年的"睡你麻痹起来嗨"，再到2018年的"nmsl"，能够看到詈词的编码解码难度上升，可读性在逐渐下降，具有明显的隐晦性，与其说是一种攻击性的话语，倒不如说是内心情绪的发泄。

　　语言不仅是我们日常生活中沟通表达的工具，也是社会生活和社会文化的一种反映。英国语言学家简·爱切生认为："语言变化是社会因素、语言结构本身的问题和人的心理作用这三者水乳交融的混合物。"① 通过对2011—2018年网络流行语传播趋势的分析，我们能够看到，网络流行语的爆发，背后是网民对国内社交媒体

---

　　① ［英］简·爱切生：《语言的变化：进步还是退化?》，徐家祯译，语文出版社1997年版，第1页。

文化的认同体现。随着网民互联网使用能力的进一步提升，网络流行语也将越发丰富。

从网络传播的角度来看，网民在互联网文化中的主动参与性在不断增强，网络流行语的创造者和使用者更加多元，网络流行语的传播呈现出以网民认同为中心化、扩散过程"所指"曲折化、整体影响缩水化、存续周期两极分化等趋势，网络流行语传播的影响因素越发复杂。因此，只有将网络流行语与宏观的社会环境背景相结合，同时考虑网民在使用过程中的社会心理变化，才能更全面、更深入地探讨和研究网络流行语的传播；网络流行语也会受到网络空间负面消极因素的影响，主流文化应当对网络流行语起到很好的引导作用，鼓励使用符合主流价值的流行语，实现网络语言与社会发展的协调。

短视频平台上的网络语言应用*

根据中国互联网络信息中心（CNNIC）发布的第 44 次《中国互联网络发展状况统计报告》显示，截至 2019 年 6 月，我国网民规模达 8.54 亿人，网络视频用户规模达 7.59 亿人，其中短视频用户规模为 6.48 亿人，占网民整体的 75.8%。① 互联网的发展带来了短视频用户的急速增加，短视频因其视频内容短小且互动性高迅速占领了新的信息传播市场。同时，短视频平台中网络语言的应用也成为人们无法忽略的部分。

一、研究内容与研究方法

（一）研究内容

网络语言产生于互联网时代，是以网络技术为载体，以现代汉语的语音、词汇、语法为主体形式，在网络这一语境下使用的语言。网络语言可以分为两种，一种是产生于网络的语言形式，另一种则是产生于现实生活中但在网络上放大的语言形式。网络语言虽然依托甚至产生于网络，但是其基本词汇和语法结构还是全民使用的现代汉语。② 短视频平台上使用的网络语言，结合了日常用语、网络用语、书面用语三个情境，变成了日常用语和网络用语的结合体。在这样一个复合的情境之

———————————

＊ 本文为教育部委托项目"网络语言使用现状调查及治理策略研究"阶段性成果。作者黄葵，贵州师范大学传媒学院教授、硕士生导师，主要研究方向为艺术学、传播学；熊沁，贵州师范大学传媒学院教师，主要研究方向为视觉传播、新媒体传播。

① 第 44 次《中国互联网络发展状况统计报告》（全文），中国网信网，2019 年 8 月 30 日。

② 何洪峰：《从符号系统的角度看"网络语言"》，《江汉大学学报（人文科学版）》2003 年第 1 期。

下，网络语言的主要特征集中体现在词汇的使用上，所以本文将主要针对短视频平台中网络语言词汇的使用特征进行分析。

1. 研究平台的选取

根据艾瑞 APP 短视频平台的数据显示，截至 2019 年 7 月，短视频平台中所占市场份额最大的为"抖音"和"快手"两个平台，使用的独立设备数分别为 41521 万台和 30341 万台。截至 2019 年 6 月，快手拥有日活跃用户数超过 2 亿，月活跃用户数达 3 亿，每日上传短视频超过 1500 万条，库存短视频数量超过 100 亿条。截至 2019 年 7 月，抖音国内日活跃用户数达到 3.2 亿，国内月活跃用户数突破 5 亿①。作为短视频平台中使用独立设备数最多、活跃用户群最大的两个平台，抖音和快手上的网络语言使用特征具有一定的代表性。本文中所有样本均来自这两个平台上的视频内容、视频描述及互动评论中使用的网络语言，通过对采集到的样本进行分析统计以探究短视频平台上网络语言使用的现状。

2. 研究对象的选取

在网络平台中，语言的产生源于信息传播的需求，而信息传播需要依靠各种信息节点。在短视频平台中，作为信息节点的是平台上的信息发布者（作者）和评论者，也就是产生此次研究内容的研究。

抖音和快手都属于 UGC（User-Generated Content）平台，即用户生产内容。两个平台的用户都拥有自己的主页，并在自己的主页中上传原创视频。发布视频时发布者会对所发布视频做出相应关键词和内容描述，使其能够更精准地吸引特定人群的注意，并能够通过相应关键词被搜索。作者既是信息的创作者，也是信息的把关人，他们所使用的语言构成了短视频平台上最基本的信息内容。

短视频平台在近年来有极高关注度的原因除了视频时长符合现代人们碎片化时间的使用习惯外，互动性强能满足用户的心理需求则是另一个重要原因。短视频平台的互动性基本体现在视频的评论区。不论是抖音还是快手的短视频，观看者除了基础的点赞功能外，都可以对视频进行评论以发表自己的观点。视频发布者和其他观看者也可以对评论进行点赞和回复，从而使得平台中用户的互动性得以提高。所

---

① 数据来源：艾瑞数据：《App 应用排行》，https://index.iresearch.com.cn/new/#/app。

以视频评论是短视频平台的另一个大型语言使用场景，评论者是另一个应该被关注的研究对象。

3. 研究内容的选取

短视频平台中的视频内容、视频描述信息和评论都是语言交际的承载物，集中体现了短视频平台上语言应用的特点，也是此次研究的内容和语料来源。视频内容和视频描述信息都来源于视频发布者，评论来源于评论者。

视频内容是短视频平台上发布者所生产的内容载体，视频内容包括一个视频中所使用的语言、文字、画面、音乐、音效等，但本文探究平台中的网络语言应用，所以主要研究对象为视频内容中所使用的语言和文字。

视频描述信息是指在发布视频时发布者对所发布视频做出相应关键词和内容描述，目的是使其发布的视频能够更精准地吸引特定人群的注意，并能够通过相应关键词被搜索。比如信息发布者"papi 酱"在抖音发布一条短视频时，短视频下方会显示"你身边有没有那种'特别'喜欢讲英文的人……"这样的文字描述，以提示观看者视频的内容。

视频评论是每一条短视频下方观看者所发布的文字信息，评论区是受众对于视频内容进行反馈的渠道，也是传受者双方互动的沟通场所。

（二）研究方法

本文的研究思路是在对当前两个视频平台的头部用户视频内容、热门视频、热门评论进行内容分析的基础上，进一步通过数据统计，得到短视频平台上网络语言的应用特点，综合采用内容分析和语料分析的方法。

短视频平台拥有数量庞大的传播者、多元化的传播渠道和多样化的传播方式，这让其语言信息具有短暂的更新周期和巨大的更新量，对其平台上的所有语言进行穷尽的搜集建立庞大的语料库难度较大，所以此次研究选取了平台上具有代表性的典型文本，并建立相应的语料库。

短视频平台中占比 2.7%的头部视频，获取了 80%的平台用户关注和参与，占比 4.7%的头部用户，覆盖了平台粉丝总量的 97.7%。[①] 因为算法推荐的机制，短

---

① 数据来源：《2018 抖音研究报告》，搜狐网，https：//www.sohu.com/a/260040595_ 403902。

视频平台中还存在马太效应，即关注度越高的视频在推荐算法的计算下热度会越来越高，而无人问津的视频内容则会逐渐淡出人们的视野。所以头部用户的视频内容在短视频平台上比普通用户传播范围更广、受众更多，作为 KOL 他们在视频内容中所使用的语言更具有代表性。因此当涉及对短视频平台信息发布者所产生的视频内容进行分析时，我们选取了抖音和快手两个短视频平台上截至 2019 年 10 月人气排行前 15 的头部用户，随机抽取他们从 2018 年 10 月 1 日 0 时至 2019 年 10 月 1 日 0 时的视频 10 条，并对视频内容涉及的网络词汇进行记录并做内容分析。涉及短视频描述文字时，我们将两个平台上 2019 年 9—10 月热度最高的前 200 个视频作为代表性视频，收集视频的描述文字作为语料，然后借助 NLPIR 汉语分词系统对语料进行分析与检验，归纳出各个层面的相关语言特征。同样，分析短视频平台上评论中的语言特点时，我们选取"抖音"和"快手"两个平台上 2019 年 9—10 月的前 50 条热门评论，并再随机抽取了 20 个视频下的 5 条评论。随机抽取的 20 个视频来自 4 个时间段，每个时间段抽取 5 个视频，且抽取同一视频的评论时有一定的时间间隔，以求语料主题和语境的多样性。共从两个平台获取 300 条评论用语，同样借助了计算机分词系统进行统计，NLPIR 汉语分词系统对语料进行分析与检验，归纳出各个层面的相关语言特征。

通过对收集到的语料进行整理，我们发现短视频平台上除了现代汉语基本词汇的使用外，还会使用大量的网络词汇。网络词汇主要可分为原生类网络词汇、方言类网络词汇和詈语类网络词汇三个大类。原生类网络词汇是产生于互联网本身并被进行传播的词汇，而方言类网络词汇和詈语类网络词汇则是产生于现实生活中但在短视频平台上被放大的语言形式。下文将对这三个大类的网络词汇进行具体的分析。

二、短视频平台网络语言使用现状

（一）信息发布者的网络语言使用现状

1. 短视频内容的语言使用

研究选取了"抖音"和"快手"两个短视频平台上截至 2019 年 10 月人气排

行前 15 的头部用户，随机抽取从 2018 年 10 月 1 日 0 时至 2019 年 10 月 1 日 0 时的视频 10 条，两个平台上共得到视频 300 个。对所收集到的视频内容中涉及的网络词汇进行记录并做内容分析，得到以下关于网络词汇的数据。

表 1　两个短视频平台视频内容中的网络语言使用情况

网词类别　　短视频平台	取样视频	使用原生类网络词汇的视频	原生类网络词汇（不含重复）	使用方言或带有方言类网络词汇的视频	使用詈语类网络词汇的视频
抖音	150	42	15	18	5
快手	150	31	10	65	23

从统计结果可以看出，两个短视频平台的头部用户视频内容中均有不同程度地使用原生类网络词汇、方言类网络词汇以及詈语类网络词汇的情况。

2. 短视频描述文字的语言使用

将抖音与快手两个平台上的 2019 年 9—10 月热度最高的前 200 个视频作为代表性视频，收集视频的描述文字作为语料，然后借助 NLPIR 汉语分词系统对语料进行分析与检验，得到共 1884 个词，归纳出各个层面的相关语言特征。

首先，统计词汇中出现原生类网络词汇、方言类网络词汇和詈语类网络词汇的使用情况。

表 2　两个短视频平台短视频描述文字的网络语言使用情况

网词类别　　短视频平台	总词数（含重复）	原生类网络词汇（不含重复）	方言类网络词汇（不含重复）	詈语类网络词汇（不含重复）
抖音	1087	22	8	2
快手	797	16	15	11

同时，将词语按照词性分成了名词、动词、形容词、副词和其他，统计词类分布情况。

表3　两个短视频平台短视频描述文字中的词性的分布情况

短视频平台　网词类别	名词（不含重复）	动词（不含重复）	形容词（不含重复）	副词（不含重复）	其他（不含重复）	总词数（含重复）
抖音	479	322	84	162	40	1087
快手	318	287	65	114	13	797

再将词语按照音节分成了单音节词、双音节词、三音节词和多音节词四个类别，统计描述文字中的词的音节分布情况。

表4　两个短视频平台短视频描述文字中的词的音节分布情况

短视频平台　网词类别	单音节词（不含重复）	双音节词（不含重复）	三音节词（不含重复）	多音节词（不含重复）	总词数（含重复）
抖音	457	587	32	11	1087
快手	349	425	18	5	797

从统计结果可以看出，两个短视频平台的短视频描述文字中也出现了不同程度的原生类网络词汇、方言类网络词汇、詈语类网络词汇的使用，而在词语的使用中，名词和双音节词具有一定的优势。

（二）评论中的网络语言使用现状

我们选取抖音和快手两个平台上2019年9—10月的前50条热门评论，并再随机抽取了20个视频下的5条评论。随机抽取的20个视频来自4个时间段，每个时间段抽取5个视频，且抽取同一视频的评论时有一定的时间间隔，以求语料主题和语境的多样性。共从两个平台获取300条评论用语，借助NLPIR汉语分词系统对语料进行分析与检验，得到共1423个词语。

首先，统计词汇中出现原生类网络词汇、方言类网络词汇和詈语类网络词汇的情况。

表5 两个短视频平台评论中词的分布情况

网词类别 短视频平台	总词数 （含重复）	原生类网络词汇 （不含重复）	方言类网络词汇 （不含重复）	晋语类网络词汇 （不含重复）
抖音	747	25	14	6
快手	676	18	22	13

同时，将词语按照词性分成了名词、动词、形容词、副词和其他，统计词类分布情况。

表6 两个短视频平台评论中词的词类分布情况

网词类别 短视频平台	名词 （不含重复）	动词 （不含重复）	形容词 （不含重复）	副词 （不含重复）	其他 （不含重复）	总词数 （含重复）
抖音	316	267	72	84	8	747
快手	281	248	77	63	7	676

再将词语按照音节分成了单音节词、双音节词、三音节词和多音节词四个类别，统计描述文字中的词的音节分布情况。

表7 两个短视频平台评论中词的音节分布情况

网词类别 短视频平台	单音节词 （不含重复）	双音节词 （不含重复）	三音节词 （不含重复）	多音节词 （不含重复）	总词数 （含重复）
抖音	332	376	24	15	747
快手	297	347	19	13	676

从统计结果可以看出，两个短视频平台的短视频评论文字中也依然存在对原生类网络词汇、方言类网络词汇、晋语类网络词汇的使用。而在词语的使用中，同样是名词和双音节词具有一定的优势。

三、短视频平台中网络热词的二次传播

短视频平台作为新兴的媒体平台，其与传统视频平台最大的区别就是互动性。互动性带来的除了用户之间的交流之外，还带来了不同平台之间语言现象的流动。短视频平台除了分析其自身在传播信息的过程中产生的一系列语言现象外，还需再进一步对网络热词的二次传播分析。

本研究选取了由国家语言资源检测与研究中心、商务印书馆等单位联合主办的"汉语盘点 2018"活动统计的 2018 年十大网络热词，统计热词来源及相应词语在两个短视频平台中的提及话题数，分析网络热词在短视频平台中的二次传播。

表8 2018 年十大网络热词来源与意义说明

网络热词	词语来源与意义说明
锦鲤	词语本来代表的是一种鲤鱼，在 2018 年国庆期间，支付宝官方微博推出寻找"中国锦鲤"转发抽奖活动，中奖者即为"中国锦鲤"，引发网友疯狂转发。"锦鲤"一词也因此走红，成为"好运"的象征，隐含了人们对美好生活的向往
杠精	指抬杠成精的人，来源于微博。这类人以抬杠为己任，往往并不关注客观事实，经常为反对而反对，不管别人所说内容的对错而进行持续的反驳
skr	原指汽车轮胎摩擦的声音，后随着某流行歌手在综艺节目中的频繁使用而迅速走红，并被网友模仿传播。当遇到某些认可的事情时，会用 skr 表达佩服、赞扬之意
佛系	最早来源于日本某杂志介绍的"佛系男子"，指爱独处、专注于自己的兴趣、不想花时间与异性交往的男人。在国内社交平台流行后，该词泛指不争不抢、不求输赢的人，表达一种按自己方式生活的人生态度，并衍生出"佛系青年""佛系女子"等一系列词语
确认过眼神	源自歌曲《醉赤壁》里的一句歌词"确认过眼神，我遇上对的人"。该词语作为网络用语开始流行是在 2018 年的除夕。某网友发布了一张内容为"确认过眼神，你是广东人"的图片，借以吐槽广东人的过年红包面额很小，引发网友对各地红包数额的讨论，从而使该语爆红网络
官宣	2018 年 10 月，两位明星在微博上公布结婚喜讯时使用了"官宣"一词。因二人粉丝众多，该词的使用受到高度关注，并被广泛模仿使用。"官宣"的字面意为"官方宣布"，现泛指某人或某机构对外正式宣布消息，表达广而告之的含义
C 位	"C"一说为英文单词"center"的缩写，意为中央、中心。"C 位"一般指舞台中央或艺人在宣传海报的中间位置，后被引申为各种场合中最重要、最受关注的位置。由于网络的一档综艺选秀视频节目，让这个词引起了广泛的讨论

— 281 —

续表

网络热词	词语来源与意义说明
土味情话	指那些听起来腻人、带着土气、冷幽默式的情话，来源于微博，多采用转折、夸张的表达方式。例如，我对你的爱，就像拖拉机上山轰轰烈烈
皮一下	源于方言，走红于网络游戏解说，后被网友广泛用于社交网络。"皮"在方言里是调皮、淘气的意思。"皮一下"用于吐槽对方很调皮，不按常理出牌，常用于微博上具有反转性的搞笑内容
燃烧我的卡路里	此语为某网络综艺选秀中女子团体歌曲《卡路里》中的一句歌词。因为里面唱这句歌词的歌手话题度本身颇高，唱这句歌词时的声音引起人们广泛讨论，且歌词的意义和旋律极为吸引人，因此火遍网络

表9　2018年十大网络热词在短视频平台上的转发提及率

网络热词	抖音平台相关话题视频量（条）	快手平台相关话题视频量（条）	视频来源占所有信息源比（%）	短视频来源占总视频来源比（%）
锦鲤	210224	276407	0.02	21.02
杠精	31118	33121	0.01	34.71
skr	154662	5994	0.37	30.20
佛系	446719	1477610	0.25	18.48
确认过眼神	2954261	46188	1.51	44.90
官宣	75013	14410	0.10	12.99
C位	5249051	6137	0.31	50.32
土味情话	25062	15589	0.43	13.36
皮一下	343232	1378296	3.12	62.42
燃烧我的卡路里	75371	7871	2.54	44.45

从表8和表9可以看出，2018年的十大网络热词并不产生于任何短视频平台，短视频平台只是对这些热词起到了再次传播的作用。同时，从相应词语在两个短视频平台中提及的话题数和占比可以看出，视频来源只是热搜词讨论来源的一部分，占比很小，大规模讨论的场景还是集中在新浪微博和微信中。但涉及短视频在视频渠道的传播占比，数据显示短视频在视频渠道的二次传播的过程中还是起到了相当大的作用，特别是涉及"确认过眼神""C位""皮一下""燃烧我的卡路里"这几个词，短视频的来源占比分别高达44.90%、50.32%、62.42%、44.45%。反观这几个词的来源和使用场景，可以看出这几个词的来源都是视频，比如网络直播和

网络选秀节目视频，也就是说，短视频平台对原本来源于视频素材的热门词汇传播力更强。

但随着短视频的不断发展，2019 年年初产生的网络热词如"盘他""OMG"都是通过短视频平台对原本的词汇进行再释义使其成为新的网络热词。从 2018 年全年产生热词和短视频平台无关，到 2019 年年初两个新关键词都来源于短视频平台，可以预见短视频的发展对网络热词的形成和发展都是极为关键的。

四、短视频平台网络语言的使用特征

（一）网络原生词汇使用较多

通过第二部分对短视频平台中视频内容、视频描述文字及评论的数据统计可以看出，无论在哪个语言使用场景当中，原生类网络词汇出现的频率在大多数情况下都比其他两种网络词汇高，这一现象在视频内容当中尤为显著，原生类网络词汇的出现高达 28% 和 20.67%。其次是方言类网络词汇，晋语类网络词汇虽出现了一定的使用现象，但是使用频率还是相对较少。

从短视频类型上来看，搞笑类和生活日常类短视频中出现的原生类网络词汇比例很高。而官方媒体账号例如"央视新闻""人民日报"等，其发布内容中基本不会出现各类网络词汇的使用。在描述文字和评论中使用的原生类网络词汇重复率很高，这意味着某些流行热词会被多次提及，甚至还会衍生出相关的网络词汇。

（二）名词和双音节词占有一定优势

同样通过短视频平台的语言使用现状可以看出，虽然抖音和快手视频内容和侧重不太相同，但是从比例上看在视频描述和评论中使用的词类构成具有一致性。从两个平台中词类使用的平均比例情况来看，短视频平台上的词类占比由多到少依次是名词、动词、形容词和副词。名词和动词占比高符合日常交流的需求，副词的使用和形容词持平甚至还略高于形容词，证明短视频平台上的用户在进行视频描述和评论时，经常会加以时间、程度、方式、语气上的修饰，以引起更多人的关注，从而吸引短视频平台乃至整个互联网当中更多的流量。

通过对短视频平台视频描述词和评论词的音节分布中可以看出，双音节词如

"支持""热门""孩子"等，在数量上是占比最多的。单音节词如"我""个""的"等的数量虽然不是最多，但是占比也相对较大。当涉及三音节词如"灰姑娘""全世界""洋娃娃"等，占比不足5%。多音节词如"世界冠军""斗志昂扬""森林消防员"等占比仅在2%左右。

从现代汉语收词的词种角度而言，双音节词本身的收词量较高，占总收词量比重大。而在不同的使用情境中，单音节词和双音节词体现了不同的优势。在口语中单音节词用得更多，而在书面语中则更常用双音节词。从以往研究的文献相关数据中得知，口语的所有词语中单音节词出现的比例达到57.12%，双音节词语的比例为39.22%。而在涉及书面语所使用的词语中，双音节词所占的比例变为了59.15%，单音节词只占39.48%。[①] 通过我们所统计的短视频平台视频描述用语和评论用语的音节分布情况可以看出，虽然处在互联网的大环境下，因为要对视频和自己的观点做较为完备的阐述，短视频平台上的文字使用更倾向于书面语的使用，因此双音节词具有一定的使用优势。但同时，短视频平台上的单音节词使用频率也相对较高，证明其平台上的用语也常出现口语化的特征。

（三）常伴随语用失范现象，且具有一定的平台差异性

在对短视频平台上网络语言分析的过程中，我们发现短视频平台上的语言使用常伴随失范现象。比如视频中经常出现方言类网络词汇"老妹""老铁""整"等，甚至有时还会出现詈语类网络词汇及其变体形式的使用。我们将两个平台上出现的方言类网络词汇和詈语类网络词汇的数量进行了对比，发现无论是在视频内容、视频描述文字和评论中，这两类网络词汇在快手平台上出现的频率比抖音平台上都要高。特别是涉及视频内容时，快手平台上出现方言类网络词汇和詈语类网络词汇的频率是抖音平台的好几倍。也就是说，这样的语用失范现象具有一定的平台差异性。

反观两个短视频平台的用户构成，截至2019年2月，抖音女性用户偏多，快手的男女用户比例则更加均衡，男女比例达到54:46，更符合中国互联网网民的整体画像。抖音用户以一二线城市为主，占比达到52%，快手三四线及以下城市占比更多，占比达到64%，对比之下，快手的用户群体更加下沉。[②] 这样的用户构

---

① 宋婧婧：《汉语口语与书面语词汇使用对比分析——基于传媒语料库》，《厦门理工学院学报》2013年第3期。

② 数据来源：卡思数据：《2019抖音VS快手研究报告》。

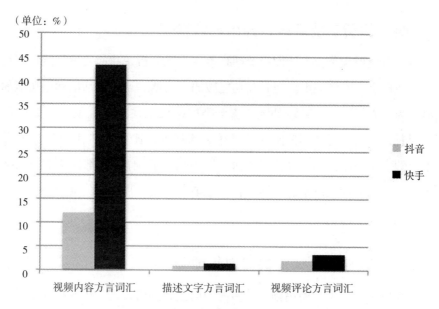

图1 短视频平台方言类网络词汇的使用情况

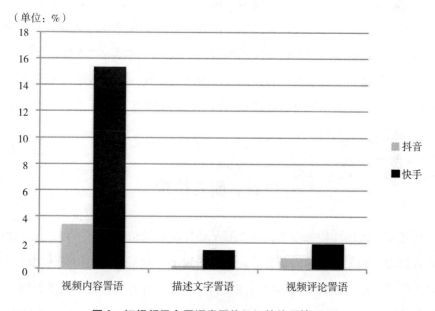

图2 短视频平台詈语类网络词汇的使用情况

成差异可能是造成两个平台上网络语言使用类别差异的主要原因。而这些方言类网络词汇和詈语类网络词汇的使用不利于短视频平台上塑造良好的语言环境，还会对用户特别是青少年用户产生一定的负面影响。

（四）骂詈功能衰减，并出现音译字

通过对短视频平台上所使用的网络语言进行分析，我们发现虽然在短视频平台上常出现詈语类网络词汇，但是其功能减弱，戏谑、调侃和话语标记功能加强。一方面，为了方便表达和减缓冲突，詈语类网络词汇在视觉上呈现出更加含蓄的特征。同时，詈语类网络词汇出现了音译字的现象，比如说"我操"常出现在短视频平台的文字为相似的发音词汇"卧槽"。这样的变异现象都让詈语类网络词汇的骂詈功能减弱，词汇由本意的谩骂色彩逐渐向调侃、加强语气甚至是口头禅的功能进行转化。

（五）存在网生词汇的二次传播

短视频平台上出现使用频率最多的为原生类网络词汇，但这些原生类网络词汇往往不产生于短视频平台本身。它们更多地产生于其他互联网平台，但是短视频平台可促进原生类网络词汇的二次传播。从研究数据来看，这一类原生类网络词汇在视频内容、视频描述文字及评论中都有出现。如果词汇来源于网络热门视频素材，其传播的强度和范围会比其他原生类网络词汇更大。这样的二次传播促进了网络热词的进一步传播，形成了新的传播路径。而随着短视频用户数量的不断增加，短视频的影响力扩大，短视频平台逐渐成为网络新词的产生地，在未来对于网络热词的诞生和传播都有一定的影响力。

五、研究结论

在互联网飞速发展的今天，短视频平台作为新的信息传播平台，其中使用的网络语言成为人们无法忽略的部分。短视频平台上的网络语言使用总体倾向于原本的汉语使用规范和习惯，但由于网络文化和社会心理等各个方面因素的影响，短视频平台上的网络语言确实存在一些失范的现象。对于这些失范行为，需要进行合理的引导和带动。

1. 建立规范的语言表达意识

短视频平台的受众范围广、视频制作成本低、信息发布成本低等特点使得大部分人都能参与信息的发布和传播过程，但也使得信息发布者的水准和素质参差不齐。他们当中的部分人没有经过规范的语言训练，对语言在传播中的重要性还缺乏足够的认知。短视频平台一方面应该强化语言规范的使用意识，另一方面应鼓励用户用规范的语言进行合理表达。而平台中的专业媒体更应该做好示范者的作用，让其他的用户特别是拥有大量粉丝的自媒体用户意识到规范语言的重要性，自觉自发地使用较为规范的语言。

2. 平台建立合理的监管制度

作为网络短视频服务直接提供者的平台方，需要建立合理的监管制度来引导和规范平台上的用语失范现象。

为了确保用户能了解和知悉良好语言氛围的重要性，平台可以提前对用户进行一定程度的告知与考核，让用户在进入平台前对于网络语言的使用有相应了解，适当提高信息发布门槛。同时，对于平台用户还可以实施信用管理，建立合理的信用评估监管体系，保证良好的网络语言氛围。

除了在平时的网络语言使用中倡导文明用语之外，平台也要从技术上优化处理一些负面影响较大的低俗词汇、詈语、色情词等。平台应该建立合理的语料库，对信息的发布内容设置相应的门槛。

3. 出台相关法律法规和行业规范

政府部门针对短视频平台所暴露出的问题已经出台了相应的法律规范，如2016年7月文化部发布的《文化部关于加强网络表演管理工作的通知》，2016年9月广电总局发布的《关于加强网络视听节目直播服务管理有关问题的通知》，同年11月国家网信办发布的《互联网直播服务管理规定》，2019年1月9日发布的《网络短视频平台管理规范》和《网络短视频内容审核标准细则》等。

相关的法律规范和行业规范对短视频平台上的语言规范具有指导性的作用，意味着短视频平台上的言语活动和管理服务有据可依。而平台上的用户也可以根据相关规范制度有效地规避传播信息中的负面内容，减少不规范的语言表达带来的影响。

B 站弹幕语言特征的个案分析 *

"弹幕"本义是指战场上由密集子弹形成的火力网，应读作"dàn 幕"。目前，在很多视频网站上，大量以字幕形式显示的评论同时出现在视频界面上，其飘过时的效果看上去像是飞行射击游戏里的弹幕，如图 1 所示。

图 1　弹幕示例截图

资料来源：哔哩哔哩弹幕视频网站，https：//www.bilibili.com/。

弹幕视频系统源自日本弹幕视频分享网站。2008 年，我国效仿日本做出了国

　＊　本文为国家社科基金《青少年网络语言生活方式及其引导策略研究》（项目号：14ZDB158）阶段性成果；广东外语外贸大学 2017 年"挑战杯"全国大学生课外学术科技作品竞赛项目"弹幕语言特征研究"最终成果。作者杨帅可，文学博士，广东外语外贸大学中文学院讲师、硕士研究生导师，主要研究方向为汉语国际传播、对外汉语教学；陈衡，文学博士，广东外语外贸大学外国语言学及应用语言学研究中心讲师，主要研究方向为计量语言学、语言复杂网络；汪磊，广东外语外贸大学中文学院教授、硕士研究生导师，主要研究方向为社会语言学、网络语言传播；柳笛、邱晓晴、梁小玲、陈嘉敏，广东外语外贸大学中文学院本科生。

内第一个弹幕网站——AcFun①（以下简称"A 站"），但第二年成立的"哔哩哔哩弹幕视频网站"（通常简称为"B 站"，下同）则成为目前国内最大、流量最多、影响力最大的弹幕网站，B 站里的弹幕语言也是中国最具有代表性的。

弹幕语言是一种以字幕形式呈现的网络语言现象，是在网络视频画面上进行评论的新式语言变体。本文以 B 站的《猫和老鼠》和《蜡笔小新》各前十集的弹幕文本为材料，运用语言计量统计方法分析下文的十种类型的弹幕所包含的特殊弹幕语言数量、使用频率的特征，以及整体弹幕文本用字用词和词性使用特征，考察这一新式语言变体的语言风格特征，揭示其产生的社会文化背景及使用者的心理思维特点，从而有助于网络舆情监测，为政府、社会或学校制定相关政策或指导意见提供决策参考。

一、语料与方法

《猫和老鼠》（Tom and Jerry，以下简称《猫》）是美国米高梅电影公司于 1939 年制作的动画片，至今已有 160 余集，先后获得多项大奖，在世界上可谓是家喻户晓、老少咸宜；《蜡笔小新》（以下简称《蜡》）则是日本在 1992 年出品的一部家庭搞笑动画片，迄今播出千余集，中国的受众十分广泛。为此，我们在 B 站上选择了《猫》和《蜡》各前十集的弹幕语言作为研究对象，采集了所有剧集里的弹幕文本，从中整理出使用频率高、代表性强，以及被人们广泛使用的弹幕语言独属或特殊词语，并从它们的词义、缘起、感情色彩或语用方面进行分类，逐一阐释其含义；再通过特殊词表和整体文本的结合对比，归纳总结出弹幕语言特征。这些弹幕语言大部分是词语，它们同其他网络语言最大的不同之处就是与弹幕的特殊形式有关，并且受到日本宅文化的影响。

本文主要采用语言计量统计方法，首先在 https：//www.bilibili.com 网站中获取研究所需要的语料，然后将其导入 NLPIR 汉语分词系统②进行分词操作，再用 QUITA③进行频率统计，得出词频分布、词型（Type）、词例（Token）、型例比等数据。与此同时，为保证语料的客观有效，我们还通过人工筛选出弹幕特殊词语，

---

① AcFun 弹幕视频网，北京快手科技有限公司，来自 http：//www.acfun.cn/。
② NLPIR-ICTCLAS，汉语分词系统，来自 http：//ictclas.nlpir.org/。
③ QUITA，文本计量分析软件，来自 https：//code.google.com/p/oltk/。

并分类计算其词频及各类占比情况，进而从词频分布、词类分布、不同类型弹幕词汇分布等语言特征数据的对比中，分析弹幕语言的基本特征。

二、数据与分析

1. 特殊弹幕用语特征分析

我们于 2017 年 10 月 26 日共采集两部动漫各前十集的实时弹幕语料 18428 条；通过人工筛选出两部动漫的特殊弹幕语言，分别获得《猫》1340 条、《蜡》2471 条，据此我们将特殊词语按其来源及特征分为以下十种类型，如表 1 所示。

表 1　弹幕语言类型及其解释

类型	解释
谐音类	由原词变音而来，如：口耐（可爱）
日语词汇类	来源于日语或与日本文化相关的词语，如：萌、纳尼
英语词汇类	来源于英语或与英语国家文化相关的词语，如：FLAG
本土自创类	由我国网民创造的、之前没有的一类词语，如：高富帅
缩略语类	1. 由较长的语词缩短省略而成的，如：细思极恐 2. 选取某个词条中拼音或单词的首字母或其中几个字母组成的，如：nb；exm
网络技术类	来源于游戏、动漫、新科技等，如：高能、上线
事件典故类	来源于某些广为人知的事件或典故，如：葛优瘫、freestyle
数字类	由数字组合成的，能够表达某种特殊意义的一类词，如：555、666
表情符号类	由英文字母和标点符号组合而成，用于表示某种表情，如：QAQ、T^T
转喻类	指当甲事物同乙事物不相类似，但有密切关系时，可以利用这种关系，以乙事物的名称来取代甲事物。如：出柜

首先，我们统计了这两部动画的特殊弹幕语言①，得出以上十类弹幕特殊语言各占特殊弹幕文本的比例，并进行排序，结果如表 2 所示。

---

① 参见附录 1：《〈猫和老鼠〉特殊弹幕词语表》，以及附录 2：《〈蜡笔小新〉特殊弹幕词语表》。

表 2　《猫》与《蜡》十类弹幕特殊语言词频占比排序对比表

	《猫和老鼠》			《蜡笔小新》	
	类型	占比（%）		类型	占比（%）
1	数字类	42.60	1	数字类	49.70
2	网络技术类	13.98	2	本土自创类	14.25
3	缩略语类	13.38	3	缩略语类	11.98
4	本土自创类	6.54	4	网络技术类	6.59
5	日语词汇类	6.32	5	日语词汇类	5.09
6	转喻类	4.24	6	转喻类	3.76
7	谐音类	4.09	7	英语词汇类	3.27
8	表情符号类	3.64	8	谐音类	2.91
9	事件典故类	2.97	9	表情符号类	1.62
10	英语词汇类	2.23	10	事件典故类	0.81

其次，根据词频将这两部动漫的特殊弹幕用语进行降序排列，选择前三十个高频词[①]，并对其所属的类别出现的次数进行统计，结果如表 3 所示：

表 3　《猫》和《蜡》特殊词表前三十个高频词所属类别次数统计表

	《猫和老鼠》			《蜡笔小新》	
	类型	次数		类型	次数
1	数字类	4	1	本土自创类	8
2	网络技术类	4	2	缩略语类	5
3	缩略语类	4	3	日本词汇类	3
4	日语词汇类	4	4	数字类	3
5	转喻类	4	5	转喻类	2
6	表情符号类	2	6	表情符号类	2
7	本土自创类	2	7	网络技术类	2
8	英语词汇类	2	8	谐音类	1
9	事件典故类	2	9	英语词汇类	1
10	谐音类	2	10	事件典故类	0

结合表 2 和表 3，我们对这十类词语所包含的特殊弹幕语言数量及其使用频率

---

① 参见附录 1：《〈猫和老鼠〉特殊弹幕词语表》，以及附录 2：《〈蜡笔小新〉特殊弹幕词语表》。

进行分析。

第一，在《猫》中，数字类、网络技术类和缩略语类的弹幕特殊语言在两表中的排名均在前列，数量较多且使用的频率较高，如"233"最初只是一个大笑的表情代码，后用来表示哈哈大笑，数字"3"使用得越多，所表达的就越强烈，在观看《猫》时，其词频最高；转喻类和日语词汇类的词频占比排序位置居中，而在高频词表中排序较前，我们认为属于这两类的弹幕语言数量不多，但使用频率较高；而表情符号类、本土自创类、英语词汇类、事件典故类和谐音类词语的词频在两表中的位置排序靠后，说明这五类弹幕语言数量少且使用频率较低。

第二，在《蜡》中，缩略语类和本土自创类的弹幕语言数量较多且使用频率高；日本词语类、网络技术类和转喻类数量不多，且使用频率也不高；数字类弹幕语言数量较少，但使用频率较高，如排在第二位的"666"，是近两年高频使用的数字型网络语言，这是不难理解的；表情符号类的弹幕语言数量少，且使用频率不高；属于谐音类、英语词汇类和事件典故类的弹幕语言数量非常少，且使用频率也很低。

基于以上结果，可以得出以下结论：

第一，在《猫》和《蜡》中词频占比排序位列第一的都是数字类弹幕语言，即"233"，整体上看，数字类弹幕语言的使用频率都较高。探究其原因，我们认为有以下两点：一是数字型的网络词语已在当下被广泛使用，如"520"、"1314"等；二是数字输入便捷，弹幕在屏幕上停留的时间较短，飘过的速度较快，因此网友更加倾向于使用输入更快速、便捷的数字型语言来代替相同意思的汉字型。

第二，《猫》和《蜡》中词频占比排序居第二位的分别是网络技术类和本土自创类，如"上线"原是QQ中好友上线的消息提示，现在代指某某人来了；"皮"即顽皮、欠揍之意。我们认为这与视频性质、画面、情节的差异有关。《猫》是无台词动画，观众需要更加细致的画面来理解故事情节，《猫》的画面所表达的内容与情节更加丰富，从而使观众更易于联想到视频以外的相似画面，比如网络游戏的场景等。这种特征导致网友更频繁地使用网络技术类语言。而《蜡》是有台词动画，人物台词会更容易激发观看者的语言创新能力，所以本土自创类词汇频繁地出现在《蜡》的弹幕中。

第三，词频占比排序居第三位的均为缩略语类，如"Bgm"，是"back ground music（背景音乐）"的缩写，"hhh"则是"哈哈哈"的汉语拼音首字母缩写。究其原因，一是输入的便利性。缩略语多是英语单词和汉字拼音的首字母或关键词的缩略形式，仅仅几个简单的字母或汉字就能表达出一个单词或一个短语的意思，大大提高了输入的速度。二是语言的经济性。通过简单的几个字母可以交流与互动。三是受新词造词方法的影响。以年轻人为主体的网民追求创新，求异成为一种新时尚，从而缩略语类使用的频率也较高。

第四，词频占比排序居第四位的分别是本土自创类词汇和网络技术类，如"略略略"是一种调皮的拟声词，吐舌头发出的声音。与上面分析的排名第二位的原因正好相反，因为《猫》是无台词动画，所以本土自创类词汇使用的频率较低；《蜡》是有台词动画，所以网络技术类使用的频率也较低。

第五，词频占比排序居第五位的均为日语词汇类，如"新酱"，即新さん指的是《蜡笔小新》中的小新。主要是因为在哔哩哔哩弹幕视频网站看视频的主体是"二次元①"的人群，他们大都对日本文化感兴趣，并受日本文化影响较深。加之近年来，日本动漫在中国广泛传播并受到巨大关注，许多与日语相关的词汇被运用到弹幕语言中。即使是在非日本动漫中，人们也会情不自禁地发日语词汇，也就是说，这类词汇在使用中并不会因为视频的题材而受到较大的限制，因此日语词汇使用的频率较高。

第六，词频占比排序居第六位的均是转喻类词汇，如"虐狗"通常指在各种秀恩爱场景中，单身人士（狗）遭受极大的伤害。转喻类词语的产生需要联想，这就要求首先有客观事物的存在，再有人们头脑中观念的投射从而创造出转喻类词语，即转喻类词语的创造有一定的条件限制，因而转喻类词汇数量不多，出现频率也不高。

第七，英语词汇类在日本动漫《蜡》中的词频占比排序居第七位，在美国动漫《猫》中反而排名末位。这一排名打破了人们认为英语词汇在英语类动画片的弹幕中自然会比较多的常规思维。探究其原因，可能是《猫》中的对话极少，并不能引导观者联想到相关词语。

第八，谐音类弹幕词语在《猫》中的词频排名第七，而在《蜡》中则排名第八。通过对词表中这类词语的观察，可以发现谐音类弹幕词语大体可以分为两类，一为低俗不雅的词语的谐音，例如：卧槽（我操）；二为某些人说话时带有口音而产生的谐音词语，例如：口耐（可爱）。

第九，在《猫》和《蜡》中，表情符号类的排名分别为第八及第九，事件典

① 二次元，意思是"二维"，引申为在纸面或屏幕等平面上呈现的动画、游戏等作品中的角色。

故类的排名分别为第九及第十。我们认为事件典故类话语有其对应的背景故事，观看者需要看到相应的场景才能想起这类词汇，因此这类词汇出现的频率和其所占比率相对而言会比较低。实际上表情符号类也曾一度风靡，但如今已被动画表情及意思相当的数字类词汇和缩略语类词汇所替代，因此弹幕语言呈现了表情符号类使用频率下降、数字类和缩略语类使用频率上升的趋势。

2. 弹幕文本用字用词特征分析

词型与词例也是反映语言特征的重要指标，对《蜡》和《猫》词型与词例的统计，获得以下数据，如表4所示。

表4　《蜡》和《猫》弹幕文本的用词基本情况统计表

文本	词型	词例	类型比
《蜡》十集合集	3990	30942	0.128951
《猫》十集合集	6027	44121	0.136602

从表4中可以看到，在同样多的剧集中，《猫》的用词词例更多，词型数也更多，但在词汇丰富度（词例与词型的比值）上，《猫》和《蜡》的差异并不大。这说明二者在用词广度和难度上相差不大，即其使用者的文化程度背景可能较为相似。

我们同时统计出《猫》弹幕整体文本的词频分布表，对前100个高频实词按照所属词性进行分类①，结果如表5所示：

表5　《猫》弹幕整体文本前100个高频词词性分类统计表

序号	词性	词总数（个）	占比（%）
1	名词	5544	37.83
2	代词	2711	18.50
3	动词	2448	16.70
4	副词	1697	11.58
5	形容词	1237	8.44
6	数词	404	2.76
7	叹词	391	2.67

---

① 参见附录3：《〈猫和老鼠〉弹幕整体文本前100个高频实词表》。

序号	词性	词总数（个）	占比（%）
8	量词	220	1.50

由表 5 可以直观地看出词总数最多的是名词，词总数达到 5544 个，占比为 37.83%，而词总数最少的是量词，仅为 220 个，占比为 1.50%。排在第一位的名词的词总数是最后一位量词的 25.2 倍。总的来说，除了词总数在 5000 个以上的名词外，词总数超过 2000 个的有动词和代词，词总数在 1000 个到 2000 个之间的是副词和形容词，而总词数低于 500 个的则有数词、叹词和量词。其中，排名前两位的在词总数上跨度较大，其余一些词之间的跨度较小，这种趋势从图 2 中可以看出。

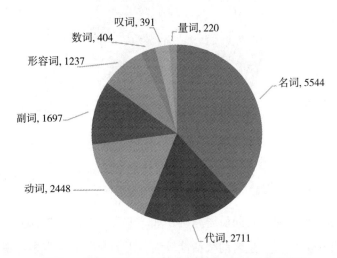

图 2　《猫》前 100 个高频词词性分类词总数分布图

表 6　《蜡》弹幕整体文本前 100 个高频词词性分类统计表

序号	词性	词总数（个）	占比（%）
1	名词	2376	22.64
2	动词	2174	20.72
3	代词	1757	16.74
4	副词	1607	15.31
5	形容词	1535	14.63
6	叹词	643	6.13
7	数词	271	2.58
8	量词	131	1.25

我们也对《蜡》弹幕整体文本前 100 个高频实词的词性进行了分类统计①。与《猫》一样，词总数最多的是名词，达到 2376 个，占比为 22.64%；最少的则是量词，只有 131 个，仅占比 1.25%；另外，词总数超过 2000 个的还有动词，相较于《猫》来说，《蜡》使用了相对较少的名词、动词和代词；词总数低于 500 个的则是数词和量词。不同于《猫》的是，排名第五和第六的在词总数上跨度较大，其余一些词类之间的跨度较小，这种差异可以对照图 2 和图 3 发现。

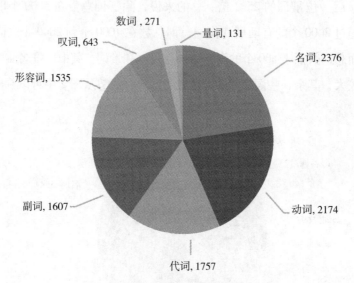

数词，271
叹词，643
形容词，1535
量词，131
名词，2376
副词，1607
动词，2174
代词，1757

图 3   《蜡》前 100 个高频词词性分类词总数分布图

对比表 5 和表 6 发现，名词稳居高位，如"猫""老鼠""小新"等。我们认为原因有以下几个方面：一是名词概括性较强。因为弹幕的内容多与视频画面或情节有关，所以人们会更加倾向于用概括性更强的名词来指代这些画面或情节。二是国人用字用词的习惯。据报道，中国汉字使用频次稳定，词语使用以名词数量居多。② 因此，即使在弹幕这种特殊的语言使用环境下，人们仍保留着高频使用名词的语言习惯。

代词排在第二位的原因是：弹幕具有实时互动性，网友通过弹幕进行交流、分享，表达自己的观点，所以人称代词"你""我""他""这""这个"的使用频率较高；同时，代词也是使用功能极强的一类词，它能够代替名词、动词、形

---

① 参见附录 3：《〈蜡笔小新〉弹幕整体文本前 100 个高频实词表》。
② 《媒体用字用语调查显示汉字使用数量基本稳定》，中国广播网，见 http://edu.cnr.cn/eduzt/PressConference/2011_ 1/news/201105/t20110512_ 507989091. html。

容词、副词等各类实词。

三、结论与启示

通过语言计量统计方法，我们得到两部动漫的不同来源和特征的十种特殊弹幕语言数量，以及使用频率等方面的客观数据。据此，我们认为：

第一，结合以上两个方面，我们对每类词在两个动漫作品中的表现进行定位，得出该类词的广度特征（所包含的弹幕特殊语言数量）和难度特征（使用频率）。其中，表现相同的类别有缩略语类、数字类、谐音类、英语词汇类和事件典故类，其他类别则表现不一。这在一定程度上表明，弹幕语言的使用既受到剧集本身台词、文化背景的影响，也可能会受到其他方面因素的影响。

第二，即便是与日常传播方式差异明显的弹幕语言，通用汉语言文字仍是常态，是常用的表达方式。在两部动漫 18428 条的实时弹幕语料中，弹幕特殊语言共 3811 条，实际占全部语料的 20.68%，约五分之一；而将近 80% 的语言文字并不特殊，关于这一点我们从附录 3 和附录 4 的"弹幕整体文本前 100 个高频实词表"中即可窥见一斑。

第三，在 3811 条的弹幕语言中，我们发现有些就是我们日常在网络交际过程中经常看到、用到的一些词语，如"666、打脸、打 call、脑洞、戏精、老司机"等，甚至包括某些隐晦的表达方式，如"我擦、尼玛、菊花"等。因此，弹幕语言与网络语言同中有异，实际上就是网络语言在新的传播平台上的衍生品。

综上所述，弹幕语言这一种新式的语言变体不仅具有其较为独特的表达手段和形式风格，而且反映了主要使用者的思维和心理特点，其调查研究结果有助于我们对网络语言发展、演变的认识，对年轻群体的社会心理和语言使用的把握，以及网络舆情的监测等。网络语言抑或弹幕语言，作为通用语言的网络变体，变与不变亦是在情理之中的。

请扫二维码登录附录

表情包的传播与扩散 *

本部分的主要研究对象是在网络传播环境当中的表情包。我们的主要研究目的首先是梳理网络表情包的发展脉络、生产创作方式、传播及扩散形式。其次将网络表情包这一文化现象放置于更加宏大的社会环境中，分析其背后的文化以及社会意义。最后通过对具体案例的分析，进一步深化对表情包各方面的理解。本文对现阶段的网络表情包进行总结概括和分析，可以为今后针对表情包的研究提供更多的理论支撑与案例分析材料。

一、表情包的发展历史

从"表情"到"表情包"，一字之差，意义却是划时代的。表情包是互联网时代社交领域的副语言，它的出现以及流行宣示着表情这一人类作为万物之灵长的独有符号化沟通方式从线下迁移到了线上。伴随着文化变迁、技术的发展，表情包也经历了从简单到复杂、从静态到动态、从单一性到系统性、从无偿性到商业性的演变过程。其发展大致可以分为三个阶段：字符表情阶段、GIF 动图表情阶段、商业化的表情包阶段。

最初的字符表情非常简单，最早可以追溯到 1982 年 9 月 19 日，卡耐基·梅隆大学的法尔曼教授创造了微笑符号 ":-)"，此后日本人创造性地发明了被称为"颜文字"的纵向表情符号，将网络符号的表情达意往前推进了一步。1999 年 emoji 的出现更是开启了网络表情符号设计的先河，日本人栗田穰崇用黄色圆

　　* 本文作者曹金泽，北京大学新媒体研究院硕士；马宪丰，北京大学新媒体研究院硕士；刘雯雨，北京大学新媒体研究院硕士；何雨蔚，北京大学新媒体研究院硕士；栾晓芸，北京大学艺术学院硕士；吴楚，北京大学中国语言文学系博士。

形的面部表情来传递喜怒哀乐的感觉，这些表情符号一直沿用至今并不断生发创新。

第二个阶段是图文混杂的动态表情，以 GIF 动态表情的出现为标志。2006年 12 月 1 日，由中国传媒大学动画系学生王卯卯创作出的"兔斯基"系列动态表情被认为是中国最早出现的动态表情包。[①] 此后，互联网上掀起了动态表情的制作风潮。而在广大网友的创造中，这些动态表情包已经突破早期以人脸及表情为主的局限，有些还夹杂着动态文字等，因而具有了更强的叙事性和情绪感染力。

图 1 "兔斯基"表情包

第三个阶段是在商业和技术的催化下，产业化的表情包。随着表情符号的流行，表情包的商业平台日益得到重视，为表情包的生产和传播提供了良好的空间。以微信为例，2015 年 7 月腾讯公司推出了微信表情开放平台，每个用户都可以上传自己设计的表情包，一旦审核通过就可以上线。与此同时，以打赏作者的模式，

---

① 刘胜枝、潘宇：《网络表情包的兴起与发展趋势探析》，《北京邮电大学学报（社会科学版）》2017 年第 5 期。

鼓励用户付费使用表情包，这极大地推动了职业设计师乃至设计公司投入专业表情包的创作；反过来，表情包产业链的成熟和发展也在一定程度上促进了表情包文化的繁荣。

图 2　商业化路径下的付费表情包

二、表情包的生产与创作

20 世纪 70 年代法国社会学家鲍德里亚提出"消费社会"这一概念，鲍德里亚认为，"消费是具有某种程度连贯性的话语中所呈现的所有物品和信息的真实总体性。因此，在这样的消费社会里，人们的消费活动更多的是在符号层面而非物质层面上，即消费物品的意义"①。随着时代的发展，人们对于符号消费的需求越来越大，不仅体现在物质的符号意义上，还延伸到了符号本身。

表情包就是在互联网技术的推动下，人们将日常交流的表情、语言符号化的结果。在网络交流的过程中，人们通过表情包来传递信息、表达情绪、释放情感、建构自我形象。因此对于表情包的需求不断扩大，表情包的生产者大量涌入，从专业

---

① 张悦：《消费语境下的模仿秀节目——以〈百变大咖秀〉为例》，《新闻世界》2013 年第 7 期。

平台到用户，表情包的质量参差不齐，形式内容多样。

（一）表情包生产的主要影响因素

表情包的生产包括对图像内容的设计和制作图像两个主要步骤，前者主要受流行文化的影响，后者主要受制作技术的影响。

表情包作为流行文化的载体，反映了当下时代热议的话题和青年亚文化。主要来源包括综艺、电视剧、游戏、动漫等，更迭速度快、流行周期短、圈层化特征强。例如，2014 年《爸爸去哪儿》综艺爆火，在社会中引起了广泛的讨论，国民关注度高，综艺节目中的画面被截图重新配字，赋予图像新的意义，使用于人们的日常交流中。在其热度逐渐减弱后，人们将注意力投入到新的话题中，制作《人民的名义》电视剧人物的表情包，达康书记成为当年的"表情包一哥"。随着热议话题的变化，表情包生产的主要素材也不断更新，以此满足人们对于流行文化符号表达的需求。

其次是制作技术的不断升级，降低了表情包生产的门槛，提高了人们使用表情包表达的自由度。初期的表情包技术需要借助专业的软件，由表情制作公司或者动画制作公司才能完成，门槛较高。随着技术的发展，手机 APP 和电脑软件的很多功能降低了表情包的制作门槛。例如，自拍软件 B612 在自拍和视频功能后又推出了表情包制作功能，用户拍摄一小段动图，按自己的意愿添加文字，自动保存为 GIF。甚至，社会化媒体平台在聊天窗口添加了部分功能以方便用户的制作，比如微信中可以为图片编辑，添加文字，文字背景色以及贴纸和特效，用户可以在聊天窗口直接 DIY 简单的表情包。技术的发展使得表情包的生产越来越平民化，涉及的题材更加广泛，满足了人们个性化的表达需求。

（二）表情包的生产者及生产动力

表情包的用途之广，市场需求之大，也使得该领域的生产者众多。主要可以分为用户自制和专业公司制作两个部分。专业的表情包生产者往往会经过多个层级，分工明确，在制作阶段分为表情原创公司和表情制作公司，从制作到投放再到衍生品开发具有明显的分工。[①] 这部分生产者的主要目的是盈利。通过表情包的 IP 化、

---

① 郑玄：《表情包市场产业化发展的生存困境和现实路径探究》，《新媒体研究》2018 年第 11 期。

系列化运营形成用户的使用习惯，表情包往往为公司原创的形象，制作精美，用户通过打赏、付费下载等形式购买。

在台湾、香港等地区表情包的生产者主要是专业的公司，用户需要进行付费才能使用。在大陆地区，付费表情包的使用占比较小，用户以免费的表情包为主。因此，大陆的表情包专业制作公司除了盈利，更多的是以表情包为工具实现其他商业目的。如综艺节目通过表情包的制作引起社会化媒体中人们对某节目的讨论热度，增加互动性、趣味性，提高节目的传播效果。公司也会委托专业公司制作具有企业特性的表情包，供其内部使用或者增强与客户之间的亲密度。

除了专业公司外，用户自制在表情包的流通中占据了更大的比例。随着技术门槛的降低，表情包参与制作者也越来越多，普通用户也纷纷加入其中。用户通过制作表情包来表达对于社会议题的调侃，以诙谐幽默的形式抒发内心的情感。快乐是用户自制表情包的核心动力，正如史蒂芬森所言，传播本身就是目的，就是伟大的实践。① 用户制作表情包忘我地投入其中，在传播中获得了本质的快乐，获得了交流的乐趣。因此，用户自制表情包的核心动力源来自对自身情感的表达和对传播本质的追逐。

三、表情包的传播分析

表情包的传播是一个持续的动态过程，其交流、表征功能在网络中被不断应用实践。

（一）符号化传播

1. "能指"与"所指"的意义重构

现代语言学奠基人费尔迪南·德·索绪尔在《普通语言学教程》中确立了符号的概念，他认为任意一个符号皆由"能指"与"所指"两部分构成。关于能指与所指，杨茂勋提出："'能指'指语言符号的语音形式，'所指'是概念，并不指代某一具体的物质"。② 能指是具有物质性且能够被感官感知的，而所指则是人们

---

① 孙华：《传播游戏理论视域下"双十一"的路径重构》，《新闻知识》2018 年第 7 期。
② 杨茂勋编著：《普通语言学》，厦门大学出版社 1993 年版，第 25 页。

共同的联想，是后天教化的。

在表情包的使用中，一种情绪可以通过多种表情包传达，一种表情包在不同的语境下会有不同的理解意义，而这种复杂的能指与所指在相应的受众群体中以一套潜在的规则有条不紊地运行着，表情包多重的能指与所指意义赋予了人们更加丰富的表达方式。

网友基于原有视觉影像，改造原有视觉符号的能指，使得原本的视觉影像脱离了起初的所指。同时符号的迭代也形成新的话语语境，整体上视觉图像产生了符号及意义的颠覆，建构出全新的符号意指系统。

2. 符号生成机制

表情包的符号生产具有四大机制：镜像化生产、隐喻化生产、仪式化生产及机械复制生产。

（1）镜像化生产

在网络生产空间中，网民们先有于现实生活中的"形象"，并通过"想象的激情"，涂鸦制作出表情包，构思出虚拟空间中的替身意象。本质上是对主体我的改造生产实践。

（2）隐喻化生产

网络空间生产的表情包不单是视觉替身形象，更是一种视觉隐喻呈现，在生产空间中凸显生产内容的隐喻性。在网络空间的某些特殊语境下，一些视觉隐喻会激活意象概念，最终以普遍共享的图像方式显现，成为诠释意指概念的意义符号。

（3）仪式化生产

仪式化生产要求脱域的社群成员"共同在场"，互动性是仪式化生产的重要特征，是让生产的视觉隐喻符号在圈子中迅速扩散性传播的过程。

（4）机械复制生产

表面上，表情包的生产逻辑遵循主体我的自我涂鸦意愿，依照个体的需求进行生产，但创作的模板都基于相同的视觉原型影像、相同的图像修改技术、相同的涂鸦呈现表达甚至相同的视觉隐喻符号。有时甚至同一个角色、同一个场景、同一句话被反复使用。

（二）场景化传播

现在的时代是由手机、电脑、iPad、电视等形成的信息互通、共享的多屏时代。根据艾瑞咨询发布的《2016年中国网络新媒体用户研究报告》显示，68.5%的新媒体用户在观看视频的同时"玩手机"，38.5%的新媒体用户选择同时使用笔记本电脑或者台式电脑。看电视时"多任务"的现象普遍存在，在观看视频的同时，互联网用户会用其他设备进行社交网络交流等行为。[①] 在表情包的使用过程中，如若在微博里看到了较为喜欢的表情包，可以保存在手机上，再从手机中运用到QQ、微信等一切支持图片的APP中，除了个人APP之间的信息共享，我们还可以收藏别人的表情包供自己使用。另外，当用户希望在电脑端使用表情包时可以通过QQ、U盘等多种方式传递，这种多屏交互、信息共享的传播特点极大地加速了表情包的流动。

（三）圈层化传播

表情包也是一种亚文化符号的载体。霍华德·莱茵戈德（Rheingold）在1993年提出"虚拟社区"这一概念，指代在网络中以在线方式交流信息与情感的跨时空社群。社群个体利用虚拟社区加强对亚文化的接触，并因此强化了自身的文化认同。网络虚拟空间的出现，成为当代亚文化群体和迷群文化交流的重要平台和聚集之地。

例如，源于日本的ACGN文化，是动画（Animation）、漫画（Comic）、游戏（Game）、小说（Novel）的合称；和表情包文化类似，视觉画面是其最基础的表现形式。基于这种渊源，表情包文化开始流行之时，ACGN类表情包便是一个主要的组成部分；另外，ACGN文化有着种类丰富的人物性格与表情，为表情包创作奠定了深厚的素材基础。但作为一种次文化（即亚文化）符号，这类表情包通常只流传于ACGN文化爱好者之间，比如御宅族；而其高频使用场景也主要是A站（AcFun）、B站（bilibili）等宅男宅女、二次元"狂热粉"聚集的网络平台。

（四）模因传播

表情包作为一种文化内容的载体，其传播实质即从一个人到达另一人的传播接

---

① 《2016年中国网络新媒体用户研究报告》，《艾瑞咨询系列研究报告》2016年第6期。

收过程。部分流行度较高的表情包往往被更多的人所接收，当人们继续传播该表情包时，他们的表达会呈现出某些相似的特质，这组有着相似表达的表情包正是一组典型的网络模因。表情包的传播过程实质上是一个不断模仿复制的过程，当下流行的表情包文化也正是这种模因式传播的结果。

一次模仿的过程可以浓缩概括为"认同—收藏—表达—传递"四个阶段。人们总是希望进入到某个流行文化圈子，和某群懂行的人产生关联，从而享有成为会员的融入感或尊贵感。模仿就是融入社群的机会，通过复制表情符号建立起传者与受传者间某种无形的相似性，当交流行为获得来自社群响应或被继续传递时，便是一次认同和连接的完成。老成员创造的规则经验通过模仿向更多的新成员传递，成员在互相模仿交流的过程中，感受到自己对仪式交际的贡献，同时体会到某种程度的社会联结力。

表情包的发展经历了从字符表情到 emoji，再到自定义表情的阶段，自定义 3.0 是表情包模因式传播进入高潮的阶段；图文并置作为一种强势模因，成为当下席卷网络的流行表情包类型。

四、表情包的扩散分析

（一）亚文化群体的身份认同

"亚文化"是一个相对于"主流文化"而言的概念，美国社会学家波普诺在《社会学》中做出了概念界定：亚文化是在社会上处于边缘地位或从属地位的群体，所接受和倡导的价值观、生活方式。在波普诺看来，亚文化与社会主流文化是相互对应的，其在整个文化结构中处于文化支流的位置，其所代表的也是处于边缘地位群体的利益。①

表情包在人们的日常生活中占据越来越重要的地位，不仅仅是因为创作的简易，更重要的是满足了不同群体对待不同事物表达的诉求。例如，由"暴走漫画"引申出的一系列表情包，并不注重形象的美观，"简笔画""丑萌""荒诞""戏谑"是它们的特点；在 2016 年夏天，葛优大叔"一瘫功成万人瘫"，带动

---

① ［美］戴维·波普诺：《社会学》（第十版），李强等译，中国人民大学出版社 1999 年版。

丧文化的迅速发展。由于丧文化表情包传达的"丧"是当今青年一代的普遍写照，吸引了广大网民自发参与进来，通过表情包这一娱乐化的叙事表达方式，青年网民打开了情绪宣泄的出口。同时，在这一过程中，集体对于生活现状共同的苦恼和焦虑情绪，加强了处于其中的个体对"丧文化"群体的认同感和归属感。

这些表情包准确地把握住青年亚文化特征：第一是追求个性、叛逆，第二是娱乐性，第三是批判性和抵抗性。他们在看待问题的时候更加倾向于站在批判的立场，以彰显其个性特征。

（二）娱乐狂欢中的用户社交

狂欢式的生活把人们从完全左右着他们的种种等级地位（阶级、阶层、官衔、年龄、财产状况）中解放出来，使他们获得平等自由。如今表情包在后现代网络语境中，打破了传统信息传递的壁垒，体现了狂欢理论的特点。

1. 全民性

表情包简易的制作方式、在时间与空间上更加便捷地沟通、表现形式多样，为表情包的"全民性"提供了条件，"不同等级、不同地位的人们在狂欢广场上可以发生随便而亲昵的接触"。人作为社会的一分子，都渴望自己的声音被听到，并得到回应。而在互联网环境中，表情包的制作者，便是传播主体，"人人都是麦克风"的时代。[①] 网民可以随时随地结合公共事件制作表情包，传达观点，甚至构建有个性特色的话语体系。通过表情符号的制作和扩散，运用诙谐幽默的方式进行调侃和倾诉，甚至可以影响他人的认知观。

2. 仪式性

狂欢节具有浓烈的庆典性，在仪式上人们以笑谑的形式不断地对"国王"进行加冕和脱冕。明星和网红很大程度上代表了当地的文化，他们有着普通大众共有的特征，同时在自己的领域又有独特的一面，具有一定的话语权和粉丝基础，也具有极高的社会关注度。当他们的身上发生糗事时，往往会被无限放大，经历网络的

---

① 时统宇：《回望"只有一个麦克风"的时代》，《视听界》2011年第5期。

"脱冕"与"加冕"。

2017年，奚梦瑶在维密的舞台上跌倒，迅速引发舆论，长时间占据热搜第一。国际模特的高要求高水准，与在T台上跌倒的狼狈形象形成了强烈的反差，打破了维密天使完美的形象，网络上涌现了一大批表情包，形成了狂欢的热潮。当人们探讨奚梦瑶未来的职业生涯时，又出现了戏谑的表情包"事业爱情双丰收"，为人设崩塌的超模形象重新"加冕"。正如巴赫金对于狂欢理论的诠释："一旦把它们绝对分割开来，它们就完全失去了狂欢体的意义。"人们通过表情包给明星脱冕与加冕，实际上是对于权力的一种解构，蕴含着不畏强权的精神。

3. 颠覆性

"狂欢代表对主流秩序的颠覆，对自我身份的重构"，表情包的流行，颠覆了占有统治地位的传统传播形式和传播内容。表情符号体现新一代网友对话语权力的追求，拒绝"被定义"。例如微笑表情包，本意是友善的，青年人群重新解构其含义，理解为讽刺和嘲笑，但与此同时也剥夺了其他人对于微笑表情包的话语权。在互联网上，每个人都带着IP的面具，虚拟性和隐蔽性让人们发表自己的言论，颠覆了主流的话语体系。

（三）营销与推广的新兴阵地

IP剧是在有一定粉丝基础的国产原创网络小说、游戏、动漫等原版创作改编而成的，具有更高的关注度。目前国内的IP剧越来越多，其中不乏"现象级"的爆款，例如，《人民的名义》和《都挺好》，一经播出便获得收视率和口碑的"双丰收"。而剧中的表情包也迅速攻占网络，成为助推网络狂欢的强势符号。

《人民的名义》改编自当代作家周梅森的同名长篇小说，是一部以反腐反贪为题材的主旋律正剧，无论是剧情还是官方宣传都十分庄重严肃。但进入网络平台后，在主流媒体、自媒体和网民的多维发掘和解读下，衍生出了意涵丰富的表情包——剧中不苟言笑的人物变得诙谐幽默，剧中人物的表情和台词也被赋予了新的情境。随着电视剧的热播，这些表情包也在各社交平台上进行快速的病毒式的扩散，形成具有互动性、深度性、蔓延性的"现象"级传播。

同时，表情包蕴含的营销价值也逐渐得到发掘和利用。表情包富含意指功能，在社交过程中传递更便捷和广泛，是网友们广泛接受的网络交流工具，也成为影视行业用于作品宣传和艺人包装的重要手段。① PPTV 负责《人民的名义》的网上表情包、视频等素材投放和制作，借助网络平台进行传播，引起网友共鸣和关注，进而提高相关话题的讨论度。

其他官媒和大 V 也通过在评论报道中使用表情包这一接地气的方式，获得更多的关注度和点击量，提升用户好感和用户黏性。以《都挺好》为例，《都挺好》是改编自阿耐的同名小说的都市家庭情感剧，其中，倪大红饰演的"苏大强"因为太"作"引发了网友的热烈讨论。大多数网友通过传播和二次创作表情包吐槽苏大强各种"作"的行为，而政企媒体则通过苏大强表情包卖起了"安利"。

在政务媒体方面，"江西消防"通过苏家漫画版《火灾逃生小提示》分享火灾逃生的注意事项，"新浪山东"通过山东版苏大强表情包宣传山东的小吃和景点；而企业媒体则借助自媒体大 V "蹭苏大强表情包热点"，以"擦边球"的形式避开侵权纠纷。例如，知名搞笑博主"追风少年刘全有"利用苏大强表情包为"腾讯视频 VIP"的会员卡写段子，"华为荣耀 V20"借助"娱乐圈少女""娱乐圈小鬼"等知名娱乐博主推送苏大强想玩荣耀 V20 体感游戏系列表情。② 作为网络狂欢特有的符号因子，表情包在助推《人民的名义》《都挺好》成为年度现象级电视剧的过程中起到了无可替代的作用，显示出强大的传播潜力，在全网全媒体实现新的传播效果。

五、表情包的文化影响与社会意义

表情包作为一种网络文化的表征，其背后蕴含着丰富的文化实践意义。网络表情包可以看作是现实社会文化在赛博空间中的映射，其产生、发展和影响都与社会文化紧密相连。在此，从社会热点议题的反映与延伸、人际沟通交往方式的重塑、新媒介赋权下的参与式文化以及媒介即讯息视角下的表情包四点进行分析和探讨。

---

① 梅珂欣：《表情包里的年度现象级电视剧传播分析——以〈人民的名义〉表情包为例》，《新闻传播》2018 年第 5 期。

② 《数据分析：苏大强表情包如何带火全民营销》，知乎企业舆情分析专栏，见 https：// zhuanlan. zhihu. com/p/60453517? utm _ source = wechat _ session&utm _ medium = social&utm _ oi = 993432609564860416。

《作爹的四大愿望》

我想喝手磨咖啡

我想要三室一厅

我想和保姆结婚

我想要腾讯视频VIP

图3　@追风少年刘全有为@腾讯视频 VIP 制作的广告表情包

（一）社会热点议题的反映与延伸

表情包作为文化现象，其产生必定来源于一定的文化实践、社会热点事件与公共议题，这是表情包重要的文化来源之一。网络当中的一般用户及绘画动画专业人员，以 UGC（用户生产内容）和 OGC（职业生产内容）的方式，对热点事件和重大公共议题进行二次加工和传播，以表情包的表达方式进行相关的符号构建。

例如，在 2016 年 8 月 9 日，里约奥运会女子 100 米仰泳决赛中，我国运动员傅园慧以 58 秒 76 的成绩并列第三位获得铜牌，并再次创造了个人 100 米仰泳的历史最佳成绩。在赛后采访时，傅园慧以极夸张的表情和诙谐的语气说："哇！太快了，我打破了亚洲纪录了。我昨天把洪荒之力用完了。"随后"洪荒之力"一词以及傅园慧夸张的表情迅速走红网络，在微博、豆瓣、知乎等社会化媒体平台中迅速流传。

（二）人际沟通交往方式的重塑

随着网络基础设施的完善、数字化技术的普及和以智能手机为代表的移动终端的发展，真实的物理世界与虚拟赛博空间日益融合，网络沟通与交往成为人们社会交往的重要渠道和形式。

表情包以夸张变形的艺术文字、幽默诙谐的图片和动图为主要传播载体，超越了传统单一的文字交流方式，提高了人际互动符号的媒介丰裕度。表情包作为符号的能指，其指向的所指含义和表意空间更加丰富。一方面，有助于网络用户在进行私人和公共表达时，抒发生活当中喜怒哀乐等多样化的情绪；另一方面，诙谐幽默的表情包利用萌宠、萌娃、卡通形象以及恶搞等表达手段，使得网络交流更具亲和力和趣味性，有利于在以"短、平、快"为特点的网络表达环境下，迅速构建起新的人际关系。

（三）新媒介赋权下的参与式文化

新媒介赋权指的是媒介成为权力实现的重要源泉与力量。它通过个人、群体、组织等获取信息、表达思想，从而为其采取行动、带来改变提供了可能。[①] 在这样的赋权路径下，网络用户的主体性和主动性得以凸显，这也契合了美国学者亨利·詹金斯所提出的参与式文化。

在《文本盗猎者》一书中，詹金斯提出，尽管在媒介文化产品的最初生产及分配步骤中，受众是无权干涉的，是依赖于文化工业、大众媒体和精英生产模式的，但是在产品的消费过程中，受众却有着强大的自主权，不仅可以依照自己的经验和理解去解读文本，而且，受众还可以基于兴趣而形成不稳定的粉丝群体乃至更稳定的社区联盟，用他们对某些媒介产品的共同兴趣作为讨论和友谊的基础。[②] 在参与式文化的视角下，文化产品的重要特点之一为推崇个性化的媒介文本，网络表情包通过用户原创内容、用户再编码的方式对表情符号的图像和文本意义重新构建，是 Web 2.0 时代网络文化的重要特征之一。

（四）媒介即讯息视角下的表情包

"媒介即讯息"是加拿大学者麦克卢汉对传播媒介在人类社会历史发展中的地位和作用的高度概括。其内涵是：媒介本身才是真正有意义的讯息，即人类有了某种媒介才有可能从事与之相适应的传播和其他社会活动。因此从漫长的人类社会发展过程来看，真正有意义、有价值的讯息不是各个时代所传播的内容，而是这个时

---

① 师曾志、胡泳等：《新媒介赋权及意义互联网的兴起》，社会科学文献出版社 2014 年版，第 3 页。

② 陶东风主编：《粉丝文化读本》，北京大学出版社 2009 年版，第 40 页。

代所使用的传播工具的性质、它所开创的可能性以及带来社会的变革。①

在传播环境深度重塑、媒介格局整体变迁的当下，表情包的出现也离不开互联网和移动互联网的媒介技术支持。表情包所带来的文化和社会意义也反映了互联网已经完全超越了媒介的范畴，而成为一种高维度的力量，日益参与到社会现实的构建当中。同时表情包的出现也在一定程度上反映了麦克卢汉"媒介即延伸"的思想，表情包借助网络技术超越了时间和空间的限制，延伸了人们的五官以及语气、表情、神态等"副语言"。

无论是"媒介即讯息"还是"媒介即延伸"，以网络传播为核心的新媒体所产生的最重要的意义在于引入了一种新的尺度，不同的信息和内容呈现方式重塑了人们认知世界的方式、理解环境的路径，最终影响了人们的交往行为方式。随着信息技术的进一步发展，我们将开创网络表情包的更多可能性。

六、启示与建议

网络表情包的快速发展契合互联网发展的趋势，拓宽了社交媒体中用户间的交流维度，也不断衍生出新的产品，对影视传媒、社会文化、青少年发展、商业包装等各个方面都会产生越来越重要的作用。表情符号是使用者传递情感与看法的载体。随着移动终端媒体的升级换代，各类型的社交媒体及应用软件对表情包的使用将会达到新的高度和广度，但如何将有价值和高品位的元素注入网络表情包中，将正能量和诙谐幽默进行有机结合，是未来网络表情包创作者必须要关注和有效解决的问题和难点。对于表情包在社交媒体平台上频繁使用的现象要有针对性地研究其产生、传播的特点和规律，将这种在网络上兴起的表情文化的作用发挥好，对于网络传播发展而言具有重要且积极的意义。

---

① 郭庆光：《传播学教程》（第二版），中国人民大学出版社 2011 年版，第 118 页。

第四章
规范化研究

网络语言规范管理的意义 *

一、规范管理网络语言是依法治网的明确要求

随着互联网的快速发展和普及,如今大部分国人都可以通过各类终端接入国际互联网,根据中国互联网络信息中心发布的《第 40 次中国互联网络发展状况统计报告》,截至 2017 年 6 月,我国网民规模已达 7.51 亿,互联网普及率为 54.3% ①,以互联网为代表的数字技术正在加速与经济社会各领域的深度融合,成为促进我国消费升级、经济社会转型、构建国家竞争新优势的重要推动力。互联网日益成为民众日常生活不可分割的一部分,人们通过互联网接收和发布信息、购物消费、社交聊天、游戏休闲。网络的触角已然延伸到了社会生活的方方面面,网络空间已经成为人类生活的新疆域。

但是,这片"新疆域"并非"法外之地"。虽然网络空间被称为虚拟空间,但是毫无疑问,它是现实生活的客观反映,是现实空间的延伸,并对现实空间产生影响。2015 年 12 月,习近平总书记在第二届世界互联网大会开幕式上的讲话中就明确表示:"网络空间同现实社会一样,既要提倡自由,也要保持秩序。自由是秩序的目的,秩序是自由的保障。我们既要尊重网民交流思想、表达意愿的权利,也要依法构建良好网络秩序,这有利于保障广大网民合法权益。网络空间不是'法外之地'。网络空间是虚拟的,但运用网络空间的主体是现实的,大家都应该遵守法律,明确各方权利义务。要坚持依法治网、依法办网、依法上网,让互联网在法治

---

* 本文作者田丽,北京大学新媒体研究院副教授、博士生导师,主要研究方向为网络传播、互联网与社会、互联网治理。

① 《第 40 次中国互联网络发展状况统计报告》(全文)(2017 年 8 月 4 日),引自 http://www.cac.gov.cn/2017-08/04/c_ 1121427728.htm。

轨道上健康运行。"①

　　首先，依法治网是依法治国的必然要求和重要内容，是其在网络时代的突出特征。依法治国是党领导人民治理国家的基本方略，要求国家的政治、经济运作、社会各方面的活动统统依照法律进行，而不受任何个人意志的干预、阻碍或破坏，网络空间活动作为涉及经济、政治、文化的综合性社会活动，必然受到法律的规范和制约。其次，依法治网是时代发展的必然要求。坚持"与时俱进"，是党开展理论和实践工作的基本方针。网络时代是未来社会发展的必然趋势，依法治网顺应了社会发展规律，是以习近平同志为核心的新一代党中央领导集体对时代发展的积极主动回应。最后，依法治国是提升国家实力的必要保证。网络空间作为现实世界在互联网上的映射，与现实社会活动有着千丝万缕的联系，并对现实世界产生反作用，坚持依法治网，规范管理网络空间行为秩序，对保障社会整体稳定，促进经济健康发展有着重要意义。

　　网络语言的规范管理，有据可循、有法可依。《中华人民共和国通用语言文字法》由教育部制定，颁布于 2000 年 10 月 31 日，自 2001 年 1 月 1 日开始实施，其目的是为推动国家通用语言文字的规范化、标准化及其健康发展，使国家通用语言文字在社会生活中更好地发挥作用，促进各民族、各地区的经济文化交流，从而在全国范围内推广普通话，推行规范汉字。这部法律确立了普通话和规范汉字"国家通用语言文字"的法定地位，是网络语言规范管理的首要参考法律条文。②《中华人民共和国网络安全法》颁布于 2016 年 11 月 7 日，自 2017 年 6月 1 日起开始实施，其目的是保障网络安全，维护网络空间主权和国家安全、社会公共利益，保护公民、法人和其他组织的合法权益，促进经济社会信息化健康发展。③《中华人民共和国网络安全法》对互联网运营者、服务提供商、普通用户的网络行为进行了规范，也可作为网络语言规范管理的参考依据。除上述法律条文外，各级行政部门也相继发布了有效规范管理网络语言的法规，如文化部 2003 年颁布的《互联网文化管理暂行规定》、国家广电总局 2007 年颁布的《互联网视听

---

① 《习近平出席第二届世界互联网大会开幕式并发表主旨演讲》（2015 年 12 月 16 日），见 http：//www. gov. cn. /xinwen/2015. htm。

② 《中华人民共和国主席令第三十七号》（2005 年 8 月 31 日），见 http：//www. gov. cn/ziliao/flfg/2005-08/31/content_ 27920. htm。

③ 《中华人民共和国网络安全法》（2016 年 11 月 7 日），见 http：//www. cac. gov. cn/2016-11/07/c_ 1119867116_ 3. htm。

节目服务管理规定》等。

规范网络语言，在我国目前的一系列法律法规条文中都有突出体现，是落实相关规定，贯彻依法治国、依法治网理念的明确要求。

二、规范管理网络语言有助于构建清朗的网络空间

随着网络技术的不断发展，互联网在方便人们生活的方面日益作出巨大贡献，然而，不能否认的是，技术发展具有两面性，网络为我们提供便利的同时也为诸多不文明不和谐因素创造了传播的条件。网络空间内容良莠不齐，与积极健康的正能量元素相对，落后低俗的文化要素也在其中肆意泛滥，具体到语言范畴，就是个别有悖于社会主义文化建设的语言失范现象。

由于互联网独特的传播特性，网络语言中常常出现一些有别于传统现代汉语的现象，如符号、字母、繁体字等随意搭配，中英文混合等。从语言的动态发展角度来说，在这些新的语言现象中有一部分是对现代汉语的有益发展，它们从内容和形式等方面丰富和发展了现代汉语。但是我们不得不承认这些新现象有很大一部分已经超出了现代汉语规范所能容忍的限度，造成了网络语言的失范。[1]

语言失范分为语言本体失范和语言伦理失范，语言本体失范指语言在字音、字形、字符等方面呈现出与传统语言规范不一致的现象。由于我国民族众多，区域文化差异明显，加之汉语本身的特殊性，当前我国范围内的网络语言本体失范多是对传统语言规则的挑战和破坏，稍加引导和约束即可达到规范，某些失范现象甚至为主流语言规范所吸收，成为推动当代中国语言与时俱进发展进步的重要内容。

目前对我国网络空间建设带来消极影响的主要是网络语言伦理失范现象，表现为：淫秽色情语言、詈骂语、拜金主义、资本主义、封建主义思想言论。[2] 伴随着各种形式的语言伦理失范现象，低俗、落后、腐朽文化借助互联网快速广泛传播，影响范围和力度都远超传统媒体时代，这些网络语言危害网民身心健康，荼毒网民思想，威胁良好的互联网风气，阻碍社会主义先进文化建设，甚至威胁社会稳定发

---

[1] 黄灿：《网络时代的语言文字表达规范化研究》，《记者摇篮》2018 年第 11 期。
[2] 毛向樱、张珂：《网络语言暴力问题：基于文献视角的述评与展望》，《文学教育（下）》2018 年第 11 期。

展。具体来看，淫秽色情语言主要是指赤裸裸的性语言和隐藏性的性暗示，在借助网络传播的过程中，为了规避官方检查，很多性语言都披上了合法的"外衣"，表面上合乎规范，实则下流低俗至极；詈骂语则主要包括脏话和有针对性的人身攻击，如大众熟知的"国骂"，网络的匿名性塑造了许多"双面人格"的网民，为他们平时为社会道德准则和法律规范所抑制的情绪提供了发泄的途径，很多平日里严肃正经、不苟言笑的人一旦登入网络就化身"喷子"，脏话连篇。相较于其他伦理失范现象，詈骂语在网络平台上最为泛滥，极易导致青少年的道德失范问题，许多詈骂语甚至进一步侵入日常生活，成为很多人的口头禅，不仅对社会风气造成不良影响，而且也为社会秩序带来了不稳定因素。除此之外，网络上还存在大量鼓吹拜金思想、资本主义腐朽思想和落后封建主义思想的言论，这一部分占比较小但是危害极大，腐蚀民众思想，威胁社会稳定和国家统治。①

规范管理网络语言，就是从产生源头和传播路径两个方面治理网络语言伦理失范现象，首先明确法律条文规定，提高违法犯罪成本，遏制低俗、暴戾、腐朽语言的产生和传播，但是必须承认，网络语言的本质还是一种社会语言，是现实空间语言在互联网时代的一种特殊表现形式，是语言自身发展规律的体现，需要规范管理的对象是网络语言中伦理性失范的部分。网络语言不断涌现是客观现实，也是大势所趋，从源头上阻止网络语言失范效果有限，因而更应该着力在切断失范网络语言的传播渠道方面。相关法制建设在思想层面起到震慑作用，而具体的执法管理行为则可以在操作层面遏制失范网络语言的传播，如当前采取的关键词屏蔽措施，就起到了很好的规范效果。

规范管理网络语言，治理网络语言失范现象，清除低俗、落后、腐朽文化，有助于营造良好和谐的网络氛围，构建清朗的网络空间。

三、规范管理网络语言有利于保护青少年身心健康

语言是社会生活的产物，不能脱离社会环境及其中的人们来谈语言的问题，正如斯大林曾说："语言随着社会的产生和发展而产生和发展。语言随着社会的死亡而死亡。社会以外是没有语言的。因此要了解语言及其发展的规律，就必须

---

① 安尚勇、李燕：《网络新闻中语言暴力问题及解决对策》，《新闻战线》2016年第12期。

把语言同社会的历史，同创造这种语言，使用这种语言的人民的历史密切联系起来研究。"研究语言，应当与时代背景下的人结合起来，网络语言研究也不例外，就当前我国社会现实背景而言，网络语言对青少年的影响是格外值得关注的重点。

在互联网快速发展的背景下，网络在我国大众中的普及日益深入，突出表现为青少年在网民群体中的高占比。根据中国互联网络信息中心发布的《第40次中国互联网络发展状况统计报告》，截至2017年6月，30岁以下的网民占网民总体的52.2%，超过网民总数的一半，其中10—29岁的网民占整体的比重为49.1%，由此可以看出，青少年构成了当前我国网民群体的主体。

青少年时期是一个人世界观、人生观、价值观逐渐形成并最终确立的重要阶段，这一时期青少年对外部世界充满好奇，求知欲充分迸发，且对新鲜事物的接受能力大大提升，与此同时，青少年的心理发育还不够成熟，自我管理和自我控制能力不足，难以抵抗外部世界的诱惑，性格上冲动、敏感、易怒。当特殊的成长周期遇上内容良莠不齐、鱼龙混杂的互联网，青少年的身心发展成为突出的社会问题之一。

语言是文化传播的重要载体，身处网络空间的青少年浸淫在网络语言环境下，必然在潜移默化中受到网络语言及其背后所隐含的文化要素的影响。相对于判断力和自制力更为成熟的中年网民而言，青少年网民受网络语言影响的程度更深，持续时间更长。在思想道德层面上，淫秽色情、詈骂语和各种腐朽落后言论直接侵害青少年思想，造成道德素质低下，形成偏激甚至错误的世界观、人生观和价值观，影响其后几十年的人生发展；在行为层面上，网络语言泛滥降低了青少年语言文化修养，造成人际社交障碍，且暴力色情语言极易诱导心智尚未健全的青少年走上违法犯罪的道路，对其自身带来直接损失的同时也给他人的生命财产安全产生威胁，扰乱社会秩序，不利于社会安定团结。青少年是祖国的未来，是社会主义现代化建设的后备军，一旦他们为腐朽落后的网络文化所侵蚀，思想颓废、行动极端、素质低下，国家的前途就岌岌可危。

规范管理网络语言，清除网络文化毒瘤，为青少年建设清新和谐、健康积极的网络氛围，有利于青少年的身心健康发展，形成正确的"三观"。

四、规范管理网络语言是繁荣网络文化的客观需要

语言学家萨丕尔曾说："语言的背后是有东西的，而且语言不能离开文化而存在。"① 语言是文化的载体，是特定文化内容和文化要素的重要表现形式。原始社会时期，虽然严格意义上的语言体系尚未形成，但是在人们日常的口头传播交际中，文化得以形成并传承下来。随着不同区域走上各异的文化发展道路，语言从口语进化到文字，语言之间的差异也逐渐放大，在世界范围内逐步形成印欧语系、汉藏语系、阿尔泰语系等语言体系。语言体系的区分实际上就是文化的区分。在不同的语言体系里，由于文化的区别又形成不同的语族，再于语族的内部层层细分，这种细分同样是基于文化的缘由进行的。

语言不能脱离文化而存在，网络语言是网络文化的外在表现形式。网络文化既包括人类在网络空间开展的文化活动，也包括人类因为使用网络而产生的新文化。网络是当代文化产生发展的新空间。形形色色的网络语言背后是网络文化的支撑，规范性的网络语言的内在是先进、积极的社会主义大众文化，而失范性的网络语言则是低俗、落后文化的产物。②

在传统媒体时代，也存在代表着低俗、落后文化的失范性语言，但是囿于客观条件，这类语言的传播受到极大的限制，其背后的文化元素的影响范围和力度有限。而在进入网络时代以后，互联网的开放性和跨时空性都为传播失范性语言提供了便利，尤其值得指出的是，失范性语言在很大程度上契合了互联网的"泛娱乐化"特征，符合网民娱乐化的上网心态，在网络环境中经过网民个人或集体的再创造，形成了基于现实世界客观文化要素的网络语言。

失范性网络语言的大肆传播对网络文化环境带来的影响有三：首先，失范性网络语言是低俗、落后、腐朽文化的载体，伴随着这类语言在互联网上的广泛传播，低俗、落后、腐朽文化也传播开来，污染网络空间，侵害网民身心健康；其次，失范性网络语言在肆意传播的同时，渗透进入规范性网络语言体系，逐步侵蚀规范性网络语言传播空间，将其压缩于互联网一隅，威胁积极健康网络文化的生存发展；

---

① ［美］爱德华·萨丕尔：《语言论——言语研究导论》，陆卓元译，商务印书馆1985年版，第170—175页。

② 王璇：《网络流行语现象的语言文化探析》，《中国农村教育》2018年第24期。

最后，如不对失范性网络语言加以控制规范和管理，将形成低俗、落后、腐朽的网络文化大行其道，而高尚、积极、人民大众喜闻乐见的社会主义网络文化难以为继的局面。

尽管互联网发展没有边界已经成为基本的共识，但网络资源终究还是有限的，这也就是网络文化领域竞争激烈的原因所在。一旦失范性网络语言成为网络文化主流，社会主义大众文化在网络空间中无论是曝光率还是接受度都将大为下降。而与现实社会中丰富多彩、形式多样的社会主义文化相对应，网络空间中社会主义大众文化的呈现形式也各不相同，虽然形式各异，却也都是社会主义文化建设的重要构成部分。社会主义先进文化内涵深刻，内容纷繁，需要各方网络资源的扶持，这也就为规范管理网络语言提出了客观上的要求。

规范管理网络语言，是遏制低俗落后、消极腐朽的网络文化，培育积极健康、向上向善的网络文化，繁荣社会主义网络文化的客观需要。

网络空间的语言规划与治理[*]

语言文字是网络传播的主要载体，网络为人们创建了虚拟的交流空间，是互联网时代人们的精神家园，网络空间中的语言比现实中的语言更具活力和创造力，是语言演变发展的前沿阵地。但人们在网络空间的交流过程中，违反语言规范、污染网络环境、损害公序良俗的现象也屡见不鲜，对于网络空间的语言政策与规划管理，目前多是套用现实空间中的语言政策，这样的做法在管理效率和管理效果上均存在极大的局限性。

一、中国语言政策与规划现状

中国的语言政策研究和语言规划研究，最初叫"语言文字工作"，后来叫"语言文字事业"，但实质都是贯彻执行国家语言文字工作的方针和政策、确定和制定语言文字应用的规范、标准和法规规章、实现语言文字的规范化和标准化。目前，我国在语言政策与规划方面取得的主要成就包括以下四点。

（一）语言文字法律法规的颁布与实施

2000 年 10 月 31 日，第九届全国人民代表大会常务委员会第十八次会议通过，并于 2001 年 1 月 1 日起正式实施的《中华人民共和国国家通用语言文字法》规定：国家通用语言文字是普通话和规范汉字。此法确立了普通话和规范汉字的"国家通用语言文字"的法定地位。截至 2014 年，29 个省、自治区、直辖市以《中华人

---

　　*　本文作者赵蓉，北京大学对外汉语教育学院博士生，厦门大学汉语国际推广南方基地讲师，主要研究方向为汉语作为第二语言教学、语料库语言学。

民共和国国家通用语言文字法》为主体，建立了相关的地方法规，标志着我国语言文字法律法规体系基本形成。

2012 年 12 月 4 日，教育部、国家语委发布了《国家中长期语言文字事业改革和发展规划纲要（2012—2020 年)》(以下简称《纲要》)，这是 21 世纪我国第一个中长期语言文字事业改革和发展规划。《纲要》总结了新中国成立 60 多年来，特别是改革开放 30 多年来语言文字工作的成绩及经验，将语言文字事业提升到了国家战略的高度，提出"注重主体性和多样性的辩证统一""构建和谐语言生活"的指导思想和工作方针。提升国家语言能力、传承弘扬中华文化、构建和谐语言生活成为中国语言文字事业发展的主要任务。

2016 年 2 月 4 日，国家新闻出版广电总局发布《网络出版服务管理规定》，要求网络出版物使用的语言文字，必须符合国家法律规定和有关标准规范。

2016 年 8 月 23 日，教育部、国家语委发布《国家语言文字事业"十三五"发展规划》，将普及国家通用语言文字、推进语言文字信息化建设、提高国家语言文字服务能力、弘扬传播中华优秀语言文化、完善语言文字工作治理体系作为未来五年国家语言文字事业的发展目标和主要任务。其中在"完善语言文字工作治理体系"这一任务中，明确提出要建设新闻出版、广播影视、新媒体、公共服务领域、公共场所的语言文字使用情况监测体系以及社会语言生活引导和服务体系；加强对网络语言、新词新语、字母词、外语词等的监测研究和规范引导，强化对互联网语言文字使用的规范和管理；倡导文明用语用字，抵制低俗语言，推动社会语言文明建设。

（二）国家语委"四大皮书"的发布

《中国语言生活状况报告》（绿皮书）自 2005 年起每年发布，主要反映当年我国语言生活中的重大事件、热点问题及实态数据；《中国语言政策研究报告》（蓝皮书）聚焦我国语言规划领域的学术发展情况，与其他皮书所反映的语言生活的政情、社情、世情形成互补；《世界语言生活状况报告》（黄皮书）展示世界各国和国际组织语言生活的最新发展状况，反映全球范围内的语言事件和热点问题，介绍各国的语言政策动向；《中国语言文字事业发展报告》（白皮书）2017 年首次发布，标志着国家语委"白、绿、蓝、黄"皮书系列正式形成，很好地发挥了宣传国家语言文字方针政策、展示国家语言文字事业发展成就、引导社会语言意识的重要作用。

（三）"语言战略与语言政策学"人才的培养

上海外国语大学于 2012 年正式设立"语言战略与语言政策学"博士点和硕士点，成为全国第一个以语言规划和语言政策研究为核心内容的独立二级学科项目，为语言规划学科的确立和发展奠定了人才基础。

（四）专业学术期刊的创刊

《语言政策与语言教育》（2015 年创刊）、《语言政策与规划研究》（2014 年创刊）、《语言战略研究》（2016 年创刊）、《语言规划学研究》（2015 年创刊）四本学术期刊为中国语言政策的制定与维护提供了学术支撑，打造了新型的语言智库。

二、中国网络语言政策与规划现状

网络是继报刊、广播、电视之后的"第四媒体"，网络语言是伴随网络技术的发展和网络的广泛使用而产生的一种语言现象，是现实自然语言在网络媒体上的一种变异形式。目前，我国在网络语言政策与规划方面的成就主要包括以下四点。

（一）关于网络语言规范的立法实践

2001 年 1 月 1 日起实施的《中华人民共和国国家通用语言文字法》规定了行政司法、教育、新闻出版、广播电影电视、服务行业及公共服务领域的用语用字问题，但并未列出专门针对网络语言文字使用规范的条款。29 个省、自治区、直辖市以《中华人民共和国国家通用语言文字法》为主体，发布相关实施办法时，多数也未将网络语言文字作为规范对象。仅有少数省份及地区将网络或网络语言纳入法规。

2005 年 9 月 14 日，吉林省第十届人民代表大会常务委员会第二十二次会议通过的《吉林省国家通用语言文字条例》第十二条第二款规定："商业、邮政、电信、公路、铁路、民航、水运、旅游、餐饮、娱乐、网络、医疗、银行、保险、证券、房地产以及其他直接面向公众服务的行业的公共服务应使用普通话。"首次规定了面向公共服务的网络应使用普通话。

2005 年 12 月 29 日，上海市第十二届人大常委会第二十五次会议审议通过了《上海市实施〈中华人民共和国国家通用语言文字法〉办法》，共二十三条。其中第十四条明确规定："国家机关公文、教科书不得使用不符合现代汉语词汇和语法规范的网络语汇。新闻报道除需要外，不得使用不符合现代汉语词汇和语法规范的网络语汇。"这是我国首次将规范和限制使用网络语汇行为写入地方性法规。该办法于 2006 年 3 月 1 日起施行。在网络语言规范方面，除了依法管理，根据张民选、张日培（2011）的调查，上海还将对现实空间（主要是上海媒体）的网络语言加强监测，分析使用频率和场合；对在上海话基础上产生的或因上海的社会事件而产生的网络语言加强研究。

值得注意的是，专门为加强互联网信息内容管理而制定的《互联网信息服务管理办法》《互联网站从事登载新闻业务管理暂行规定》《互联网电子公告服务管理规定》《互联网新闻信息服务管理规定》都没有作出关于互联网页面语言文字的使用问题的规定。

（二）关于网络语言研究的机构设置

2005 年 2 月 3 日，教育部语言文字信息管理司与华中师范大学共建"国家语言资源监测与研究中心网络媒体语言分中心"，建立起对网络语言进行实时监测与规范引导的长效机制。该中心开创并实现了多项基于海量网络文本的网络语言生活状况实证调查的技术路线和方法，多项研究成果填补了国内空白。2006 年完成的"高校网络媒体 BBS 用字用语调查报告"是国内第一项大规模网络用语使用状况的实证研究。近年来的数十篇年度报告为国家、社会民众提供了全面了解网络语言生活与社会热点的窗口。

（三）关于网络语言规范的语言服务

李宇明（2007）[①] 指出：《中国语言生活状况报告》（绿皮书）公布的语言文字规范标准，不具有标准法所赋予的法律效力，没有强制性，只是推荐给社会需要者参考使用，体现着"语言服务"的理念，并以此达到对社会语言生活进行引导的作用。这些语言文字标准在试用中不断完善，有些将来可以升为正式规范标准，

---

① 李宇明：《关于〈中国语言生活绿皮书〉》，《语言文字应用》2007 年第 1 期。

进入国家标准（GB）或语委标准（GF）的行列。

自 2005 年首次发布以来，绿皮书一直将网络语言作为关注焦点。2005 年的专题报告《网络语言状况》指出，语码混用（汉英混用）和拼写不规范（英文拼写不规范、使用字母和字母词）是网络语言使用中的突出问题。2006 年被称为中国的"博客元年"，除日语和英语博客外，汉语博客已位列第三。通过对 100 个网络语汇在 18383 个帖子中使用频率的统计发现，排在前五位的语汇分别为："顶""555""mm/MM""LZ""dd/DD"，这与网络论坛的传播模式有着密切的关系，贯穿于网络论坛表达的全过程，因此是使用中的高频词。而被媒体及研究文献广泛使用的经典网络语言，例如"稀饭""虾米""酱紫"，在实际调查中使用率均没有超过 0.2%。绿皮书通过实证探索为网络语言的研究树立了新的研究范式。

表1　2005—2014 年十年间《中国语言生活状况报告》关于网络语言的报告

年度	篇名
2005	《网络语言状况》《高校网络媒体 BBS 用字用语调查》
2006	《中文网络用字用语调查》《中文博客用字用语专项调查》《中文博客用字用语专项调查》
2007	《中文网络用字用语调查》
2008	《网络语言热》《"山寨·雷·囧"热》《中文网络用字用语专项调查》
2009	《网络语言使用状况调查》《火星文现象》《中文博客专项调查》
2010	《2010 年博客语言调查》
2011	《微博和微博语言》《微博体与网络时代的语言生活》《2011 年博客语言调查》
2012	《2012 年的那些流行词语》《2012 年博客语言调查》
2013	《微信里的语言生活》《毁誉参半的网络多字格》《逐渐升温的表情符号》《2013，网络用语中的草根百态》《微博语言使用状况调查》
2014	《中国网络语象报告》《网络语言规范引热议》《2014，网络用语中的草根百态》《近年"表情"发生变化的那些词》

十年来，绿皮书紧跟网络传播平台演进的步伐，时刻关注网络语言传播形式和特点的变化，为中国网络语言的变迁与发展绘制了一幅"清明上河图"。通过绿皮书的研究，可以看出我国在网络语言使用方面呈现出以下新的特点。

1. 社会关注度高

2010 年，被称为中国的"微博元年"。在政界，无论人大代表还是普通网民，都可以通过微博进行微博问政、微博议政。公安机关也在网络上开设了微博账号，实时更新民众所关注的案件的进展情况，体现了微博舆论监督的微动力。

2010年11月10日，《人民日报》头版头条的文章标题为《江苏给力"文化强省"》，引发舆论震撼，在《人民日报》的标题中使用网络词汇"给力"被认为是党报亲近民众，接受网络文化的一个标志。

2. 民众态度复杂

与《人民日报》使用网络用语受到广泛欢迎形成鲜明对比的是，2011年8月，外交部微博"外交小灵通"发布了一则"中日韩三国合作秘书处"的招聘公告。该公告用"亲"的称呼开头，用"不包邮"结束，中间还使用了"有木有"等词语以及网络表情符号。部分民众认为"外交无小事"，外交部门使用的语言不应过于随意。

2014年，网络语言上广播电视节目、进教科书、入词典等问题引起社会热议，对网络语言持肯定态度的民众认为：网络语言可以体现现代人的生存和思维状态。持反对意见的表示：网络语言破坏了汉语的纯洁性，严重影响中小学生对母语的习得和语文学习，有百害而无一利。但绝大多数民众持不能全盘否定，但要正确引导的看法。网络语言粗鄙化需要治理，规范网络语言的必要性逐步得到社会认同。

（四）关于网络语言规范的学术研究

对网络语言的规范应该建立在真实、科学、全面、深入研究的基础上。以"网络语言规范"作为检索项，在CNKI上共得到429条结果，时间跨度为1999—2019年，历时二十年整，具体分布见图1。

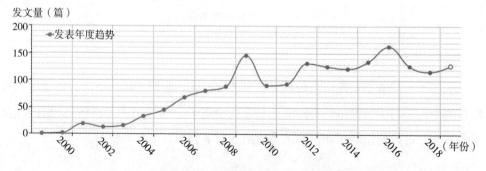

图1　篇名或内容含"网络语言规范"的文献年度发文量

从检索结果看，发文量总体呈上升趋势，大多数文章将网络语言视作一种语言变体或社会方言，根据研究内容可大致分为以下四类。

1. 网络语言传播模式与语言政策规划

第一篇关于网络语言规划的文章是张普①于 1999 年发表在《语文研究》上的一篇题为《关于网络时代语言规划的思考》的文章。该文指出了信息处理用语言文字规范的两个尚未触及的遗留问题——以"无菌环境"面向"真实世界"、用滞后知识面对更新知识，提出了一个面向网络时代的语言规划模型——LC 模型。虽然本文的主要任务是解决信息处理的语言规范问题，但张普对真实语言的描述仍对我们当前如何看待网络语言具有重要的指导意义。张普指出语言中的"非规范的用法"就是变异或创新。变异或创新一旦传播开，被公众接受，成为公众语感，就会成为新的规范。规范—不规范—新的规范、稳定—变异—新的稳定、个人语言—公众语感—新的个人语感，这些本来就是有生命的语言的自然生存法则。

网络语言不仅遵循上述语言的自然生存法则，还与大众传播理论息息相关。伊丽莎白·诺尔-诺依曼（Noelle-Neumann）1980 年以德文出版的《沉默的螺旋：舆论——我们的社会皮肤》（*The Spiral of Silence：Public Opinion-Our Social Skin*）一书描述了这样一个现象：人们在表达自己想法和观点的时候，如果看到自己赞同的观点受到广泛欢迎，就会积极参与进来，这类观点就会越发大胆地发表和扩散；而发觉某一观点无人或很少有人理会（有时会有群起而攻之的遭遇），即使自己赞同它，也会保持沉默。意见一方的沉默造成另一方意见的增势，如此循环往复，便形成一方的声音越来越强大，另一方越来越沉默下去的螺旋式发展过程。虽然这一理论最初用来解释观点的"回声效应"，但网络语言的发展其实也遵循"沉默的螺旋"这一规律，某一语言现象越流行越容易得到语言使用者的认可，流通就越广，扩散就越快，这对保持语言的规范和统一是不利的。

2. 网络舆情与语言政策规划

绝大部分语言政策规划的论文都是通过文献法和理论思辨展开讨论的，实证研究较少。实证研究是指通过对研究对象大量的观察、实验和调查，获取客观材料，从个别到一般，归纳出事物的本质属性和发展规律的一种研究方法。在探讨网络舆

---

① 张普：《关于网络时代语言规划的思考》，《语文研究》1999 年第 3 期。

情与语言政策规划的文章中，张挺、魏晖①通过实证研究考查了民众对"通用规范汉字表征求意见"的关注程度，反映了语言政策执行的效果和民众诉求，民众关注的背后也蕴含着语言政策规划的重点和难点。

3. 网络空间话语权与语言政策规划

刘昌华②指出应加强对网络空间的中国话语传播要素的研究，打造网络空间的中国话语传播体系。对传播者（政府、机构或个人）、受众（国内、国际）、信息（话语内容和类型）、媒介（渠道、方式、语种）、反馈等传播要素进行系统研究与检测分析，研究方法上要注重质性分析，也要结合数据进行量化统计，建立相关案例库。网络空间是人类命运新的共同体，发展中国家在网络空间的话语权的增强有助于网络平权和网络空间在全球的均衡发展。网络空间的语言能力建设关乎国家的安全和发展。

4. 网络语言文明与语言政策规划

网络社区的虚拟性、网上发言的匿名特点，降低了部分人的羞辱感，使其表达趋于放纵、粗鄙，对网络语言的粗鄙化，张世平③呼吁中国文化网络传播研究会等社团倡导、推动净化网络空间，国家语委、中央网信办加强监测、研究和引导。网络不应也不能在法律的约束之外、在文明的影响之外。法律、文明和公众都不能允许网络持续出现乱象。余桂林④指出网络詈语的一种新形式——改头换面后的詈语，即通过谐音或析字拆形代替詈语，对于这种形形色色的"非詈化"也应加强规范。

三、国外网络语言政策与规划研究

1. 美国

美国政府对互联网信息的管理主要体现在一系列法案的制定上，其中最重要的

① 张挺、魏晖：《互联网环境下语言文字舆情监测与实证研究》，《语言文字应用》2011年第2期。
② 刘昌华：《网络空间的语言安全问题研究》，《华侨大学学报（哲学社会科学版）》2018年第1期。
③ 张世平：《网络语言唯文明方行远》，《光明日报》2016年8月7日。
④ 余桂林：《抵制网络詈语俗词 净化网络语言环境》，《光明日报》2016年6月18日。

是 1996 年制定的《通讯规范法案》（CDA），该法案尝试将网络空间中的（儿童可接触到的）低俗言论，以及淫秽言论纳入监管，该法案的第 230 条规定，互联网服务供应商无须为第三方用户的言行负法律责任，互联网服务供应商有权对部分冒犯性的内容进行限制，或者赋予他人技术手段来限制冒犯性内容。这一法案为一些允许用户发布内容的网站实施自我审查提供了必要的法律保障，例如，一些社交网站（Facebook 等）对仇恨言论的限制程度，可能比法律要求的更严格，这类网站不仅会限制骚扰、辱骂的言论，也会对不遵守网站使用政策的用户进行封禁。但社交媒体对网络言论的管制依然存在争议，例如：在 2016 年美国总统大选期间，Facebook 对政治言论的审查被认为带有倾向性，并最终影响了大选的结果。根据皮尤研究中心 2018 年进行的一项调查①，70%的美国民众认为互联网科技公司在对内容的审查上带有政治倾向。

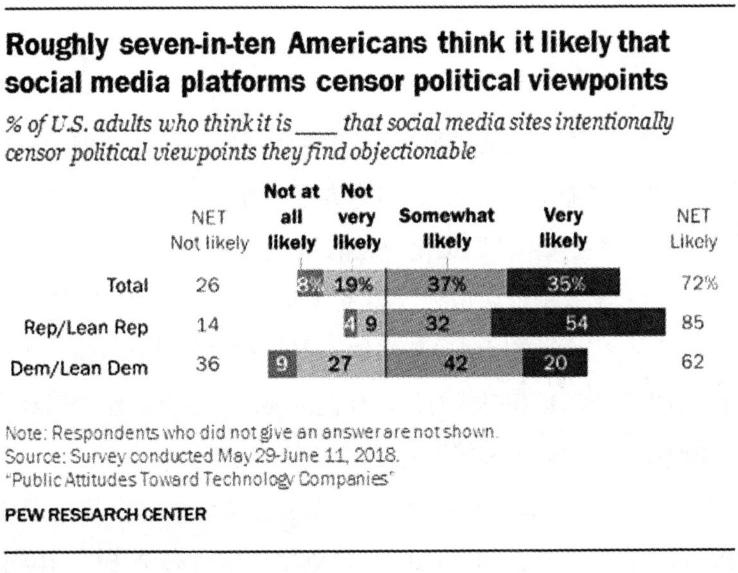

图 2　70%的美国民众认为社交网络平台对政治言论进行的审查带有倾向性
资料来源：2018 年皮尤研究中心项目。

2. 韩国

1995 年，韩国成立了世界上最早的网络审查机构——信息通信伦理委员会，

---

① ARON SMITH，见 http：//www. pewregearch. org/internet/2018/06/28/public-attituoles-technology-companies/，2020 年 4 月 26 日。

并出台了《电子传播商务法》。该法授权委员会对网络进行监察，对网络纠纷进行仲裁，关闭国内非法或不健康网站，屏蔽国外不良网站。2000 年 7 月，韩国警察厅成立了网络犯罪应对中心。2008 年，韩国政府新成立了广播通信审议委员会。2010 年，为应对频繁的网络袭击事件，韩国国防部成立了"信息安全司令部"，以维护韩国的国家网络安全。此外，韩国还建立了"违法和有害信息报告中心"等投诉渠道来监督网上信息传播。韩国政府还陆续制定和完善了一系列有关网络管理的法律，如《电子通信基本法》《国家信息化基本法》《促进信息通信网络使用及保护信息法》《信息通信基本保护法》《网络安全管理规定》《通信秘密保护法》等数十部法律。2002 年，韩国政府开始在政府网站上推行网络实名制，此后逐步推广。2008 年，韩国国会通过一项修正案，将实名制扩展到所有日访问量超过 10 万的网站。后来由于韩国网络用户个人信息泄露事件不断发生，网络实名制越来越受到民众的质疑。韩国政府于 2012 年 8 月 23 日宣布废除网络实名制。

3. 法国

法国最具代表性的语言政策法规当属 1994 年制定的《法语使用法》。2014 年正值《法语使用法》颁布 20 周年，法国举办了"纪念新《法语使用法》制定 20 周年学术研讨会"，该会议由法国文化与通信部下属的法语和法国语言司和历史委员会主办。与会专家学者一致认识到，20 年来法国社会在信息化时代中发生了巨大的变化，《法语使用法》在网络等新媒体语言的使用、规范问题、新词和术语的使用等问题上不能完全满足新时代对语言规范的要求，因此，法国已经出现了再立新法以完善和加强法语的规范和使用的呼声。

此外，关于《法语共同体的语言政策》也值得关注。1880 年法国地理学家奥基摩·雷克昌首次提出了"法语共同体"的概念，指所有讲法语的国家和人民的集合。1970 年，21 个国家签署协定，成立了文化和科技合作局（ACCT）。这是第一个法语共同体的政府间组织，标志着"法语共同体"的诞生。2005 年这一组织正式改名为"法国国家国际组织"（OIF）。保护和提升法语的世界地位与影响力一直是该组织的战略目标和责任之一。语言监测是科学制定法语政策的基本条件。法语共同体下设的法语监测所每四年发布一份《法语在世界》的报告，2010 年是第一期报告，主要有四方面的内容：讲法语的人口统计，学法语的人口统计，法语在文化、传媒及互联网领域中的使用，法语自身变化与发展、法语与科研、主要发达国家的法语政策等。

总体来看，法国的语言政策主要包括以下内容：1. 巩固法语在国际舞台上的地位和影响力；2. 顺应多语主义趋势；3. 使多边行动适应国家语言背景；4. 巩固法语作为大众获取知识的语言地位；5. 强调法语和经济发展的关系；6. 提高法语的使用价值。媒体音像材料和数字化对 21 世纪公民尤其是年轻人的生活日常、个人爱好、教育甚至工作有着越来越强的影响，因此在这些领域提高法语地位、改善法语形象显得越来越重要。

4. 德国

德国每年举行语言使用以及语言表达方面的评选活动，自 1991 年起开始评选"年度不当词"（年度恶词、年度负面词），最初由德语协会组织，1994 年起由德国语言批判行动委员会负责。不当词主要体现为：大众传播中不恰当的、有违人性的词语表达，主要包括违反人类尊严、违反民主原则、歧视个别社会群体、不加区分或模糊化、诽谤性的词语表达。

德国的网络语言政策还体现在积极采用推广措施，为自己的官方语言德语争夺更大的网络占比份额上。根据李立贵、王轶①的研究，德语在世界网页语言中所占的份额仅次于英语和俄语。目前已有 180 多个驻外使馆开设了自己的网站，全面客观介绍德国。"德国之声"（Dentsche Welle，简称 DW）通过网络发放试听资料，其网站 DW-World 已经成为与广播、电视同样重要的发布媒体。这说明德国的文化宣传充分开发了网络这一新区域，引导交流、促进对话。其次，德语在网络空间的传播因地制宜，善于采用目标国接受度及效率都较高的互联网途径。例如：德国在中国大陆开展语言文化推广时，各个机构均开通了微博账号，歌德学院、德国学术交流中心也开通了微信公众号和豆瓣账号。德国在网络空间对外传播和提升德语的网络话语权方面所做的努力值得我国借鉴。

5. 蒙古国

蒙古国 2014 年制定了《蒙古国语言法》，2015 年 2 月颁布，7 月生效。该法将取代 2003 年颁布的《官方语言法》，进一步整合现有法律法规中关于语言文字使

---

① 李立贵、王轶：《德语在网络空间的对外传播和推广策略》，《外语电化教学》2018 年第 3 期。

用和保护的内容。伴随着社交媒体的发展，外来文化充斥着各类媒体，《蒙古国语言法》的颁布旨在巩固蒙古语的语言地位和使用规范。《蒙古国语言法》共有 8章，24 条。内容包括：总则、蒙古语的使用、书写文字的选用、蒙古正字法和辞书、中央与地方各级行政机关及法人团体的责任、国家语言政策委员会、授权研究机构、其他事项等。该法第 15 条涉及网络语言文字的使用问题，规定了信息网络语言交流问题由主管机关与国家语言政策委员会联合管理，指出目前网络环境中不规范的拉丁蒙古文泛滥等问题，并规定了拉丁化拼写的规范、西里尔文和传统蒙古文之间的转写问题。

6. 阿联酋

1971 年的《阿联酋宪法》规定阿拉伯语为阿联酋的官方语言，明确将阿拉伯语作为政府部分、事业单位的正式公务用语。但随着国际化的深入，以英语为代表的外来语言对阿拉伯语的地位造成了威胁。目前，阿拉伯语和英语在政府公务往来、教育教学等领域的共同使用已经成为常态。政府网站以现代标准的阿拉伯语和英语为主要语言，甚至已经出现用拉丁字母书写阿拉伯语的情况。为此，国家内阁事务和未来部联合教育部、文化和知识发展部、司法部等多部门在 2012 年颁布了《阿拉伯语宪章》，重申阿拉伯语的国家官方语言的地位，为阿拉伯语在行政、教育、文化娱乐、商业、传媒领域的使用提供制度保障。

7. 摩洛哥

2011 年 7 月 1 日，摩洛哥举行全民公投，新宪法以多数赞成票获得通过。新宪法第 5 条宣布阿拉伯语和阿马奇格语同为官方语言，标志着摩洛哥放弃了单一的阿拉伯化政策。2012 年 10 月 3 日，摩洛哥政府宣布，政府网站必须添加阿马奇格语。虽然新宪法和该项决议都提升了阿马奇格语的官方地位，但在语言表述的规范性上仍需进行进一步的完善。

8. 拉脱维亚

拉脱维亚自 1990 年 5 月 4 日独立以来，出台了一系列降低俄语影响力、提升拉脱维亚语的政策。1999 年，拉脱维亚政府出台了《国家语言文字法》，将拉脱维亚语定为国语，其他所有语言都是外语。2011 年 7 月，拉脱维亚政府颁布《电子媒体法》，禁止电视和广播媒体使用除拉脱维亚语之外的其他语言。

9. 俄罗斯

2011 年时，俄罗斯已超过德国成为欧洲互联网用户数量最多的国家，根据何瑾①的调查，俄国针对网络语言的研究主要集中于从语言学角度对网络语言本身的研究，包括对网络语言的交际性功能进行研究；网络语言的整个语言系统与书面语或口语进行对比描述；对网络语言的体裁进行分类。

2005 年 5 月 20 日《俄罗斯联邦国语法》正式通过并实施，以立法的形式确立了俄语在俄罗斯联邦的重要地位，并对现代俄语的应用范围、方式提出了具体要求。2009 年俄罗斯国家杜马起草一系列法案，加强对互联网各个领域的管理，其中包括部分规范网络语言的条款。除此之外，俄国高度重视网络语言资源建设。

综上所述，各国和重要国际组织对网络空间中语言的治理与规划体现在三个方面：首先，确立官方语言在网络空间中的绝对优势地位，削弱外语（如英语、俄语）在网络中的使用频率。其次，制定法规规范低俗言论、虚假新闻、仇恨言论，对违反此类法规的个人或发布平台实施处罚。最后，加强网络语言资源建设，强化通过网络平台推广和普及本国的语言和文化。例如：韩国世宗学堂②、日本国际交流基金会③、俄罗斯世界基金会④、英国文化教育协会⑤都将发展多媒体信息平台建设作为工作重点。但不可否认的是，如何更好地平衡言论自由和语言规范之间的关系，各国都仍在探索中。此外，社交平台类的科技公司在网络空间语言规划中应该扮演什么样的角色仍值得深入探讨。

10. 联合国教科文组织

2003 年联合国教科文组织专家会议通过了题为《语言活力与语言濒危》的方法论文件，文件设定了 9 项指标用于评定一种语言的活力和濒危程度。其中指标 5 将语言在新媒体中的使用、对新语域的适应程度与语言活力相联系，体现了新时期

---

① 何瑾：《俄罗斯网络语言状况及相关政策研究》，《西北民族大学学报（哲学社会科学版）》2017 年第 3 期。

② 韩国世宗学堂：是由韩国文化观光部出资建设，由韩国国立国语院统筹管理的海外培训机构。

③ 日本国际交流基金会：是由日本政府出资，为加深各国对日本的了解而设立的机构。

④ 俄罗斯世界基金会：是由俄罗斯为促进各国文化交流而成立的机构。

⑤ 英国文化教育协会：是英国提供教育机会与促进文化交流的国际机构。

网络空间中语言使用的重要性。

表2 评定语言活力与濒危程度的9项指标

指标1	语言代际传承
指标2	语言使用者绝对人数
指标3	语言使用人口占总人口的比例
指标4	语言使用领域的转变
指标5	对新语域和新媒体的适应
指标6	语言教学材料和读写材料
指标7	政府和机构的语言态度和语言政策（包括语言官方地位和使用）
指标8	语言族群成员对母语的态度
指标9	语言记录资料的数量和质量

2011年5月30日至6月1日，"联合国教科文组织语言政策指针：语言评估和语言规划的工具"专家会议在巴黎召开。此会议旨在通过对2003年《语言活力与语言濒危》应用的总结和反馈，促使联合国教科文组织成员国根据当地或本国情况评估其语言状况，在此基础上制定并实施适当的语言政策和措施。在此次会议上马塞尔·迪卡凯迪尔作了题为《语言现状评估与设计网络的语言规划》的报告，提出了利用网络空间对语言活力进行评估的快捷方法。本次会议形成的会议报告中，在第五节"建议"部分，提出了诸多可行性意见，如：信息、教育和语言政策要连带考虑；为濒危语言族群提供网络空间；开发网络学习环境；对促进语言使用的媒体给予支持。

2014年，联合国教科文组织在语言多样性保护工作会议上，提出重点促进网络空间对科学知识的多语使用问题上。联合国教科文组织沟通与信息部认为，语言是传播知识与信息的重要工具，在网络空间运用母语的机会将决定个人参与知识社会的程度，网络应为世界的所有语言开放。联合国教科文组织大会发布的第37C/4号文件《2014—2021年中期战略》提出，将鼓励与支持网络空间使用多种语言和尊重文化多样性。该战略将促进自由表达、媒体发展以及信息知识的获取、尊重文化和语言的多样性列为四项战略性目标。联合国教科文组织倡议：非主流语言的使用者需要能够以具有文化特色的方式表达自己的语言与文化，能够以本土语言创造本土文化内容，并通过网络空间分享。每种语言和文化都应该在互联网中有自己的空间。2015 年，联合国教科文组织召开了"网络空间的多语现象：为土著语言赋权"的国际会议，提醒人们要加强网络空间土著社区接触信息的能力，并制订了详细的行动计划，开发在不同语言和文化语境中辅助人机交流的硬件和软件，例如：开发适合土著语言的键盘使用、翻译词表、拼写检查、声音识别等技术，进一步支持与保护不同语言的使用者。

四、我国网络空间语言规划的未来发展构想

（一）继续发挥语言监测对网络语言政策制定的辅助作用

"绿、黄、蓝、白"四种皮书，尤其是绿皮书《中国语言生活状况报告》在过去的十几年充分发挥以政府为主导、以专家为支柱、以青年学人为主体的模式，利用海量真实的文本语料库进行统计，每年发布实时语言生活状况报告，尤其是对网络语言部分的关注与描写，不仅有利于探索网络语言的应用价值，更对我国有关网络语言政策的制定提供了共时与历时的依据。

（二）区分网络语言与通用语言的差异，分功能制定网络语言规范条例

对网络语言要有客观的认识，在网络环境中使用的语言，通用语言仍是主流，两者间的同一性大于差异性。网络是大众传播、组织传播、人际传播、群体传播的平台，网络语言会根据传播模式的不同呈现出不同程度的偏离全民通用语言的状况。从语言使用的规律和特点来看，任何一种语言变体都会与全民通用语言之间产生互动。在国家通用语言文字的使用方面，基于大众传播层面的网络媒体语言规范程度高，偏离程度低；基于群体和人际层面传播的平台语言规范程度不足，偏离程度高。网络语言不规范的形式和用法及分散在不同网络场景中的个性言语社团，造成了网络空间语言生活的分众化，因此，网络语言规范条例应分功能制定。语言功能规划，是语言地位规划的延伸和具体化，其主要任务是规划各种语言及其变体在各功能层次的价值和作用。具体规划在不同的语言交际层面，应当怎样发挥不同语言变体的作用；哪些语言现象可以在哪些交际层面发挥功能；哪些语言可以作为国家的行政工作语言，哪些语言可以用于教育和大众传媒，哪些语言可以用于社会公

共服务；网络语言可以在哪些交际层面使用；网络语言的立法问题应该提上国家通用语言文字规范和管理的议事日程。

（三）通过网络语言政策的制定掌握网络空间的话语权

赵世举[①]指出，网络空间具有开放性、迅速性和广泛性，这使得网络空间的言语行为传播更迅速、影响更广泛。网络的这种放大效应被广泛青睐，无论是个人、组织、机构乃至国家，都在利用这一优势，传播观点、表达诉求、谋取利益。因此，掌握网络话语权至关重要。首先，应该研究如何利用网络主动发出好声音，增添正能量，促进社会文明进步。对内，以生动活泼的形式传播先进文化和社会主义核心价值观，推进文化建设，营造良好的网络空间人文环境和舆论氛围。对外，发出中国声音，讲好中国故事，构建具有中国思想的国际话语，不断提升国际话语权和中国语言文化的国际影响力及竞争力。其次，应做好网络舆论的安全防范，防止不良网络信息的传播和海外势力的思想文化渗透。

（四）通过网络语言政策的制定推动我国网络资源建设的发展

2003 年联合国教科文组织发布《普及网络空间及促进并使用多种语言的建议书》，网络空间成了新的竞技场。一个国家的主要语言文字在网络空间的功能强弱和使用范围影响国家的语言能力。W3Techs 是一个权威的网络技术调查网站，实时监测各个语言的网页在所有网页中的比例，分别呈现项目数据的月度、季度、年度变化趋势。截至 2019 年 1 月 20 日，英语独占 54%，高居榜首。中文网页仅占所有语言网页的 1.7%，在所有语种中排名第十，与波兰语网页数持平。这与中国在国际上的政治地位和经济发展状况是不匹配的，对中国语言文化在世界上的传播也是不利的，需要采取有效的措施加以提升。

2015 年 12 月 16 日，习近平主席在第二届世界互联网大会上提出建立"网络命运共同体"的主张，并提倡发挥互联网传播平台优势，让各国人民了解中华优秀文化，让中国人民了解各国优秀文化，共同推动网络文化繁荣发展，丰富人们精神世界，促进人类文明进步。

---

① 赵世举：《国家软实力建设亟待研究和应对的重要语言问题》，《文化软实力研究》2016 年第 2 期。

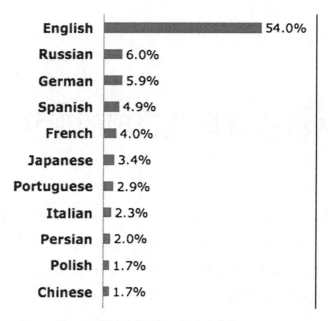

图3　W3Techs 统计的世界网页语言分布情况

资料来源：W3Techs 网络。①

　　网络语言是政府高度重视、民众极其关切、治理难度较大的问题，迫切需要扎实深入的基础研究作为理论支撑。希望通过政策法规的制定，引导网络空间的语言使用，使国家通用语言文字技能借助网络空间形成更多丰富的表达，保证语言系统的独立性，维持国家通用语言的国际形象、提升国家的语言能力。

---

　　①　W3Techs，2020 年 4 月 26 日，见 http://w3techs.com/technologies/overview/covitent. langwange。

网络语言规范管理的现状与问题*

网络语言在整体上呈现健康有序发展，但仍存在一些乱象与问题，使得相关管理部门自网络语言诞生时起就高度重视网络语言规范管理工作。网络语言的管理目标，是在推广普通话、规范汉字的基础上，监督平台落实主体责任，教育引导网络用户自觉抵制网络低俗用语。

一、网络语言规范管理的现状

（一）相关法律

习近平总书记指出，网络空间不是"法外之地"；要坚持依法治网、依法办网、依法上网，让互联网在法治轨道上健康运行。汉语的规范需要通过法律、行政、教育和媒体等多种途径进行有效控制。在法律层面，为树立汉语的规范应用标准，以及应对互联网飞速发展而产生的各类语言规范问题，立法部门虽暂时没有出台直接与网络语言相关的法律，但目前多部现有法律法规中有相关法条，对人们在互联网上使用语言的行为进行规范和约束，典型的有《中华人民共和国国家通用语言文字法》及《中华人民共和国网络安全法》。

《中华人民共和国国家通用语言文字法》是我国历史上第一部有关语言文字方面规范的专门法律，2000 年 10 月 31 日第九届全国人民代表大会常务委员会第十八次会议修订通过，2001 年 1 月 1 日起正式施行。作为一部总纲领性质的法律，

* 本文作者田丽，北京大学新媒体研究院副教授、博士生导师，主要研究方向为网络传播、互联网与社会、互联网治理。

其内容虽然只有四章28条，但都从实事求是的中心思想出发，希望依靠法理引导而非惩戒，达到治理的效果，故在条款中并没有强制性的处罚条款。其目的是为推动国家通用语言文字的规范化、标准化及其健康发展，使国家通用语言文字在社会生活中更好地发挥作用，同时也起到保证网络语言规范性、减少传播低俗内容、促进各区域文化的平等交流的作用，期许未来的规范通用汉语，能向合理健康方向发展，巩固普通话的法定地位。2005年12月29日，上海市实施《中华人民共和国国家通用语言文字法》，办法中明确规定"国家机关公文、教科书不得使用不符合现代汉语词汇和语法规范的网络词汇。新闻报道除需要外，不得使用不符合现代汉语词汇和语法规范的网络词汇"。这是国内首次将网络语言管理规范写入地方性法规草案。

《中华人民共和国网络安全法》是我国第一部对网络空间安全管理问题全面规范的基础性法律，由全国人民代表大会常务委员会于2016年11月7日发布，自2017年6月1日起施行。全篇共七章79条，其颁布的主要目的是为保障网民的网络信息安全，维护国家主权在网络空间中的自然延伸，维护国家安全，也起到保障广大公民、企业法人和其他组织的合法权益，促进经济社会信息化健康发展的积极作用，同时标志着我国网络安全从此有法可依。网络安全法对公民个人信息明确了其私密性并给予了保护，如个人信息被冒用，公民有权责令网络运营商更改删除；个人及组织可以对违背网络安全的违法行为进行举报处理等。

从《中华人民共和国国家通用语言文字法》到《中华人民共和国网络安全法》，两部法律的诞生象征着随着互联网的兴起我国的语言文字规范工作重心转移的过程。网络空间语言规范是通用语言规范的重要组成部分，切实做好网络语言的规范管理，借以互联网的强大传播能力，必会对汉语的规范使用起到极大的促进效果。

（二）相关法规

基于以上两部法律的施行，同时针对互联网语言规范的各类问题，在不同时期我国政府也制定了相关的法规来约束网络环境中消极暴力低俗用语使用的内容，以加强网络监管。

《互联网文化管理暂行规定》于2003年5月10日发布，2004年7月1日修订，2011年3月18日由文化部部长蔡武签发第51号令，2011年4月1日正式施行。此法规主要针对网络娱乐产品的规划问题，并且尝试控制网络下载的安全性与传播性，限制了危害资源的传播。规定同时对网络文化产品加以定义，完善相关非经营性互联网单位的审批制度流程，加强对淫秽色情类产品的惩罚力度。从事与网络相关的职能人员需遵守此法规中列举的各项条例。

《互联网视听节目服务管理规定》于 2007 年 12 月 29 日由广电总局公布，从 2008 年 1 月 31 日起实施。此法规主要针对网络视听媒体的非规范管理导致的内容失控问题，杜绝恶搞、诋毁，视听内容无尺度、无下限，色情、暴力内容泛滥，盗版盛行，侵犯个人隐私等网络内容，同时制定了视听节目的未来工作规划，限制视听节目里疑似危言耸听的内容片段，禁止发布不当言论与疑似电信诈骗情况，还大众一个清爽的视听环境。

《互联网新闻信息服务管理规定》依据《中华人民共和国网络安全法》《互联网信息服务管理办法》《国务院关于授权国家互联网信息办公室负责互联网信息内容管理工作的通知》等法律法规制定，对信息内容的管理主要体现为三个方面：明确用户身份信息和日志信息的保密性；禁止非法网络公关、水军等网络舆论操作；信息服务从业人员不得以干预新闻信息或搜索结果呈现等手段谋取不正当利益。

此外，《互联网信息服务管理办法》建立了互联网环境的信息服务经验模式框架；《关于进一步加强网络视听节目创作播出管理的通知》对网络视听作品创作内容作出若干规范；《关于广播电视节目和广告中规范使用国家通用语言文字的通知》从四方面清理整改广播电视用语的不规范现象。以上法规的出台涉及网信办、教育部、广电总局等多个部委。

我国根据网络不同发展时期的不同情况，逐步出台各类相关法规及指导办法，一是树立网络语言规范监管的决心并身体力行，二是结合网络发展背景，在不阻碍信息网络传播发展的前提下，适当加以约束。这既有利于网络的可持续良性发展，也为广泛使用互联网的民众的信息安全保驾护航。

（三）管理机制及原则

针对网络语言规范管理的整体机制自上而下、层层分工执行，通过"法律指导—行政控制—媒体宣扬—社会配合"的线路做到有效管理：国家相关部委出台法律法规，对网络规范加以框架式的监督与指导；政府主管部门会同有关单位，联合颁发规范规定，担负起依法管理的职责；相关媒体人在提高自身法律意识的基础上做到以身作则，并以自身管理条例或报道方向表态，宣扬相关倡议，为整个健康的网络用语环境营造基础；网络运营团队及个人响应号召，避免不文明用语行为，互相督促，形成网络语言使用的良好风气和氛围。

国家通过专门的语言立法，借助法律的严肃性和强制执行力，起到了树立语言规范的表率作用。而各政府机关单位协同合作，才能够在语言文字这类广泛涉及文化、历史、经济、民族形象等多个方面的社会工具上达成综合解决方案：公务机关使用普通话、规范字树立标准；新闻出版行政机构管控汉语出版物及广播媒体的普通话及规范字使用情况；教育主管部门针对通用汉字的学习及普及范围等问题"下药"。这些部门通过不同的角度保障语言立法的实施，也对语言规范工作起到更具体的指导意义。书刊、报纸、广播等媒体依靠自身的强大传播渠道及公信力，在语言的传播过程中起到了重要的推进作用，媒体的语言规范意味着整体社会语言环境的净化：责任编辑需通过汉语应用水平考试方可入职，节目主持人需持有普通话一级甲等证书方可上岗等一系列举措保证了媒体传播语言的规范性。而各类直播、交友、社交平台应当强化主体责任，积极响应相关法律法规，加强监管意识，避免疏忽、纵容平台工作人员的违规操作及监管不力行为。作为普通网民，要做到克己律人，避免自己本身成为低俗文化的传播者，学会为自己的言论负责，不造谣、不传谣，这是网络和谐进程的重要一步。

对网络语言的管理原则是，以普通话为标杆，依照语言文字"十三五"规划，在全国范围内基本普及国家通用语言文字，全面提升语言文字的信息化水平，对网络用语中低俗、暴力语言词汇的使用与传播保持克制。

二、当前网络语言规范管理中存在的问题

当前网络语言规范管理中仍然存在一些问题，主要包括缺少专门性的法律法规；网络平台责任意识不足，疏于管理；传统媒体为博眼球违规；部分用户特别是青少年用户的语言合规意识淡薄。

（一）网络语言规范管理缺少专门性的法律法规

我国当前的网络语言规范管理法律体系建设有待进一步健全，特别是专门针对网络语言的法律文本缺失。就目前所颁布的法律条文来看，主要有两类：一类是专

门针对语言规范的法律文本，如《中华人民共和国国家通用语言文字法》，这部法律确立了普通话和规范汉字作为"国家通用语言文字"的法定地位，在全国范围内推广普通话，推行规范汉字。2005 年 12 月 29 日上海市第十二届人民代表大会常务委员会第二十五次会议通过了《上海市实施〈中华人民共和国国家通用语言文字法〉办法》，该办法规定国家机关公文、教科书和新闻报道中，将不得使用不符合现代汉语词汇和语法规范的网络语言。这也是国内首部将规范网络语言行为写入法律的地方性法规。这一类法律法规主要对语言文字的使用行为进行规范，但是多集中在现实生活领域，缺少针对网络语言的明确内容。

另一类是主要针对网络行为的法律法规，如国务院 2000 年 9 月发布的《互联网信息服务管理办法》、国家工商行政管理总局与信息产业部于 2005 年 1 月联合发布的《国家工商行政管理总局、信息产业部关于禁止发布含有不良内容声讯、短信息等电信信息服务广告的通知》、广电总局 2007 年发布的《互联网视听节目服务管理规定》、文化部 2011 年 2 月更新发布的《互联网文化管理暂行规定》等，这类法规发布主体涉及诸多行政部门，内容主要是对互联网商业行为和内容进行规范，语言规范在一定程度上有所体现但是没有明确提出。

可以看出，当前我国网络语言规范管理缺乏专门的法律法规，网络语言规范管理的内容散见于其他有关法律文本中，另一方面现存法律法规的明确性和强制性不足。语言具有发展性，尤其是网络语言，新兴词语层出不穷且短时间内就能传播开来，这就对相应的法律法规提出了较高的要求：首先是明确性，相较于现有法律法规对内容性质的笼统概括，列出禁止传播的词语更为直接有效；其次是时效性，网络语言生命周期短，更新迭代很快，为了适应对发展中网络语言的规范要求，有关法规需要及时修订更新。

当前我国网络语言规范管理法律体系还未建立，现有与网络语言相关的法律条文涉及多个主体部门，大多数法律由单一部门制定发布，部门联合制定的法规很少，各部门在治理网络语言的斗争中呈现出各自为战的被动局面，在集中治理的内容层面上，法律条文高度重复，而事实上还存在各方都忽略了的监管盲区，这为规范管理网络语言带来了不小的困难。①

---

① 邱业伟：《网络语言暴力法律规制的必要性和立法构想》，《重庆理工大学学报（社会科学版）》2016 年第 9 期。

（二）网络平台责任意识不足，疏于管理，问题突出

这里的"平台"是指提供网络服务、传播网络内容的机构和单位。网络平台包括网络新闻媒体、直播平台、视频应用平台、社交媒体平台等，这些平台是大部分网络语言的发源地，也是网络语言线上传播的重要渠道。社交媒体平台、直播平台、视频应用平台等出于商业利益的考量，社会责任意识淡薄、疏于监管，尤其是直播和短视频平台，已经成为网络语言失范的重灾区。[①]

网络新闻媒体平台区别于传统媒体。总体来看，网络新闻媒体从业人员专业素养较低，非科班出身的比例大，个别从业者素质低下，同时，网络新闻媒体行业规范执行不严，新闻伦理审查机制不完善。在时事政治内容方面，网络新闻媒体平台主要转载传统纸质媒体和人民网、新华网等主流媒体的报道，用语相对规范，但在涉及娱乐时尚等内容时，多为自采和从不正规渠道转载，语言失范问题十分突出。[②] 在百度搜索引擎以"屌丝"为关键词检索到相关新闻 24800 篇，"屌丝"赫然出现在其中绝大多数新闻的标题之中，究其来源，多为新浪新闻、搜狐新闻等网络新闻媒体及其相关栏目。

社交媒体促进了交流的便利性，同时也为网络语言的传播提供了条件。虽然当前许多社交媒体平台都有关键词屏蔽和信息审核机制，但是所谓"上有政策，下有对策"，一些失范性网络语言在规避政策风险的过程中不断更换伪装的外衣。这类社会重点关注的网络言辞在保持其本意的基础上不断变换外在形式，以躲避社交媒体平台的监控系统。就目前的情况而言，微博、微信、QQ 等各大平台在落实管理责任、规范网络语言方面做得并不十分到位，大量失范性网络语言借助社交媒体平台肆意传播。

直播和短视频平台是网络语言问题产生和泛滥的重灾区，直播平台以斗鱼、虎牙、YY 三家为主，短视频平台则主要是快手和抖音等。直播平台和短视频平台都起源于最初的视频和社交媒体，直播平台以游戏直播发家，逐渐扩展到秀场直播、户外直播、体育直播等其他泛娱乐化领域，虽然直播平台栏目有所增加，形式多有变化，但是游戏直播仍是其流量的最大支撑；短视频平台内容千变万化，从日常生

---

① 谢新洲、赵琳：《网络伦理的失范与出路——基于网络服务平台治理视角的分析》，《青年记者》2017 年第 12 期。

② 安尚勇、李燕：《网络新闻中语言暴力问题及解决对策》，《新闻战线》2016 年第 12 期。

活到搞笑故事再到才能展示，不一而足。直播平台和短视频平台发展势头极为迅猛，短时间内获得大量注资。

直播平台和短视频平台具有准入门槛低、去中心化的特点。直播平台主播平均文化水平低，文化素质有待提高，而且在直播市场快速发展的背景下，主播薪酬成倍上涨，许多主播陷入自我膨胀，肆意言行，这给直播平台的监管提出了较高的要求。① 而对短视频来说，任意用户可以作为传播源，上传视频，相较于注册主播制，监管难度更大。直播平台和短视频的监管职责主要在三个方面：事先预防，即在主播或者用户注册阶段进行筛选，完善注册准入机制，完善用户信息，对不符合要求的用户限制平台使用权，同时在主播接入平台开播之前进行培训；事中监管，当直播内容或视频内容存在低俗、落后、腐朽等语言失范现象时，及时处理，消除影响；事后追惩，对违反相关法律法规规定、言语粗俗暴力的用户采取警告、封号、拒绝再次注册等惩罚措施。

政府部门针对直播平台和短视频平台所暴露出的问题已经出台了相应的法律规范，如 2016 年 7 月文化部发布的《文化部关于加强网络表演管理工作的通知》，2016 年 9 月国家广电总局发布的《关于加强网络视听节目直播服务管理有关问题的通知》，同年 11 月中央网信办发布的《互联网直播服务管理规定》等。作为网络直播和短视频服务直接提供者的平台方，在相关法规的执行落实过程中扮演着重要角色，只有平台方积极主动承担社会责任，加强监管，多方合力，才能遏制网络直播和短视频中的语言失范现象。

（三）传统媒体为博眼球违反规范

从早期的"杯具""菜鸟"到如今流行的"扎心了，老铁""狗带"，网络语言不仅在互联网上风生水起，而且以惊人的速度渗透到传统媒体的话语体系之中。

传统媒体拥有完善的行业规范和内部新闻审查机制，但依旧未能抵御网络语言的冲击，其原因在于：1. 网络语言是"民间舆论场"的产物，一定程度上代表着民众的立场和价值取向，而传统媒体代表着"官方舆论场"，在网络时代，大众注

---

① 张承蒙、徐淑婷：《网络社会治理中短视频平台乱象分析与消减策略》，《新媒体研究》2018年第 17 期。

意力被网络文化所吸引，为了迎合受众需求，避免影响力和关注度持续流失，传统媒体选择将部分网络语言融进自己的报道内容之中；2. "娱乐至死"是网络时代的典型特征，尼尔·波兹曼在《娱乐至死》中指出，一切公众话语日渐以娱乐的方式出现，并成为一种文化精神，其结果是我们将成为娱乐至死的物种。① 在公众话语日益泛娱乐化的如今，传统媒体也不得不适应年轻人创造和传播的网络语言，以求得到年轻人的认同进而在网络媒体泛滥的环境下生存下去。

由此可以看出，网络语言进入传统媒体话语体系具有一定的必然性，而且部分网络语言为传统媒体报道确实起到了锦上添花的作用。2010 年 11 月 10 日，《人民日报》头版头条刊登《江苏给力"文化强省"》一文，"给力"一词运用得当，简洁生动，赢得一片赞誉，《光明日报》也曾刊登题为《"奇葩收费"何时不再任性》的通讯文章，"任性"用得恰如其分，实为亮点。然而，传统媒体运用网络语言需要考虑词语的基本和引申含义，结合具体语境，部分媒体为博眼球，追求"注意力"效应，盲目跟风，刻板实行"拿来主义"，对网络语言不加选择地使用，导致网络语言影响下的传统媒体语言呈现出低俗化趋势。2015 年人民网舆情监测室发布的《网络低俗语言调查报告》就指出，网络语言低俗化已经向部分纸质媒体转移，一些媒体使用《绿茶婊只是明骚女汉子才是暗贱》《马年将到"草泥马"给您拜年了》《让明星情侣"撕逼"飞一会》等标题，反映出部分文化载体无视社会责任的恶俗狂欢。②

网络语言涌入传统媒体主要有两方面的影响。首先，粗俗戏谑的网络语言对新闻信息的真实性和可信性产生干扰，削弱传统媒体的公信力，如《荧屏偶像剧流行"屌丝逆袭"业内：契合观众心理》《生完一胎"累觉不爱"？这是肾虚》一类的新闻标题，对粗俗戏谑的网络词汇不加选择地使用，对信息内容可信性和媒体形象造成极大冲击；其次，传统媒体普遍被认为是大众舆论的发声筒，对公众有极强的引导示范效应，诸如"绿茶婊""撕逼"等严重失范的网络语言成为传统媒体的"口头禅"，必将进一步作用到现实空间的社会话语体系，为当代语言文字教育带来负面影响，也严重阻碍到大众文化的发展和繁荣。

---

① [美]尼尔·波兹曼：《娱乐至死》，章艳译，广西师范大学出版社 2004 年版。
② 《〈网络低俗语言调查报告〉全文发布》，见 http://yuqing.people.com.cn/n/2015/0603/c364391-27098350-2.html，2015 年 6 月 3 日。

（四）青年用户群体规范意识淡薄

前文已经提到，根据中国互联网络信息中心发布的《第40次中国互联网络发展状况统计报告》，截至2017年6月，30岁以下的网民占网民总体的52.2%，其中10—29岁的网民占整体的49.1%，青年用户是当前我国互联网使用的主要群体。青年群体是网络语言的创造者、传播者和使用者，网络语言是当代青年文化的重要部分。

青年文化是青年在社会化过程中的"自我表达"，或者说自我身份确认，是青年所特有的社会存在方式。人的存在离不开语言，海德格尔说过，人表现为言谈的存在者。网络语言与当前青年之间有着千丝万缕的联系，研究网络语言，离不开对青年群体心理特征和社会互动的考察。而正是这层特殊的关系，使得作为网民主体的青年群体对网络语言表现出一种"暧昧"的情感，监管意识淡薄，对网络语言的负面影响浑然不觉。

青年群体通常对主流文化表现出蔑视和不屑，反叛是他们的显著行为特点，在反叛主流文化的过程中，他们积极去建构自己的文化体系，试图摆脱主流文化要素的限制，在话语符号上即表现为青年群体所创造的网络语言。网络语言突破传统语言规范和社会约束，呈现出符号化、个性化和生动性的特征。网络语言表达出青年群体渴望被主流社会所认同和理解的强烈愿望，他们利用网络语言来表达自己的生活态度和价值取向，将其带入现实社会，同主流文化展开"谈判"，与此同时，他们心怀恐惧，担心这种文化符号不为社会所接受，而在一定程度上刻意回避主流文化，囿于自己的圈子之中。渴望被认同却又害怕被拒绝，这是青年群体矛盾心理的真实写照。

网络语言成为沟通的桥梁。30岁以下的网民占网民总体的52.2%，也就意味着还有将近一半的网民是已过而立的中年群体。他们是社会的栋梁和支柱，是主流文化的倡导者和建设者，他们通过网络接触网络语言，了解青年群体的价值观、生活方式和思维方式，主流文化与青年文化的交流和沟通由此得以实现。

网络语言在多个方面塑造了青年文化。从形式上，青年群体的反抗以往是内在的，是无声无息的焦躁不安，而如今网络为他们提供了发声窗口，青年群体的反叛以网络语言的形式转为了外部化的斗争，这种由内而外的形式上的转变也是青年文化的本质体现；从内容上，语言作为文化的重要载体，其本身也是文化的一部分，是社会生活的产物，网络语言看似纷繁复杂难以理解，其实很多内容都可以从青年的日常生活中找到源头，而最终成形的网络语言也影响和塑造着青年群体的生活；从功能上，青年文化在很长一段时间内被视为非正常的现象，被认为是阻碍社会发展的力量，然而一代又一代青年文化引导下的青年群体逐渐成长起来，成为社会的中坚力量，承担起建构和传承主流文化的重任。网络语言作为当代青年文化的特色，所蕴含的轻松积极的快乐心态也助力着青年群体的成长，在浮躁的时代为青年群体附上一副"降温贴"。

网络文化是青年群体合力创造的产物，取材于青年的日常生活，从青年的价值观和人生态度中汲取养分。作为青年文化的重要组成部分，网络语言归根到底是青年群体的语言，是他们特有的话语符号。从最初的"GG""MM"到如今的"无Fuck说""我有一句mmp一定要讲"，与互联网一同成长、从小浸淫在网络语言环境下的青年一代早已适应，当父母一辈的主流文化体系认为这些过于粗俗时，他们不以为然，一批又一批的网络语言伴着他们长大，在他们眼中，网络语言并没有什么不妥。网络语言成为青年群体网络社交的专用符号，许多网络语言甚至跨越电脑屏幕走向现实生活，成为日常用语和口头禅。他们已经习惯利用网络语言交流，一旦离开网络语言，就总有一种词不达意的无力感。以"扎心了，老铁"为例，简单的五个字，以一种戏谑的语气表达出因某件事而受触动的心情，主流话语体系中很难找出一句话来代替它，换句话说，青年群体已经对网络语言产生依赖性。在宏观的层面上，网络语言是青年群体之间相互理解、寻求自我身份认同的方式，通过网络语言，青年得到情感上的共鸣，找到群体的归属感。

因此，如何引导"正能量"网络文化，促进青少年合理合规地进行自我表达，是网络语言规范管理面临的重要问题与挑战。

网络语言规范管理对策建议 *

网络语言的规范管理是一项长期性、系统性的工作。网络语言的规范管理需要在尊重语言和网络语言产生传播规律的前提下，整合现有法律法规中关于网络语言规范管理的相关规定，明确网络语言规范管理的范围和对象。

一、尊重网络语言产生及传播规律

网络语言规范管理的前提是尊重语言和网络语言的产生及传播规律，辩证看待语言的纯洁性问题，进而确定网络语言规范管理的范围和对象。网络语言是自然语言的一部分，存在多种语言现象和问题，如外来语、缩略语、詈骂语、错别字、语法错误等，这些在传统语言环境中同样存在。而语言中新词产生、一些词语慢慢不再被人们使用，也符合语言不断发展和丰富的规律，这是语言富有生命力的表现。因此，要客观看待网络语言规范管理问题，对其中应当坚决管理、可以适当引导、允许自然发展的几类不同的现象和问题进行区分。网络语言管理边界和管理对象的划定，应当依据现有的相关法律法规，从网络语言的使用环境和网络语言的使用者等多种角度来进行。

二、确定网络语言规范管理的范围和对象

网络语言的管理范围要依据使用环境而定。网络语言的具体使用环境包括大众

---

* 本文作者田丽，北京大学新媒体研究院副教授、博士生导师，主要研究方向为网络传播、互联网与社会、互联网治理。

传播环境、群体传播环境和人际传播环境。大众传播环境中包括以政府、中央媒体为信息发布主体的正式语言环境，如政府网站和新闻中的法律法规、政策性文件、政府公告、政府新闻和其他新闻信息（按照《互联网新闻信息服务管理规定》包括有关政治、经济、军事、外交等社会公共事务的报道、评论，以及有关社会突发事件的报道、评论）等，也包括一般大众传播环境，如向所有用户公开的网络论坛、社交网站、博客、微博、一般资讯网站和垂直网站等。群体传播环境指的是需要注册或申请才能参与讨论的传播环境，如 QQ 群、讨论组、微信群和贴吧等。人际传播环境指一对一的传播，如即时通信工具中的私聊，社交媒体中的私信等。

对大众传播环境中的正式语言环境，应当遵循相应的法律法规要求严格使用规范汉字和规范表达，不出现错别字和语病。其他一般新闻信息中，应当要求尽量避免使用网络语言，特别是网络低俗、暴力词语，对屡次违规、表现恶劣的网络媒体应当予以批评并敦促其整改。在一般大众传播环境中，各个网络平台、每个用户都对公共空间的清朗负有责任，有义务为自己在网络中的言行举止承担相应的后果，因此也有必要将这一领域纳入管理范围。而在群体传播环境和人际传播环境中，主要依靠行为主体的自身自觉和社会规范来约束，强制性的管理很难发挥根本作用。

三、针对网络语言产生和流行的关键节点进行管理

对网络语言的规范管理首先应当厘清网络语言产生、流行和消退的机理，需要专家学者和政策制定者对网络语言、网络文化、网络传播和网民心理等方面进行分析和总结，摸清网络语言为何产生、产生于何处、如何流行、形成怎样的影响力。在对网络语言传播路径了解的基础上，针对关键节点施加影响，从而起到管理和引导网络语言健康向上发展的效果。

网络贴吧、论坛、微博、博客和视频分享网站是大部分网络流行语的发源地。网络语言传播的关键节点包括网络媒体和同时跨多个亚文化群体的联结者。很多网络语言本来是小圈子中的用语，一旦被网络媒体频繁使用，就很容易吸引更多人的关注，成为流行的大众化网络语言。

四、加强网络语料库建设工作

应当加强网络语言语料库的建设工作，坚持长期发现、记录和追踪网络语言的产生、流行和消退的情况，为未来的理论研究和政策制定打下基础、提供依据。

结合语言学专家意见和广泛的用户调研结果，列出禁止使用、建议避免使用的词语，定时公示，并根据词语的流行与消退情况定期更新。

一些网络语言的语义发生了变化，原有的低俗语义慢慢淡化。在管理时应当遵循约定俗成的规律，按照大部分用户对词语的理解进行管理。

五、网络平台强化需主体责任

网络平台内容中，广泛存在网络主播为追求商业利益而忽视法律和道德底线的现象，反映了以"性暗示""爆粗口""搏出位""靠炒作""猎奇"为代表的低俗化和无底线的趋势。网络直播平台不单纯是网络服务提供者，还应对利用其平台服务产生的内容履行勤勉监管和技术控制的责任，包括监管制度和技术上的责任、真实身份认证制度责任和信息安全责任。网络平台应严格按照司法解释和"约谈十条"、"账号十条"和"微信十条"等相关法律法规，区分"避风港规则"和"红旗规则"的适用范围，加强网站社会责任的承担。

例如对直播平台管理者来说，需要首先完善直播平台的主播准入机制，在主播申请开播时即由平台方对主播文化素质进行全方位的考察，同时严格落实实名制以便追责，不合格者不允许开启直播；定期组织主播进行网络语言使用培训，明确当前时期禁止使用的新兴网络用语；强化违规惩戒机制，平台方组织人员加大对主播直播现象的监测力度（包括"超管"数量和质量上的保证），对违规的主播进行严肃处理，按情节轻重相应地采取停播、整顿、培训或永久封号等措施。短视频社区同样需要提高用户的准入门槛和加强违规惩戒力度，在用户注册阶段要强制要求用户完善基本信息。当前，由于用户信息的不完善，很多违规用户有恃无恐。

六、制定网络语言管理的专门性法规和管理条例

目前对网络语言的规范管理虽有一些相关法律法规作为原则和参考，但专门以

网络语言作为管理对象的法律法规仍属空白。

针对"网络语言"本身立法,应当在整合现有关于"语言文字规范"的法律法规和互联网内容规范的法律条文的基础上,由单一特定部门(教育部)或联合多部门制定发布以"网络语言"为规范管理对象的行政法规。

立法方面,可先采取暂行规定—管理办法—审核通过等循序渐进的方式,根据效果反馈及时调整。规定可主要分为两部分内容:一方面对低俗暴力语言令行禁止,在直播方面对条例加以细化,如主播直播期间使用某些明确定性为粗俗的词汇,在固定时间内抽查超过一定次数,则封禁直播间,否则依规对平台勒令整改及处罚;另一方面,对主播的直播方式采取温和的鼓励式引导,可以根据主播通过普通话等级考试的人数比例,和类似播音主持专业类考核成绩等指标对平台给予奖励,对呈现优秀直播内容、用词规范的草根主播加以宣传表彰等。

七、定期公布网络低俗、暴力语言黑榜

网络语言管理部门可以定期公布网络低俗、暴力语言黑榜,将一段时间内使用率较高的、新近产生的不文明词语向公众发布,甚至可以采取公众投票的方式选出用户在网络空间中最为反感和不认同使用的词语。

许多用户在不经意间"随大流"使用一些网络低俗暴力语言,并未反思是否得当,或认为大多数人使用的就是没有问题的。网络语言黑榜正是起到明确导向、端正是非的作用。榜单中不仅可以公布词语,还可以公布媒体黑榜和用户黑榜,让这些平台与用户引以为耻,让其他平台与用户引以为戒。

八、媒体加强自律,率先垂范

中央重点新闻网站、数字报等在语言文字规范方面情况良好,但商业网站中为博点击率,低俗暴力词语频频出现,特别是在第三方供稿的内容中从题材到语言整体不堪入目,成为网络空间中的糟粕。

应当鼓励腾讯新闻、搜狐新闻、凤凰新闻等大型网络媒体平台尽量使用规范化语言,以对其他网络媒体起到引导和示范作用,特别是对 APP 和网站中第三方供稿的内容加强审核;传统媒体强化内部审查监管流程和责任意识,尽量少用网络语

言，避免误用网络语言；积极落实《互联网跟帖评论服务管理规定》中关于网络评论后台实名、前台自愿的原则，并在媒体平台对用户评论进行审查和筛选，在用户输入低俗暴力语言时弹出警示。

九、搜索引擎、百科、问答网站需导向鲜明

搜索引擎、百科、问答网站在网络空间中承载着知识分享和传递的功能，相当于网络环境中的"教科书"和"大学堂"，在用户心目中具有一定的权威性。而目前一些百科中对网络低俗词语的解释模棱两可，甚至刻意模糊其语义和指向的低俗性，对一部分用户起到了误导的作用。

研究发现，许多用户在面对首次见到的网络词语时，会选择在搜索引擎、百科、问答网站中查找和询问词语含义。因此，这类具有知识性的网站应当以醒目的方式说明词语的含义，提醒用户词语的使用场景和禁忌，建议用户慎重使用。

十、加强学校和家庭教育，倡导网上网下一个样

学校作为教书育人的场所，是语言规范的主要阵地，校方应强制要求学生在校使用规范语言汉字，禁止在平时作业、考试和课堂学习中滥用网络语言；开展网络语言规范课程，将语言文字规范纳入学生综合素质考核体系；在家中，家长应鼓励孩子使用规范的语言，以身作则，积极示范引导。

在对青少年开展网络语言规范教育时，可以倡导青少年努力做到网上网下一个样、生人熟人一个样；面对自己的师长和同学难以说出口的低俗语言，在网络空间中即使面对陌生人也不应使用。己所不欲，勿施于人，自己不愿意听到的语言，也不应当对他人使用。只有青少年从内心认同这些理念，才能从根源上遏制网络低俗语言在青少年中的流行。

第三部分

中国网络语言的应用

中学生网络语言认知、使用及其影响调查报告*

为了解中学生使用手机状况及对网络语言的认知程度，笔者对三所中学的学生进行了问卷调查。

本调查共分两个部分。第一部分围绕"上网"这一行为，调查了青少年上网的历史、时长、频率、偏好等相关内容，了解了青少年网络使用的基本特征。第二部分则从使用原因、网络语言规范认知、网络詈词使用等维度考察了青少年对网络语言的使用行为、认识情况与情感态度。

一、样本概述

本次问卷于 2018 年 12 月 7 日发放，2018 年 12 月 27 日回收。共计 1422 名青少年填答了问卷，经逻辑陷阱检验清洗后，得到有效填答的问卷 1399 份，样本有效率达 98.4%。本文利用 SPSS 22.0 对数据进行了分析，分析方法为描述性统计。

为了图表展示的方便，本文所有图表中均仅展示学校编号。表 1 共有样本的概况：学校 1 共有 301 人，占比 21.5%，学校 2 共有 637 人，占比 45.5%，学校 3 共有 461 人，占比 33.0%。从性别的分布来看，男性 673 人，占比 48.1%，女性 726 人，占比 51.9%。各年级比例为初一 19.7%、初二 16.7%、初三 0.7%、高一 12.9%、高二 47.8%、高三 2.2%。由于初三和高三年级群体面临中考、高考，课业繁重，无法参与调查，因此，本次样本显示这两个群体的比例相对较低，详见表 1。

---

* 本文作者熊悠竹，北京大学新媒体研究院博士研究生，主要研究方向为跨文化传播、市场与媒介分析；郑东和，北京大学新媒体研究院博士研究生，主要研究方向为网络文化与网络语言研究。

表1 样本基本概况

基本人口		学校1		学校2		学校3		总体	
		人数（人）	有效百分比（%）	人数（人）	有效百分比（%）	人数（人）	有效百分比（%）	人数（人）	总体有效百分比（%）
性别	男	158	52.5	304	47.7	211	45.8	673	48.1
	女	143	47.5	333	52.3	250	54.2	726	51.9
年级	初一	51	16.9	221	34.7	3	0.7	275	19.7
	初二	9	3.0	223	35.0	2	0.4	234	16.7
	初三	8	2.7	2	0.3	0	0.0	10	0.7
	高一	50	16.6	125	19.6	5	1.1	180	12.9
	高二	168	55.8	52	8.2	449	97.4	669	47.8
	高三	15	5.0	14	2.2	2	4.0	31	2.2
总计		301	21.5	637	45.5	461	33.0	1399	100

二、数据分析

（一）青少年上网行为特征

互联网时代，青少年作为接受新鲜事物最强的新新一代，其行为与偏好不可避免地会受到互联网的影响。为了解受访青少年日常生活中的所思、所想、行为偏好，本研究围绕"上网"这一行为，调查了青少年上网的历史、时长、频率、偏好等相关内容，为网络语言的使用与态度相关的研究作了可能的探索。

1. 青少年基本上网行为与偏好

本小节是针对青少年基本上网行为与偏好的调查，针对上网年限、上网目的、常用的网站、玩网络游戏、阅读网络小说等情况进行了调查。这些行为可能是影响青少年网络语言使用行为与情感态度的重要因素。

表2　被访青少年上网年限分布　　　　（单位:%）

网龄	学校1	学校2	学校3	总体
1年以下	3.7	4.4	3.7	4.0
1—3年（含3年）	22.6	32.2	28.6	28.9
3—5年（含5年）	33.2	32.2	32.8	32.6
5年以上	40.5	31.2	34.9	34.5

表2是被访青少年的网龄情况，从总体来看，三所学校的青少年的网龄均在5年以上，细分到每所中学的网龄分布来看，学校1的青少年网龄在"5年以上"的最多，占40.5%，学校2的青少年网龄在"1—3年"和"3—5年"的占比一样，其比例为32.2%，学校3的青少年网龄在"5年以上"的占最大比重，占比34.9%。

从青少年使用的上网工具的比例来看，被访青少年都热衷于使用手机来上网，使用的比例而言，三所学校的比例几乎显示一致。电脑作为第二大上网工具。其中，学校1的使用率相对较高，其比例为83.1%。

表3　青少年上网工具分布　　　　（单位:%）

上网工具	学校1	学校2	学校3	总体
手机	93.7	96.4	91.8	94.3
电脑	83.1	70.5	56.4	68.5
平板电脑	47.8	50.7	18.7	39.5
其他	2.3	2.7	2.0	2.4

图1、图2是青少年上网的地点分布，总体来看，三所学校的青少年均倾向于在家里上网，其比例为71%，其次的是学校，占比为17%。细分到三所学校的青少年上网地点来看，学校1的较大部分人在学校上网，该群体比例占61.8%。而学校2、学校3的群体当中，但占比只有14.6%、9.5%。

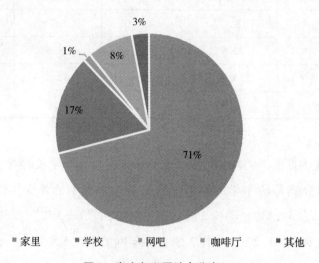

图1 青少年上网地点分布

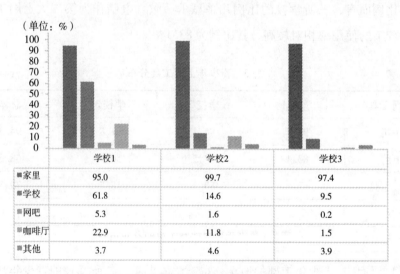

（单位：%）	学校1	学校2	学校3
家里	95.0	99.7	97.4
学校	61.8	14.6	9.5
网吧	5.3	1.6	0.2
咖啡厅	22.9	11.8	1.5
其他	3.7	4.6	3.9

图2 不同学校青少年上网地点分布

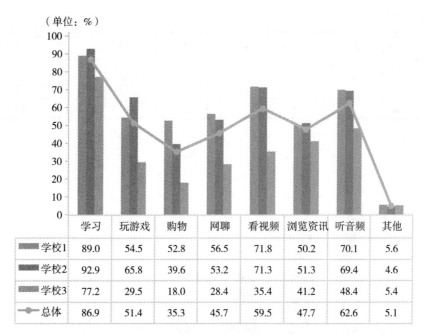

（单位：%）

	学习	玩游戏	购物	网聊	看视频	浏览资讯	听音频	其他
学校1	89.0	54.5	52.8	56.5	71.8	50.2	70.1	5.6
学校2	92.9	65.8	39.6	53.2	71.3	51.3	69.4	4.6
学校3	77.2	29.5	18.0	28.4	35.4	41.2	48.4	5.4
总体	86.9	51.4	35.3	45.7	59.5	47.7	62.6	5.1

图3　青少年上网的主要目的

学习是青少年上网的首要目的（学校1为89.0%、学校2为92.9%、学校3为77.2%）。除了学习之外，学校1的青少年喜欢通过上网看视频（71.8%）以及听音频（70.1%），学校2的青少年同样喜欢上网看视频（71.3%）、听音频（69.4%）。学校3的青少年上网的目的是学习，其他目的选择率都要比总体低。见图3。

表4为调查的三所学校的青少年使用视频媒体的情况，首先，学校1"爱奇艺"占了最大比例，为62.8%，"抖音"为第二，占53.2%。学校2的使用情况类似，使用"爱奇艺"平台为最多，其次是"bilibili"，为52.9%。学校3的情况为"爱奇艺"的最多，占51.4%，接着是占37.5%的"优酷"。

表4　青少年使用视频平台的分布情况　　　　　　　（单位:%）

视频平台	学校1	学校2	学校3	总体
抖音	53.2	42.2	21.3	37.7
豆瓣	9.3	7.5	5.0	7.1
bilibili	50.5	52.9	15.4	40.0
AcFun	7.6	7.5	1.5	5.6
优酷	38.2	47.6	37.5	42.2
爱奇艺	62.8	64.5	51.4	59.8
快手	8.0	11.0	8.5	9.5

续表

视频平台	学校1	学校2	学校3	总体
秒拍	1.0	5.7	2.0	3.4
美拍	7.0	15.4	11.7	12.4
其他	9.6	13.0	13.9	12.6

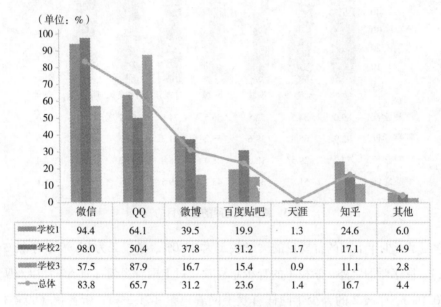

（单位：%）

	微信	QQ	微博	百度贴吧	天涯	知乎	其他
学校1	94.4	64.1	39.5	19.9	1.3	24.6	6.0
学校2	98.0	50.4	37.8	31.2	1.7	17.1	4.9
学校3	57.5	87.9	16.7	15.4	0.9	11.1	2.8
总体	83.8	65.7	31.2	23.6	1.4	16.7	4.4

图4　青少年使用的社交媒体网站的分布情况

图4为青少年的社交媒体网站使用情况。与总体相比，学校1和学校2整体的使用率普遍较高。学校3的使用率相比总体较低，但是QQ使用率超过总体。学校1和学校2使用社交媒体网站的比例基本相似，微信是两所学校的青少年最喜欢使用的社交媒体，学校1有94.4%、学校2有98.0%的青少年都使用微信。学校3的青少年们最喜欢使用QQ，其比例为87.9%。

学校2的青少年玩游戏的频率高于总体，其中手机游戏的使用率较高，占比为66.6%，学校3的青少年玩游戏的频率低于总体。见图5。

如表5所示，学校2的青少年在玩的所有游戏品牌明显均多于总体，而学校3的情况则低于总体。学校1的学生最喜欢玩"绝地求生"，占比36.9%，其次是"王者荣耀"，占比30.2%。学校2的学生同样最喜欢玩"绝地求生"，其比例为41.3%，其次是"王者荣耀"，其比例为35.9%。学校3的大部分学生不玩任何品牌的游戏（占比62.0%），只有22.1%的学生玩"王者荣耀"。

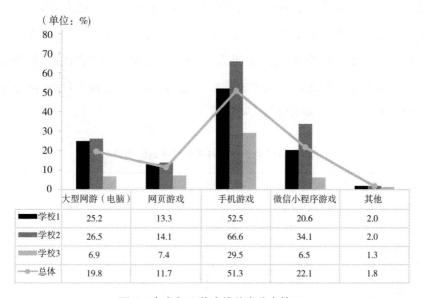

（单位：%）	大型网游（电脑）	网页游戏	手机游戏	微信小程序游戏	其他
■ 学校1	25.2	13.3	52.5	20.6	2.0
▨ 学校2	26.5	14.1	66.6	34.1	2.0
▨ 学校3	6.9	7.4	29.5	6.5	1.3
○ 总体	19.8	11.7	51.3	22.1	1.8

图 5　青少年玩游戏的种类分布情况

表 5　青少年玩游戏的品牌分布情况　　　　　　（单位:%）

游戏品牌	学校 1	学校 2	学校 3	总体
王者荣耀	30.2	35.9	22.1	30.2
英雄联盟	14.3	17.4	8.9	13.9
魔兽世界	3.0	7.5	1.7	4.6
绝地求生	36.9	41.3	7.4	29.2
模拟人生	4.0	10.0	1.3	5.9
暖暖	4.3	11.3	1.5	6.6
旅行青蛙	4.3	13.0	2.8	7.8
其他游戏品牌	22.3	25.3	8.0	18.9

　　如表 6 所示，学校 2 的青少年网络小说阅读率相对较高，占 42.1%的学生平时阅读网络小说。其次是学校 1 的学生，39.9%的学生阅读网络小说。学校 3 有 77.4%的学生不阅读网络小说。

表 6　青少年是否阅读网络小说的情况　　　　　　（单位:%）

是否阅读网络小说	学校 1	学校 2	学校 3	总体
是	39.9	42.1	22.6	35.2
否	60.1	57.9	77.4	64.8

如表 7 所示，学校 1 的青少年最多使用"起点中文网"阅读网络小说，占比 37.5%，其次为"晋江文学城"，占比为 25.8%。学校 2 的大部分青少年喜欢在 "晋江文学城"阅读网络小说，比例为 38.8%，其次是其他网络小说平台，占 30.6%。学校 3 的情况则是"起点中文网"最受欢迎，使用该平台阅读小说的比例 为 38.5%，其次是"潇湘书院"，占比 26.9%。

表7　青少年使用的网络小说平台分布情况　　　　　（单位:%）

网络小说平台	学校1	学校2	学校3	总体
晋江文学城	25.8	38.8	26.0	32.9
创世中文网	9.2	12.3	13.5	11.8
潇湘书院	15.0	21.3	26.9	20.9
纵横中文网	8.3	11.9	13.5	11.4
红袖添香	10.0	12.7	15.4	12.6
起点中文网	37.5	27.2	38.5	32.1
其他	26.7	30.6	20.2	27.4

2. 青少年上网的外部监管

本小节将针对青少年上网受到的监管与限制进行考察，主要有上网工具是否独立、上网时间是否受到限制、上网频率等维度。

如表 8 所示，从三所学校的青少年父母的学历来看，学校 2 的学生家长的学历较高，双方均为大学及以上学历的比例达 57.9%，其次的是学校 1，双方均为大学及以上学历的比例为 51.5%。这一情况在学校 3 占 45.8%。

表8　被访青少年父母的学历情况　　　　　（单位:%）

父母学历	学校1	学校2	学校3	总体
双方均为大学及以上学历	51.5	57.9	45.8	52.5
双方均为大学以下学历	27.2	23.9	35.6	28.4
只有一方是大学及以上学历	21.3	18.2	18.7	19.0

如表 9 所示，学校 1 的大部分学生使用独立的上网工具，其比例为 88.0%，学校 2 也同样有较多的学生使用独立的上网工具，占比 79.0%。学校 3 的情况为上网

工具不独立的比例相对更高，53.8%的学生上网工具不独立。

表9　青少年上网工具是否独立的情况　（单位:%）

是否独立使用上网工具	学校1	学校2	学校3	总体
是	88.0	79.0	46.2	70.1
否	12.0	21.0	53.8	29.9

如表10所示，总体来看，三所学校的青少年均受到了不同程度的上网时间限制，其中，学校3的青少年上网时间受限的比例最高，占比为80.3%，其次为学校2，占比为62.5%，最后学校1的青少年受到的限制程度较低，占比为54.2%。

表10　青少年上网时间是否受到限制的情况　（单位:%）

上网时间是否受限	学校1	学校2	学校3	总体
是	54.2	62.5	80.3	66.5
否	45.8	37.5	19.7	33.5

如图6所示，学校3的青少年只是偶尔上网的频率为54.6%，学校2的青少年，即便是受到上网工具的限制，使用频率也依然较高，几乎每天上网的群体占39.4%，经常但不是每天上网的比值相对其他中学高，其比例为37.2%。

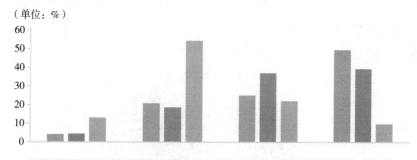

	几乎不	只是偶尔	经常但不是每天	几乎每天
学校1	4.3	20.9	25.2	49.7
学校2	4.5	18.8	37.2	39.4
学校3	13.2	54.6	22.2	10.0

图6　上网工具不独立的青少年上网频率

如图7所示，学校1的青少年上网频率比其他学校都要高，几乎每天上网的群体比值为49.7%。学校3的青少年们上网的频率最低，只是偶尔上网的比例比其他两所学校的要高，占比54.6%。

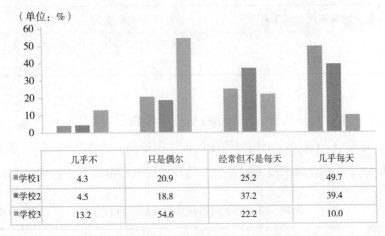

	几乎不	只是偶尔	经常但不是每天	几乎每天
学校1	4.3	20.9	25.2	49.7
学校2	4.5	18.8	37.2	39.4
学校3	13.2	54.6	22.2	10.0

图7 上网时间受限制的青少年上网频率

（二）青少年网络语言使用行为、认识情况与情感态度

本节将直接探讨青少年对网络语言的使用行为、认识情况与情感态度，包括对是否使用过网络语言、使用原因、网络语言规范认知、网络詈词使用等维度。

有关"你是否使用过网络语言？"的调查显示，1399名受访者中，超过七成（70.8%）的受访者自认为使用过网络语言，另有接近三成（29.2%）的受访者认为未使用过网络语言，见图8。

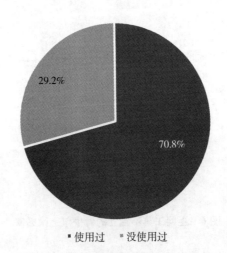

■使用过 ■没使用过

图8 青少年是否使用过网络语言的情况

不同学校的受访者差异较大，学校1、学校2的青少年使用过网络语言的比例明显高于学校3，见图9。

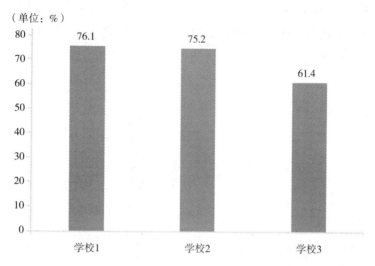

图9　不同学校的青少年是否使用过网络语言的情况

有关受访者使用网络语言的原因的调查结果显示，991名使用过网络语言的受访者中，57.5%是为更准确地向他人表达意思，46.3%是为了与他人有共同语言，45.9%是为了好玩，23.8%是为了赶新潮，11.6%是为了发泄情绪。受访者使用网络语言的原因中理性色彩突出。见图10。

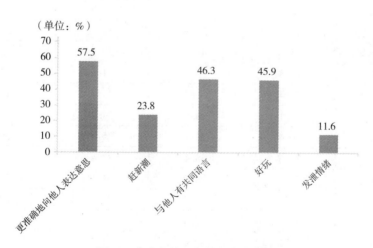

图10　青少年使用网络语言的原因

不同学校的受访者差异较大，学校1、学校2的青少年使用网络语言的各项原因的选择比例差异不大，但显著高于学校3，见图11。

为了解受访者对具体网络语言的认知和使用频率，选取具有代表性的 15 个网络热词，调查结果如表 11。15 个热词中，18.3%的受访者熟悉且常用，30.8%的受访者熟悉但不常用，24.6%的受访者仅仅知道意思，26.3%的受访者不知道意思。逾七成的受访者了解当下有代表性的网络热词的含义。见表 11、图 12。

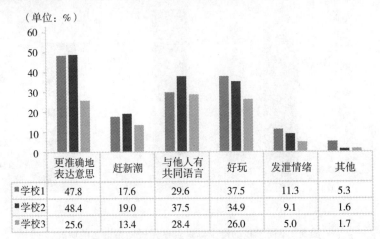

（单位：%）

	更准确地表达意思	赶新潮	与他人有共同语言	好玩	发泄情绪	其他
学校1	47.8	17.6	29.6	37.5	11.3	5.3
学校2	48.4	19.0	37.5	34.9	9.1	1.6
学校3	25.6	13.4	28.4	26.0	5.0	1.7

图 11　不同学校的青少年使用网络语言的原因

表 11　青少年了解和使用当下 15 个网络热词的情况　　　　（单位:%）

网络热词	熟悉且常用	熟悉但不常用	仅仅知道意思	不知道意思
打 call	21.1	33.0	23.9	22.0
尬聊	23.2	35.6	22.9	18.3
TMD	13.7	29.7	34.7	22.0
蓝瘦香菇	15.6	42.5	26.8	15.1
狗带	13.8	30.4	24.6	31.2
吃瓜群众	27.4	36.0	24.4	12.3
城会玩	10.1	30.5	24.2	35.3
颜粉	10.4	24.7	25.4	39.5
伐木累	14.5	38.1	27.4	19.9
人设	21.1	28.0	21.1	29.8
小目标	17.7	29.3	23.5	29.5
你妹	12.1	30.5	36.0	21.4
前方高能	24.6	30.6	21.5	23.3
skr	23.1	21.0	16.8	39.1
233333	25.7	22.2	15.9	36.2
平均	18.3	30.8	24.6	26.3

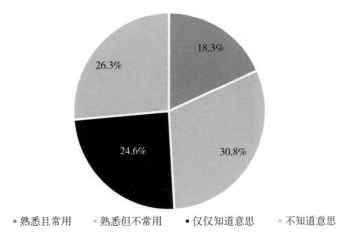

■熟悉且常用   ■熟悉但不常用   ■仅仅知道意思   ■不知道意思

图 12 青少年了解和使用当下 15 个网络热词的总体情况

不同学校的受访者对 15 个当下网络热词"熟悉且常用"的情况差异较大，学校 2 熟悉且常用当下网络热词的比例高于学校 1 和学校 3，见图 13。

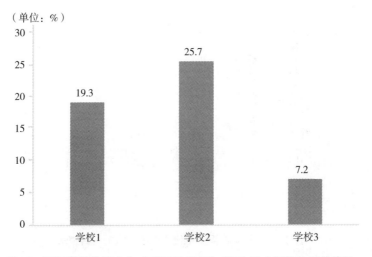

图 13 不同学校的青少年"熟悉且常用"当下 15 个网络热词的情况

在对青少年使用网络语言场合的调查中发现，991 名使用过网络语言的受访者中，83.6%是在与密友交谈时使用网络语言，65.2%是在与普通同学交谈时使用网络语言，12.8%是在与父母长辈交谈时使用网络语言，6.2%和 1.9%的受访者在作业和考试中使用网络语言。另有 3.4%的受访者在其他场合使用网络语言。受访者使用网络语言的比例随场合严肃性的增加而递减，见图 14。

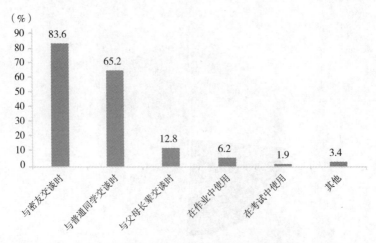

图14 青少年使用网络语言的场合情况

不同学校的受访者在"与密友交谈时"和"与普通同学交谈时"两项上差异较大，学校1、学校2差异不大，但显著高于学校3。这与网络语言整体使用率的特点是相符的，见图15。

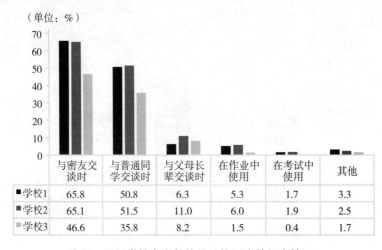

	与密友交谈时	与普通同学交谈时	与父母长辈交谈时	在作业中使用	在考试中使用	其他
学校1	65.8	50.8	6.3	5.3	1.7	3.3
学校2	65.1	51.5	11.0	6.0	1.9	2.5
学校3	46.6	35.8	8.2	1.5	0.4	1.7

图15 不同学校青少年使用网络语言的场合情况

1399名受访者中，63.3%的受访者通过社交媒体获取和掌握网络语言，47.5%的受访者通过网络视频获取和掌握网络语言，25.9%的受访者通过网络小说获取和掌握网络语言，15.3%的受访者通过网络游戏获取和掌握网络语言。受访者中，通过同龄人、父母、老师、其他长辈获取和掌握网络语言的分别占74.2%、6.9%、6.1%、2.9%。同龄人和社交媒体是青少年获取和掌握网络语言的首要途径，比例分别超过七成和六成，见图16。

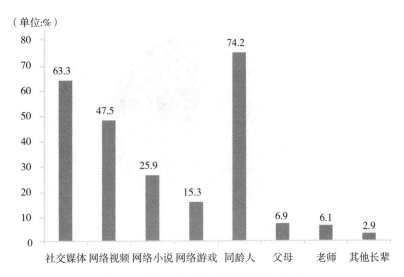

图 16　青少年获取和掌握网络语言的途径

不同学校的受访者之间在社交媒体、网络视频、网络游戏、网络小说上的差异较大,学校 1、学校 2 的青少年通过上述途径学习网络语言的比例整体高于学校 3;通过同龄人、父母、老师、其他长辈学习网络语言的比例差异不大,见图 17。

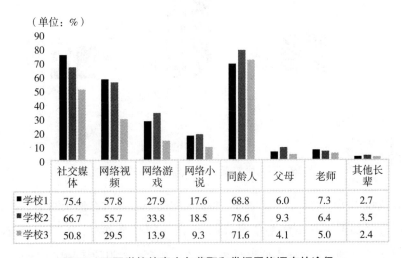

	社交媒体	网络视频	网络游戏	网络小说	同龄人	父母	老师	其他长辈
学校1	75.4	57.8	27.9	17.6	68.8	6.0	7.3	2.7
学校2	66.7	55.7	33.8	18.5	78.6	9.3	6.4	3.5
学校3	50.8	29.5	13.9	9.3	71.6	4.1	5.0	2.4

图 17　不同学校的青少年获取和掌握网络语言的途径

1399 名青少年受访者中,23.8% 的受访者会马上使用新熟悉的网络新词来表达,55.8% 的受访者会过一段时间才使用,另有 20.4% 的受访者始终不使用该网络新词。近六成的青少年对使用网络新词持审慎态度,见图 18。

不同学校的受访者对网络新词的接受情况相差不大,均以过一段时间才使用为主,其次是马上使用和始终不使用。学校 3 的青少年始终不使用的比例略高,见图 19。

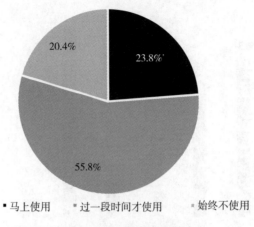

图18　青少年对网络新词的接受情况

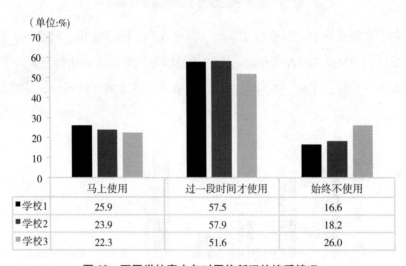

图19　不同学校青少年对网络新词的接受情况

　　自认为使用网络语言的受访者中，44.3%的受访者认为在使用网络语言与人交流时，有时会遇到别人听不懂的情况，36.4%认为很少会遇到，9.7%认为不会遇到，9.6%认为经常遇到。青少年中使用网络语言交流顺利或受阻的情况基本持平，见图20。

　　不同学校的受访者之间使用网络语言交流受阻的情况差异不大，三所学校选择最多的均为有时遇阻和很少遇阻两种情况，见图21。

　　总体上，40.5%的青少年从未受到任何网络语言相关的引导，见图22。不同学校的差异较大，学校1的学生没有受过相关引导的比例最高，为52.8%；其次是学校2，比例为44.7%；学校3的比例最低，为37.1%，见图23。

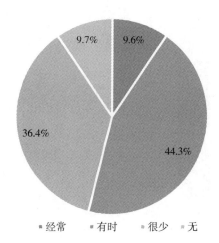

图20　青少年使用网络语言交流受阻的频率

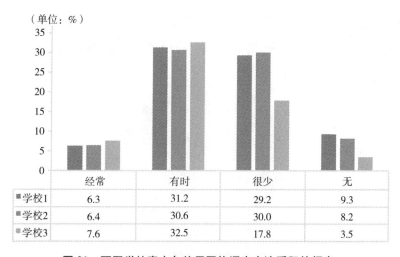

（单位：%）

	经常	有时	很少	无
学校1	6.3	31.2	29.2	9.3
学校2	6.4	30.6	30.0	8.2
学校3	7.6	32.5	17.8	3.5

图21　不同学校青少年使用网络语言交流受阻的频率

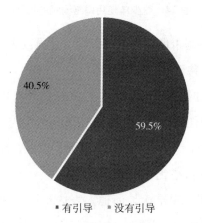

图22　青少年是否受到过有关网络语言的引导的情况

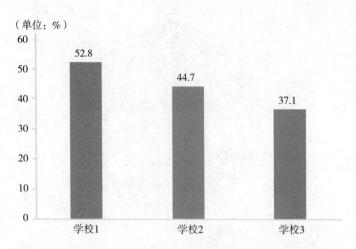

（单位：%）

图 23　不同学校青少年是否受到过有关网络语言的引导的情况

1399 名青少年受访者中，25.7%使用过"尼玛""碧池""基佬"等网络詈词，另有 74.3%没有使用过。四分之一的青少年承认使用过低俗的网络詈词，见图 24。

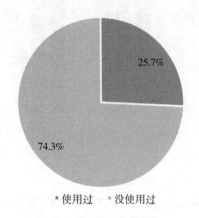

　使用过　　没使用过

图 24　青少年使用网络詈词的比例

不同学校的受访者在是否使用过网络詈词上差异巨大，学校 1 的青少年显著高于学校 2，学校 2 又显著高于学校 3，见图 25。

图 26 为受访者使用网络詈词的原因的调查结果。1399 名青少年受访者中，24.1%是为了更准确地向他人表达意思，30.7%是为了与他人有共同语言，44.5%是为了好玩，44.7%是为了赶新潮，56.9%是为了发泄情绪。青少年在使用网络低俗语的原因上呈现明显的情绪化特点和从众心理。

不同学校的受访者在"更准确地向他人表达意思"和"为了与他人有共同语言"两项上差异较大，学校 1、学校 2 的比例显著高于学校 3，见图 27。

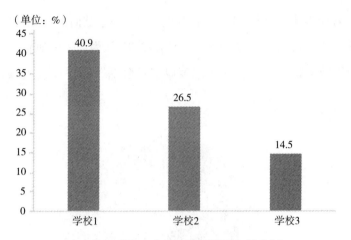

图 25　不同学校青少年使用网络詈词的比例

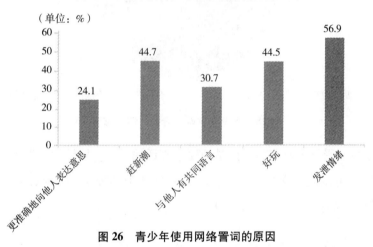

图 26　青少年使用网络詈词的原因

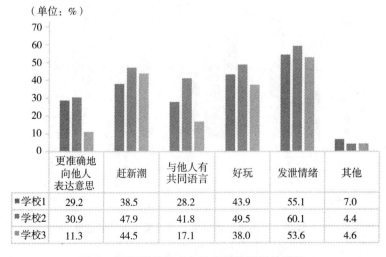

	更准确地向他人表达意思	赶新潮	与他人有共同语言	好玩	发泄情绪	其他
学校1	29.2	38.5	28.2	43.9	55.1	7.0
学校2	30.9	47.9	41.8	49.5	60.1	4.4
学校3	11.3	44.5	17.1	38.0	53.6	4.6

图 27　不同学校青少年使用网络詈词的原因

1399 名青少年受访者中, 46.4%认为网络詈词属于脏话, 47.7%认为"还好, 没有太大感觉", 2.1%认为很风趣且经常使用, 3.9%认为"不算脏话, 完全能接受"。青少年对网络詈词是否属于脏话的态度以"是脏话"和"没太大感觉"为主, 见图 28。

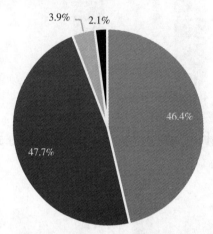

图 28　青少年对网络詈词的情感态度

不同学校的受访者对网络詈词是否属于脏话的看法差异较大, 学校 3 对上述词汇的容忍程度明显低于学校 2, 学校 2 又明显低于学校 1。后者对上述词汇表示"没太大感觉"的比例最高, 见图 29。

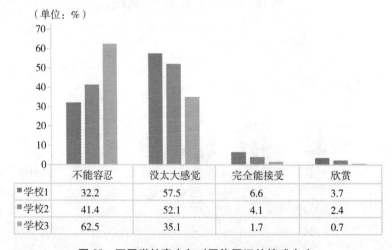

	不能容忍	没太大感觉	完全能接受	欣赏
学校1	32.2	57.5	6.6	3.7
学校2	41.4	52.1	4.1	2.4
学校3	62.5	35.1	1.7	0.7

图 29　不同学校青少年对网络詈词的情感态度

1399 名青少年受访者中, 64.0%认为网络语言与规范语言存在区别, 26.4%认为不好说，9.6%认为不存在区别。在网络语言与规范语言是否存在区别上，超过六成的青少年持明确的肯定看法，见图30。

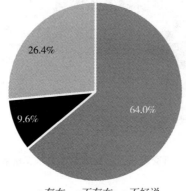

●存在　■不存在　■不好说

图30　青少年对网络语言与规范语言是否存在区别的看法情况

不同学校的青少年受访者差异较大，学校3的青少年赞成网络语言与规范语言存在区别的比例更高，显著高于学校2，学校2又显著高于学校1，见图31。

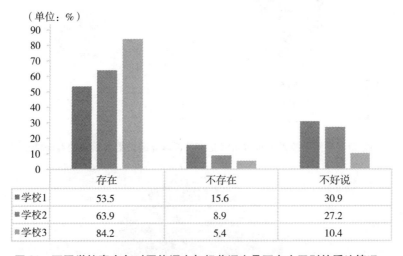

（单位：%）	存在	不存在	不好说
■学校1	53.5	15.6	30.9
■学校2	63.9	8.9	27.2
■学校3	84.2	5.4	10.4

图31　不同学校青少年对网络语言与规范语言是否存在区别的看法情况

1399名青少年受访者中，68.3%认为网络交流中需要遵循语言规范，22.4%认为不好说，9.2%认为不需要。在网络交流中是否需要遵循语言规范的看法上，近七成的青少年持肯定看法，见图32。

不同学校的受访者对此看法差异较大。学校3的青少年赞同网络交流需要遵循语言规范的比例高于学校2，学校1的赞同比例最低，见图33。

1399名青少年受访者中，29.7%认为网络语言比一般语言能更好地表达情绪

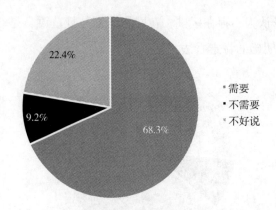

图 32　青少年对网络交流是否需要遵循语言规范的看法情况

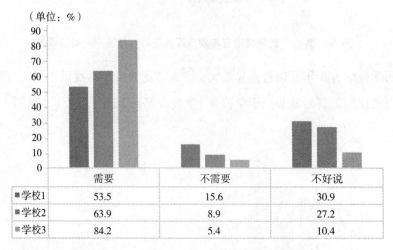

（单位：%）

	需要	不需要	不好说
学校1	53.5	15.6	30.9
学校2	63.9	8.9	27.2
学校3	84.2	5.4	10.4

图 33　不同学校青少年对网络交流是否需要遵循语言规范的看法情况

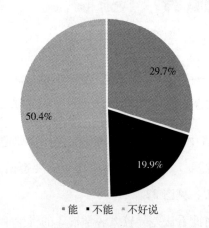

图 34　青少年对网络语言表意效果的看法

和意思，50.4%认为不好说，19.9%认为不能。在网络语言能否比一般语言更好地表达情绪和意思上，过半青少年态度模糊，见图34。

不同学校的青少年受访者对此看法差异较大。三所学校均存在半数左右的青少年对网络语言能否更好地表达意思没有明确意见，余下受访者中，学校1、学校2的青少年赞同网络语言能更好地表达意思的比例相似，显著高于学校3，见图35。

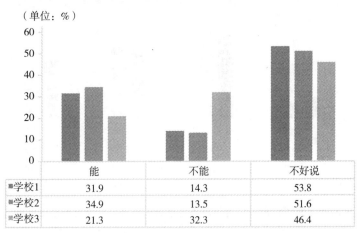

（单位：%）

	能	不能	不好说
学校1	31.9	14.3	53.8
学校2	34.9	13.5	51.6
学校3	21.3	32.3	46.4

图35　不同学校青少年对网络语言表意效果的看法

在"听不懂同龄人使用的网络新词是否会认为自己落伍"的调查中，43.1%的青少年表示"绝对不会"，29.5%表示"很少会"，20.9%表示"可能会"，6.5%表示"一定会"。绝大部分青少年不会以能否听懂网络新词作为自己是否落伍的判断标准，见图36。

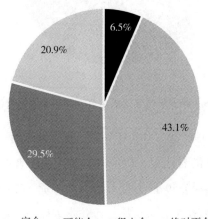

■一定会　　可能会　■很少会　　绝对不会

图36　青少年对听不懂网络新词是否会认为自己落伍的看法

不同学校的受访者在"可能会"一项上差异较大。学校 3 的青少年选择此项的比例显著高于学校 1、学校 2，见图 37。

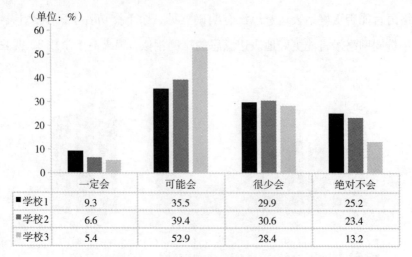

（单位：%）

	一定会	可能会	很少会	绝对不会
学校1	9.3	35.5	29.9	25.2
学校2	6.6	39.4	30.6	23.4
学校3	5.4	52.9	28.4	13.2

图 37　不同学校青少年对听不懂网络新词是否会认为自己落伍的看法

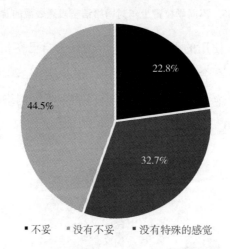

■ 不妥　■ 没有不妥　■ 没有特殊的感觉

图 38　青少年对宣传语中夹杂网络詈词的看法

湖北省利川市与重庆市毗邻。2015 年利川市官方网站有一句宣传语"我靠重庆，凉都利川"。在对该宣传语的看法上，1399 名青少年受访者中，22.8%赞同"靠"是网络詈词，该宣传语不妥，44.5%认为没有特殊的感觉，32.7%认为没有不妥。在对宣传语中夹杂网络詈词的看法上，近一半青少年态度模糊，见图 38。

不同学校的受访者对此看法差异较小。三所学校均有超过四成的青少年对此没有明确看法，见图 39。

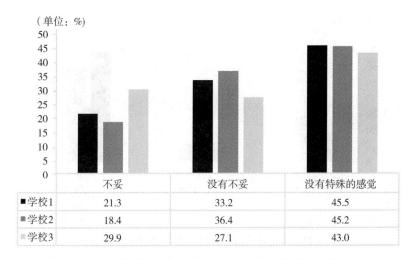

	不妥	没有不妥	没有特殊的感觉
■ 学校1	21.3	33.2	45.5
■ 学校2	18.4	36.4	45.2
▪ 学校3	29.9	27.1	43.0

图39　不同学校青少年对宣传语中夹杂网络詈词的看法

在对网络语言的总体态度上，1399 名青少年受访者中，16.4%不喜欢网络语言，21.2%喜欢网络语言，62.3%态度中立。超六成的青少年对网络语言持中立态度。见图40。

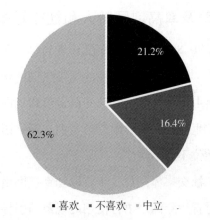

■喜欢　■不喜欢　▪中立

图40　青少年对网络语言的总体看法

不同学校的受访者对此看法差异较大。学校 2 的青少年喜欢网络语言的比例最高，学校 3 的学生不喜欢网络语言的比例最高，学校 1 的学生对网络语言持中立态度的比例最高，见图41。

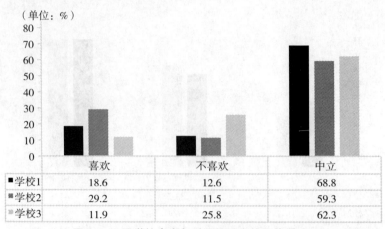

	喜欢	不喜欢	中立
■学校1	18.6	12.6	68.8
■学校2	29.2	11.5	59.3
■学校3	11.9	25.8	62.3

图41　不同学校青少年对网络语言的总体看法

三、调查结论

（一）网络语言普及率高，同龄人和社交媒体是主要学习渠道

调查中，超过七成（70.8%）的青少年受访者自认为使用过网络语言。同样，超过七成的青少年受访者了解当下有代表性的网络热词的含义。随着互联网与新媒体的发展，网络语言逐渐由一种线上的特殊的语言形式走向线下，进入青少年的日常生活，网络语言与日常生活语言的界限逐渐模糊。网络语言使用作为青少年语言使用的重要组成部分，地位不容小觑。

调查显示，同龄人和社交媒体是青少年获取和掌握网络语言的主要途径，比例分别超过七成和六成。对青少年网络语言使用的规范与引导应抓好线上线下两条渠道。网络空间作为网络语言的源头，需加强平台监管，正本清源。其次，应抓好日常生活中对青少年网络语言使用的引导教育，发挥同龄人的正面示范作用，形成互为"把关人"的良性互动局面。

（二）青少年对网络语言整体持中立态度，使用较为谨慎

调查显示，青少年受访者中使用网络语言交流顺利或受阻的情况基本持平；在网络语言能否比一般语言更好地表达情绪和意思上，过半的青少年态度模糊；在对宣传语中夹杂网络詈词的看法上，近一半青少年态度模糊；超六成的青少年对网络

语言持中立态度。

青少年受访者使用网络语言的比例随场合严肃性的增加而递减。从网络语言的使用场景来看，青少年群体整体表现较为谨慎，绝大部分青少年能够区分网络语言适用的场合，不会在考试和作业中使用网络语言。近六成的青少年受访者对使用网络新词亦持审慎态度，学习一个新词后不会马上使用。

（三）青少年总体认同语言规范，相关引导、教育尚存在不足

调查显示，超过六成的青少年受访者认为网络语言与规范语言存在区别，近七成的青少年受访者认同网络交流同样需要遵循语言规范。

青少年在使用网络低俗语的动机上呈现出明显的情绪化特点和从众心理，近六成的青少年为了发泄情绪而使用网络詈词，超过四成则是为了好玩和赶新潮。四分之一的青少年承认使用过网络詈词，青少年在"滚粗"等网络语言是否属于脏话上意见以"是脏话"和"没太大感觉"为主。超过四成的青少年受访者从未受到过任何有关网络语言的引导。

这些事实均表明，绝大部分青少年虽然在态度上认同网络语言不是"法外之地"，仍须遵循规范，但由于网络语言使用与规范的相关引导不足，对规范具体的内容了解不深、认识不明，导致了网络詈词的使用。

（四）不同学校的青少年对网络语言的接纳与包容程度差异较大

总体来看，被调查的三所学校的学生在网络语言的使用、认知和态度上存在差异。其中，学校1、学校2的情况较为相似，网络语言的使用频率更高、场合更多、获取途径更广，对网络语言的接纳程度更高，态度更加开放、包容，对网络语言能否更好地表达意思、对网络语言的情感态度，持正面观点的青少年比例显著高于学校3。在网络语言与规范语言是否存在区别、网络语言是否需要遵循语言规范上持赞同的比例低于学校3。此外，学校1、学校2的青少年对网络语言的态度看法更为多元，在宣传语中夹杂网络詈词、网络语言是否能更好地表达意思等问题上"没有不妥""没有特殊的感觉"的比例更高。

相对而言，学校3的青少年受到的网络语言相关引导的比例更高，网络语言的使用频率较低、场合较少、学习途径更少，对网络语言的态度更加保守、谨慎，态

度也更为集中。尤其是在宣传语中夹杂网络詈词、网络语言是否需要遵循规范等问题上，持保守意见的人更多。

（五）青少年网络语言使用频率与上网时间呈正相关

青少年的网络语言使用与态度和青少年上网这一行为密切相关。具体来说，学校1、学校2的青少年上网时长、频率高于学校3，上网地点、设备、目的更加多元，上网受到的监管更少。学校1、学校2的青少年接触互联网上各种信息的广度和深度高于学校3。因此，网络语言的使用行为频次更高，且更加接纳网络语言的独特性，对其规范意识更弱。学校3的青少年上网时间受到更多的监管，对网络语言的陌生程度较高，接纳程度较低，对网络语言可能存在的违反语言规范等风险的防范意识更强。

四、研究展望

本研究采用在线问卷的方式对三所不同背景的学校学生进行了调查。研究过程中，发现存在两处不足。

第一，由于时间节点的限制，研究被迫在年底进行。此时，初三和高三年级的学生都处于备战中考、高考的冲刺阶段，参与调查、填答问卷的数量十分有限。这导致了样本中初三、高三年级学生的代表性不足，而这两个年级学生作为初中、高中的最高年级，一定程度上能反映两个阶段最成熟的学生网络语言使用行为与对网络语言的情感态度，能为低年级学生的教育与引导提供重要参照。本研究中这一部分样本数量不足，影响了研究的信度与效度。在青少年相关的研究中，应充分考虑其升学、放假等现实因素，选择恰当的研究时机，提前部署。这一点不仅是本研究今后要改进的方向，也能作为其他青少年相关研究的"前车之鉴"。

第二，由于种种原因部分题目的填答质量不足，且无法通过后期的清洗处理，影响了深层次结论的得出。例如，低年级学生在家长的辅助下回答问题，在涉及家长监督、父母学历、网络詈词的使用等问题的回答上与真实情况有所出入，进而无法对家长监督与网络使用行为进行相关、方差等高级统计分析，影响了更深层次的结论。今后的研究中，将注重此类问题的解决。如，研究者自行提供设备，在调查前对青少年进行充分的培训，引导其正确、客观填答问卷，避免家长干预等干扰因素。

　　尽管如此，本研究仍然较为客观地展示出当前城市青少年群体对网络语言的使用行为、认识情况与情感态度。调查结果中反映的青少年上网行为、偏好也与其对网络语言的使用行为、认识情况与情感态度相符。在今后的研究中，注重改进上述两点不足，对不同地域、年龄、性别、城市层级、学校性质、家庭背景的青少年的网络语言态度与行为进行更加有效的深层次分析。

五、附　录

中学生网络语言认知、使用及其影响调查问卷

亲爱的同学：

你好！随着网络的发展，互联网上产生了一系列新词新语，网络语言网络群体偏爱的新词新语，网络语言在同学们的生活、学习中也使用开来。为了更好地了解大家对网络语言的印象、日常使用情况等内容，特制定这份问卷。这不是考试，也不会算成绩，请不要有顾虑和担心，我们会对此保密，你不需要写姓名，但希望你能根据自己的实际情况认真填写，谢谢你的支持与合作！

请你在所选的答案上打"√"，部分题目可以多选。

PART 1 背景信息

1. 你现在就读的学校是？（下拉菜单）

2. 你的性别是？

A. 男　　B. 女

3. 你就读的年级是？

A. 初一　　B. 初二　　C. 初三　　D. 高一　　E. 高二　　F. 高三

4. 你父母的文化程度如何？

A. 都是大学及以上　　　　　　　B. 都是大学以下

C. 一方大学及以上　　　　　　　D. 其他（请填写）

PART 2 网络行为

5. 你的上网工具是？（可多选）

A. 手机　　B. 电脑　　C. 平板电脑　　D. 其他（请填写）

6. 你的上网工具是否专属于你？

A. 是　　B. 否

7. 你使用网络的时间（网龄）有多长？

A. 1 年以下　　B. 1—3 年（含 3 年）　　C. 3—5 年（含 5 年）　　D. 5 年以上

8. 你经常上网吗？

A. 几乎每天　　B. 经常但不是每天　　C. 只是偶尔　　D. 几乎不

9. 你的上网时间是否受到限制?

A. 是　　B. 否

10. 你通常在哪里上网?

A. 家里　　B. 学校　　C. 网吧　　D. 咖啡厅　　E. 其他(请填写)

11. 你平常使用哪种设备上网?(可多选)

A. 手机　　B. 电脑　　C. 平板电脑　　D. 其他(请填写)

12. 你平时上网时常干些什么呢?(可多选)

A. 学习　　B. 玩游戏　　C. 购物　　D. 网聊　　E. 看视频　　F. 浏览资讯　　G. 听音频　　H. 其他(请填写)

13. 你平时使用哪些社交网站?(可多选)

A. 微信　　B. QQ　　C. 新浪微博　　D. 腾讯微博　　E. 百度贴吧

F. 其他(请填写)

14. 你平时玩哪种类型的网络游戏?(可多选)

A. 不玩　　B. 大型网游(电脑)　　C. 网页游戏　　D. 手机游戏　　E. 微信小程序游戏

F. 其他(请填写)

15. 你平时玩的游戏品牌是?(可多选)

A. 王者荣耀　　B. 英雄联盟　　C. 魔兽世界　　D. 绝地求生

E. 模拟人生　　F. 暖暖　　G. 旅行青蛙　　H. 其他游戏品牌(请填写)

16. 你平时是否阅读网络小说?

A. 是　　B. 否

17. 你在哪些网站阅读网络小说?(可多选)

A. 起点中文网　　B. 晋江文学城　　C. 创世中文网　　D. 潇湘书院

E. 纵横中文网　　F. 红袖添香　　G. 其他(请填写)

18. 你平时还使用哪些 APP 或网站?(可多选)

A. 知乎　　B. 豆瓣　　C. bilibili　　D. AcFun　　E. 优酷　　F. 爱奇艺

G. 天涯　　H. 秒拍　　I. 美拍　　J. 抖音　　K. 快手　　L. 其他(请填写)

PART 3 网络语言使用

19. 你是否使用过网络语言?

A. 没使用过　　B. 使用过

20. 你使用网络语言的原因是？（可多选）

A. 更准确地向他人表达意思　　B. 赶新潮　　C. 与他人有共同语言　　D. 好玩　　E. 发泄情绪　　G. 其他（请填写）

21. 请阅读下列网络语言，勾选最符合你情况的一栏。

网络语言	熟悉且常用	熟悉但不常用	仅仅知道意思	不知道意思
打 call				
尬聊				
TMD				
蓝瘦香菇				
狗带				
吃瓜群众				
城会玩				
颜粉				
伐木累				
人设				
小目标				
"你妹"				
前方高能				
skr				
233333				

22. 你使用网络语言的场合是？（可多选）

A. 与密友交谈时　　B. 与普通同学交谈时　　C. 与父母长辈交谈时

D. 在作业中使用　　E. 在考试中使用　　F. 其他

23. 你获取和掌握网络语言的途径是？（可多选）

A. 社交媒体　　B. 网络视频　　C. 网络游戏　　D. 网络小说　　E. 同龄人　　F. 父母　　G. 老师　　H. 其他长辈

24. 当你熟悉了一个网络新词后，你会马上使用它来表达吗？

A. 马上使用　　B. 过一段时间才使用　　C. 始终不使用

25. 你与人交流时使用网络语言，有没有别人听不懂的情况？

A. 经常　　B. 有时　　C. 很少　　D. 无

26. 你在使用网络语言的过程中是否得到过来自以下方面的引导？（可多选）

A. 同龄人　　B. 父母　　C. 老师　　D. 其他长辈　　E. 没有任何人引导

27. 你的日常语言表达中，谁的引导最让你信服？（排序题）

A. 同龄人　　B. 父母　　C. 老师　　D. 其他长辈

28. 你是否使用过网络詈词，如"滚粗""碧池"等？

A. 没使用过　　B. 使用过

29. 你使用网络詈词的原因是？

A. 更准确地向他人表达意思　　B. 赶新潮　　C. 与他人有共同语言　　D. 好玩　　E. 发泄情绪　　G. 其他（请填写）

PART 4 网络语言的认知、态度和影响

30. 网络语言的来源有很多，你最常用下列哪一种？

A. 纯文字类网络语言（炫酷、神逻辑）

B. 数字类网络语言（66666、886）

C. 外语类（打 call、skr、pick、关你 peace）

D. 表情包

E. 其他（请填写）

31. 你认为"滚粗""尼玛"这样的网络詈词属于脏话吗？

A. 是脏话，不能容忍　　B. 还好，没太大感觉　　C. 不算脏话，完全能接受

D. 很风趣，常用

32. 你认为网络语言与规范语言是否存在区别？

A. 不存在　　B. 存在　　C. 不好说

33. 你认为在网络交流中需要遵循语言规范吗？

A. 需要　　B. 不需要　　C. 不好说

34. 你认为网络语言比一般语言能更好地表达情绪和意思吗？

A. 能　　B. 不能　　C. 不好说

35. 当你周围的朋友使用你听不懂的网络新词的时候，你会不会觉得自己落伍？

A. 一定会　　B. 可能会　　C. 很少会　　D. 绝对不会

36. 湖北省利川市与重庆市毗邻。2015 年利川市官方网站有一句宣传语"我

靠重庆，凉都利川"，你对这句宣传语的看法是？

A. "靠"是网络詈词，这样使用不妥

B. 毗邻直辖市重庆，以此做宣传，没有不妥

C. 没有特殊的感觉

37. 我喜欢使用网络语言，觉得它们比普通语言更能确切地表达我的心声。

A. 是　　B. 不是　　C. 中立

38. 我不喜欢使用网络语言，因为觉得它们低俗肤浅。

A. 是　　B. 不是　　C. 中立

关于中学生网络语言使用情况的调研报告*

网络对青少年有着积极的影响，为青少年交流、创新、娱乐提供了便捷，网络信息量大，网络语言交流速度快，成为青少年寻求知识的重要途径。另外，网络正改变着人们的思想观念，尤其是对于价值观尚未定型的青少年来说，他们对一些思想观念与道德规范理解不深，在网络语言自由化、新鲜力的冲击下，极易被这种新鲜的语言形式所吸引，如里面夹杂的低俗、暴力、色情等，这些会对青少年的心理发展造成危害，影响青少年的心理健康。中学生应该如何看待、使用网络语言？通过调研，我们取得第一手数据；通过理性分析，真实掌握中学生网络语言使用的真实情况，并提出有效的建议。

一、中学生对网络语言的看法

（一）调研方法

针对调研话题设计。首先设计好问卷的类型和题目，针对中学生的基本情况、对网络语言的认知及态度、对网络语言的具体了解程度等设计问题，使用问卷网的模板加载，通过微信朋友圈发布问卷，在自己认可的选项下做标记。2018 年 5 月 25 日，我们发布问卷，截至 6 月 10 日，收回有效问卷 129 份。

---

　　* 本文是国家语委 2016 年度立项科研项目《网络语言管理规范研究》（WT135-6）的阶段性成果。北京市第三中学岳洋同学组织了问卷调查工作。作者杜翔，中国社会科学院语言研究所研究员。

（二）调研数据分析

1. 参与调查问卷的中学生的基本情况

在收回的 129 份调查问卷中，其中男生 73 人，女生 55 人，1 人未回答。高二 73 人，高三 26 人，高一 13 人，初三 11 人，初二 2 人，初一 3 人，1 人未回答。关于回答平时是否有上网经历，96.9%的人都回答有上网经历。

上述数据表明，中学生中的绝大多数都有上网经历。

2. 关于对待网络语言的态度

调研对象 129 人中，喜欢、欣然接受的 74 人，占 57.36%，排斥、讨厌的 13 人，只占 10.1%，无所谓、不关自己的占 32.56%。

上述数据表明，过半的人对待网络语言的态度是积极的，持排斥态度的比较少。

3. 关于生活中是否使用网络语言

经常使用网络语言的 27 人，占 20.93%，偶尔使用的 86 人，占比 66.67%，从不使用的 6 人，占 4.65%。

上述数据表明，偶尔使用网络语言的占到三分之二，说明中学生并不是网络语言使用的活跃群体。

4. 关于对网络语言特点的选择

从答卷中可以看出，中学生眼中的网络语言的特点主要有：1. 认为"标新立异，词汇五花八门"的 86 人，占 66.67%。2. "用字节俭，表达简洁明了"的 68 人，占 52.7%。3. "天南地北，地方特色浓郁浑厚"的 49 人，占 37.98%。4. "幽默风趣，令人忍俊不禁"的 77 人，占 59.69%。

其他回答还有诸如：很形象、打动人，荒诞、怪异，很有意思，文明健康，丰富，潮流，傻傻的，过时快，总会吸引眼球，不懂，有时候不如书面语得体，有些意思的词只能用这些词表达，接地气，言简意赅，富有特色……

上述数据表明，中学生眼中的网络语言的特点主要有新奇、简洁、幽默等，偏于正面评价。

5. 关于对网络语言的看法

中学生对网络语言的看法主要有：第一，"诙谐幽默，达到一种默契"的 93 人，占 72.09%。第二，"更好地促进沟通"的 68 人，占 52.71%。第三，"显示自己能跟上时代潮流"的 44 人，占 34.11%。第四，"无聊时的消遣"的 44 人，占 34.11%。第五，"能使自己畅所欲言"的 28 人，占 21.71%。第六，"有独特的神秘感"的 22 人，占 17.05%。

但是，也有不少人认为：第一，用网络语言和长辈或老师交流有障碍；第二，容易引起歧义，有时不知所以然；第三，过度滥用。

对网络语言的其他看法，比如：短时间内能容纳的信息多，能被大部分人接受，折射时代热点变化或人民的痛点，顺其自然蛮好的；不能丢失中国文字的魅力，表达准确上永远代替不了正常语言，显得粗俗猎奇……

上述数据表明，中学生对网络语言的看法比较多元，对网络语言可能带来的问题也有较为清醒的认识。

6. 关于对网络语言存在的问题

答卷中反馈网络语言存在的问题主要有：第一，认为"粗俗泛滥，内容粗鄙肤浅"的 68 人，占 52.71%。第二，认为"过度盛行，影响空前绝后"的 40 人，占 31.01%。第三，认为"语意模糊，解释成千上万"的 57 人，占 44.19%。第四，认为"更新过快，新词层出不穷"的 72 人，占 55.81%。第五，认为"滥用语言，不符合现代汉语的语法规范"的 54 人，占 41.86%。

其他问题还有：有时不容易明白，不是字面上的意思，有些不文明，只能用作口头表达，有时会有歧视性语言和精神低俗词语，太过粗暴，适用年龄阶层过低，滥用导致的不文明现象泛滥，指代有时不明，不在特定的语境下不容易理解……

上述数据表明，中学生对网络语言存在的问题有一个比较清醒的认识。

7. 关于网络语言需要规范化

认为需要规范网络语言的有 67 人，占 51.94%，认为不需要规范的有 32 人，占 24.81%，持无所谓态度的有 30 人，占 23.26%。

上述数据表明，过半的中学生认为网络语言需要规范化。

8. 关于网络语言对中学生或者社会的影响

认为网络语言对中学生或社会的影响利大于弊的 49 人，占 38%，认为影响弊大于利的 47 人，占 36.4%，认为没有影响的 33 人，占 25.58%。

关于网络语言对中学生或者社会还有哪些具体的影响，除了回答"没有影响"的外，认为会带来一些影响的，比如：破坏汉语的规范使用，误导学生，降低学生素质，会提前成熟、早恋，影响对知识掌握的准确性，使人们对传统的词汇的定义逐渐模糊，一些低俗社会价值通过网络语言渗透到中学生中。担忧中国文字表达退化，忘记规范的说法了，负面，影响学习，着迷网络，对小学生影响增多等。

上述数据表明，中学生认为网络语言对中学生或社会的影响有利有弊，两者人数基本相当。

二、关于中学生对网络用语的熟悉程度调查

2006 年，商务印书馆组织了"汉语盘点"活动，从 2012 年开始，增加了年度十大网络用语。这些网络用语是基于国家语言资源监测语料库（网络媒体部分），采用"以智能信息处理技术为主，以人工后期微调为辅"的方式提取获得的。监测语料库包含了代表性网络论坛、网络新闻、博客等不同媒体形式的海量年度语言资源，有力地用数据反映了年度流行网络用语的使用情况。

1. "十大网络用语"调查情况

在问卷中我们列举了 2012—2017 年历年的十大网络用语，让被调查者选择自己熟悉的网络用语，设计题目为：

以下网络词语来源于商务印书馆组织的"汉语盘点"活动中的年度十大网络词语，你哪些熟悉？在熟悉的网络词语下做标记。（多选）

根据被调查者选择的各网络用语按照百分比从高到低依次排列为：

表 1

选项	赞成数（个）	百分比（%）	各段个数（个）
重要的事情说三遍（2015）	112	86.8	
我也是醉了（2014）	111	86.0	3
扎心了，老铁（2017）	105	81.4	
友谊的小船（2016）	99	76.7	
吃瓜群众（2016）	98	76.0	
世界那么大，我想去看看（2015）	98	76.0	
厉害了我的哥（2016）	97	75.2	
洪荒之力（2016）	96	74.4	
吓死宝宝了（2015）	96	74.4	
有钱就是任性（2014）	95	73.6	12
蓝瘦香菇（2016）	94	72.9	
辣眼睛（2016）	93	72.1	
明明可以靠脸吃饭，却偏偏要靠才华（2015）	92	71.3	
你们城里人真会玩（2015）	91	70.5	
高端大气上档次（2013）	91	70.5	
老司机（2016）	90	69.8	
我想静静（2015）	89	69.0	
元芳你怎么看（2012）	89	69.0	
打 call（2017）	88	68.2	
葛优躺（2016）	88	68.2	
萌萌哒（2014）	88	68.2	
我读书少，你别骗我（2014）	86	66.7	
全是套路（2016）	85	65.9	
尬聊（2017）	82	63.6	
惊不惊喜，意不意外（2017）	81	62.8	
挖掘机技术哪家强（2014）	81	62.8	
小伙伴们都惊呆了（2013）	81	62.8	22
怼（2017）	80	62.0	
躺着也中枪（2012）	80	62.0	
皮皮虾，我们走（2017）	79	61.2	
待我长发及腰（2013）	79	61.2	
土豪（金）（2013）	79	61.2	
高富帅，白富美（2012）	79	61.2	
江南 Style（2012）	79	61.2	
画面太美我不敢看（2014）	78	60.5	
女汉子（2013）	78	60.5	
涨姿势（2013）	78	60.5	

续表

选项	赞成数（个）	百分比（%）	各段个数（个）
保证不打死你（2014）	77	59.7	
你的良心不会痛吗？（2017）	76	58.9	
摊上大事了（2013）	76	58.9	
主要看气质（2015）	75	58.1	
还有这种操作？（2017）	73	56.6	
定个小目标（2016）	73	56.6	
时间都去哪了（2014）	71	55.0	
且行且珍惜（2014）	71	55.0	15
爸爸去哪儿（2013）	71	55.0	
中国好声音（2012）	71	55.0	
给跪了（2012）	70	54.3	
油腻（2017）	68	52.7	
内心几乎是崩溃的（2015）	68	52.7	
你有 freestyle 吗？（2017）	67	51.9	
屌丝，逆袭（2012）	66	51.2	
中国大妈（2013）	62	48.1	
舌尖上的中国（2012）	62	48.1	
蛮拼的（2014）	60	46.5	6
喜大普奔（2013）	56	43.4	
最炫民族风（2012）	56	43.4	
你幸福吗？（2012）	55	42.6	
我妈是我妈（2015）	33	25.6	1
为国护盘（2015）	24	18.6	1

　　从以上 6 年网络流行用语的调查数据中可以看出，中学生对每年的十大网络用语大多比较熟知，当然在使用和熟悉程度上稍有差别，正能量、切合青少年生活、诙谐幽默的网络用语占比相对较大，也就是说中学生比较青睐这类网络用语，如"重要的事情说三遍"（2015）86.8%，"我也是醉了"（2014）86.0%，"扎心了，老铁"（2017）81.4%，"友谊的小船"（2016）76.7%，"吃瓜群众"（2016）

76.0%，"世界那么大，我想去看看"（2015）76.0%，"厉害了我的哥"（2016）75.2%，"洪荒之力"（2016）74.4%，"吓死宝宝了"（2015）74.4%，"有钱就是任性"（2014）73.6%。反之，中学生对概念化、成人化、抽象性的网络用语使用频率就相对少些，如"你幸福吗?"（2012）42.6%，"我妈是我妈"（2015）25.6%，"为国护盘"（2015）18.6%。

2. 网络词语的特点

从以上每个网络词语的赞成数来看，这些词语呈现出以下显著特点。

第一，时间性强，人们的熟悉程度随着时间的推移而递减。熟悉程度最高的10个词语全部在2014—2017年，熟悉程度最低的10个词语中，除"你有 freestyle 吗?"在2017年以外，另外9个都在2012—2015年。

第二，事件词多，网络词语多由某个事件而激发，脱离当初的事发背景容易淡忘。以熟悉程度最低的3个词语为例，"你幸福吗?"源于2012年中秋、国庆双节前夕中央电视台推出的特别调查节目"幸福是什么?"。"我妈是我妈"源于2015年3月11日《人民日报》头版头条《怎么证明我妈是我妈?》。"为国护盘"源于股市行情疲软、股民抛售股票时网络民间发起的"为国护盘"的口号。

第三，新颖形式，网络词语以不合常规的表述标新立异，具有幽默形象的鲜明特点。如排在前10位的"我也是醉了""扎心了，老铁""友谊的小船""吃瓜群众""吓死宝宝了"等，画面感很强，让人忍俊不禁。

3. 中学生网络词语熟悉程度的思考

这6年共60个网络词语，129人投票，理论上赞成票总数为：129×60 = 7740个，其中赞成数有4766个，我们可以得出：中学生对网络语言的总认知度为61.58%。人们普遍认为，年轻人是网络词语使用的主体，从目前调查的熟悉程度数据看，网络词语似乎离中学生还有一定的距离，原因何在?

第一，这些年度网络词语并没有反映网络词语的全貌和主体，那些早已流行的谐音型、符号型典型网络词语由于并非当年流行，不可能入选年度词语。

第二，年度词语的评选讲究词语背后的故事，关注由这个词语联系到某个事件、反映某个社会侧面。时过境迁，这类词语仅为个案词语，不具有普遍性，人们就很少提到了。

第三，中学生与社会青年相比，易于接受语言规范观，抵制网络词语。问卷表明大多数中学生只是偶尔使用网络语言，认为需要规范网络语言的占半数以上。

2018年12月19日，国家语言资源监测与研究中心发布了"2018年度十大网络用语"，依次为：锦鲤、杠精、skr、佛系、确认过眼神、官宣、C位、土味情话、皮一下、燃烧我的卡路里。这些词语生动描绘了网民的关注热点，透过这些流行网络用语，一幅鲜活生动的网民生活百态图跃然纸上。我们的调查是2018年上半年做的，中学生对上述十大网络用语的熟悉程度未做调查。根据调查得出的总的规律来看，离开某个事件仍能够普遍使用的、语文性的网络词语容易被人们接受而经常使用，如"杠精、佛系、官宣、C位"。

三、调研结论和我们的建议

从问卷调研中可看出，大多数中学生都有上网的经历，熟悉一些流行的网络语言，对网络语言有一个比较客观的认识，肯定网络语言中积极的一面，并呼吁净化网络语言，对其进行规范治理。综合以上调研结果，针对中学生使用网络语言的问题提出以下建议。

1. 区分网络空间与现实空间

最初的网络语言只是网民们用来进行交流的一种手段，它的使用领域也只是局限于网络，在其他地方很难看到其踪影，经过若干年的发展，其应用领域早已走出网络，现实生活中和传统媒体上也随时随处可以看到它的形迹。李宇明根据对互联网的依赖程度，把人群分为网络原住民、网络移民、网络观光客和网络局外人4类。[1] 随着时间的推移，网络原住民的占比越来越大，网络空间与现实空间的关联度越来越紧密，日益趋向重合。从语言的发展历史看，语言的视觉形态是在语言的听觉形态的基础上发展而来，书面语是在口语的基础上发展而来，是随着用来记录语言的文字的发明而发展起来的一种语言表现形式。杜翔曾分析了网络交际语境的目治性、虚拟性、排外性、模因传播等特点，从交际对象的时空一致性、交际范围的封闭性、交际场合的具体性、载体形式的视觉性4个方面比较口语、书面语和网

---

① 李宇明：《关注网络原住民（文化世象）》，《人民日报》2016年9月15日。

络语言语体的不同，认为网络语言既有口语和书面语语体的某些特点，又形成了自己的语体特点。①

网络虽是虚拟世界，但使用网络的却是现实中的人，如何使用网络用语，如何遣词造句，能够反映出一个人的学识、教养和心态，也能折射出现实社会的世间百态。年轻人是使用网络语言的主体，他们在追求时尚、追求自由方面往往是不遗余力的，按照心理学家的分析，时尚和标新立异是年轻人表达自我、追求个性独立的需要。中学生心智尚未成熟，应特别注意区分好网络空间和现实空间的界限，不把那些仅适用于网络交际语境的词语与表达方式带入到现实语言中来。

主流媒体、公众人物应肩负起规范语言、文明语言的示范作用。网络是一个信息发布的集散地，为了博得关注，为了保证自身的影响力，部分网站和公众人物有意在言语上走极端，使用一些低俗词语来刺激观众，吸引眼球。一些公众人物甚至将低俗语言作为自己的标志，吸引大批粉丝，造成很坏的社会影响。因此，各媒体、网站，各类微博、微信公众号等，不仅不宜出现低俗词语，更应在语言使用上积极发挥表率作用，做良好语言环境的守护者和倡导者。

2. 区分网络语言中的语文词和事件词

网络这个虚拟的世界，给了网民无限想象的空间。和传统现代汉语词汇不同，网络词语的更新换代简直可以用日新月异来形容，时常会出现一个网络新词语被网民创造出来之后，因其形式上的新奇或表意上得到大家的共鸣，进而得到承认和吹捧，成为网络热词，盛行一时，随着时间的流逝，其新奇性和时尚性便不复存在，网民们的注意力便会转移到更加新鲜的词语身上。

网络语言中的新词语通常由某个事件激发而广泛传播，随着时间的推移，那些描述或概括某个事件本身的词语，我们称之为事件词，起到了"词媒体"的作用，事过境迁，逐渐淡出人们的视野。如果现在有人再说"你幸福吗?""我妈是我妈"等，由于脱离了当时的背景，难免会让人一头雾水。

新词语中有不少符合正常构词规律的语文词，日渐被除网民之外的不同年龄、不同阶层的人所接受、使用，其意义和用法已经逐步固定下来，在传统媒体中也普

---

① 杜翔:《网络语言及其规范的若干问题》，载《语文辞书论集》第 11 辑，人民教育出版社 2019年版。

遍使用，如"版主""草根""山寨"等已经被收录到《现代汉语词典》中，成为社会共同语的词汇。这类产生或流行于网络的语文词与产生或流行于现实生活的语文词别无二致，区别仅在于传播方式。

与传统语言相比，网络语言的造词形式要丰富得多。比如说在录入文字时运用拼音而产生的一些谐音词，如"什么"被录为"神马"，"版主"被录为"斑竹""斑猪""板主""班猪""版猪"等等。这些一不留心而产生的录入错误反而显得幽默新奇，表达效果更好，于是成为在网络上为大家广为接受并且普遍使用的新词。网络的包容性也并不反对这种错误，语言文字规范也应容许网络语言中的这种现象存在。

3. 区分网络语言中的俗语和低俗语

王旭明从俗雅的角度把网络语言分为雅语、俗语和低俗语。[①] 我们反对的是低俗语，并不该反对俗语。"美眉、蒜你狠、蛮拼的、卖萌"等是俗语，但绝不是低俗语。网民大量使用的是俗语，正是因为这类俗语鲜活、生动、接地气，才得以广泛使用。我们要大力提倡使用网络雅语，引导使用好网络俗语，抵制网络低俗语。低俗语在语言生活中也是客观存在的，由于网络交际的虚拟性而容易泛滥。

网络语言最大的问题是不像传统媒体那样存在着"守门员"，一些网络新词如"屌丝、逼格、你懂的、涨姿势"等已广泛流行，有人认为造词格调不高。2015 年6 月，人民网舆情监测室发布《网络低俗语言调查报告》，根据检索中文报刊媒体发现，媒体在标题中使用最多的 3 个词是"屌丝""逗比""叫兽"。我们以"屌丝"为例来讨论网络低俗语言问题。根据张颖炜对 190 名在校大学生进行的关于"屌丝"一词的调查，结果表明，大多数人清楚地理解"屌丝"所表达的语义，过半数人不觉得粗俗，并赞成使用这个词。[②] 网民对这些不雅词语不再持回避态度，甚至借它们来彰显自身网络用语的个性。"屌丝"一词曾登上《人民日报》十八大特刊，北京大学市场与媒介研究中心曾于 2014 年 10 月 29 日发布全国首份《屌丝生存现状报告》，连电视剧剧名都有"屌丝男士""屌丝女士"之说，"屌丝"俨然成为一个实实在在的全民性词汇。

---

① 王旭明：《准确、丰富与美的表达是文明的重要象征》，中国网络语言文明论坛上的主旨演讲，2016 年 7 月 27 日。

② 张颖炜：《网络语言研究》，暨南大学出版社 2015 年版，第 237—238 页。

王蒙认为，"屌丝"是从俗来的，但是它的解释并没有那么低俗。相反地，"小鲜肉"虽然字面义并不低俗，但它比"屌丝"更低俗，甚至觉得"哪怕你直接谈对性的欲望都比谈'小鲜肉'好听"。① 王蒙的观点很重要，提出了网络低俗词语应区分开字面义和语用义这个重要命题。如果仅从字面义理解，"屌丝"一词有辱斯文，但是它指的是一种社会阶层，"屌丝"并没有放弃自身的努力，而是强调努力的重要性，充满正能量。如考虑到"屌丝"的"屌"字不雅，可以换用谐音字雅化，如改用"吊丝"。

当然，从网络语言的发展过程来看，网络低俗语的出现和扩散往往与特定的社会事件出现有关，这就需要管理者不单单从语言自身的角度去看待语言问题，还应全面了解网民所面对的环境，疏解他们的精神压力，提高他们的精神生活质量，引导他们对待社会特定事件时少一些戾气和冲动，多一点理性和思考。

4. 建立开放而积极的语言规范

根据使用范围与人们接受程度的不同，网络语言可以分为已经成为社会通用语的网络词语和限于在网络上使用的网络用语，而仅在网络上使用的词语也有的是约定俗成的，有的昙花一现；有的使用频率高，有的使用频率低。对不同类型的网络语言我们要以开放的心态区别对待，按照不同的要求去引导、规范。对于那些不符合现有语言规范但是生动形象富有表现力的网络词语，随着网民们使用频率的增加进入我们的日常生活，我们要能容忍这种"不规范"，肯定这种创新。纵观历史，几千年来，汉语表现出了极强的包容性，许多外来词语融合到汉语中以后，不仅没有破坏汉语本身的纯洁性，反而增加了汉语的表达能力。

网络语言的规范是一个逐步推进的过程，很难靠强制性加以规范，不可能一蹴而就。规范网络语言的难点存在两个方面：一是网络语言属于媒体语言的一部分，需要遵守汉语言的相关规范；二是网络语言有其特殊性，特别是"自媒体"语言的传播范围与传统媒体有很大的不同。因此，在管理规范方面，对网络语言与传统媒体用语也要区别对待，既需要符合总体语言规范的框架，又要对网络语言有一定的宽容度。在"互联网+"的社会背景下，准确而优雅地使用语言，传承中华优秀

---

① 王蒙：《"小鲜肉"比"屌丝"更低俗 "屌丝"一词是荤谜素猜》，凤凰卫视，2017年2月10日。

传统文化，既是每位语言使用者都应认真思考和面对的问题，更是参与语言生活的每位公民、每个学校、全社会应尽的责任和义务。不论是在现实生活中，还是在网络虚拟世界里，使用者都应该自觉摒弃不文明用词，不把粗俗当成幽默。

青少年正处于行为和语言的成长期，要努力提高自身的网络素质，从自身做起，明辨是非，自觉抵制和不使用不良网络用语；要结合政府、社会、学校、家庭及学生的共同努力，创建一个健康、安全、有序、充满活力而又没有污染的良好的网络文化环境，使不良网络用语在学校没有生存的环境和土壤。在这方面，教师、家长应发挥积极作用，在教学和日常生活中结合学生的心理和个性特征，充分肯定学生的想象能力与创新能力，因势利导，引导学生恰当地使用网络语言，提高语言表达能力，以适应未来学习、生活和工作的需要。

第四部分

中国网络语言词库

最新网络语言汇编

　　自互联网传入中国至今已有二十五年，截至 2020 年 3 月，中国网民规模已高达 9.04 亿人，其中网民使用手机上网的比例达 99.3%。随着互联网之下新媒体技术的高速发展，使得语言发生了快速的网络化，也带动了相应的一些文化网络化。所谓网络语言，并非一种全新的语言，而是传统汉语为适应网络而发生的变异。网络语言模态呈多样与杂糅化，现在，一切互联网上呈现的词、句、段落、文本，都属网络语言的研究范畴。同时，网络语言大多反映了人们当下的生活和思想，具有大众文化所有明显的特征，如通俗化、娱乐化等，这也是它们能够迅速兴起与流行的缘由。

　　近年来，网络语言在人们日常生活的沟通与交流之中扮演着越发重要的角色，为此，我们希望做一个涵盖现今丰富多元的网络语言汇总，将当下网民们最喜爱用的网络词句、表情包等囊括其中，这就是编写《网络热词、流行语和表情包汇编》（以下简称《汇编》）的初衷。其次，自 1999 年腾讯推出的第一款即时通信软件——腾讯 QQ 问世，以及各类贴吧和论坛开始，早期的网络语言就已诞生，而选取 2008 年作为起始年，是因为此年的网络语言才开始成体系地发展，这也是我们基于大量文献而最终确定的。

　　这里需要特别说明的是，已有不少专家学者在此之前编撰过相关的词典及书籍，《汇编》在词汇选取、释意及编写形式上多有借鉴，主要有：（1）词典：由汪磊 2012 年主编的《新华网络语言词典》等；（2）书籍：由生活·读书·新知三联书店出版的《破壁书》等；（3）期刊：《咬文嚼字》等；（4）网页：萌娘百科；（5）各类年度热词榜：由腾讯、搜狐、百度等公司发布；（6）微博：头条新闻、梗百科 bot 等；　（7）微信公众号：环球时报、参考消息、新华网、InsDaily、INSIGHT 视界、V 百科、字媒体、最新聊天表情包、新"90 后"、表情控制中心等。共计收录自 2008 年起至 2019 年 6 月的网络热词 518 条、网络流行语 310 条及网络表情包 251 个，其中网络热词及网络流行语的每个词条下设四个版块：【出处】【含义】【应用情景】【同类词汇】或【同类短语】，但由于网络语言多是由网民创造而来，适用于多种网络或现实场景，其含义也并非唯一，故《汇编》中仅列举最为常见的释义，同时，也会根据能够搜索到的文献适当调整、添加或省略个别版块及内容，如：［相关事件背景简介］［网络语言英文翻译］。在《汇编》最后，我们将早期较为常见的网络符号做了一个汇总表。

在本《汇编》中，主要将网络语言分为网络热词、网络流行语和网络表情包三类：（1）网络热词，主要指旧词新义、拼音首字母缩写、中英文混搭等能够反映社会热点的网络语言，通常在四个字以内，如："丧""BT""种草""Anti 饭""打酱油""做俯卧撑"等；（2）网络流行语，指网民在网络中约定俗成的一种表达方式或习惯用语，通常多于四个字，可以是一句话，也可以是一段话，如："神马都是浮云""贾君鹏，你妈妈喊你回家吃饭""爱网络、爱自由、爱晚起、爱夜间大排档"等；（3）网络表情包的诞生也并非一夜之间。随着网络信息技术的不断发展，人们已不再满足于仅仅依靠文字来沟通，1982 年 9 月 19 日，世界上诞生了第一个表情符号，由美国卡内基－梅隆大学的法尔曼教授创建，标志即用"：-）"来表示开玩笑及发自内心的愉悦，与之相反，"：-（"则是被用来表示悲伤的符号。传入日本后的表情符号被称为"颜文字"，如：用"「－＿ －｜｜｜」"表示尴尬、用"「－＿ －b」"表示脸上滴下的汗水等。到了 20 世纪 90 年代，随着我国互联网技术的发展，早期 BBS、论坛、博客、QQ 等具有交互功能的终端或平台中开始大量出现表情符号。演变至今，各类社交媒体平台，如微信、微博中，已经出现了形式各异的表情包，主要以明星偶像、小动物作为主体，配以相应的网络语言文字，可静态亦可动态，通常具有戏谑、幽默与调节聊天氛围的作用，也同时反映出网民诙谐幽默及自嘲的文化现象。

语言对一个民族的文化影响长足深远，中国语言文字也随时代变迁而变得更为丰富多元、含义多重，网络时代更加剧了这一趋势。我们希望通过此《汇编》，引起传播学、语言学及心理学等多领域专家学者的高度重视，不但要吸纳网络语言之中简明扼要、生动活泼的一面为丰富发展我们民族的语言所用，而且也要意识到网络语言背后所代表的"宅""丧""佛"等网络文化所具有的负面消极意味的现象。对于网络语言中存在的不良影响，亟须制定相应的改善机制。

本《汇编》最终得以成型，除了课题组成员的相互配合外，也要感谢北京大学新媒体研究院硕士研究生任尚云及多位同学在"饭圈"等领域的网络语言搜集中提供的帮助。最后要说明的是,由于编者水平有限,故在网络语言分类及释义等方面,难免存有疏漏,我们在日后的出版中会多加修正改进,对此,也请广大读者提出宝贵意见。

请扫二维码登录词库

责任编辑:刘松彀
美术编辑:王欢欢
责任校对:黎 冉

图书在版编目(CIP)数据

中国网络语言发展研究报告/李玮 主编. —北京:人民出版社,2020.7
ISBN 978－7－01－022006－2

Ⅰ.①中… Ⅱ.①李… Ⅲ.①汉语-网络用语-研究-报告-中国-现代
Ⅳ.①H136.4

中国版本图书馆 CIP 数据核字(2020)第 055602 号

中国网络语言发展研究报告
ZHONGGUO WANGLUO YUYAN FAZHAN YANJIU BAOGAO

李 玮 主编

人民出版社 出版发行
(100706 北京市东城区隆福寺街 99 号)

中煤(北京)印务有限公司印刷 新华书店经销

2020 年 7 月第 1 版 2020 年 7 月北京第 1 次印刷
开本:787 毫米×1092 毫米 1/16 印张:25.75
字数:445 千字

ISBN 978－7－01－022006－2 定价:90.00 元

邮购地址 100706 北京市东城区隆福寺街 99 号
人民东方图书销售中心 电话 (010)65250042 65289539